동양고전신역 ❹

번역 신용호

고문진보 후집

古文眞寶 後集

傳統文化硏究會

역자 **신용호** 申用浩

공주대학교 명예교수
전통문화연구회 전前 이사

동양고전신역 04
고문진보 후집　정가 28,000원

2019년 08월 20일 초판 인쇄
2019년 08월 30일 초판 발행

번역　신용호
편집　남현희
교정　박병훈 유재형
출판　김주현
관리　함명숙
보급　서원영

발행인　이계황
발행처　(사)전통문화연구회
서울시 종로구 삼일대로 428 낙원빌딩 411호
전화 : (02)762-8401　전송 : (02)747-0083
전자우편 : juntong@juntong.or.kr
홈페이지 : juntong.or.kr
사이버書堂 : cyberseodang.or.kr
온라인서점 : book.cyberseodang.or.kr
등록　1989. 7. 3. 제1-936호

인쇄처　한국법령정보주식회사(02-462-3860)
총판　한국출판협동조합(070-7119-1750)

ISBN　979-11-5794-230-5 (04820)
979-11-5794-000-4 (세트)

목 차

권2

권3

권4

권5

권6

권7

권8

권9

권10

부록

간행사

고전古典은 수백 수천 년에 걸쳐 형성된 인류의 다양한 경험과 지혜가 온축된 문화와 지식의 보고寶庫로서, 인간의 근원적인 문제에 대한 각종 질문과 해답이 여기에 고스란히 담겨 있다. 그래서 길게는 2천 년이 넘는 시간적 거리를 초월하여 오늘날에 이르기까지 여전히 우리에게 지적知的 정서적情緒的 자양분이 되어 지식과 교양을 가르쳐주는 인생 교과서로 확고하게 자리잡고 있다.

동도서기東道西器라고 하듯이, 동양의 정신문화와 서양의 과학기술이 소통과 조화를 이루는 가운데 인류문명의 균형 있는 발전을 도모하는 것은, 오늘날에도 여전히 우리에게 중요한 화두가 되고 있다. 그리고 동도東道의 핵심은 수천 년의 역사와 전통이 살아 있는 동양고전東洋古典에 오롯이 담겨 있다.

그런데 오늘날 우리는 고전의 시대와 사회적 문화적 환경이 현격하게 다른 시대를 살고 있다. 그 차이만큼 언어적으로 괴리감과 이질감이 생겨 고전을 어렵게 느끼는 독자들이 많이 있다. 오랜 세월 우리 언어생활에서 중요한 도구로 쓰였던 한자漢字와 한문漢文을 교육함으로써 그 괴리감과 이질감을 일정 정도 해소할 수도 있겠으며, 그것과 함께 고전을 현대적으로 쉽게 번역하여 독자들이 친근감을 갖고 접근하게 하는 방안도 마련할 필요성이 제기된다.

이에 본회에서는 동양문화를 이해하는 데 필수적인 기본서이자 우리나라에 많은 영향을 끼친 고전을 중심으로 하여, '동양고전신역東洋古典新譯'을 기획하였다.

이 책은 사계斯界의 최고 전문가들로 번역진을 구성하여 동양고전을 원의原義에 충실하게 현대화하고 대중화함으로써, 일반인의 교양을 증진시키고, 지식인과 문화인에게는 동양고전 이해의 기초자료를 제공하며, 아울러 한국학과 동양학 연구의 자생력과 효율성을 제고하는 데도 기여할 것이다. 더 나아가 인문 분야는 물론 정치·경제·사회·문화 전 분야에도 긍정적인 영향을 미칠 것으로 기대된다.

문화의 시대 21세기의 시대적 상황에 걸맞게 동양고전을 새롭게 번역하고 정리하는 일은, 오랜 역사 위에 축적된 선현先賢들의 업적과 현대 학문을 이어주는 튼튼한 가교架橋와 초석礎石이 될 것이며, 그것을 기반으로 우리의 문화를 창조적이고 획기적으로 발전시켜 동북아의 선도가 되고 세계 문화에도 크게 기여할 것이다. 이에 각계의 많은 관심과 성원을 기대하는 바이다.

전통문화연구회 회장 이계황李啓晃

해 제

《고문진보古文眞寶》는 어떤 책인가

《고문진보古文眞寶》는 책명에 쓰인 뜻 그대로 중국의 역대 고문古文 가운데 진실로 보배가 될 만한 시문을 정선하여 모아놓은 책이다. 곧 이 책에 수록된 시문은 선대 문인이나 학자들의 고아한 작품을 정선하여 편찬한 것으로, 배우는 자들이 마땅히 이를 받들어 문장을 짓는 전범으로 삼도록 하고자 한 것이니, 이것이 바로 《고문진보》를 편찬한 이유였다.

《고문진보》는 고시古詩를 모아놓은 전집前集과 고문古文을 모아놓은 후집後集으로 크게 나뉘어 있다. 애초에는 전집 10권에 고시를 10체體로 나누어 시체별로 245편의 시를 수록하고, 후집 10권에는 고문을 17체로 나누어 문체별로 67편을 수록하여, 모두 27체 312편이 수록되어 있었으나, 후대에 이르러서는 전집은 그대로 두고, 후집은 체제를 완전히 바꾸어 문장을 문체별로 분류해 수록했던 체제를 허물어버리고 각 작자作者의 문장을 작자가 살았던 연대순으로 수록하면서 문장도 거의 2배인 130편으로 늘려놓았다. 이렇게 《고문진보》가 확대 개편된 과정에 대하여는 여러 연구자들이 밝혀놓은 연구업적을 토대로 하여 뒤에 상술하고자 한다.

《고문진보》는 누가 언제 편찬했는가

《고문진보》의 찬자撰者에 대하여는 그동안 제설이 분분하였는데, 1988년 김윤수金侖壽 선생의 논문 〈《상설고문진보대전詳說古文眞寶大全》과 《비점고문

批點古文》〉[1]을 통하여 의문점이 대부분 해소되었다. 이에 김윤수 선생의 논문을 토대로 하고 역대 제론을 참고로 하여 《고문진보》의 편찬과 변천에 대하여 약술하고자 한다.

《고문진보》의 찬자가 황견黃堅이라고 밝힌 것은 청려재青藜齋[2]가 명明나라 홍치弘治 15년(1502)에 쓴 《중간重刊 고문진보》 발문에서 '영양永陽의 황견 씨가 편집한 《고문진보》 20권에는……'이라 한 것이 최초이고, 손서孫緖(1474~1547. 명 고성인故城人. 자 성보誠甫, 호 사계沙溪)의 《사계집沙溪集》에 '《고문진보》의 편자가 누구인지 여러 사람에게 물어보았으나 대부분이 모른다 하였고, 포암匏菴 오관吳寬에게 물어보니 영견永堅의 황숙이黃叔易가 찬撰한 것이라 하였다.' 한 기록이 전해온다.[3] 이로 보아 《고문진보》의 찬자가 누구인지는 중국에서도 아는 사람이 별로 없었고 일부 학자들 사이에 황견(자 숙이叔易)이 찬한 것이라는 설이 전해져 왔던 듯하며, 그 후 《고문진보》는 황견이 찬한 것이라는 설이 중국과 일본에서는 대체로 정설로 받아들여지게 되었다.

《고문진보》가 언제 처음으로 간행된 것인가도 명확하지 않다. 다만 수록된 시문이 전국시대戰國時代부터 남송南宋 말까지의 작품들인 것으로 보아 남송 말이나 원元나라 초에 간행되었을 것으로 추측할 뿐이다. 한편 지정至正 병오년(1366)에 정본鄭本이 쓴 〈고문진보서古文眞寶序〉에 '임정林楨(자 이정以正)이 《고문진보》를 서점에서 구하여 잘못된 부분을 바로잡고 번거로운 부분은 깎아내고 소략한 부분은 자상하게 보충하여 지당한 경지로 돌려놓았으며 매 편의 제목 아래에 대의를 요약하여 기술하고 구절 사이에 자구의 훈해訓解를 정밀하고 분명하게 달아놓았다.'[4] 한 것으로 보아, 이보다 이전

---

1 김윤수金侖壽, 〈《상설고문진보대전》과 《비점고문》〉, 《중국어문학》 제15집, 1988.

2 청려재青藜齋라는 호를 가졌던 사람이 누구인지는 분명하지 않다. 이장우李章佑 교수는 유우劉宇나 정일지程一枝 중 한 사람일 것이라고 추정하였다.(이장우李章佑, 〈명明나라와 조선朝鮮의 《고문진보古文眞寶》〉, 《중국과 중국학》 제1집, 2003, 181쪽)

3 이장우李章佑, 위 논문, 180~181쪽.

4 정본鄭本, 〈고문진보서古文眞寶敍〉, 《한문대계漢文大系》2, 신문풍출판공사新文豊出

에 유포되었던 《고문진보》에 첨삭을 가하고 체재를 보완하여 이때에 다시 간행하였음을 알 수 있다. 한편 청려재가 《중간고문진보》의 발문에 '전에 인간印刊한 책들 가운데 선본을 얻어서 비점을 찍고 교정을 가하여 홍치 15년(1502)에 중간했다.'라고 밝힌 것으로 보아, 명대에도 간행할 때마다 수정과 보완이 이루어졌음을 알 수 있다.

그런데 일본에서 널리 읽힌 《고문진보》와 우리나라에서 널리 읽힌 《고문진보》에 현저한 차이가 있게 된 것은 무엇 때문인가. 《고문진보》 전집은 일본에서 읽히는 것과 우리나라에서 읽히는 것에 차이가 없으나 후집은 전혀 다르다. 일본에서는 문체별로 나누어 67편으로 구성된 후집이 널리 보급되었고, 우리나라에서는 문체별로 이루어진 것이 아닌 작자별 연대순으로 130편이 수록된 후집이 널리 보급되었다.

그렇다면 중국에서 67편의 작품을 10종의 문체별로 편집한 후집이 후에 130편으로 증가되어 작자별로 수록된 것은 언제부터인가. 애초의 《고문진보》에 수록되었던 67편 가운데 유우석劉禹錫의 〈누실명陋室銘〉 한 편이 누락되고 나머지 66편은 후에 130편으로 증가된 것에 모두 포함되어 있는 것으로 보아, 〈누실명〉도 의도적으로 삭제한 것이 아니고 편집과정에서 실수로 누락시킨 것으로 보아야 할 것이다.

조선시대 우리나라의 학자들이 《고문진보》의 찬자를 진력陳櫟으로 본 것은 퇴계退溪가 '이 책은 신안新安사람 진력이 찬한 것을 출간한 것이다.〔此書出於陳新安之撰〕'라 하였고, 그 후 미암眉巖 유희춘柳希春(1513~1577), 성호星湖 이익李瀷(1681~1763) 등도 진력이 《고문진보》의 선選에 간여한 것으로 밝혀서, 우리나라에서는 《고문진보》의 찬자를 진력으로 믿게 된 것이다.

이렇게 믿게 된 것은 《고문진보》 후집 권10 주돈이周敦頤의 〈태극도설太極圖說〉 말미에 붙인 후비後批에 '……이제 고문을 골라 수록하면서 〈태극도설〉과 〈서명西銘〉 두 편으로 끝을 맺었으니, 어찌 이렇게 편집한 의도가 없겠는가.

版公司, 1978, 1~2쪽.

대체로 문장과 도리는 실로 서로 다른 이치가 있는 것이 아니니, 배우는 사람들이 한유韓愈·유종원柳宗元·구양수歐陽脩·소식蘇軾의 사장지문詞章之文을 거쳐서 더 나아가 주돈이周敦頤·정이程頤·장재張載·주희朱熹 등의 이학지문理學之文의 순수한 경지에 이르게 하고자 한 것이다. 학자들이 도학자道學者의 문장에 함유된 도리로써 그 도학의 연원을 깊이 깨닫고, 문인들의 사장을 익혀서 그 문장의 기상과 뼈대를 웅장하게 한다면, 그들이 짓는 문장이 폐단이 없게 될 것이니, 이것이 내가 문장을 골라 차서를 정하여 편찬한 깊은 의도이다.……신안 진력이 삼가 쓰다.〔……今選古文 而終之以太極西銘二篇 豈無意者 盖文章道理 實非二致 欲學者由韓柳歐蘇詞章之文 進而粹之以周程張朱理學之文也 以道理深其淵源 以詞章壯其氣骨 文於是乎無弊矣 此愚詮次之深意也……新安陳櫟謹書〕' 하여, 《고문진보》에 문장가의 문장을 먼저 싣고 이학가의 문장을 말미에 싣게 된 편찬 의도를 밝히고, 이런 체재로 편찬한 사람이 바로 자기(陳櫟)라고 했기 때문이었다. 그 외에도 후집 곳곳에 진력 자신이 그 문장을 골라 수록하였음을 밝힌 곳이 산견되는데, 이에 우리 학자들이 《고문진보》의 편자를 진력으로 보게 되었던 것이다.

이에 대하여 김윤수 선생은 앞서 소개한 논문에서 편자를 진력으로 본 것이 오류임을 밝히고, 그렇게 오류를 범하게 된 경위를 설명하였는데, 이 논문을 위주로 하여 약술하면 다음과 같다.

진력(1252~1334)은 남송 말부터 원나라 초까지 살면서 성리학性理學을 천착하며 주자朱子를 숭앙했던 인물로, 28세(1279) 때에 남송이 망하고 원이 중국 전역을 지배하게 되자, 벼슬을 단념하고 학문에 정진하여 《상서집전찬소尙書集傳纂疏》, 《역조통략歷朝通略》, 《근유당수록勤有堂隨錄》, 《정우집定宇集》, 《독역편讀易編》, 《시구해詩句解》, 《춘추삼전절주春秋三傳節註》, 《비점고문批點古文》 등을 지었고, 《원사元史》에 입전立傳되었던 인물이다. 진력의 저술 가운데 《비점고문》은 고문 가운데 명문을 골라 주석과 비평을 가한 것으로, 간행되기 이전에 원고를 타인에게 빌려주었다가 돌려받지 못하여 실전되었다가, 오랜 세월이 지난 명대明代에 이 수고본手稿本 원고를 유섬劉剡이 입수하였다. 그는 이 《비점고문》에 등재된 101편을 《고문진보》 후집과 합본하고, 체재도 문체별로 편찬됐던 것을 허물어 작자의 연대순으로 개편하면서 실수로 〈누실명〉을 빠뜨리게 되었다. 《고문진보》 후집과 《비점고문》에 함께 등재되었던 문장은 그 주를 《비점고문》의 주註 위주로 편집하여, 명나라 정통正統 2년(1437) 경에 총 130편으로 확대하고, 책명을 《상설고문진보대전詳說古文眞寶大全》이라 붙이게 된 것이다. 책명 앞에 '상설詳說'이 첨가된 것은 문장에 전에 비해 진력陳櫟·임정林楨 등의 상세한 주가 붙었기 때문이고, 뒤에 '대전大全'이 첨가된 것은 수록된 문장이 67편에서 130편으로 크게〔大〕 늘어나고 모범이 될 만한 고문을 온전히〔全〕 갖추었기 때문이라는 것이다. 즉 130편으로 이루어진 《고문진보》 후집은 황견이 편했다고 전해지는 후집의 문장 67편(〈누실명〉을 빼면 66편)과 진력의 《비점고문》에 수록된 101편을 유섬이 합편하여 발간한 것이므로, 130편의 문장으로 이루어진 후집을 모두 황견이 찬한 것이라고 보는 견해와 진력이 찬한 것이라고 보는 견해가 양쪽 모두 잘못이라는 것이다. 즉 《상설고문진보대전》은 황견이 찬한 《고문진보》에 진력이 찬한 《비점고문》을 유섬이 합편한 것으로 보아야 한다는 것이다.

우리나라에는 언제 전래되어 어떻게 전파되었는가

《고문진보》가 우리나라에 최초로 전래된 때가 언제인지는 밝혀놓은 기록이 없다. 다만 전래된 《고문진보》를 우리나라에서 최초로 인간印刊한 기록으로 '고려 공민왕恭愍王 때에 야은壄隱 전록생田祿生이 경상도도순문사慶尙道都巡問使로 합포(현 마산)에 부임하여 군무를 처리하는 여가에 공인들을 모집하여 간행하였다.'[5] 한 것으로 보아, 중국에서 1200년대 말이나 1300년대 초경에 간행된 것이 얼마 지나지 않은 1300년대 중반경에 전래된 듯하다. 전록생이 경상도도순문사가 되어 합포에 부임한 것이 1367년과 1374년 두 차

5 강회중姜淮仲, 〈선본대자제유전해고문진보지善本大字諸儒箋解古文眞寶誌〉, 《야은일고壄隱逸稿》. "前朝時 壄隱田先生祿生 出鎭合浦 董戎之暇 募工刊行"

례이므로 그 가운데 어느 때에 인간印刊했는지는 명확하지 않다. 그러나 두 번째 부임하여 합포에 머문 기간은 1374년 4월에서 1375년 정월 서연書筵의 사부師傅로 개경으로 귀환하기까지 약 9개월에 불과하였고, 부임 1개월 전에 왜구가 경상도를 침범하여 병선 40여 척을 불살랐으므로 경상도도순문사로서 그 뒤처리에 여념이 없었을 것이다. 부임한 그 달(4월)에는 명나라 사신이 와서 탐라의 말 2,000필을 요구하였으나 탐라에서 불응하고 정부에 항거하자 7월에 최영崔瑩이 탐라를 쳐서 8월에 이를 평정하였으며, 9월에는 공민왕이 시해되고 우왕禑王이 즉위하였으니, 이렇게 국정이 어수선하고 혼란스러웠던 와중에 한가하게 공인을 모집하여 《고문진보》를 인간印刊하기는 어려웠을 것이다. 그러므로 첫 번째 부임했을 때에 인간된 것으로 봄이 타당하다. 첫 번째 부임했을 때에는 임기를 채우고도 연장하여 근무하였으니, 성실하고 청백한 인품에 백성들이 감화되어 연장근무를 원하자 정부에서 이를 허락했던 것이다. 1367년에 경상도도순문사로 임명된 후 정당문학政堂文學이 되었다가 1371년 3월에 동지공거同知貢擧가 되어(지공거知貢擧는 이색李穡) 과시를 관장했다 하므로 정당문학이 되어 합포를 떠난 때가 언제인지는 명확하게 고구考究할 수가 없으나 1371년 이전인 것은 분명하다. 그렇다면 《고문진보》의 최초의 인간印刊은 1367년(공민왕 16년)에서 1370년(공민왕 19년) 사이쯤으로 보는 것이 타당하다.

그 후 1419년(조선 세종 원년) 강회중姜淮仲이 충청도관찰출척사忠淸道觀察黜陟使로 부임하여 전록생의 후손인 공주교수公主教授 전예田藝로부터 합포본에는 없는 보주補註가 수록된 새로운 《고문진보》 본을 얻어 보고 옥천(관성管城)군수 이호李護에게 위촉하여 1420년에 이를 중간하였는데(이를 관성본管城本이라 한다), 합포본과는 차이가 있었다.

1450년(세종 32년)에는 명나라 한림시독翰林侍讀 예겸倪謙이 황제의 조서를 전하는 사신으로 조선에 와서 당시 중국에서 새롭게 유통되는 《고문진보》 신간본을 전해주었다. 이것이 바로 《상설고문진보대전》으로 구본에 비하여 한漢·진晉·당唐·송宋의 빼어난 문장들을 훨씬 많이 모아 수록하였고, 염계

濂溪의 주자周子·낙양洛陽의 정자程子·관중關中의 장자張子 등의 성명지설性命之說을 첨가하여, 후대에 문장을 짓고자 하는 우리나라 사람들이 전범으로 삼았던 것이다. 예겸이 사신으로 오면서 아직 우리나라에 전해지지 않았던 《고문진보》 신간본을 전해준 것은 명나라의 문화적 우월성을 과시하면서 우리나라 지배층을 감동하게 하려는 외교적 목적에서였을 것이다. 우리나라 사대부들이 이 책에 매료되어, 이후에는 수록된 문장이 신본의 반밖에 되지 않았던 구본을 버리고 오직 이 신본만을 문장학습의 전범으로 금지옥엽처럼 중시하게 되었는데, 조선조의 학문을 성리학이 주도했던 것과 성리학자들의 문장이 추가된 이 신본이 서로 부합하였던 것도 이 책이 널리 유포되는 하나의 이유가 되었을 것이다.

이 신본의 《상설고문진보대전》은 우리나라에 전래되자마자 곧 금속활자로 인간印刊되었던 듯하나 조판을 허물어버려서 계속 인간印刊이 불가능해지자, 경상감사 이서장李恕長과 후임 감사 오백창吳伯昌이 진주목사 유량柳良과 판관 최영崔榮에게 부탁하여 1472년(성종 3년)에 목판본으로 간행하니, 이 판본이 우리나라에 광포廣布되었다.[6]

지금까지 기술한 내용을 살펴보면 우리나라와 일본에서 서로 다른 《고문진보》 후집이 널리 퍼지게 된 이유를 알 수 있게 된다.

일본에서는 황견이 찬했다 하고 임정이 첨삭과 보주를 가한 《고문진보》 본이 계속 유포되어 읽혔다. 우리나라에도 애초에는 일본에 전래된 것과 같은 《고문진보》 본이 전래되었고, 전록생에 의하여 합포에서 최초로 목판본으로 인간印刊되었는데, 이 초간본은 원문만 수록되고 비주가 빠져 있었다 한다. 이는 중국에서 임정林楨에 의하여 첨삭과 보완이 이루어져 매편의 제목 아래에 대의를 요약하여 기술하고 구절 사이에 전주箋註를 달아놓기 이

---

6 김종직金宗直, 〈상설고문진보대전발詳說古文眞寶大全跋〉, 《야은일고壄隱逸稿》. "景泰初 翰林侍讀倪先生 將今本以遺我東方 其詩若文 視舊倍蓰 號爲大全……今監司吳相公伯昌繼督 牧使柳公良 判官崔侯榮 敬承二相之志 力調工費 未朞月而訖功 將見是書之流布三韓……成化八年壬辰四月上澣"

전의 초간본을 모본으로 한 것이었을 가능성이 있다. 이렇게 보는 이유는 우리나라 합포본이 1367~1370년 사이에 간행되었고 원나라 임정의 교정본이 1366년에 간행되어 간행연대가 서로 비슷하므로 임정본이 합포본에 영향을 주기는 시간적으로 어려웠을 것으로 보이기 때문이다. 그러나 임정이 참고한 모본에도 전주箋註는 있었던 것으로 보이고, 간행경비를 절약하고 시간을 단축하기 위하여 본문만 수록했을 가능성도 있기 때문에 단언하기는 어렵다. 그 후 우리나라의 중간본重刊本인 관성본에는 보주가 수록되어, 후집이 67편으로 되어 있는 《고문진보》 본을 처음에는 본문만 인간하였다가 후에는 보주까지 달아 인간印刊한 것으로 볼 수 있다. 그 후 세종대에 전래된 《상설고문진보대전》은 전술한 바와 같이 황견이 찬했고 임정이 교주한 《고문진보》에 진력의 《비점고문》을 합편한 본이 후집에 수록한 문장이 67편에서 130편으로 늘어나게 되었고, 우리나라에서 널리 유포되었으며, 일본에서는 합편하기 이전의 《고문진보》가 계속 유포되어, 양국의 《고문진보》에 차이가 있게 된 것이다. 즉 우리나라에서는 고려시대부터 조선 세종대 이전까지는 후집이 67편으로 되어 있는 《고문진보》를 읽다가, 예겸이 신간본을 전해준 세종대 이후부터는 130편으로 되어 있는 《고문진보》가 널리 읽히게 되었던 것이다.

우리나라에 어떤 영향을 끼쳤는가

《고문진보》는 우리나라의 선비들이 문장을 이해하고 창작하기 위한 필독서였다. 이에 왕이 참여한 경연에서 《고문진보》가 여러 차례 언급될 정도로 관심의 대상이 되어 중시되었다. 퇴계退溪 이황李滉(1501~1570)은 다음과 같이 말하였다.

문장은 뜻을 전달할 수 있으면 그것으로 족하다.(그 이상의 수식은 불필요하다.) 그러나 학자는 옛 문장을 이해하지 않으면 안 되나니, 문장을 이해하지 못하면 문자를 대강 알고 있다 해도 언사言辭로 뜻을 전달할 수 없게 된다. 《고문진보》 후집은 정기를 함유하고 있는 문장들이니 모름지기 이를 취하여 5, 6백 번은 읽어야 한다. 그런 연후에야 비로소 그 글을 읽은 효과가 드러나게 된다. 나는 장년에 다만 수백 번만 읽었을 뿐이었는데도 붓을 잡고 종이에 글을 쓰려 하면 가끔은 마치 생각이 저절로 일어난 듯이 흉중에 품은 생각이 자연스럽게 흘러나오게 되었다.[7]

자기의 뜻을 문장으로 드러내려면 옛 명문을 모아놓은 《고문진보》 후집을 읽어야 하고, 이를 5, 6백 번쯤 읽어서 그 문장이 몸에 배도록 체화해야 효과를 볼 수 있게 된다 하면서, 자신은 수백(2, 3백) 번밖에 읽지 못하여 완전히 체화한 경지에는 이르지 못했지만 그래도 이를 읽은 덕분에 붓을 들고 문장을 지으면 자신이 드러내고자 하는 뜻을 적절하게 표현할 수 있게 되었다 하면서, 제자들에게 《고문진보》 후집을 다독하기를 권장하였다. 즉 《고문진보》를 암송하고 있으면 자신의 뜻을 문장으로 드러내고자 할 때에 붓만 들면 그것이 자연스럽게 유로流露된다고 하였다. 이렇게 되어 우리나라 선비들이 《고문진보》를 문장공부의 금과옥조처럼 중시하게 되었고, 이를 이토록 정독하다 보니, 심지어는 역대 중국인의 해석에 이의를 제기하거나 새로운 주해를 내놓는 경지에 이르기도 하였다. 이덕홍李德弘(1541~1596)의 〈고문후집질의古文後集質疑〉[8]나 정사신鄭士信(1558~1619)의 〈고문진보전후집주석정오古文眞寶前後集註釋正誤〉[9] 등이 그런 사례들이다. 이렇게 문장을 공부하는 사람들 사이에서 《고문진보》만을 유일한 참고서인 양 중시하며 널리 읽게 되자,

---

7 이황李滉, 〈잡기제오雜記第五〉, 《퇴계선생언행통록退陶先生言行通錄》. "先生嘗曰 辭達意而已 然學者不可不解文章 若不解文章 雖粗知文字 未能達意於言辭 古文後集 有氣之文也 須讀取五六百遍 然後始見功 吾壯年只讀得數百餘遍 而操筆臨紙 則若或起之 自然胸中流出矣"(김태안金泰雁, 〈'정심正心'의 시학詩學과 자연시〉, 《안동문화》 제14집, 1993, 456쪽에서 재인용)

8 이덕홍李德弘, 〈고문후집질의古文後集質疑〉, 《간재집艮齋集》 참조.

9 정사신鄭士信, 〈고문진보전후집주석정오古文眞寶前後集註釋正誤〉, 《매창집梅窓集》 참조.

유몽인柳夢寅(1559~1623)이나 허균許筠(1569~1618) 등은 문장공부의 기본이 되는 책을 너무 한정된 범위로 좁혀놓고 그것에만 치중하는 우리나라 문인들의 폐단을 지적하기도 하였다.[10]

한편 《고문진보》가 이토록 널리 읽히게 되자 조선 후기에는 원문에 현토한 것과 아녀자들을 위한 언해본까지 나오게 되었다.

어떤 관점으로 번역하였으며 기존 번역서와의 차이점은 무엇인가

고려 후기에 황견이 찬한 《고문진보》가 전래되어 인간印刊 보급되었고 세종대 이후 이에 진력의 《비점고문》이 합쳐져 명대에 간행된 전집 12권과 후집 10권으로 이루어진 《상설고문진보대전》이 전래되자 우리나라에서 문장을 공부하는 사람들 사이에 이것이 널리 읽혀졌는데, 본서는 바로 이 책의 후집을 국역한 것이다. 《상설고문진보대전》의 후집은 중국 전국시대부터 남송대까지의 역대 문인들의 명문 가운데 변문騈文을 제외하고(완전히 제외한 것은 아니어서 몇 편의 변문이 삽입되어 있다.) 주로 고문만을 모아놓은 것이다. 번역문은 원문의 뜻을 충실하게 드러내는 것이 기본 원칙이다. 그러나 수백 수천 년 이전에 지은 고문을 문의의 전달에만 치중하여 번역하다 보면 현대문으로는 어색하거나 생경해지는 경우도 왕왕 있게 된다. 한편 수록된 문장들 가운데는 현대적 관점에서 문학 작품으로 볼 수 없는 설리문說理文도 다수 포함되어 있으나, 일단 문학 작품으로 보고, 매 편마다 전편에 관류貫流하는 주제나 대의를 염두에 두고 매 구句의 사의辭意나 매 자字의 자의字意를 가급적 이에 맞추어 번역하고자 하였다. 그러다 보니 직역이 아닌 의역이나 보충역에 가깝게 되어 매 자의 자의가 충실하고 직절直切하게 반영되지 않은 경우도 있게 되었다.

---

10 유몽인柳夢寅, 《어우야담於于野談》, 경문사, 1979, 138쪽 및 허균許筠, 〈성옹지소록惺翁識小錄 하〉, 《성소부부고惺所覆瓿稿》 참조.

번역의 체재는 제목 밑에 작자명을 밝힌 후 그 문장의 대의와 특징을 설명하여 그 문장이 지어진 시대와 인물의 성향을 알고 읽을 수 있도록 배려하였다. 본래의 《상설고문진보대전》 후집에는 본문보다 소자로 제목 다음에 문장의 대의와 특징을 약술한 전비前批가 붙어 있고, 본문 사이에 주석이나 비평을 가한 간비間批가 있으며, 문장 말미에 후비後批를 붙이기도 하였는데, 본 역서에서는 이러한 비주批註들은 번역할 때에 참고로만 활용하고 수록하지 않았으며, 본문의 역문譯文 속에 녹여 넣거나, 반드시 밝혀야 할 경우에는 역주로 처리하였다. 단 전비前批만은 제목 밑에 붙여놓은 문장의 대의와 특징을 기술할 때에 심도 있게 참조하였다.

지금까지 인간印刊된 《고문진보》의 번역본은 대부분이 역문譯文과 원문原文을 함께 실어 놓았는데, 본서는 역문만 싣고 원문은 싣지 않았다. 이는 독자들 대부분이 역문과 본문을 대조하며 읽어야 할 필요가 없고, 매 문장의 문의文義만 충실히 이해하면 되리라 여겼기 때문이며 《고문진보》를 전문적으로 연구하는 전공자에게는 다른 전적을 통하여 원문을 쉽게 접할 수 있기 때문이다.

본서가 현대에 어떤 의미가 있고 어떤 영향을 끼치기를 기대하는가

본서는 전술한 바와 같이 중국 전국시대부터 남송 말까지의 문인들의 문장을 정선하여 수록한 것으로, 우리의 선인들이 문장을 익히고 짓는 데에 기본이 되는 책으로 사용했으며, 이런 문장의 공부를 통하여 자신을 수양하고 세상에 대처하는 데 지남指南 역할을 했던 책이다.

본서에 수록된 문장들 가운데 일부 우주와 인생의 원리를 설파한 설리문도 있으나 대부분은 문학성을 띤 문장들이다. 그 문장들이 현대적 의미의 문학 장르와 완전하게 일치하지는 않는다 해도 대부분이 문학성을 띤 문장들이므로, 독자들이 그 문장에 내재한 이理의 이해에 머물지 않고 그 문장이 발산하는 희로애락의 감성까지 공감할 수 있게 되기를 기대하면서 그런 방향에 부합하도록 번역하고자 노력하였다.

문학작품은 모두가 인생을 표현한 것이라 할 수 있다. 선현들이 남긴 고아한 문장을 통하여 선현들이 어떤 신념과 자세로 생을 영위했는가를 살펴보는 것이 이욕에 치중한 각박한 생을 영위하는 현대인들에게 자성의 기회를 제공하고 삶의 지표를 바르게 설정하는 데 기여할 수 있으리라고 본다. 이러한 목표를 이루기 위하여 본 역문은 전공자들보다는 일반 독자가 용이하게 이해할 수 있도록 하는 데 주안점을 두어, 본문은 읽지 않고 역문만 읽어도 이해와 감상에 지장이 없도록 하고자 하였으며, 독자들이 고루한 한문 문투로 느끼지 않도록 현대문화 하는 데 역점을 두었다.

본 역서가 현대를 살아가는 독자들에게 온고지신溫故知新의 기회를 제공하고 보다 중후하고 성실하며 타인을 배려하는 인성의 함양에 일조하게 되기를 기대하는 바이다.

역자 서문

본서는 과거에 우리나라에서 널리 읽혀서 우리나라 지식인의 의식 형성에 크게 영향을 끼치고 문장 창작의 전범 역할을 했던 《상설고문진보대전》 후집에 수록된 매 편에 문장의 특징과 대의를 밝히고 국역한 것으로, 독자의 편의를 위하여 불가피한 부분에만 최소한으로 주석을 달았다.

《상설고문진보대전》 후집에 수록된 문장들이 비록 중국 사람들이 지은 것이기는 하나, 지역과 민족을 초월하여 한자문화권에 속한 모든 사람들에게 지대한 영향을 끼쳤고, 책의 제목에 쓰인 그대로 역대 문인들이 지은 고문 가운데 참된 보배가 될 만한 명문들을 모아놓은 것이므로, 특히 우리의 선조들이 문장을 지을 때에 그 구성과 문투를 기준으로 삼았던 것이다. 퇴계 선생이 제자들에게 이 책을 5, 6백 번쯤 읽어서 이 책에 수록된 문장들을 완전히 익혀 체화하기를 권고할 정도였고, 퇴계 자신도 수백 번을 읽었다 하면서 더 여러 차례 읽지 못했던 것을 아쉬워하고, 이렇게 많이 읽었기 때문에 자신의 뜻을 문장으로 드러내는 데 큰 도움을 받고 있다고 토로할 정도였다.

이와 같이 우리의 선인들이 중시했던 책이므로 이미 많은 사람들이 여러 차례에 걸쳐 국역해놓았는데, 이를 새로이 국역한 것은 무엇 때문인가. 수년에 걸쳐 전통문화연구회에서 《고문진보》를 강의하면서, 본서에 수록된 문장의 대부분이 경학적 성격보다는 문학적 성격을 띠고 있으므로 경서의 국역과는 차원을 달리하여 번역문 자체에도 문학성이 드러나야 하고, 역문에는 한문투가 제거되어 한문 냄새가 나지 않아야 하며, 역문만 읽어도 문학적 감흥을 느낄 수 있어서 한학에 조예가 깊지 않은 일반 독자도 쉽게 읽을 수 있는 번역서가 있으면 좋겠다는 생각을 갖게 되었다. 이런 차에 전통문화연구회로부터 《고문진보》를 새로이 번역해보라는 권고를 받고 나 자신의 재능과 능력도 헤아려보지 않은 채 감히 이를 받아들이게 되었다.

나름대로는 한문냄새가 나지 않고 각 문장이 내함內含하고 있는 문학성을 적절하게 드러내어 일반인도 쉽게 읽을 수 있도록 번역하고자 노력하였으나, 막상 번역을 해놓고 보니 이런 면이 기존의 번역서들에 비하여 얼마나 부각되었는지 스스로도 자신을 가질 수 없어서, 나 자신의 능력 부족을 절감하게 되었다.

본서에 수록된 130편의 문장 한편 한편에는 모두 이를 지은 작자들이 의도했든 의도하지 않았든 간에 그들의 인생철학과 가치관과 처세의 방편이 함유되어 있으므로, 본서가 현대를 살아가는 우리들에게 자신의 인생관을 설정하고 앞으로 어떻게 살 것인가를 고민할 때에 바른 방향을 제시하고 심도 있게 참조할 수 있는 자료가 될 수 있을 것이고, 새로운 영감을 얻어 새로운 삶을 개척하는 데에도 도움이 되리라고 본다.

각 문장이 함축하고 있으면서 문자로 확연하게 드러내놓지 않은 부분까지 역문에 표현하려 하다 보니, 혹 직역에서 벗어나 의역을 하거나 보충역을 한 경우도 있는데, 이로 인해 역문 속에 부당하게 역자의 주관이 개재介在되어 오히려 번역을 그르치지는 않았는지 스스로 두려움을 느끼기도 한다.

본서의 국역을 뒷받침해준 전통문화연구회와 국역 과정에 많은 조언과 협조를 해준 박병훈·유재형 연구원에게 깊은 감사를 드리면서, 아울러 미진한 부분에 대한 사계斯界 제현의 많은 질정을 바라는 바이다.

2019년 8월

역자 신용호申用浩 근지謹識

일러두기

1. 본서는 동양고전신역東洋古典新譯《고문진보 후집古文眞寶後集》이다.
2. 본서는《상설고문진보대전詳說古文眞寶大全》후집後集 130편을 모두 번역하였다.
3. 본서本書는 역문만 싣고 원문은 싣지 않았다.
4. 번역飜譯은 원의原義에 충실하게 하였고 필요에 따라 의역意譯을 하였다.
5. 번역문飜譯文은 필요한 경우 한자漢字를 병기倂記하였으며, 맞춤법과 띄어쓰기는 한글 맞춤법과 표준어 규정을 따르는 것을 원칙으로 하였다.
6. 역주譯註는 전문적이고 난해한 내용에 한해 일반 독자들도 이해할 수 있도록 간결하고 쉽게 풀어주었다.
8. 각 편마다 해설解說을 달았으며, 해설에는 본문의 내용을 포괄적으로 설명하고, 본문의 이해와 감상에 필요한 사항을 소개하였다.
9. 여러 도판圖版 자료를 함께 수록하여 본문의 이해를 도왔다.
10. 작가에 대한 소개를 부록으로 수록하여 작가 이해를 도왔다.
11. 본서에 사용된 주요 부호符號는 다음과 같다.

    “ ” : 대화, 인용　　‘ ’ : 재인용, 강조
    《 》: 서명書名　　〈 〉: 편명篇名, 작품명作品名, 보충역
    ( ) : 간단한 주석註釋　　〔 〕: 보충 원문原文

12. QR코드를 통해 본서의 도판 자료 및 전통문화연구회에서 진행한《고문진보》의 강독 동영상을 제시하여 독자들이 보다 다양한 정보를 접할 수 있도록 하였다.
13. 권과 편의 순서에 따라 일련번호를 표시하여 독자의 이용에 편리하도록 하였다.

고문진보 후집

권1

1-1 근심스러운 일을 만나다〔離騷經〕

굴원屈原

해설 | 제목에 쓰여진 '이離'는 만났다는 뜻이고, '소騷'는 근심스러운 마음이 동함을 뜻한다. 후세 사람들이 이 편을 높여서 제목에 '경經'자를 붙인 것이다. 〈이소離騷〉는 초사楚辭의 대표작으로, 굴원屈原이 참소를 당해 쫓겨나서 연군戀君의 정을 읊은 것이다. 향초香草를 선의 상징으로 취초臭草를 악의 상징으로 설정하고, 상고부터 후대에 이르기까지의 성군-현신과 폭군-간신을 대비하면서 논리를 전개하고 있다. 특히 폭군-간신에 맞서 충군애민忠君愛民의 뜻을 실현하려 애쓴 자신의 행적을 환상적으로 서술하면서, 논지의 전개에 각종 신화와 전설을 자유자재로 구사하고 있다. 후세의 문학사에 《시경詩經》에 버금가는 지대한 영향을 끼친 작품으로 일컬어진다.

본문은 첫머리에 송대宋代의 경학가 주희朱熹의 해설을 싣고 그 뒤에 본문을 95개 장으로 나누고 매 장마다 또한 주자朱子의 해설을 수록하였는데, 본 역문에서는 내용의 취지에 맞추어 〈이소경離騷經〉 전문을 17개 단락으로 나누어 번역하고, 주자의 해설은 별도로 기술하지 않고 대부분 역문에 용해하여 포함시키거나 각주로 처리하였다.

주문공朱文公(주희朱熹)이 말하였다.

"굴원屈原의 이름은 평平이니 초楚나라 왕과 성이 같았다. 회왕懷王을 보좌하여 삼려대부三閭大夫가 되었는데, 상관대부上官大夫와 근상靳尙이 그를 시기하여 모함하니 왕이 굴원을 멀리하였다. 굴원이 비방을 당하자 근심하고 번민하다가 이에 〈이소離騷〉를 짓게 되었다.

위로는 요순堯舜과 삼왕三王(하夏나라의 우禹, 은殷나라의 탕湯, 주周나라의 문무文武)의 훌륭한 법도를 기술하고 아래로는 걸桀·주紂·예羿·요澆의 문란한 행위를 기술하여, 군주가 깨닫고 정도正道로 돌아와 자기를 불러주기를 기대하였다.

당시에 진秦나라가 장의張儀를 시켜서 회왕을 속임수로 유인하여 무관武關에서 회맹을 맺으려 하였다. 이에 굴원이 왕에게 가지 말라고 간하였으나, 이 말을 듣지 않고 갔다가 강제로 진나라로 끌려가 끝내 그곳에서 객사하였다.

그 후 양왕襄王이 즉위했지만 또한 헐뜯는 말을 믿고 굴원을 강남으로 귀양보내니, 굴원이 다시 〈구가九歌〉, 〈천문天問〉, 〈구장九章〉, 〈원유遠遊〉, 〈복거卜居〉, 〈어부漁父〉 등의 글을 지어 자기의 뜻을 드러내어 이로써 군주가 깨닫게 되기를 기대하였다. 하지만 끝내 보살핌을 받지 못하게 되자, 조국이 장차 망해가는 것을 차마 볼 수가 없어 마침내 스스로 멱라연汨羅淵에 몸을 던져 자살하였다.

회남왕淮南王 유안劉安이 말하기를, '《시경詩經》의 〈국풍國風〉은 여색을 좋아하되 음란함에 빠지지는 않았고, 〈소아小雅〉는 원망하고 비난하면서도 예법을 어지럽히지는 않았다. 그런데 〈이소〉는 이 두 가지를 겸했다고 말할 수 있다. 혼탁하고 더러운 속에서 초탈하여 세속에서 벗어나 그 밖에서 노닐었으니, 이러한 뜻을 미루어본다면 비록 해와 달과 그 광채를 다툴 만하다고 해도 좋을 것이다.' 하였다. 경문공景文公(송기宋祁)은 '〈이소〉는 사부詞賦의 비조鼻祖인데, 이를 뒷사람이 지은 사부와 비교한다면, 지극히 방정하여 곱자를 대어볼 필요가 없고, 지극히 둥글어서 그림쇠를 거칠 필요가 없는 것과 같다.'라고 말했다."[1]

고양高陽(전욱顓頊) 임금님의 먼 후손이신,
내 훌륭하신 선친께서는 자를 백용伯庸이라 하셨네.
북두성 자루가 바로 첫 모퉁이인 동북방에 이르렀던 정월,

1 이 단락은 주희朱熹의 《초사집주楚辭集註》에 수록된 〈이소경離騷經〉의 서문을 요약하여 등재한 것으로, 〈이소경〉의 창작 배경과 작품에 대한 평을 간략하게 기술한 것이다.

경인일庚寅日에 내가 태어났네.
선친께서 내가 처음 태어날 때를 헤아려보시고,
비로소 내게 아름다운 이름을 지어주셨으니,
내 이름을 정칙正則(평平)이라 하시고,
내 자를 영균靈均(원原)이라 하셨네.[2]

내 이미 내면에 이토록 아름다움을 성대하게 갖추었는데,
또 그 위에 거듭 뛰어나도록 재능을 닦았네.
강리江離와 벽지辟芷 같은 향초로 옷을 지어입고,
추란秋蘭을 꿰어서 장식으로 패용하였네.
부지런히 수양하기를 내 장차 미치지 못할 것처럼 하면서,
세월이 나를 기다려주지 않을까 두려워하였네.
아침이면 비산阰山의 목란木蘭을 따오고,
저녁이면 물가의 숙망宿莽을 따왔네.[3]

세월이 빠르게 지나가며 멈추지 않고,
봄과 가을이 그 절서節序를 교대하네.
초목이 시들어 떨어짐을 생각하니,
임금님께서 늙어가심이 두려워지네.
장년이 되어도 악행을 버리지 않으시니,
어찌 이런 버릇을 고치지 않으시는가.
준마를 타고 달려가서,

---

2 내 이름을……하셨네 : 정칙正則은 굴원의 이름인 평平을 풀이한 것이고, 영균靈均은 굴원의 자인 원原을 풀이한 것이다. 이 단락은 굴원屈原의 가계家系와 굴원이 탄생하여 명자名字를 짓기까지의 과정을 약술한 것이다.

3 이 단락은 고귀한 신분으로 태어난 자신이 수양에 힘써서 미덕을 갖추게 되었음을 노래한 것이다.

그분이 오신다면 내가 앞길을 인도하리라.[4]

옛 삼왕께서 순미純美한 덕을 펼칠 수 있었던 것은,
진실로 여러 꽃다운 어진 신하의 보좌가 있어서였네.
신초申椒와 균계菌桂 같은 어진 신하를 두루 쓰셨으니,
어찌 혜초蕙草와 채초茝草만 차듯이 한두 사람만 임용했으리오.[5]
저 요와 순께서 광명하고 위대하셨던 것은,
도를 좇아서 정도를 얻어서였네.
어찌하여 걸과 주는 법도를 어겼던가,
오직 사악한 좁은 길로만 멋대로 갈 뿐이었네.
측근들과 구차하게 향락만 도모하니,
가는 길이 어둡고 험난하였네.
어찌 내 몸에 재앙이 미침을 두려워하겠는가,
군주의 수레가 무너져 엎어질까 두려울 뿐이네.
급히 앞서거니 뒤서거니 하며 달려서,
전대 성왕聖王의 업적에 미치게 하려 했는데,
군주께선 내 마음을 살피지 않으시고,
도리어 모함하는 말을 믿고 심히 성을 내시네.
내 본시 직간直諫이 화가 될 줄을 알고 있지만,
차마 그만둘 수가 없었네.
드높은 하늘을 가리키며 바로잡고자 한 것은,
오직 군주에 대한 충의 때문이었네.
황혼에 만나기로 기약했는데,

---

4 이 단락은 세월이 속절없이 흘러감을 안타까워하며, 그릇된 길로 가고 있는 군주를 바로잡고자 하는 의지를 밝힌 것이다.

5 신초申椒와……임용했으리오 : 신초와 균계는 열매가 향기로운 나무이고, 혜초와 채초 모두 향기 나는 풀의 이름으로 이들 모두 훌륭한 신하를 상징한 것이다.

중도에 데리러 오던 길을 바꾸셨네.[6]
처음에 이미 나와 약속했었는데,
후에 뜻을 바꾸어 다른 마음을 품으셨네.
내가 떠나감은 어려울 것이 없지만,
군주께서 자주 마음을 바꾸심이 안타깝도다.[7]

내 이미 난초를 구원九畹[8]에 재배하고,
다시 혜초蕙草를 100무畝에 심었네.
유이留夷와 게거揭車를 두둑에 심고,
두형杜衡과 방지芳芷도 섞어 심었네.[9]
가지와 잎이 크게 무성하기를 기대하며,
때를 기다려서 내 장차 베어들이고자 하였네.
비록 시들어 떨어져버린다 한들 또한 무슨 안타까움이 있을까만,
뭇 향초가 황폐해짐이 슬프네.
뭇 소인이 재물을 다투면서,
싫증낼 줄 모르고 또 구하네.
자신의 탐심貪心에 맞추어 남을 헤아리고,
각기 악한 마음을 일으켜 질투를 하네.
소인들이 홀연히 말을 달려 쫓고 있는 것이,
내 마음의 절실한 것과는 다르네.

---

6 황혼에……바꾸셨네 : 이 두 구 뒤에 있던 두 구가 탈간脫簡되었다고 보는 견해도 있다.

7 이 단락은 옛 성군聖君과 현신賢臣, 폭군暴君과 간신奸臣을 예시한 다음, 자신도 성군의 길로 군왕을 인도하였으나 도리어 간신의 말을 듣고 자신을 멀리함을 슬퍼한 것이다.

8 구원九畹 : 원畹은 토지의 면적을 재는 단위로, 1원은 12무畝이다. 1무는 사방 100보의 토지이다.

9 유이留夷와……심었네 : 유이, 게거, 두형, 방지 모두 향초이다.

늙음이 점차 이르려 함이여,
깨끗하게 닦은 명성을 후세에 전하지 못하고 죽게 될까 두렵네.
아침엔 목란에 내린 이슬을 마시고,
저녁엔 가을 국화의 갓 핀 꽃잎을 먹네.
진실로 내 마음이 수련을 쌓아서 미덥고 아름답다면,
오랫동안 굶주려 부황이 난들 어찌 안타까울 것이 있겠는가.
나무뿌리를 캐어서 채초를 묶고,
벽려薜荔의 갓 피어난 꽃술을 꿰어 찼으며,
균계를 들어서 난초를 묶고,
호승胡繩[10]으로 실을 꼬아 아름답게 늘어뜨렸네.
아! 내가 전대의 현인을 본받으려 했음이여,
속인들이 행하는 바와는 달랐네.
비록 이 시대 사람들과는 맞지 않으나,
팽함彭咸[11]이 남긴 법을 따르기를 원하였네.
크게 탄식하고 눈물을 흘리며,
민생에 어려움이 많음을 슬퍼하네.
내 비록 깨끗하게 수양하며 자숙하기를 좋아했으나,
아아! 아침에 간하다가 저녁에 쫓겨났네.
나를 버리고서 나에게 혜초의 띠를 채워주고,
다시 이어서 채초까지 채워주셨네.
이 또한 내 마음이 좋아하는 바이니,
비록 아홉 번을 죽는다 해도 후회하지 않으리라.[12]

---

10 호승胡繩 : 향초의 이름이다.

11 팽함彭咸 : 은殷나라 때의 어진 대부로 군주에게 간했다가 들어주지 않자 투신자살하였다.

12 이 단락은 자신이 정성을 다해 수양하고 정도正道로 군왕을 받들려 하였으나, 사리사욕을 도모하기에 바쁜 간신들의 질투와 방해로 뜻을 이룰 수 없음을 개탄하고,

임금님의 사려 없는 행동을 원망하나니,
끝내 백성들 마음을 살피지 않으시네.
뭇 여인이 내 어여쁜 모습을 시기하고,
내가 음란한 짓을 잘한다고 험담을 하네.
진실로 시대 풍조가 약삭빠름이여,
바른 법도를 외면하고 함부로 바꾸네.
곧은 먹줄을 등지고 굽은 것을 따름이여,
다투어 아첨하는 것으로 기준을 삼네.
시름겨워 답답해하며 내 멍하니 서 있나니,
나만이 유독 이 시대에 곤고困苦를 겪고 있네.
차라리 문득 죽어 없어질지언정,
나는 차마 이런 행태를 따를 수 없네.
높이 나는 새는 무리에 휩쓸리지 않나니,
예부터 본시 그러하였네.
어찌 모난 것과 둥근 것이 서로 어울릴 수 있으리오,
어느 누가 도를 달리하면서 서로 편안히 여길 수 있겠는가.
마음을 펴지 못하고 뜻이 억눌렸지만,
원망을 참으면서 치욕을 물리치네.
청백을 지니고 곧게 살다 죽으려 하나니,
진실로 옛 성인도 이렇게 함을 좋게 여겼다네.[13]

갈 길을 살피지 못했음을 후회하나니,
우두커니 서서 기다리다가 내 이제 돌아가려 하네.

드디어 간신들의 모해로 약간의 예우만 받은 채 쫓겨났지만 자신이 바른 뜻을 굽히지 않은 것을 끝내 후회하지 않겠다고 노래한 것이다.

13 이 단락은 못난 왕과 신하들을 원망하며, 자신은 옛 성현이 이룩한 정도正道를 끝까지 지키겠음을 다짐한 것이다.

내 수레를 돌려 바른 길로 되돌아가려 하나니,
길을 잘못 들었지만 아직 정도正道에서 멀리 벗어나지는 않았네.
내 말을 난초 언덕에서 거닐게 하고,
산초山椒 언덕을 달리다가 이에서 멈추어 쉬리라.
나아갔으나 들어가지 못하고 힐책에 걸려들었으니,
물러나 장차 애초에 닦던 도를 다시 닦으리라.
마름과 연잎을 마름질하여 저고리를 만들고,
연꽃을 모아서 바지를 만들리라.
나를 알아주지 않아도 또한 그만이니,
이러한 내 마음 참으로 꽃답도다.
나는 관을 우뚝하게 높이 쓰고,
나는 패물을 주렁주렁 아름답고 길게 늘어뜨렸네.
향기로운 의상과 빛나는 패물이 섞여 조화를 이루었으니,
오직 나만이 홀로 밝은 바탕이 훼손되지 않았네.
홀연히 고개를 돌려 멀리 둘러보며,
사방의 끝까지 가서 살펴보려 하였네.
온갖 패물로 성하게 장식하고,
향기 물씬 풍기며 더욱 밝게 빛나게 하였네.
백성들은 각기 즐기는 것이 따로 있는데,
나만이 홀로 청백을 닦기 좋아함을 상도常道로 삼았네.
비록 몸이 찢겨져도 내 이 뜻은 변하지 않을 것이니,
어찌 내 마음을 바꿀 수 있으리오.[14]

누님 여수女嬃께서 간곡하게 말리면서,
천천히 나에게 타이르시네.

---

14 이 단락은 세도世道의 타락과 자신의 고고孤高함을 대비한 것이다.

"곤鯀은 사납게 제 고집대로 하다가 몸을 망쳐서,
마침내 우산羽山의 들에서 일찍이 죽었노라.
그대는 어찌 그다지도 박학하고 충직하면서 수양하기를 좋아해서,
홀로 이토록 아름다운 절의를 성대하게 지니고 있는가.
납가새, 조개풀, 도꼬마리 같은 악초惡草가 방 안에 가득한데,
유난하게 홀로 떨어져서 그들과 함께하지 못하는구나.
수많은 사람들 집집마다 찾아가 설득할 수 없으니,
누가 내 마음속의 참뜻을 알아주겠는가.
세상 사람들은 서로 천거하며 당파 만들기를 좋아하는데,
어찌하여 외롭게 홀로 지내면서 내 말을 듣지 않는가?"[15]

나는 옛 성인의 도에 맞추어 중용中庸의 도를 법도로 삼고,
노여운 마음 가득 품고 탄식하며 여기까지 왔네.
원수沅水와 상수湘水를 건너 남쪽으로 가서,
중화重華(순임금)에게 나아가 이렇게 말씀을 올리리라.
"계啓가 〈구변九辯〉과 〈구가九歌〉를 지었는데도,
하夏나라의 태강太康은 오락에 빠져서 제멋대로 방종했습니다.
환난이 닥칠 것을 고려하거나 뒷일을 도모하지 않았으므로,
오자五子가 이 때문에 궁실宮室(국가)을 잃을까 염려했습니다.[16]
예羿는 방탕하게 놀며 사냥에 미쳐서,
또한 큰 여우를 쏘아 잡기를 좋아했습니다.

---

15 이 단락은 자신(굴원屈原)이 정도正道를 지키다가 뭇사람들에게 외면당했음을 안타까워하며 소신을 굽혀 그들과 타협하고 편안히 살 것을 권고하는 누님 여수女嬃의 말을 수록한 것이다.

16 계啓가……염려했습니다 : 계啓는 우禹임금의 아들. 〈구변〉과 〈구가〉는 우임금의 덕성을 찬양한 노래. 계, 태강, 오자, 예 등에 얽힌 일화는 《서경書經》 〈대우모大禹謨〉와 〈오자지가五子之歌〉에 보인다.

본시 난을 일으키는 무리는 뒤끝이 좋은 경우가 드물어서,
한착寒浞이 예를 죽이고 그 부인을 욕심내 빼앗았습니다.
요澆는 몸소 강포하게 행동하며,
욕심을 멋대로 부리고 참을 줄을 몰랐습니다.
날마다 편안함을 즐기며 자신이 할 일을 잊고 지내다가,
이 때문에 그의 목이 굴러 떨어졌습니다.
하나라 걸왕은 항상 도에 어긋나는 짓을 했으므로,
드디어 재앙을 만나 나라가 망했습니다.
은나라 주왕(후신后辛)은 충신을 죽여 젓을 담갔으므로,
은나라 종통宗統이 이 때문에 오래 지속되지 못했습니다.[17]

탕왕과 우왕은 근엄하고 경건하였으며,
주나라 문왕은 도의를 의논함에 어그러짐이 없었습니다.
어진 인재를 들어 쓰고 유능한 사람에게 정사를 맡겨서,
법도를 준수하여 편파적으로 기울어짐이 없었습니다.
하늘은 사사로이 편애하는 일이 없어서,
백성에게 덕을 입히는 것을 보고서야 천명天命을 도울 군주로 삼습니다.
오직 성스러움과 지혜로 덕행을 융성하게 쌓았으므로,
실로 이 천하를 얻어 다스리게 된 것입니다.
이전 시대의 옳고 그름을 살펴보고 후대에 도래할 일을 고려해보면,
백성들의 생각이 지극함을 모두 알 수 있게 됩니다.
누구인들 의義에 어긋나는 일을 할 수 있겠으며,
누구인들 선善이 아닌 것을 행할 수 있겠습니까.
제 몸에 위험이 닥쳐서 죽게 된다 해도,

17 이 단락은 옛 성군聖君인 순舜임금의 신령을 찾아가, 천도天道가 폭군暴君과 용군庸君을 놔두지 않고 망하게 하였음을 말한 것이다.

제가 처음에 품었던 뜻을 지키며 후회하지 않겠습니다.
도끼의 구멍을 계량해보지 않고 도끼자루를 바로잡으려 하다가,
실로 옛 현인들이 이 때문에 젓으로 담가지는 형벌을 받았습니다.
저는 거듭 흐느끼면서 근심으로 울적해하고,
현인을 등용하는 시대를 만나지 못했음을 슬퍼합니다.
부드러운 혜초를 따서(인의仁義를 고수하며) 이로써 눈물을 닦으니,
줄줄 흐르는 눈물이 제 옷깃을 적십니다.[18]

옷자락(가슴)을 펼치고 꿇어 앉아 순임금께 말씀을 올렸으니,
내 이미 이런 중정中正한 도를 분명히 깨달았던 것이네.
네 필의 옥룡玉龍이 끄는 수레를 몰고 가서 봉황을 타고,
홀연히 먼지바람 일으키며 내 하늘로 올라가리라.
아침에 창오蒼梧에서 수레를 타고 출발하여,
저녁에 나는 현포縣圃에 이르렀네.[19]
신령이 사는 곳에서 잠시 머물려 하였는데,
해는 어느덧 저물려 하네.
나는 해를 담당하는 희씨羲氏와 화씨和氏에게 명하여 해가 지는 속도를 늦추게 하며,
엄자산崦嵫山을 바라보고 해가 그곳에 접근하지 못하게 하려 하였네.
길이 주욱 뻗어 있어서 길고 멀지만,
내 장차 오르내리면서 해가 지기 전에 현군賢君을 찾아보고자 하였네.
함지咸池에서 말에게 물을 먹이고,

---

18 이 단락도 앞 단락에 이어서 순舜임금의 신령에게 드린 말씀으로, 천도天道는 사사로움이 없어서 바른 군주에게 천명을 내림을 밝히면서, 자신은 성군聖君이 다스리는 시대를 만나지 못하여 슬프지만 천도에 어긋나는 행위는 하지 않겠음을 다짐한 것이다.

19 아침에……이르렀네 : 창오는 순舜임금을 안장한 곳이고, 현포는 신선이 사는 곤륜산崑崙山에 있는 정원이다.

말고삐를 부상扶桑에 매었네.
약목若木을 꺾어서 해가 넘어가지 못하게 막고,
잠시 소요하며 한가로이 노닐었네.
망서望舒를 앞세워서 먼저 달리며 길잡이 노릇을 하게 하였고,
비렴飛廉을 뒤세워서 따라오게 하였네.
난새(鸞)와 봉황이 나를 위해 앞에서 경계하고,
뇌사雷師는 나에게 미비한 점을 알려주네.
나는 봉황을 날아오르게 하여,
밤낮으로 계속 날게 하였네.
회오리바람이 모였다 흩어졌다 하더니,
구름과 무지개를 이끌고 와서 나를 맞이하네.
뭉쳐 있던 구름이 야단스레 떠났다 합쳤다 하다가,
어지러이 흩어지며 오르락내리락 하네.
내가 천궁天宮의 문지기에게 문을 열어달라 하였으나,
천문에 기대어 서서 나를 바라보기만 할 뿐이네.
때는 어둑어둑 해가 지려 하는데,
그윽한 난초 묶어 차고 우두커니 서 있을 뿐이네.
세상이 어지럽고 혼탁해져서 선악을 분별하지 못하고,
아름다움을 가로막고 질투하기를 좋아하네.[20]

아침이 되자 나는 백수白水를 건너고자,
낭풍산閬風山에 올라 말고삐를 매었네.
홀연히 되돌아보고 눈물 흘리며,

20 이 단락은 순舜임금에게 말씀을 드린 이후에 상상의 세계인 하늘로 올라가 두루 찾아다니며 하늘의 현군賢君을 만나보고자 노력하였으나, 하늘의 현군조차도 자신을 받아들여주지 않는다고 탄식한 것이다.

높은 언덕에 신녀神女가 없음을 슬퍼하였네.
홀연히 나는 이 춘궁春宮에서 노닐며,
경옥瓊玉의 가지를 꺾어서 연이어 찼네.
흐드러지게 핀 꽃 아직 떨어지지 않았을 때에,
이를 전해줄 복비宓妃(복희씨伏羲氏의 딸)의 시녀를 찾아야겠네.
나는 풍륭豐隆을 시켜 구름을 타고 가서,
복비가 계신 곳을 찾아보게 하였네.
차고 있던 패물을 풀어주며 약속을 맺게 하고,
건수蹇脩로 하여금 중매를 서게 하였네.
야단스레 들어줄 듯하다 거절할 듯하다 하더니,
갑자기 어깃장을 놓으며 뜻 바꾸기를 어려워하네.
저녁에 돌아와 궁석산窮石山에 머물고,
아침에 유반강洧盤江에 머리를 감았네.
복비가 그 아름다움을 믿고 교만하여,
날마다 편안히 향락을 즐기며 도度에 지나치게 노네.
비록 진실로 아름답기는 하나 예의가 없으니,
포기하고 떠나서 다른 사람을 찾아봐야겠네.
사방 끝까지 두루두루 살펴보며,
나는 하늘을 두루 돌아보고 드디어 땅으로 내려왔네.
요대瑤臺가 우뚝 솟아 있음을 바라보고,
유융국有娀國의 예쁜 여인을 만나보려 하였네.
내가 짐조鴆鳥에게 중매를 서 달라 하였는데,
짐조는 도리어 나를 좋지 않은 사람이라고 고자질하였네.
다시 송골매에게 날아가 중매를 서도록 명하면서도,
나는 오히려 그 경박하고 말이 많음을 싫어하였네.
이에 마음이 머뭇거려지고 의심이 들어서,
직접 찾아가려 하나 예법에 어긋나 그럴 수도 없었네.

봉황이 이미 예물을 받아갔다 하니,
고신씨高辛氏가 나보다 먼저 간적簡狄을 얻게 될까 두렵네.
멀리 떠나려 해도 가서 머물 곳이 없어,
오직 이리저리 떠돌며 서성일 뿐이네.
소강少康이 그녀들에게 아직 장가 들기 이전에,
유우씨有虞氏의 두 딸을 잡아보리라.
그러나 논리도 소강보다 약하고 중매쟁이도 졸렬하니,
중매하는 말이 확실하지 못할까 두렵네.
세상이 어지럽고 혼탁해서 어진 사람을 미워하며,
장점은 덮어버리고 약점을 말하기 좋아하네.
궁중 여인이 거처하는 곳 깊고도 멀어서,
명철한 상제上帝도 깨닫지 못하시네.
나는 충신忠信한 마음을 품고 있으나 이를 펼칠 수 없으니,
내 어찌 차마 이렇게 세상을 마칠 수 있으리오.[21]

경모초藑茅草와 작은 대나무를 취하여 점치는 산가지로 삼아,
점 잘 치는 영분靈氛에게 나를 위해 점을 쳐보게 하니,
말하기를, "아름다운 두 남녀는 반드시 합쳐지게 되어 있지만,
초나라에서야 어느 누가 그대의 수행修行을 믿고 연모하겠는가.
구주九州가 광대함을 생각해야 하나니,
어찌 오직 이 초나라에만 미녀(현군)가 있겠는가.
부디 멀리 떠나고 의심하거나 머뭇거리지 말라!
누가 미남(충신)을 찾으면서 그대를 버리겠는가.

---

21 이 단락은 자신과 짝을 이룰 수 있는 신녀神女(현군賢君의 비유)를 만나고자 중매쟁이를 내세워 하늘과 땅에서 두루 찾았으나, 중매쟁이가 성실하지 못하거나 신녀가 마음을 열어주지 않아서 뜻을 이루지 못했음을 탄식한 것이다.

어느 곳인들 유독 향초가 없겠는가.
그런데 그대는 어찌하여 예부터 살던 곳만 그리워하는가." 하네.
세상 사람들이 어두워서 판단을 잘 못하니,
어느 누가 나의 장단점을 제대로 살펴줄까.
사람들의 좋아하고 싫어함이 같지 않지만,
이 소인의 무리들은 특별히 유난하네.
집집마다 악초인 쑥을 옷에 차서 허리띠를 가득 메우고,
그윽한 향기를 풍기는 난초는 찰 것이 못 된다고 말하네.
초목을 살피면서도 오히려 향초와 악초를 알아내지 못하니,
어찌 정옥珵玉의 아름다움을 제대로 분별할 수 있겠는가.
썩은 흙을 취하여 향주머니에 채우고,
향초인 신초申椒는 향기롭지 못하다고 말하네.[22]

영분의 길점을 따르려 하다가,
마음을 머뭇거리며 결단을 내리지 못하네.
무함巫咸이 저녁에 하늘에서 내려올 것이니,
신초와 고운 쌀 품고 맞이하여 다시 점쳐보게 하였네.
여러 신을 거느리고 해 가리며 위의를 갖추고 내려오더니,
구의산九疑山의 신들을 시켜서 성대하게 나를 맞이하네.
여러 신들이 크게 번쩍이며 신령함을 드러내어,
나에게 길한 점괘를 알려주네.
무함이 말하기를 "힘을 다해 천지를 오르내리며,
법도가 같은 사람을 찾아보시오.

---

22 이 단락은 자신이 어떻게 처신해야 할까 영분靈氛에게 점을 쳐보게 하니, 악인들이 날뛰면서 현인을 박대하는 초楚나라를 떠나 현인을 우대하는 다른 나라를 찾아보라고 권했다는 것이다.

탕과 우 같은 군주가 점잖게 법도에 맞는 사람을 찾을 것이니,
이윤伊尹과 고요皐陶처럼 군신이 조화를 이루게 될 것이오.
진실로 그 내면을 잘 수양했다면,
또한 어찌 반드시 중매쟁이를 이용할 필요가 있겠소.
부열傅說이 부암傅巖에서 담쌓는 일을 했지만,
무정武丁은 그를 임용하고 의심하지 않았소.
여망呂望은 칼을 두드리며 백정 노릇을 했지만,
주 문왕을 만나서 등용될 수 있었고,
영척甯戚이 노래를 부르자,
제 환공齊桓公이 듣고서 보필로 삼았었소.
나이가 아직 늙지 않았고,
시운도 아직 다 끝나지 않았지만,
가을을 알리는 접동새가 먼저 울어서,
온갖 향초가 그 때문에 향기를 잃고 시들게 될까 두렵소." 하네.[23]

내가 패용한 경옥瓊玉은 어찌 그리도 찬란한가.
수많은 소인들이 떼 지어 이를 가로막고 있네.
이 소인 무리들의 진실하지 못함이여,
질투하여 그 경옥을 꺾어버릴까 두렵네.
시대가 어지럽고 복잡하게 뒤바뀌는데,
또한 어찌 그대로 머물러서야 되겠는가.
난초와 지초가 변하여 향기를 잃고,
전초와 혜초는 바뀌어 악초인 띠풀처럼 되었네.

---

23 이 단락은 영분의 점괘를 따르려 하나 차마 고국을 떠날 수 없어 망설이다 다시 무함巫咸에게 점을 쳐보니, 무함 역시 옛날 현인賢人과 성군聖君이 만나 뜻을 같이했던 사례를 말하고, 천지를 두루 오르내리며 성군을 찾아볼 것을 권했다는 것이다.

어찌하여 지난날엔 향기로운 풀이었다가,
이제는 오로지 이런 쑥대처럼 되었는가.
어찌 다른 까닭이 있겠는가?
덕을 닦기 좋아하면 화를 입기 때문이겠지.
나는 난초를 믿을 만하다고 여겼는데,
오히려 신실함이 없고 겉모습만 아름다울 뿐이네.
그 장점을 감추고 시속을 따르면서,
구차하게 여러 꽃들 사이에 끼어있을 뿐이네.
신초는 오로지 아첨만 하면서 거만 방자해져서,
차고 있는 향주머니에 산복숭아(악초)를 채워 넣으려 하네.
출세만 추구하며 조정에 들어가 벼슬하기에 힘쓰니,
또 어찌 향기로움을 지킬 수 있으리오.
진실로 시속이 흘러가는 대로 따른다면,
또한 누구인들 바뀌지 않을 수 있으리오.
신초와 난초마저 이처럼 변한 것을 보게 되는데,
더구나 초란만 못한 게거와 강리야 더 말할 것이 있겠는가.
오직 내가 패용한 경옥만이 귀하게 여길 만한데,
그 아름다움을 버림받고 이제까지 지내왔네.
향기가 성하여 허물어뜨리기 어려워서,
향기로움이 이제까지도 줄어들지 않았네.
품격과 법도에 맞게 처신하기를 스스로 즐기고,
여기저기 돌아다니며 미녀(성군)를 찾아보리라.
내가 패용한 구슬과 관복이 한창 성할 때에,
천지를 두루 오르내리며 살펴보리라.[24]

---

24 이 아래로부터 작품이 끝날 때까지는 모두 굴원屈原 자신의 말이다. 이 단락은 한 때 자신과 뜻을 같이했던 동지들까지 이욕에 물들어 시속을 따르면서 자신을 등졌

영분靈氛이 이미 나에게 길한 점괘를 알려주었으니,
길일을 택하여 내 장차 떠나리라.
경옥나무 가지를 꺾어서 반찬을 만들고,
경옥을 빻은 가루로 마른 양식으로 삼았네.
나를 위해 비룡飛龍에게 수레를 몰라 하고,
요옥瑤玉과 상아象牙를 섞어서 수레를 꾸몄네.
어찌 마음이 이미 떠났는데 함께할 수 있겠는가.
내 장차 멀리 떠나서 스스로 멀어지리라.
내 갈 길을 곤륜산崑崙山으로 돌려서,
길게 멀리 뻗은 길을 두루 돌아갔네.
구름과 무지개 깃발로 햇빛을 가리고,
옥란玉鸞 방울을 딸랑딸랑 울리며 갔네.
아침에 내 수레가 은하수 가의 나루에서 출발하여,
저녁에 서쪽 끝에 이르렀네.
봉황이 용을 그린 깃발을 공손히 받들고,
높이 날면서 정성을 다해 인도하였네.
홀연 내 행차가 이 사막을 지나게 되어,
적수赤水를 따라 가면서 노닐었네.
교룡蛟龍을 지휘하여 나루에 다리를 놓게 하고,
서황西皇에게 고하여 나를 건너가게 해 달라 하였네.
길이 길고 멀어 어려움이 많으니,
여러 수레를 동원하여 앞질러가서 기다리게 하였네.
부주산不周山을 경유하여 왼쪽으로 돌아서,
서해西海를 가리키며 그곳에서 만나기로 기약하였네.
내 수레가 모두 천승千乘이나 되는데,

음을 개탄하며, 다른 곳에 가서 뜻이 맞는 군주를 찾아보겠다고 한 것이다.

옥 수레바퀴를 가지런히 하고 함께 달렸네.
팔룡八龍이 끄는 수레를 타고 훨훨 날아가니,
꽂아놓은 운기雲旗가 휘날리었네.
급한 마음 억누르고 천천히 고도故都로 돌아가려 하나,
정신이 높이 내달려 아득해졌네.
우임금의 〈구가九歌〉를 연주하고 순임금의 〈소악韶樂〉에 맞춰 춤을 추며,
잠시 틈을 내어 기쁘게 즐기려 하였네.
눈부시게 빛나는 하늘에 높이 올라서,
문득 옛 고향 초 땅을 되돌아보았네.
마부는 슬퍼하고 말도 그곳을 그리워하여,
머뭇머뭇 돌아보며 나아가지 못하였네.[25]

이에 아래와 같이 끝을 맺노라.

다 끝났도다!
나라에 현인이 없어 나를 이해하지 못하는데,
또한 어이하여 고국에 미련을 두는가.
이미 아름다운 정사政事를 함께 펼 사람이 없게 되었으니,
내 장차 팽함이 사는 곳으로 따라가리라.[26]

---

25 영분이 점을 쳐서 다른 나라로 가서 찾아보면 뜻이 맞는 현군賢君을 만날 수 있으리라 했으므로 먼 지역을 두루 돌아다니며 찾아보았지만, 마부와 말조차도 차마 고국인 초楚나라를 떠나지 못하고 머뭇거린다 하여, 초나라 군신들이 아무리 자신을 박대해도 고국을 떠날 수 없다는 충정忠情을 밝힌 것이다.

26 이 단락은 이 노래의 결론으로, 고국에 현인이 없어 자신을 버렸지만, 자신은 고국을 버릴 수가 없으니, 팽함처럼 물에 몸을 던져 생을 마칠 수밖에 없다고 한 것이다.

1-2 어부사〔漁父辭〕

굴원

해설 | 어부는 아마도 당시에 은둔했던 선비이거나, 굴원이 가상으로 설정한 인물일 것이다. 굴원은 깨끗하게 수양하고 충군애민忠君愛民을 위한 도를 지키다가 세상에 용납되지 못하여 추방을 당했지만 그 신념을 굳게 지키겠다고 한다. 한편 어부는 세상이 혼탁하여 바로잡을 수가 없으면 미련을 버리고 은둔해야지, 굳이 추방까지 당할 필요가 있느냐고 한다. 굴원은 이렇게 서로 다른 두 주장을 대비하는 형식으로 문장을 구성하였다.

굴원屈原이 추방당하여 강호江湖를 떠돌면서 못가를 거닐며 읊조리고 있는데, 안색은 수심이 가득하고 모습은 여위어 있었다. 어부가 그를 보고 물었다.

"그대는 삼려대부三閭大夫가 아니시오? 어인 까닭으로 이런 지경에 이르셨소?"

굴원이 대답하였다.

"온 세상이 모두 혼탁한데 나 홀로 깨끗하고, 모든 사람이 다 취해 있는데 나 홀로 깨어 있었소. 이 때문에 내침을 당하였소."

어부가 말하였다.

"성인聖人은 외물에 구애받지 않고 세상의 변화에 맞추어 움직이지요. 세상 사람들이 모두 혼탁하면 어찌하여 그 진흙을 휘저으며 그 흙탕물을 더욱 일으키지 않고, 사람들이 다 취했으면 어찌하여 그 술지게미까지 먹고 그 모주까지 마시지 않았소. 무엇 때문에 깊이 생각하고 고상하게 처신하다가 추방을 당하였소?"

굴원이 대답하였다.

"내가 들으니, '새로 머리를 감은 사람은 반드시 갓을 털어서 쓰고, 새로 몸을 씻은 사람은 반드시 옷을 털어서 입는다.' 합디다. 그러니 어찌 깨끗한 몸으로 남의 더러움을 받아들일 수 있겠소. 차라리 상강湘江[1]에 투신하여 물고기의 뱃속에 이 몸을 장사 지낼지언정, 어찌 희디희게 결백한 몸으로 세속의 티끌을 뒤집어쓸 수 있겠소."

어부가 빙그레 웃으며 뱃전을 두드리고 노래하기를,

"창랑滄浪의 물이 맑으면 내 갓끈을 씻고, 창랑의 물이 흐리면 내 발을 씻으리로다."

하고 드디어 떠나버려서, 더는 함께 대화를 나눌 수가 없었다.

탁족도濯足圖

1 상강湘江 : 중국 후난성의 최대의 강이다.

1-3 진황秦皇에게 올린 객경客卿의 축출을 말리는 편지〔上秦皇逐客書〕

이사李斯

해설 | 진 시황秦始皇 10년에 왕실과 동족 대신들이 의논하기를, '다른 제후국 출신으로 진秦나라에 와서 벼슬하고 있는 객경客卿들은 모두 고국의 군주를 위하여 유세하며 이간질을 하는 것일 뿐이니 마땅히 모두 내쫓아야 한다.' 하였으므로, 객경으로 있던 초楚나라 출신 이사李斯도 쫓겨나게 되었다. 이에 이사는 물러나면서 이 글을 올려서 반복하여 객경들이 진나라가 부강해지는 데에 큰 공을 세웠음을 말하였다. 그 근거로 진나라가 현재 누리고 있는 호사와 풍요, 부강함이 객경들의 공로임을 과거의 사실을 하나하나 들어 설명하였다. 그러자 진 시황은 즉시 이사를 다시 불러 관직을 회복시키고 객경들을 내쫓으라는 명령을 철회하였다.

이 글은 《고문진보古文眞寶》에서 굴원屈原의 〈이소離騷〉 다음에 실었는데, 《고문진보》의 편찬자는 그 이유를 이렇게 밝혔다. 어떤 사람이 말하기를, "이제 옛 글을 골라 실으면서 바로 이 편을 초사楚辭(〈이소〉)의 다음에 실어놓았는데, 그 문장이 비록 아름답기는 하나 그 작자인 이사가 악인임을 어찌하겠는가." 하였다. 이에 편찬자가 대답하기를, "그의 됨됨이 때문에 그가 지은 좋은 글까지 없애는 것은 옳지 않다. 또한 〈이소〉로써 책머리의 좋은 글로 삼은 것은 충신의 글로써 만세 후까지 고무시키려 한 것이고, 이 글을 그다음에 두어서 간신의 글로써 만세 후까지 경계하도록 한 것이니, 이는 권면함과 경계함을 밝게 드러낸 것이다. 《고문진보》를 읽으면서 맨 먼저 이를 밝게 알게 된다면, 어찌 작은 도움이나마 되지 않겠는가." 하였다.

신이 들으니, 관리들이 객경客卿을 축출하기로 의결하였다 하는데, 이는 잘못된 결정이라고 생각합니다.

옛날에 목공穆公은 인재를 찾아서, 서쪽 융戎 땅에서 유여由余를 데려오고 동쪽 완宛 땅에서 백리해百里奚를 얻어왔습니다. 송宋에서 건숙蹇叔을 맞아들이고 진晉에서는 비표丕豹와 공손지公孫支를 찾아왔습니다. 이 다섯 사람은 진秦나라에서 태어나지 않았지만 목공은 그들을 써서 20개 나라를 겸병하여, 드디어 서쪽 변방에 있는 진나라가 제후들을 호령하는 패자가 될 수 있었습니다.

효공孝公은 상앙商鞅의 변법을 써서 나라의 기풍을 바꾸었는데, 이 때문에 백성들은 융성하고 나라는 부강해졌습니다. 백성들은 나라에 쓰임을 즐겁게 여기고 제후들은 진나라와 가까워지고자 복종하였으며, 초楚나라와 위魏나라의 많은 군사를 사로잡고 영토를 천 리나 개척하여, 지금까지도 나라가 잘 다스려지고 부강하게 되었습니다.

혜왕惠王은 장의張儀의 계책을 써서 삼천三川의 땅을 점령하고 서로는 파촉巴蜀을 병합하였습니다. 북으로는 상군上郡을 거두어들이고 남으로는 한중漢中을 차지하였습니다. 구이九夷를 포섭하고 언鄢과 영郢(전국시대 초나라의 수도)을 제압하고, 동으로 성고成皐의 험지를 점령하여 기름진 땅을 떼어왔습니다. 이에 드디어 6국의 합종을 깨트려서 그들로 하여금 서쪽을 향하여 진을 섬기게 하여, 그 공효가 지금까지 이어오게 되었습니다.

소왕昭王은 범수范睢를 임용하여 양후穰侯를 폐하고 화양군華陽君을 축출하여, 황실을 강화하고 사가私家의 득세를 막았습니다. 이에 제후들을 차츰차츰 병합하여 진나라가 황제의 나라가 되는 기초를 이룰 수 있었습니다.

이 네 분의 군주께서는 모두 객경들의 공으로 업적을 세웠습니다. 이를 근거로 하여 살펴보건대 객경들이 진나라에 무슨 배신을 하였습니까. 과거에 만일 네 분 군주께서 객경들을 물리쳐 받아들이지 않고 인재를 멀리하여 등용하지 않았다면, 나라가 부강해지고 이롭게 되는 효과를 거둘 수 없었을 것입니다. 또한 진이 강대한 나라라는 명성을 누릴 수 없었을 것입니다.

지금 폐하께서는 곤륜산崑崙山에서 생산된 옥을 가져다 쓰며, 수후隨侯의 구슬과 변화卞和의 벽옥을 지니고, 명월주明月珠를 패용하고 계십니다. 또

태아검太阿劍을 차고, 섬리마纖離馬를 타며, 비취 깃으로 봉황을 수놓은 기를 세우고, 신령한 악어가죽으로 만든 북을 세워놓고 계십니다. 이 여러 가지 보물들은 하나같이 진나라에서 생산되지 않은 것들인데도, 폐하께서 그것들을 좋아하시는 것은 무엇 때문입니까. 반드시 진나라에서 나는 것이라야 쓸 수 있다면, 곧 야광의 벽옥으로 조정을 장식하지 못할 것이고, 코뿔소 뿔과 상아로 만든 기물들이 완상품이 되지 못할 것입니다. 정鄭 땅과 위魏 땅 출신의 미녀들로 후궁을 채울 수 없을 것이며, 결제마駃騠馬 같은 준마로 외양간을 채울 수 없을 것입니다. 강남江南에서 생산된 금석金錫을 쓸 수 없고, 서촉西蜀에서 생산된 도료가 채색 재료로 쓰여질 수 없을 것입니다.

후궁들을 예쁘게 꾸며 시첩侍妾으로 채워놓고 마음을 기쁘게 하고 이목을 즐겁게 하는 것이 반드시 진나라에서 나는 것이라야 쓸 수 있다면, 곧 완宛 땅에서 나온 구슬로 만든 비녀, 부傅 땅에서 나온 옥으로 만든 귀고리, 동아東阿 땅의 흰 깁으로 만든 옷, 서촉 땅에서 나온 수놓은 비단 장식들이 폐하 앞에 바쳐질 수 없을 것입니다. 또 유행에 맞추어 우아하게 화장을 하고 아름답게 꾸민 아리땁고 얌전한 조趙 땅의 여인들이 폐하의 곁에 서 있을 수 없게 될 것입니다.

물동이를 두드리고 질장구를 치고 쟁箏을 타고 넓적다리를 두드리며 '오오' 하고 외쳐대며 노래를 불러서 이목을 즐겁게 했던 것이 진짜 진나라의 음악이고, 정악鄭樂과 위악魏樂과 상간악桑間樂과 소우악韶虞樂과 상무악象武樂은 이국의 음악입니다. 그런데 지금 물동이 두드리고 질장구 치는 음악을 버리고 정·위의 음악을 즐기며, 쟁을 타는 것을 물리치고 소우악을 즐기고 계십니다. 이와 같이 하는 것은 무엇 때문입니까? 기쁘게 하는 것이 앞에 있어서 보기에 기분이 좋아서일 뿐입니다.

이제 사람을 쓰는 것은 그렇지 않아서 가부를 묻지 않고 곡직도 따지지 않고, 진나라 출신이 아닌 사람은 내보내고 객경들을 내쫓으십니다. 그렇다면 이는 중하게 여기는 것은 여색과 음악과 주옥이고 가볍게 여기는 것은 백성인 것이니, 이는 온 천하를 차지하고 제후들을 제압하는 계책이 못 됩니다.

신이 들으니, 땅이 넓으면 생산되는 곡식이 풍부해지고, 나라가 크면 사람도 많아지며, 군사력이 강하면 병사들이 용감해진다 하였습니다. 이런 까닭으로 태산은 흙 한 덩이도 거절하지 않기 때문에 거대한 산을 이루게 되었고, 하해는 작은 물줄기도 가리지 않고 받아들이므로 깊은 물을 이루게 된 것이며, 왕이 된 사람은 모든 백성들을 물리치지 않으므로 그 덕을 널리 밝힐 수 있는 것입니다.

이 때문에 영토에는 사방의 한계가 없게 되고, 백성들은 나라의 구별이 없이 다 받아들여서, 일 년 내내 좋은 물건이 충만하며 귀신이 복을 내려주는 것이니, 이것이 오제五帝와 삼왕三王에게 맞설 자가 없었던 이유입니다. 그런데 지금은 곧 백성들을 버려서 적국에 보태주고 빈객들을 물리쳐서 제후들의 공업을 이루어주어, 천하의 인재들로 하여금 뒤로 물러나서 감히 서쪽 진나라로 향하지 못하게 하고, 발을 싸매고 달아나며 진으로 들어오지 못하게 하시니, 이는 이른바 '적에게 군사를 빌려주고 도둑에게 식량을 싸다 바친다.'라고 하는 꼴입니다.

대저 물자는 진나라에서 생산되지 않았으되 보물로 삼을 것이 많듯이 인재도 진에서 태어나지 않았으되 충성을 바치기를 원하는 사람이 많습니다. 이제 객경들을 내쫓아서 적국에 보태주고 백성들을 버려서 원수에게 보태준다면, 나라 안은 자연히 텅 비게 되고 밖으로는 제후들에게 원한을 품게 할 것입니다. 그렇게 한다면 나라가 위태롭지 않기를 바란다 해도 그렇게 될 수 없을 것입니다.

1-4 가을바람 불어오자〔秋風辭〕

한 무제漢武帝

해설 | 중국 문학의 변천과정을 말하는 사람들이 '시가 변해서 소騷가 되었고, 소가 변해서 사辭가 되었는데, 모두 노래로 부를 수 있는 것이다.' 하였다. 사는 한대漢代 이후에 널리 유행한 문체로 압운은 하였으되 구식句式은 일정하지 않아서 시와 문의 교계처交界處에 위치한 문학 양식이다. 이 〈추풍사〉는 한 무제漢武帝가 분음汾陰에서 토지신에게 제사를 지내고 지은 것으로, 세 차례 환운하였고, 그 절주는 짧고 그 소리는 슬픈데, 이렇게 짓는 것이 사의 기본 법도이다.

황제께서 하동河東으로 행차하여 후토后土에 제사를 지내고, 제경帝京(수도)을 돌아보시며 기쁜 생각이 일어서 강 가운데 배를 띄우고 여러 신하들과 잔치를 열었는데, 황제께서 매우 기뻐하시며 곧 직접 〈추풍사秋風辭〉를 지었으니, 그 사는 다음과 같다.

가을바람 일어서 흰 구름 흩날리니,
초목은 누렇게 지고 기러기는 남으로 돌아오도다.
난초가 꽃을 피우고 국화가 향기로우니,
훌륭한 뭇 신하들 그리워져서 잊을 수가 없도다.
누선을 띄우고 분하를 건너며,
강 가운데를 가로지르자 흰 물결이 일도다.
퉁소와 북소리 울리며 뱃노래 불러서,
기쁘고 즐거움이 극에 달하자 슬픈 마음도 많아지도다.
젊은 시절이 얼마나 되겠는가 늙어감을 어이하리오.

1-5 진秦나라의 과오를 논하다〔過秦論〕

가의賈誼

해설 | 이 편에서 진秦나라가 천하를 차지할 수 있었던 것은 관중關中 땅을 점거한 데 있었고 천하를 잃은 것은 관중만 믿었던 데 있었다 하였는데, 바로 이것이 이 문장 전체의 대의大意이다. 문장이 마치 백만의 대군이 북을 치고 함성을 지르며 적을 향해 내달리는데 행진의 항오가 질서정연한 것처럼 기상이 왕양汪洋하면서도 논리가 정연하다는 평을 받았다. 전일에 관중을 점거했을 때에는 곧 천하를 차지할 기세를 지녔다가, 후일에 와서는 관중을 차지한 것에 자만하고 천하를 지킬 방도를 생각하지 않아서, 이 때문에 나라를 잃게 되었음을 밝힌 것이다.

진秦나라 효공孝公이 효산殽山과 함곡관函谷關의 험고한 요새를 점거하고 옹주雍州의 땅을 차지하여, 군신이 이를 굳게 지키면서 주周나라 왕실을 엿보고 천하를 멍석말이하듯이 차지하고, 온 천하를 모두 포괄하며 사해 안을 한 주머니 안에 묶어 넣고 팔방八方 끝까지 모두 삼키려는 마음을 가졌다. 이때를 당하여 상군商君(상앙商鞅)이 이 계책을 도와서, 안으로는 법도를 확립하여 남자는 농경에 힘쓰고 여자는 길쌈에 힘쓰면서 전쟁하고 방어할 준비를 하고, 밖으로는 연횡책連橫策을 써서 제후들끼리 싸우게 하였다. 이에 진나라 사람들이 팔짱을 끼고(힘들이지 않고) 서하西河 밖의 땅을 차지할 수 있었다.

효공이 사망한 후에 혜문왕惠文王, 무왕武王, 소양왕昭襄王 등이 옛날에 이룩해놓은 업적에 힘입고 물려받은 정책을 근거로 하여 남으로 한중漢中을 빼앗고 서로 파촉巴蜀을 차지하였으며 동으로 기름진 땅을 떼어오고 북으로 적을 막기에 편리한 요충이 되는 군郡을 거두어들였다. 제후들이 두려워서 모여 맹약을 맺어 진나라를 약화시키기를 도모하면서 진기한 기물과 중요한 보배와 비옥한 땅을 아끼지 않고 천하의 인재들을 초치하고 합종책合從策으로 맹약하여 서로 하나의 세력으로 뭉쳤다.

이때를 당하여 제齊나라에는 맹상군孟嘗君이 있고, 조趙나라에는 평원군平原君이 있고, 초楚나라에는 춘신군春申君이 있고, 위魏나라에는 신릉군信陵君이 있었다.[1] 이 네 사람은 모두 현명하고 지혜롭고 충직하고 신의가 있었으며, 너그럽고 후덕해서 사람들을 사랑하며, 현자를 받들고 선비들을 중용하였다. 합종을 맹약하여 연횡을 와해시키고, 한韓, 위魏, 연燕, 조趙, 송宋, 위衛, 중산中山의 병력이 연합하도록 하였다. 이에 육국六國의 인물들 가운데 영월甯越, 서상徐尙, 소진蘇秦, 두혁杜赫 등이 이를 위한 계책을 수립하고, 제명齊明, 주최周最, 진진陳軫, 소활蘇滑, 누완樓緩, 적경翟景, 소려蘇厲, 악의樂毅 등이 각국의 의견을 조절하고, 오기吳起, 손빈孫臏, 대타帶佗, 아량兒良, 왕료王廖, 전기田忌, 염파廉頗, 조사趙奢 등이 각국의 병력을 지휘하였다.

일찍이 진나라의 10배에 달하는 땅과 백만의 군대로 함곡관을 향하여 진을 공격하다가, 진나라 사람들이 관문을 열고 맞아 싸우자, 9국九國의 군사들이 도망쳐 달아나 감히 앞으로 나아가지 못하였으니, 진나라는 활을 잃거나 화살촉을 유실하는 비용을 들이지 않았는데도 천하 제후들의 군대는 이미 곤경을 겪게 되었다.

이에 합종의 맹약이 와해되어서 다투어 땅을 떼어 진나라에게 바치게 되었고, 진나라의 국력은 넉넉해져서 피폐한 나라들을 제압하여 패배해 도망친 군사를 추격하니, 엎어져 죽은 시체가 백만이었고 흐르는 피에 방패가 떠다닐 정도였다. 승리한 기세를 타서 천하의 제후들을 제압하고 다스리며 강하와 산맥을 분할하여 마음대로 국경을 정하니, 제후국들 가운데 강국은

---

1 제齊나라에는……있었다 : 제나라의 맹상군孟嘗君, 조나라의 평원군平原君, 초나라의 춘신군春申君, 위나라의 신릉군信陵君은 모두 덕망과 지략이 탁월했던 인물들로 그들을 따르던 식객들이 각기 3천이나 되었으며, 강대한 진秦나라에 맞서 자기 나라를 지키는 데 크게 기여하였던 인물들이다.

복종하기를 청하고 약국의 제후들은 알현하였다.

효문왕孝文王과 장양왕莊襄王 때에 이르러서는 국왕의 지위를 누린 기간이 길지 않았고 국가에 전쟁이 없었다. 시황始皇 때에 이르자 6대 동안 축적된 공업功業을 떨쳐 일으켜서 긴 채찍을 휘두르며 온 세상을 통어統御하여 2주二周(서주西周와 동주東周)를 병탄하고 제후국들을 멸하고서, 지존至尊의 지위에 올라 온 천하를 제어하여 회초리를 잡고 천하를 채찍질하니, 위엄이 천하에 진동하였다. 남쪽으로는 백월百粤 땅을 빼앗아 이를 계림군桂林郡과 상군象郡으로 삼으니, 백월 땅의 부족장들이 머리를 숙이고 목을 묶고 진나라의 하리下吏에게 목숨을 맡겼다. 이어 몽염蒙恬에게 북쪽에 만리장성을 쌓아 변경을 지키게 하여 흉노를 700여 리 밖으로 몰아내니, 오랑캐가 감히 남쪽으로 내려와 말을 기르는 일이 없어졌으며, 오랑캐 군사들이 감히 활을 당겨 보복하는 일이 없게 되었다.

이에 선왕들이 행했던 왕도정치를 폐하고 제자백가의 서적을 불태워서 백성들을 어리석게 만들었다. 지방 각지에 있는 이름난 큰 성들을 허물어버리고 호걸들을 죽이고 천하의 병기들을 거두어 수도 함양咸陽으로 모아 칼날과 화살촉을 녹여 청동으로 12인상을 주조하여 천하 백성들의 군사력을 약화시켰다. 그런 후에 화산華山의 줄기를 성으로 삼고 하수河水를 해자로 삼아 억장億丈에 이르는 성에 웅거하고 헤아릴 수 없이 깊은 해자를 굽어보며, 이로써 견고한 요새로 삼았다. 훌륭한 장수가 굳센 쇠뇌를 잡고 요해처를 지키고, 신임하는 신하와 정예 군졸이 예리한 병기를 펼쳐놓고 통행인을 검문하였다. 천하 평정이 완료되자 시황은 마음속으로 관중의 험고함은 쇠로 만든 성곽이 천 리에 뻗어 있는 것과 같으니, 자손들이 만세까지 제왕의 지위를 누릴 기업基業이 이루어졌다고 여기게 되었다.

시황이 사망한 후에도 남아 있는 위세가 풍속이 다른 이민족에까지 진동하였다. 그런데 진섭陳涉은 깨진 질그릇으로 창문을 만들고 노끈으로 문지도리를 맨 서민의 자식인 미천한 백성으로 이리저리 떠돌아다니는 무리인데, 재능은 보통사람의 수준에도 미치지 못하고, 중니仲尼나 묵적墨翟 같은 현명함이나 도주陶朱나 의돈猗頓[2] 같은 재부財富도 없었다. 항오行伍 속에 섞여 지내며 밭두둑 사이에서 생활하다가, 견디기 어려워 탈영한 군졸 수백 명의 무리를 거느리고 되돌아서 진을 공격할 때에, 나무를 잘라 무기로 삼고 대나무 줄기에 깃발을 걸었지만, 천하 사람들이 구름같이 모여들어 메아리처럼 호응하고 식량을 싸들고 그림자처럼 따랐다. 효산 동쪽의 호걸들이 드디어 모두 일어나서 진나라 일족들을 없애버렸다.

진나라가 영유했던 천하가 작아지거나 약해진 것도 아니고, 옹주의 땅과 효산과 함곡관의 견고함도 옛날 그대로였으며, 진섭의 지위는 제, 초, 연, 조, 한, 위魏, 송, 위衛, 중산의 군주보다 높지 않았고, 호미나 고무래 등 거친 무기가 칼이나 창이나 긴 창에 상대가 되지 않았고, 수자리 살고자 잡혀가던 무리는 전국에서 뽑혀온 정예 군사들과 겨룰 수가 없었으며, 심오한 계책과 원대한 생각, 행군하고 용병하는 방법은 과거 제후국의 인물들에 미치지 못하였다. 그런데도 성패成敗에 이변이 일어나고 공업功業이 서로 다르게 된 것은 무엇 때문인가. 효산 동쪽에 있던 제후국들을 진섭과 장단점을 따져보고 대소를 재어보고 권력을 비교해보고 능력을 헤아려본다면, 같은 자리에 놓고 말할 수가 없을 것이다. 그러나 진나라는 조그만 옹주雍州 땅을 가지고서 천자의 권세를 이루어 8주州의 제후들을 불러들여 동열에 있던 제후들의 조회를 받은 지가 100여 년이나 되었다.[3] 그런 후에 온 천하를 일가一家로 만들고 효산과 함곡관을 궁궐의 울타리로 삼았던 것이다. 한 사람의

---

2 도주陶朱나 의돈猗頓 : 도주는 범려范蠡를 지칭한다. 범려는 초楚나라 사람으로 월越나라 왕 구천句踐의 대장군이 되어 오吳나라를 멸한 후에 벼슬을 버리고 제齊나라로 가서 자신의 이름을 치이자피鴟夷子皮라 바꾸고 수만금의 재화를 축적했다가 제나라에서 재상으로 삼으려 하니 재산을 주변 사람에게 나누어주고 도陶로 달아나서 다시 이름을 주공朱公으로 바꾸고 큰 부자가 되었던 인물이다. 도주라 한 것은 도 땅에 살던 주공이라는 뜻이다. 의돈은 노魯나라 사람으로 범려에게 축재법蓄財法을 배워서 큰 부자가 되었다는 사람이다.

3 8주州의……되었다 : 고대에는 중국을 9주州로 나누었는데, 진秦나라가 그 가운데 한 주인 옹주雍州만을 점유하고 있다가, 나머지 8주를 모두 아울러서 천하를 통일했음을 말한 것이다.

필부가 난을 일으키자 천자의 종묘가 무너지고 황제의 몸이 남의 손에 죽어서 천하의 웃음거리가 된 것은 무엇 때문인가. 인의仁義를 시행하지 않아서였고, 공격하고 수비하는 명분의 형세가 달라졌기 때문이었다.

1-6 굴원屈原을 애도하다〔弔屈原賦〕

가의

해설 | 가의가 장사長沙로 귀양 가서 뜻을 얻지 못하는 처지가 되었을 때 쓴 글이다. 가의는 이 글을 지어 상수湘水에 던져서 자신과 같은 처지였던 굴원屈原의 넋을 위로하면서, 자신의 처지를 비유적으로 토로하였다.

군주의 아름다운 은택을 공손히 받들고,
장사長沙에서 죄를 기다렸도다.
굴원屈原에 대하여 전해 들으니,
스스로 멱라수汨羅水에 몸을 던졌다 하네.
상강湘江에 몸을 의탁하게 되었으므로,
삼가 이곳에서 투신하신 선생을 위로하노라.
끝없이 어지러운 세상을 만나서,
이에 그 몸을 잃었으니,
아아, 슬프도다!
때를 만남이 상서롭지 못했도다.
난새〔鸞〕와 봉황 같은 어진 이가 몸을 숨기고,
올빼미 같은 음물陰物이 활개쳤도다.
용렬한 인물들이 존귀해져서,
참소하고 아첨하는 이들이 뜻을 얻었으며,
현인과 성인이 도리어 끌려가고,
곧고 바른 사람이 거꾸로 매달렸도다.

변수卞隨와 백이伯夷를 혼탁하다 하고,
도척盜跖과 장교張蹻를 청렴하다 하며,
막야莫耶 같은 명검을 둔하다 하고,
납으로 만든 칼을 날카롭다 하도다.
슬프도다! 할 말이 없으니,
선생께서 세상을 떠났기 때문이로다.
주정周鼎 같은 보배를 굴려 버리고,
깨어진 항아리를 보배로 여기도다.
지친 소에 멍에 매어 타고,
절름발이 나귀를 곁말로 삼음이여!
천리마는 두 귀를 늘어뜨리고,
소금 수레를 끌고 있도다.
선비의 장보관章甫冠을 짚신 깔개로 삼으니,
나쁜 조짐이 점점 자라므로 오래 버틸 수 없었도다.
아아! 선생이시어,
홀로 이 재앙에 걸리셨도다.

이에 아래와 같이 끝맺노라.

다 끝났도다!
나라에 나를 알아주는 사람 없으니,
나 홀로 품은 울분 뉘에게 말하리오.
봉황이 훨훨 높이 날아 떠나가듯이,
스스로 물러나 멀리 가야 했도다.
구연九淵에 몸을 숨긴 신령한 용은,
깊은 못에 잠겨서 자중하는 것이로다.
교달蟂獺과 수달水獺을 피하여 숨어 사나니,

어찌 새우나 거머리 같은 소인과 상종할 수 있으리오.
신묘한 덕을 귀하게 여겨,
혼탁한 속세를 멀리하고 자신을 깨끗하게 간직했도다.
가령 기린麒麟을 묶어서 굴레를 씌운다면,
어찌 견양犬羊과 다를 것이 있으리오.
이렇게 뒤얽혀서 이런 재앙에 걸려들었으니,
그 또한 선생의 탓이로다.
구주九州를 두루 찾아다니며 모실 만한 군주를 살펴볼 것이지,
어찌 끝내 이 나라에만 연연하였는가.
봉황이 천 길 높이 날아오름이여,
덕이 빛나는 곳을 보아야 내려앉도다.
부덕한 자의 음험하고 하찮음을 보면,
날개를 치면서 멀리 떠나가도다.
저 작디작은 웅덩이가,
어찌 큰 배를 삼킬 만한 고래를 용납할 수 있으리오.
강호를 가로지를 만한 큰 고래가,
실로 땅강아지나 개미에게 제재制裁를 당했던 것이로다!

1-7 성군이 현신을 얻었음을 찬양하다

〔聖主得賢臣頌〕

왕포王褒

해설 | 왕포가 한 선제漢宣帝의 명을 받고 지은 송찬류頌讚類의 문장이다. 현자賢者는 국가에 요긴하게 쓰이는 그릇이므로, 현신과 성군이 서로 만나면 아름다운 효과를 거두게 됨을 논하였다. 마지막 단락에서 '팽조彭祖, 왕자교王子喬, 적송자赤松子 같은 신선의 이야기는 취하지 않는다.' 한 것은, 당시에 군주가 신선의 도술을 매우 좋아하는 것을 풍간한 것이다.

짐승의 털로 짠 담요를 둘러메고 털옷을 입고 있는 사람에게는 비단옷의 아름답고 매끄러운 감촉을 알게 하기가 어렵고, 명아주 국을 먹고 거친 보리 미숫가루나 먹는 사람에게는 성대하게 차린 고기 음식의 좋은 맛과 풍부한 영양을 알게 할 수가 없습니다.

지금 신臣이 외진 서촉西蜀 땅에 있사온데, 곤궁한 마을에서 태어나 쑥대와 풀로 지붕을 이은 오두막에서 자랐습니다. 유람을 하면서 견문과 기상을 넓히거나 전적을 두루 열람하여 쌓게 된 지식도 없고, 스스로 돌아보아도 지극히 어리석고 고루한 모습만을 지니고 있으니, 황상의 두터운 기대를 충족시키고 밝으신 뜻에 부응하기에 부족합니다. 비록 그러하기는 하나 감히 그 어리석은 생각이나마 아뢰어 평소에 품고 있는 본심을 펼쳐 보여드리지 않을 수 있겠습니까.

이에 다음과 같이 지어 올립니다.

삼가 생각하옵건대 《춘추春秋》를 기술하는 법칙을 보면 오시五始가 있는

데, 오시의 핵심은 통치자가 자신을 살펴서 군왕의 지위에 바르게 있으면서 천하를 총괄하여 바르게 다스리는 일에 두었던 것입니다. 대저 현자는 국가에서 요긴하게 쓰는 도구와 같습니다. 임용된 사람이 현명하면 유능한 인재를 취하고 못난 사람을 내보내는 일이 간단하게 행해지면서도, 일을 시행하여 얻게 되는 효과가 넓어지고, 이용하는 연장이 예리하게 잘 다듬어져 있으면 힘을 적게 써도 이루어진 효과는 많은 것과 같게 됩니다. 그러므로 기술자가 둔한 연장을 쓰게 되면, 근육과 뼈를 수고롭게 하면서 날이 다하도록 부지런히 힘을 쓰다가도, 솜씨 좋은 대장장이가 간장干將과 같은 명검을 주조하고자 칼날을 맑은 물에 담금질하고 좋은 숫돌인 월지越砥로 그 칼을 갈게 되면, 물속에서는 교룡蛟龍도 자를 수 있고 육지에서는 물소 가죽도 베어 끊을 수 있기를 한순간에 빗자루로 티끌이 쌓인 길을 쓸어내듯이 쉽게 할 수 있게 됩니다. 이와 같이 하는 것은 눈 밝은 이루離婁에게 먹줄 치는 것을 살펴 바르게 긋게 하고, 뛰어난 목수인 공수公輸에게 먹줄에 맞게 나무를 깎게 하는 것과 같으니, 비록 5층이나 되는 드높은 누대로 너비와 길이가 1백 길이나 되는 건물이라 해도 완성하기까지 혼란이 없게 되는 것은, 기술자와 연장이 서로 손발이 맞았기 때문입니다.

무능한 사람이 둔한 말을 몰게 되면, 또한 말 주둥이를 부르트게 하고 살이 해지도록 채찍질을 해도 길을 제대로 내달리지 못하며 숨이 차서 가슴만 헐떡이고 몸에 땀이 나서 사람과 말이 극도로 피로하게 될 뿐입니다. 설슬齧膝 같은 명마名馬에게 수레를 끌게 하고 승단乘旦 같은 양마良馬를 참마驂馬로 삼고서, 왕량王良 같은 말 잘 모는 사람이 고삐를 잡고 한애韓哀 같은 숙련된 말몰이꾼이 수레를 모는 조수로 있게 되면, 마음껏 이리저리 내닫기를 마치 그림자가 홀연히 순식간에 사라지듯이 할 것입니다. 도성을 지나고 나라를 통과하면서 빨리 내닫기를 마치 작은 흙덩이 하나를 지나가듯이 하여, 빠르게 내닫는 번개를 뒤쫓고 급히 부는 바람을 좇아서, 팔방의 끝까지 두루 돌아다닐 때에, 만 리를 한순간에 내달릴 수 있게 될 것입니다. 어찌 그리도 멀리 갈 수 있는 것이겠습니까? 이는 사람과 말이 서로 호흡이 일치했기 때문입니다.

그러므로 갈포로 짠 시원한 옷을 입은 사람은 여름의 찌는 듯한 더위에 고생을 하지 않게 되고, 여우와 담비의 털로 짠 따뜻한 갖옷을 입은 사람은 오싹한 추위도 근심하지 않게 됩니다. 이는 무엇 때문이겠습니까. 미리 기용器用을 갖추고 있는 사람은 대비하기가 쉽기 때문입니다.

현인과 군자도 또한 성스러운 군왕이 온 천하를 쉽게 다스릴 수 있도록 해주는 존재입니다. 이 때문에 흔쾌히 이들을 임용하고 너그럽고 넉넉하게 길을 열고서 천하의 빼어난 인물들을 맞이하는 것입니다. 대저 지혜를 다 짜내어 어진 이를 보좌하는 사람은 반드시 인의仁義에 맞는 계책을 건의하게 될 것이고, 멀리까지 찾아다니며 인재를 구해 골라 쓰는 성군聖君은 반드시 으뜸가는 업적을 이룩하게 될 것입니다. 옛적에 주공周公이 몸소 삼토포三吐哺 삼악발三握髮하는 수고[1]를 마다하지 않았기 때문에 악인이 다 없어져서 감옥이 비게 된 성세盛世를 이룰 수 있었습니다. 제 환공齊桓公이 새벽에 일어나 화톳불을 밝히고 예를 갖추어 현사를 접견하고 임용했기 때문에, 천하를 바로잡고 제후들을 규합할 수 있었던 것입니다. 이를 근거로 하여 살펴본다면, 만민의 군왕이 된 사람은 어진 인재를 부지런히 찾고, 그래서 적임자를 얻어야 편안하게 됩니다.

신하도 또한 그러합니다. 옛적에 현자라 해도 밝은 군주를 만나지 못하면 일을 도모하고 계책을 헤아려 건의해도 군주가 그 계책을 받아들여 쓰지 않고, 나아가 정성을 다해 건의해도 군주가 그의 소신을 옳게 받아들이지 않아서, 벼슬길에 나아간다 해도 공을 이룰 수가 없고, 또한 허물이 없는데도 배척받아 쫓겨나게 되었습니다. 이 때문에 이윤伊尹이 요리사로 있으면서

---

1 《한시외전韓詩外傳》에, 주周나라 성왕成王이 주공의 아들 백금伯禽을 노魯나라의 통치자로 임명하자, 주공이 아들에게 당부하기를, 자신은 한 번 식사할 때에 먹던 음식을 세 차례나 뱉으며〔三吐哺〕 손님을 맞았고, 한 번 머리를 감을 때에 세 차례나 머리를 움켜쥐고〔三握髮〕 손님을 맞이하였다라고 말했다. 현인을 얻기 위하여 이와 같이 힘썼음을 말한 것이다.

고생을 했고, 태공太公이 백정 노릇을 하면서 곤란을 겪었으며, 백리해百里奚는 스스로 팔려갔고, 영자甯子는 소에게 꼴을 먹이는 일을 하게 되었습니다. 이와 같이 된 것은 어진 군주를 만나지 못해서 환난에 걸려들었던 것입니다. 그들이 명군明君을 만나고 성주聖主를 만나게 됨에 이르러서는 계책을 내면 군주의 뜻과 맞았고, 간언을 올리면 들어주어서, 나아가고 물러감을 모두 충절에 합당하게 할 수 있었습니다. 직무를 맡으면 그 방술을 행할 수 있게 되었습니다. 낮고 욕되고 어둡고 더러운 자리에서 떠나 조정의 벼슬자리에 올랐으며, 거친 밥 먹고 해진 짚신 신는 신분에서 벗어나 고기와 쌀밥을 향유하고, 수령의 부절을 나누어 받고 군국의 봉토를 하사받아서, 조상을 빛나게 하고 자손이 계승하게 하여, 유세하는 선비들이 근거로 삼을 이야깃거리가 되었습니다.

그러므로 세상에 반드시 성스럽고 지혜로운 군주가 있은 이후에야 현명한 신하가 있게 되는 것입니다. 그러므로 호랑이가 포효하면 바람이 거세지고, 용이 일어나면 구름이 일며, 귀뚜라미는 가을을 기다려서 울고, 하루살이는 해가 질 때가 되어야 나오는 것입니다.

《주역周易》에 이르기를, '나는 용이 하늘에 있으니, 대인을 만나 이로워진 것이다.' 하였고, 《시경詩經》에 이르기를, '큰 재덕을 지닌 많은 현사들이, 이 왕이 다스리는 나라에서 살게 되기를 원하도다.' 하였으니, 그러므로 세상이 태평하고 군주가 성스러우면 준걸한 인물들이 장차 스스로 찾아오게 될 것입니다. 마치 요堯·순舜·우禹·탕湯·문왕文王·무왕武王 같은 군주가 직稷·설契·고요皐陶·이윤伊尹·여망呂望 같은 현신을 얻어서, 현신들이 밝고 화목하게 조정에 늘어서 있으면서 그 정신을 집중하고 신기神氣를 모아, 군신이 서로 뜻을 얻어서 그 도가 더욱 밝게 드러나게 된 것입니다. 비록 백아伯牙가 최고의 명금名琴인 체종遞鍾을 얻어 연주하고, 방문자逄門子가 최고의 명궁名弓인 오호烏號를 당겨 활을 쏘게 된다 해도, 성군과 현신이 서로 화합하여 그 뜻을 이루게 됨에는 비교가 되지 않을 것입니다.

그러므로 성군은 반드시 현신을 만난 뒤에야 그 공업을 넓힐 수 있고, 빼어난 인재도 또한 밝은 군주를 기다려서야 그 재덕을 드날릴 수 있게 되는 것입니다. 성군과 현신이 서로 뜻이 같게 되어 기쁘게 서로 즐거워하는 일은 천년에 한 번도 이루어지기 어려운 기회입니다. 이렇게 되면 군신이 대화를 할 때에 진심을 믿고 의심이 없어서, 훨훨 나는 것이 큰 기러기가 순풍을 만난 것과 같고, 성대하게 드넓힘이 마치 큰 고기가 넓은 골짜기에 가득 고인 물에서 자유로이 헤엄치는 것과 같게 됩니다. 그 뜻을 얻음이 이와 같게 된다면 무슨 금지령을 내린들 금해지지 않는 것이 있겠으며, 무슨 명령을 내린들 행해지지 않는 것이 있겠습니까. 교화가 천하 사방에 흘러 넘쳐서 무궁한 은택을 널리 입게 되어, 먼 변방의 오랑캐들도 조공을 바칠 것이고, 온갖 상서로운 조짐이 드러나고 있음을 반드시 보고받게 될 것입니다.

이 때문에 성군은 세세하게 두루 보지 않아도 보는 것이 이미 밝게 되고, 귀를 기울이고 다 듣지 않아도 들음이 이미 분명해집니다. 그리하여 은택은 상서로운 바람을 좇아 드날리고, 덕화는 화기로운 기운과 함께 나부끼어서, 천하를 태평하게 하려는 계책이 완수되고, 편안하고 태평하게 노닐려는 소망이 이루어질 것입니다. 자연의 형세에 따라 노닐면서 무위無爲의 경지에서 평안하고 담담하게 지내게 되어, 아름다운 조짐이 저절로 이르고 장수하고 고종명考終命함이 끝없이 이루어져서, 한가히 화락한 모습으로 옷깃을 드리우고 두 손을 잡고만 있어도 태평을 만년토록 길이 누리게 될 것입니다.

그러니 어찌 반드시 구부렸다 일어났다 오그렸다 펼쳤다 하기를 팽조彭祖처럼 할 것이 있겠으며, 단전호흡을 왕자교王子喬나 적송자赤松子처럼 하면서 아득히 세속과 절연하고 고원高遠하게 세상을 벗어나고자 하는 신선술을 닦을 필요가 있겠습니까. 《시경》에 이르기를 '위의가 성했던 여러 현사들이여, 문왕께서 그들을 등용했기 때문에 안녕을 이룰 수 있었도다!' 하였으니, 이들 때문에 안녕할 수 있었음을 진실로 믿게 되었습니다.

1-8 내 뜻대로 즐기리〔樂志論〕

중장통仲長統

해설 | 제왕의 밑에서 벼슬하는 사람들은 입신양명을 위해서 애쓰지만 명예는 영구히 보존될 수 없고, 인생은 금방 끝나게 되어 있다. 그런데 편안한 집이 있고, 부모를 봉양할 수 있는 맛있는 음식이 있으며, 좋은 벗들과 나눌 술과 안주가 있는데, 굳이 속된 일들 속에서 문책을 받는 벼슬아치를 부러워할 필요가 있겠는가. 유유자적하며 한가롭게, 자신의 뜻대로 즐기면서 지내겠다는 뜻을 밝힌 글이다.

사는 곳에 비옥한 농토와 드넓은 저택이 산을 등지고 물을 굽어보며 도랑과 연못이 이를 두르고 있고, 대숲과 산림이 널리 펼쳐져 있으며, 채소밭이 집 앞에 있고, 과수원의 과일나무가 집 뒤에 심겨져 있도다.

배와 수레는 걷거나 물을 건너는 어려움을 대신해주기에 충분하고, 심부름하는 하인들은 손발의 수고로움을 편하게 해주기에 족하도다.

어버이를 봉양함에 여러 맛있는 음식이 곁들여 있고, 처자들은 몸소 노동하는 수고로움이 없도다. 좋은 벗들이 찾아와 머물게 되면 술과 안주를 차려내어 즐기며, 명절이나 길일에는 양과 돼지를 잡아서 신神을 받들도다.

밭둑과 동산에서 서성이고 평평한 숲에서 한가히 노닐며, 맑은 물에 몸을 씻고 서늘한 바람을 쐬도다. 헤엄치는 잉어를 낚고 높이 나는 기러기를 쏘아 잡도다. 증점曾點처럼 기우제 지내는 제단의 숲 그늘에서 바람을 쐬고 시를 읊으며 드높이 잘 지은 집으로 돌아오도다.

내실에서 마음을 평온히 하고 노자의 허무와 무위자연의 현묘한 도를 생각하며, 우주의 조화로운 정기精氣를 호흡하고, 지인至人처럼 되기를 추구하도다. 사리에 통달한 두서너 사람과 도를 논하며 서책에 대하여 토론하고, 천지를 우러러보고 굽어보며 고금의 인물을 두루 평가하고, 〈남풍가南風歌〉[1]의 우아한 곡을 거문고로 타서 오묘한 곡조를 맑은 상성商聲으로 노래하도다.

한 시대를 초월하여 한가히 노닐며 천지 사이의 속된 일들을 무시하고 지내어, 이 시대의 벼슬아치들이 져야 할 문책에서 벗어나고, 천명으로 품부받은 수명을 길이 누리노라.

이와 같이 된다면 창공을 뛰어넘어 우주의 밖으로 초탈할 수 있으리니, 어찌 제왕이 계신 조정에 출입하는 것을 부러워할 게 있으리오.

임천초옥도林泉草屋圖

1 남풍가南風歌 : 순舜임금이 태평성대를 노래한 음악이다.

1-9 군사를 출동시키며 올린 표〔出師表〕

제갈량諸葛亮

해설 | 이 표문은 제갈량이 위魏나라를 정벌하려 출동하면서 후주後主에게 치국의 방략을 간곡하게 아뢴 것이다. 문장 속에 제갈량의 극진한 충의가 드러나 있어서, 후세에 '이를 읽고도 눈물을 흘리지 않는 사람은 충신이 아니다.'라는 말이 전해지기도 하였다. 충의를 대표하는 문장이다.

선제先帝(유비劉備)께서 창업이 절반도 이루어지지 않은 중도에 붕어崩御하셨습니다. 이제 천하는 삼국三國으로 나누었는데, 우리가 다스리는 익주益州 땅이 침략을 당하여 피폐해졌으니, 이는 진실로 나라의 위급함이 살아남느냐 망하느냐 하는 중요한 때입니다. 그러나 호위하는 신하들이 조정에서 게으름을 피우지 않고, 충성을 다할 뜻을 지닌 군사들이 외지에서 자신의 안위를 생각하지 않고 있습니다. 이것은 모두 선제께서 특별히 예우해주셨던 것을 추모하여 폐하께 보답하고자 해서입니다. 폐하께서는 진실로 언로와 견문을 열고 펼치셔서 선제께서 남기신 덕을 빛나게 하시어, 뜻있는 선비들의 기상을 널리 펼 수 있게 해주셔야 마땅합니다. 함부로 자신을 하찮다고 여기셔서 핑계를 끌어다 비유하며 의를 잃으셔서 충심으로 간하는 언로를 막아서는 안 됩니다.

궁중(내관)과 조정(조정 관리)은 한 몸과 같으니, 잘한 사람을 승진시키고 잘못한 사람을 벌주는 일에 궁중과 조정의 차별을 두어서는 안 됩니다. 만약 간사한 짓을 하여 죄과를 범한 자나 충직하고 선량한 일을 행한 자가 있으면, 담당 관서에 회부하여 그들을 벌을 주거나 상을 줄 것을 의론하게 하여,

이로써 폐하께서 공평하고 밝게 다스리고 있으심을 밝게 드러내야 마땅하고, 사사로운 관계에 치우쳐서 궁중 사람과 조정 사람에게 적용하는 기준을 달리해서는 안 됩니다.

시중侍中인 곽유지郭攸之와 비의費禕 및 시랑侍郎인 동윤董允 등은 모두 선량하고 성실하며 생각이 충직하고 순수합니다. 이 때문에 선제께서 골라 뽑아서 폐하께 물려주신 것이니, 어리석은 제가 생각하건대 궁중의 일은 크고 작음을 따질 것이 없이 모두 이들에게 자문하신 이후에 시행한다면 반드시 폐하의 부족한 점을 돕고 보완하여 널리 유익함이 있을 것입니다. 장군 상총向寵은 성품과 행실이 선량하고 공평할 뿐만 아니라 군진의 일을 밝게 통달하고 있습니다. 선제께서 지난날에 시험해 써보시고 칭찬하시기를, '잘한다.' 하셨으며, 이 때문에 여러 사람들이 상의하여 상총을 천거하여 도독으로 삼은 것입니다. 제가 생각하옵건대 군사에 관한 일들은 크고 작음을 가릴 것 없이 모두 그의 자문을 받아 행하신다면, 반드시 진중이 화목해지고 유능한 사람과 열등한 사람이 적재적소에 쓰이게 될 것입니다.

어진 신하를 가까이하고 소인을 멀리했던 것이 선대에 한漢나라가 흥륭興隆하게 되었던 이유이고, 소인을 가까이하고 어진 신하를 멀리했던 것이 후대에 한나라가 기울어지고 무너졌던 이유입니다. 선제께서 생존해 계셨을 때에 매양 신과 이 일을 논할 적마다 일찍이 나라를 기울게 했던 환제桓帝와 영제靈帝에 대하여 탄식하며 아프게 한탄하지 않으신 적이 없었습니다.

시중상서侍中尙書 진진陳震과 장사長史 장예張裔와 참군參軍 장완張琬은 모두 곧고 미덥고 절의를 위해 죽을 수 있는 신하들입니다. 폐하께서 이들을 가까이하시고 믿어주신다면, 한나라 황실의 융흥隆興을 날짜를 헤아리며 기다릴 수 있게 될 것입니다.

신은 본시 평민으로 남양南陽 땅에서 직접 농사를 지으며 난세에 생명이나 보전하려 하였을 뿐이고 제후들에게 소문이 나서 영달하게 되는 것은 바라지 않았습니다. 그런데 선제께서 신을 비천하게 여기지 않으시고 송구스럽게도 몸소 왕림하시어 초가에 살고 있는 신을 세 차례나 찾아오시고 세태의 변화에 대처할 일을 신에게 자문하셨습니다. 이 때문에 감격하여 드디어 선제께 국사를 위하여 진력할 것을 약속하였습니다. 그 후 나라의 운세가 기울고 뒤집히는 때를 만나 패전하였을 때에 임무를 맡고 위태롭고 어려움을 겪는 사이에 명을 받들게 된 지 이제 21년이 되었습니다.

선제께서는 신이 삼가고 조심함을 아셔서, 그 때문에 붕어崩御하실 즈음에 신에게 대사를 맡기신 것입니다. 명을 받은 이래로 아침 일찍부터 밤늦게까지 근심하고 탄식하며 맡기신 사명을 이루지 못하여 선제의 밝으신 덕을 손상시키게 될까 두려워하였습니다. 그래서 5월에 노수瀘水를 건너 불모의 땅으로 깊이 쳐들어간 것입니다. 이제 남방은 이미 평정이 되었고, 군사와 무기도 풍족해졌으니, 마땅히 전군을 이끌고 북쪽으로 중원中原을 평정해야 합니다. 신의 노둔한 능력이나마 다 발휘하여 간사하고 흉악한 무리를 물리쳐 제거하고 한 왕실을 부흥시켜서 옛 도읍지로 돌아가는 것이 신이 선제의 은혜에 보답하고 폐하께 충성을 다하기 위해 맡은 일입니다.

득실을 잘 헤아려서 처리하고 충직한 말을 극진하게 올리는 일은 곽유지, 비의, 동윤 등이 맡은 일입니다. 바라옵건대 폐하께서는 신에게 적을 토벌해서 한나라 왕실을 부흥시키는 일을 맡기셨으니 성과를 내지 못하면 신의 죄를 다스려서 선제의 영령께 고하시고, 충직한 말을 올리지 않으면 곽유지, 비의, 동윤의 허물을 꾸짖으셔서 그들의 태만함을 밝히십시오. 폐하께서도 또한 바른 도에 대한 의견을 물어 이를 실천하기를 도모하시고, 바른 말을 살펴 받아들여서 선제께서 남기신 뜻을 깊이 유념해 따르시옵소서.

신은 은혜를 입었던 감격을 감내할 수가 없어서, 이제 멀리 떠남에 이르러 이 표를 올리면서, 눈물이 앞을 가려 더 이상 아뢸 바를 알지 못하겠나이다.

1-10 다시 올린 출사표〔後出師表〕

제갈량

해설 | 이 글의 원 제목은 〈건흥육년상언建興六年上言〉이다. 제갈량은 고식적인 평안을 추구하는 무리들의 주장을 배격하고, 삼국을 통일하고 한 왕실을 부흥시키기 위하여 '국궁진췌 사이후이鞠躬盡瘁死而後已'할 뿐임을 밝힌 것이다. 즉 온 마음과 힘을 다해 나라를 위하기를 죽은 이후에야 그만두겠다는 정신으로 대업 성취에 임하겠다는 것으로, 이 말 속에 제갈량의 충의가 함축되어 있다.

선제先帝께서 한漢나라와 적敵은 양립할 수 없고, 왕업을 이루는 것은 천하의 한 귀퉁이만 점거한 채로 편안히 있어서는 불가능하다고 생각하시어, 이 때문에 신에게 적을 토벌할 것을 분부하셨습니다. 선제께서 밝으신 안목으로 신의 능력을 헤아려보셔서, 신이 적을 토벌하기에는 능력이 모자라는 데다 적이 강성하다는 것을 본시 알고 계셨습니다. 그렇지만 적을 토벌하지 않고는 천하를 통일할 왕업을 이룰 수 없는데, 앉아서 망하기를 기다리는 것과 위험을 무릅쓰고라도 정벌하는 것 가운데 어느 쪽이 낫겠습니까. 이 때문에 신에게 정벌을 맡기기를 주저하지 않으신 것입니다.

신은 명을 받은 날부터 잠을 자도 잠자리가 편안하지 않고 음식을 먹어도 단맛을 느끼지 못하였습니다. 곰곰이 생각해보니, 북쪽의 조조曹操를 치려면 먼저 남방을 쳐서 후방을 안정시켜야 했습니다. 그 때문에 5월에 노수瀘水를 건너 불모의 땅으로 깊이 들어가서 하루에 먹을 양식을 이틀에 나누어 먹으며 고생을 했습니다. 신이 제 몸을 아끼고 싶지 않은 것은 아니지만 왕업을 이룰 일을 생각하니 촉도蜀都의 한 귀퉁이에서 평안히 지낼 수가 없었습니다. 그러므로 위험과 곤란을 무릅쓰고 선제의 유언을 받들고 있는 것인데, 비판하는 사람들은 이것이 좋은 계책이 아니라고 말하고 있습니다.

이제 적이 때마침 서쪽에서 어려움을 겪고, 또한 동쪽에서 전쟁에 힘쓰고 있습니다. 병법에 '적이 피로해진 틈을 타서 공격해야 한다.' 하였으니, 이때가 바로 진격해야 할 때입니다. 삼가 그 공격해야 할 사유를 아래와 같이 말씀드립니다.

고제高帝(한 고조漢高祖 유방劉邦)께서는 밝으신 지혜가 일월과 견줄 만하고 보좌하는 신하들의 계책은 심오하였습니다. 그런데도 험난을 겪고 부상을 당하는 위험을 겪은 이후에야 천하를 안정시킬 수 있었습니다. 지금 폐하께서는 지혜의 밝으심이 고제에는 미치지 못하시고, 보좌하는 신하들도 장량張良이나 진평陳平만은 못합니다. 그런데도 지구전을 하려는 책략을 써서 가만히 앉아서 승리를 취하여 천하를 평정하려 하시니, 이것이 신이 납득할 수 없는 첫 번째 일입니다.

유요劉繇와 왕랑王朗은 각기 주군州郡을 차지하고서 안위를 논하고 계책만 따지면서 걸핏하면 성인의 말씀을 끌어다 핑계를 대고 뭇사람에 대한 의심과 시기가 뱃속에 가득하고 예상되는 온갖 어려움이 흉중에 꽉 차 있어서, 금년에 머뭇거리며 싸우지 못하고 다음 해에도 정벌을 못하다가, 손책孫策으로 하여금 가만히 앉은 채 강대함을 이루게 하여 마침내 강동江東 땅을 병합하게 하였으니, 이것이 신이 이해할 수 없는 두 번째 일입니다.

조조는 지모와 계책이 남보다 월등하게 뛰어나서 그가 용병을 했다 하면 손자孫子·오자吳子와 방불할 정도입니다. 그런데도 남양南陽에서 곤란을 겪었고, 오소烏巢에서 위험에 빠진 일이 있으며, 기련祁連에서 위험을 겪었습니다. 여양黎陽에서 핍박을 당하였으며, 북산北山에서 거의 무너질 뻔하였고, 동관潼關에서 거의 죽을 뻔하였습니다. 그런 일을 겪은 연후에야 국호를 참칭하며 잠시나마 안정을 누릴 수 있을 뿐이었습니다. 더구나 그와 대적할 신은 능력이 모자라는데도, 폐하께서는 위태로운 일을 겪지 않고 천하를 평정하려 하시니, 이것이 신이 납득할 수 없는 세 번째 일입니다.

조조가 다섯 차례나 창패昌霸를 공격하고도 함락시키지 못했고, 네 차례나 소호巢湖를 넘었으되 뜻을 이루지 못했습니다. 이복李服을 임용했으나 그가 조조의 암살을 도모하였고, 하후연夏侯淵에게 방어의 임무를 맡겼으나 하후연은 패망하였습니다. 선제께서 번번이 조조를 유능하다고 칭찬하셨는데도 오히려 이런 실수가 있었습니다. 더구나 신은 노둔하고 용렬하니 어찌 틀림없이 이길 것을 장담할 수 있겠습니까? 이것이 신이 납득할 수 없는 네 번째 일입니다.

신이 한중漢中 땅으로 들어온 지 1년이 지났을 뿐입니다. 그런데도 조운趙雲·양군陽羣·마옥馬玉·염지閻芝·정립丁立·백수白壽·유합劉郃·등동鄧銅 등과 부곡部曲의 장수와 주둔군의 장수 70여 인, 돌격대장으로 앞을 가로막을 적이 없는 선봉장이었던 종수賨叟 및 청강青羌 등과 산기散騎와 무기武騎[1] 1,000여 명을 잃었습니다. 이들은 모두 수십 년 동안 사방에서 모은 정예들이고, 우리가 다스리는 익주 益州 한 고을에 있던 사람만이 아니었습니다. 이런 상태로 만약 다시 수년이 지난다면 전 병력의 3분의 2를 잃게 될 것이니 무엇으로 적을 제압하기를 도모할 수 있겠습니까? 이것이 신이 납득할 수 없는 다섯 번째 일입니다.

지금 백성은 곤궁해졌고 병사들은 지쳤지만, 천하를 통일하여 왕업을 이루는 일은 중단할 수 없습니다. 중단해서는 안 된다면 머물러 있으면서 지키는 것과 나아가 싸우는 것이 수고로움과 비용이 똑같이 드는데도 서둘러 적을 도모하지 않고 한 고을의 땅만 가지고서 적과 맞서 오래 버티려고만 하니, 이것이 신이 납득할 수 없는 여섯 번째 일입니다.

대저 안일하게 지내면 이루기 어려운 것이 대업입니다. 과거 선제께서 초楚 땅에서 패전하시니, 이때를 당하여 조조는 손뼉을 치면서 천하는 이미 평정된 것이라고 여겼습니다. 그러나 그 후에 선제께서는 동쪽으로는 오월吳

---

1 종수賨叟……무기武騎 : 종수와 청강은 제갈량이 남중南中을 평정했을 때 항복하고 촉한의 선봉장이 되었던 장수이고, 산기와 무기는 기병부대의 명칭이다.

越 땅을 차지하고 있던 손권孫權과 동맹을 맺고, 서쪽으로는 파촉巴蜀 땅을 빼앗고, 군사를 일으켜 북쪽으로 쳐들어가 하후연의 목을 베었으니, 일이 이렇게 된 것은 조조가 방심하였다가 실수를 범한 것이고, 한나라의 왕업이 이루어지려 한 것입니다. 그러나 후에 오吳나라가 다시 맹약을 위반하여 관우關羽가 오나라와 싸우다 패하여 전사하고, 일이 어그러져서 자귀秭歸 땅이 적에게 넘어갔으며, 조비曹丕가 황제를 칭하고 있습니다. 무릇 일이 이와 같이 진행되고 있으니, 앞으로 전개될 일을 예측하기는 어렵습니다.

신은 온 힘을 다하여 몸이 파리해지도록 나라를 위해 힘쓰기를 죽은 이후에나 그칠 뿐이요, 일의 성패와 손익을 따지는 데 이르러서는 신의 지혜로는 예측할 수 있는 바가 아니옵니다.

1-11 술의 공덕을 칭송하다〔酒德頌〕

유령 劉伶

해설 | 술의 공업을 칭송하면서 현세를 초탈하여 자유를 누리는 방일放逸을 찬양한 것으로, 육조六朝시대에는 이런 풍조가 널리 유행하였다.

인격이 높으신 선생이 계신데, 천지개벽 이래로 지금까지를 하루아침으로 여기고 만 년을 한순간으로 생각하며, 해와 달을 들창으로 삼고 지구 끝까지의 온 세상을 집 앞 골목 정도로 여긴다. 돌아다녀도 일정한 흔적을 남기지 않고, 거처함에 일정한 집이 없어서, 하늘을 지붕으로 삼고 땅을 자리로 삼으며, 마음이 내키는 대로 돌아다닌다. 가다가 쉴 때는 크고 작은 술잔으로 술을 마시고, 움직일 때는 술통과 술항아리를 들고 다니며 오직 술 마시는 데에만 힘을 쓰니, 그 밖의 일이야 어찌 알 바가 있겠는가.

고귀한 공자와 의관을 잘 갖춘 점잖은 선비가 내 소문을 듣고 이런 행동을 비판하여 소매를 걷고 옷깃을 풀어헤치며 성난 눈으로 이를 갈면서 예법을 늘어놓고, 칼날처럼 날카롭게 시비를 따졌다. 이에 선생은 술 단지를 잡고 술잔을 입으로 가져가 탁주를 마시고서, 수염을 털며 다리를 뻗고 걸터앉았다가, 누룩을 베고 지게미를 깔고 누워 있는데, 생각하는 일도 염려하는 일도 없이 그 즐거워함이 도도하였다.

우두커니 취해 있다가 어슴푸레 깨어났다 하는데, 조용히 귀를 기울여도 우레와 벽력의 소리가 들리지 않고 찬찬히 보아도 태산의 형체도 보이지 않는다. 추위와 더위가 피부를 파고드는 것도 모르며 즐기고 좋아하는 감정도 느끼지 못한다. 만물을 굽어보면 어지럽게 흔들리는 것이 마치 강위에 뜬

부평초가 일렁이는 것처럼 보이고, 따지러 온 두 호걸이 곁에서 모시고 있는 것을 마치 하찮은 벌레들인 나나니벌과 푸른 나방 유충처럼 하찮게 여길 뿐이었다.

주덕송酒德頌

1-12 난정기〔蘭亭記〕

왕희지王羲之

해설 | 이 글의 원래 제목은 〈난정집서蘭亭集序〉이다. 이는 당시의 명사들이 회계會稽 산음현山陰縣의 난정蘭亭에 모여 수계修禊를 행하면서 지은 시들을 모아 책으로 엮을 때에 왕희지가 지은 서문序文이다. 이 글의 문장은 천하의 명문이요 글씨는 천하의 명필로 칭해졌다. 한편 이 글은 노장老莊의 청담무실淸談無實을 숭상하던 당시의 풍조를 허탄하고 부당한 일이라고 배격하면서, 그릇된 습속을 바로잡고자 한 것이다.

영화永和 9년 계축년(353) 3월 초에 회계會稽 산음현山陰縣의 난정蘭亭에 모였으니, 재앙을 씻어내는 행사를 연 것이다. 여러 훌륭한 인물들이 모두 참여하여 젊은이와 어른들이 다 모였는데, 이 땅에는 높은 산의 우뚝 솟은 봉우리와 무성한 숲에 대나무가 우거져 있고, 또한 맑게 흐르는 세찬 여울물이 정자 좌우를 비추며 띠처럼 둘러있다. 이 물을 끌어들여 술잔을 띄워 보낼 굽이진 물길〔流觴曲水〕을 만들고 차례대로 벌려 앉으니, 비록 현악기와 관악기의 성대함은 없으나, 술 한 잔에 시 한 수 읊는 것이 또한 그윽하게 어린 정을 펼치기에는 충분하였다.

이날 하늘은 화창하고 맑았으며 따사로운 봄바람이 온화하게 불었다. 우주의 드넓음을 우러러보고 삼라만상이 성대하게 펼쳐진 것을 굽어보며, 이곳저곳의 아름다운 경치를 완상하고 회포를 시로 드러내니, 보고 듣는 즐거움이 지극해서 진실로 즐길 만하였다.

대저 사람이 한 시대를 서로 어울려 살아가면서 때로는 속에 품은 생각을 한 방안에 둘러앉아 토론하기도 하고, 때로는 처한 환경에 따라 육신을 초월한 세계에서 마음이 자유로이 노닐기도 한다. 비록 나가고 물러남이 만가지로 다르고 고요함과 시끄러움이 같지 않으나, 자신이 처한 상황을 즐기며 잠시나마 마음에 들어 흔연히 스스로 만족하게 여기는 경지에 이르게 되면, 늙음이 장차 이르려 하는 것도 잊게 된다. 그런 흥취가 지나가서 권태를 느끼고 마음이 세상일에 따라 바뀌면, 슬픔이 일어나게 된다. 조금 전에 기뻐하던 것이 고개를 한번 굽혔다 폈다 하는 잠깐 사이에 옛 자취가 되어버리니, 이 때문에 감회가 더욱 일어나지 않을 수가 없다. 더구나 장수하거나 요절하거나 가릴 것이 없이 현상의 변화에 따라 끝내는 모두 없어지고 말 것이므로, 옛사람이 '삶과 죽음이 또한 중대한 일이다.'라고 말한 것이니, 어찌 마음이 아프지 않을 수 있겠는가.

매번 옛사람들이 감흥을 일으켰던 이유를 보면 마치 짜맞춘 듯이 내 마음과 일치하여, 옛사람의 글을 대할 때마다 일찍이 탄식하고 슬퍼하지 않은 일이 없고, 이런 마음을 환하게 깨달아 이에서 초탈하고자 하나 그럴 수가 없었다. 삶과 죽음을 동일시한다는 것은 허탄한 거짓말이고, 800세를 살았다는 팽조彭祖와 성년도 되기 전에 죽은 사람을 동일시하는 것도 터무니없는 생각임을 알겠다. 후세 사람들이 지금의 우리를 보는 것도 또한 지금 우리가 옛사람들을 보는 것과 같을 것이니, 슬프도다!

그러므로 이곳에 모인 사람들을 차례로 기술하고 그들이 지은 시를 기록해놓은 것이니, 비록 세상이 바뀌고 세태가 달라진다 해도 감회를 일으키는 근원은 그 이치가 한가지이므로, 후세에 열람하는 사람들도 또한 이 글을 통하여 느끼는 바가 있게 될 것이다.

1-13 형편을 아뢴 표〔陳情表〕

이밀李密

해설 | 이밀의 부친이 일찍 사망하고 모친 하씨何氏가 개가하였으므로 그는 어려서부터 할머니 손에 자랐다. 할머니가 노환으로 고생하자 이밀은 할머니를 보살피며 낮이나 밤이나 허리띠를 풀어놓은 일이 없었다. 그 후 촉한蜀漢을 멸한 진晉나라 황제가 그를 태자세마太子洗馬로 부르니, 이 표문을 올려 사절하였다. 제갈량諸葛亮의 〈출사표出師表〉가 충忠을 상징하는 대표적인 문장이라면, 이 표表는 효孝를 상징하는 대표적인 문장이라 할 수 있다. 이에 〈출사표〉를 읽고 눈물을 흘리지 않는 사람은 충신이 아니고, 〈진정표陳情表〉를 읽고 눈물을 흘리지 않는 사람은 효자가 아니라는 말이 전해지게 되었다.

신臣은 간난艱難을 겪을 운명이어서 일찍부터 불행을 만났습니다. 태어난 지 6개월 만에 아버지를 여의고, 네 살이 되었을 때에 외숙이 어머니의 뜻을 꺾고 개가시켰습니다. 이에 할머니 유씨劉氏께서 부모를 잃은 어린 저를 가여워하시며 몸소 감싸 길러주셨습니다. 신은 어려서 병이 많아 아홉 살이 되도록 제대로 걷지도 못했고, 외롭고 고달프게 지내다 성인이 되었습니다. 숙부나 백부도 없고 집안 형제도 거의 없으며, 가문이 쇠미하고 복이 적어서 늦게 어린 자식을 두기는 하였으나, 밖으로는 기년朞年이나 대공大功·소공小功의 복服[1]을 입을 만한 울타리가 되어줄 가까운 친족도 없고, 안으로는

---

1 기년朞年이나……복服 : 상사에 상복을 입는 복제로, 기년복은 1년, 대공복은 9개월, 소공복은 5개월 간 상복을 입는 것으로, 가까운 친족의 상에 입는다.

문에서 손님을 응대할 어린 심부름꾼조차 없습니다. 의지할 곳이 없이 외롭게 홀로 서서 육신과 그림자가 서로 위로하며 지내는 형편입니다. 할머니는 일찍부터 병이 들어 항상 병석에 누워 계시므로 신이 모시고 탕약을 드려야 할 형편이어서 일찍이 이를 중단하고 곁을 떠난 적이 없습니다.

성군聖君께서 다스리는 왕조를 받들게 되면서 맑으신 교화에 온몸이 흠씬 젖도록 은혜를 입었습니다. 전에는 태수인 가규賈逵가 신의 효행과 청렴함을 살펴보고 천거하였고, 후에는 자사刺史인 고영顧榮이 신을 수재秀才로 천거하였습니다. 하지만 신은 할머니를 봉양할 사람이 없으므로 사양하고 부임하지 않았습니다.

그런데 이제 특별히 조서詔書를 내려 신을 낭중郎中에 임명했다가, 연이어 나라의 은혜를 입게 되어 신에게 태자세마太子洗馬를 제수하셨습니다. 외람되이 미천한 몸이지만 마땅히 태자를 모시면서 신의 목이 떨어질 때까지 힘을 다해도 그 은혜를 다 보답할 수가 없을 것입니다.

하지만 신은 표문表文을 올려 사양하고 취임하지 못하였습니다. 그러자 준엄한 조서를 내리셔서 신이 명을 따르지 않고 우물쭈물하는 것을 꾸짖으시고, 군현의 관원들이 급박하게 괴롭히며 신에게 서울로 가기를 재촉하고, 고을 관리가 찾아와서 성화星火처럼 다급하게 재촉하고 있습니다. 신이 명을 받들고 달려간다면 할머니의 병환이 날로 위독해질 것이고, 구차하게 사사로운 뜻을 따르려 하면 아무리 호소해도 허락해주지 않으시니, 신은 벼슬에 나아가야 할지 물러나 있어야 할지 실로 이럴 수도 저럴 수도 없게 되었습니다.

엎드려 생각하옵건대 성스러운 조정에서 효를 통치 이념으로 하여 천하를 다스려서 모든 늙은이가 사랑으로 보살펴주는 은혜를 입고 있습니다. 더구나 신의 외롭고 고달픔은 특별히 더욱 심한 지경입니다. 또한 신은 젊었을 때에 정통성이 없는 거짓 조정(촉한蜀漢)을 섬기면서 낭서郎署에서 직책을 맡고 있었으니, 본래부터 벼슬하여 영달하기를 도모하였을 뿐이고 명분과 절의를 자랑하려 하지는 않았습니다. 이제 신은 망한 나라의 천한 포로로서 지극히 하찮고 지극히 보잘것없는 사람인데도 지나칠 정도로 특별히 발탁해주는 은혜를 입게 되었습니다. 그러니 어찌 감히 우물쭈물 머뭇거리며 더 바라는 것이 있겠습니까. 다만 할머니가 해가 서산에 임박한 듯이 호흡이 끊어졌다 이어졌다 하며, 목숨이 금방 끊어질 듯이 위태로워서 아침이면 저녁에 어찌될지를 생각할 수 없는 형편입니다. 신은 조모가 계시지 않았다면 오늘에 이를 수 없었고, 조모께서는 신이 아니면 남은 생을 마칠 수가 없게 되었습니다. 이는 조모와 손자 두 사람이 서로 번갈아가며 목숨을 돌봐주고 있는 것입니다. 돌이켜보건대 이처럼 절박해서 신이 봉양을 중단하고 멀리 떠날 수가 없습니다.

신 밀密은 지금 나이가 마흔넷이고 할머니 유씨는 이제 아흔여섯입니다. 이는 신이 폐하께 충절을 극진히 바칠 수 있는 날은 길게 남아 있고 할머니의 은혜에 보답할 날은 짧은 것이니, 까마귀가 어미에게 길러준 은혜를 갚는 것처럼 개인의 사사로운 인정으로 돌아가실 때까지 봉양할 수 있게 해주시기를 바라옵니다. 신이 처한 어려운 처지는 촉蜀 땅 사람들과 두 고을의 목백牧伯만이 밝게 알고 있을 뿐이 아니고 천지신명도 진실로 함께 비춰 보고 있는 것이니, 바라옵건대 폐하께서는 신의 어리석은 정성을 가엾게 여기시고 신의 작은 뜻을 들어주셔서, 행여 할머니께서 요행히 남은 목숨을 끝까지 보전할 수 있게 해주신다면, 신은 살아서는 마땅히 목숨을 다 바쳐 받들 것이고 죽어서도 결초보은結草報恩을 다하겠습니다. 신은 두려운 마음을 감내할 수 없어서 삼가 백번 절을 올리며 이 표문을 지어 아뢰옵나이다.

1-14 돌아가리로다〔歸去來辭〕

도잠陶潛

해설 | 도잠이 팽택령彭澤令으로 있을 때에 관리가 “허리띠를 묶고 의관을 정제하고 독우督郵를 뵈어야 한다.” 하였다. 도잠이 탄식하며 “내 어찌 쌀 닷 말의 봉록 때문에 향리의 소인에게 허리를 굽힐 수 있겠는가.” 하고 바로 그날로 인끈을 풀어놓고 떠나면서, 안토낙천安土樂天의 뜻을 드러낸 것이 이 〈귀거래사歸去來辭〉이다. 구양수歐陽脩는 이 글에 대하여 ‘문장이 화평하고 너그러우며 소슬하고 여유로워서 비록 초사의 형식을 빌려 쓰기는 하였으되 초사에 나타나는 원망이 심히 움츠러드는 병폐에서 벗어났다.’라고 평하였다.

돌아가리로다!

전원이 황폐해지려 하는데, 어찌 돌아가지 않으리오.

이미 내 마음을 육신肉身의 부림을 받게 하였으니, 어찌 개탄하며 슬퍼하고만 있으리오.

지난 일은 바로잡을 수 없음을 깨닫고, 앞으로 올 일은 정도正道를 따를 수 있음을 알았노라.

진실로 길을 잃기는 하였지만 도에서 멀리 벗어나지는 않았으니, 지금의 생각이 옳고 지난날의 생각이 글렀음을 깨달았노라.

내가 탄 배는 한들한들 가볍게 나부끼고, 바람이 살랑살랑 내 옷깃을 펄럭이도다.

뱃사공에게 앞으로 갈 길을 물으며, 새벽이 아직 밝아오지 않음을 안타까워하노라.

마침내 작고 허술한 집을 바라보며 기쁘게 달려가니,
어린 종이 기쁘게 맞아주고, 어린 자식들은 문 앞에서 기다리도다.
세 오솔길은 거칠어졌지만, 소나무와 국화는 그대로 남아 있도다.
어린것들을 이끌고 방으로 들어가니, 술이 단지에 가득 담겨 있어,
단지와 잔을 당겨 손수 따라 마시고, 뜰에 있는 나무를 그윽히 바라보며 얼굴을 펴노라.
남쪽 창가에 기대어 거리낌 없이 몸을 맡기니, 무릎을 들일 만한 작은 방이 편안함을 알게 되었노라.
매일 전원을 거니는 것이 취미가 되었고, 대문은 있으되 늘 닫혀 있도다.
지팡이에 의지해 가다 쉬다 하다가, 때때로 머리를 들어 멀리 바라보니,
구름은 무심하게 산골짝에서 솟아나오고, 새들은 날다 지치면 둥지를 알아 돌아가도다.
햇살이 뉘엿뉘엿 지려 하는데, 외로이 서 있는 소나무를 어루만지며 서성이노라.

돌아가리로다!
속인들과 교제를 끊고 교유하지 않겠노라.
세속과 내 생각이 서로 다르니, 다시 벼슬길에 나아가 무엇을 구하리오.
친척과의 정담을 기쁘게 여기고, 거문고 타고 독서를 즐기며 울적한 마음을 푸노라.
농부가 내게 봄이 왔음을 알려주니, 서쪽 밭에서 할 일이 있게 되었도다.
가끔 천을 씌운 작은 수레를 몰고, 가끔은 작은 배를 저어,
고요한 골짜기를 찾고, 울퉁불퉁한 길로 언덕을 지나기도 하니,
나무들은 흐드러지게 꽃이 피려 하고, 샘물은 졸졸 흐르기 시작하도다.
만물이 제때를 얻었음을 부러워하며, 내 인생이 끝나감을 느끼는도다.

다 끝났도다!

우주 안에 육신을 맡기고 살날이 다시 얼마나 되겠기에,

어이하여 마음을 자연의 운행에 맡기지 않고, 어이하여 허둥대며 어디로 가려 하는가.

부귀는 내 바라는 것이 아니고, 천제가 사는 하늘나라로 가는 것도 기약할 수 없으니,

좋은 철 알아서 홀로 노닐고, 때로는 지팡이 세워놓고 김을 매기도 하며,

동쪽 언덕에 올라 한가히 읊다가, 맑은 물 굽어보며 시를 짓기도 하노라.

오로지 천지의 조화를 따라 생을 마감하려 하나니, 천명을 즐길 뿐 다시 무얼 더 따질 게 있으리오.

도연명귀거래사도陶淵明歸去來辭圖

권2

2-1 오류선생전〔五柳先生傳〕

도잠

해설 | 도연명이 자호自號를 오류선생五柳先生으로 지은 이유를 밝힌 글이다. 영리를 도모하지 않고 독서를 즐기며 안빈낙도安貧樂道하는 뜻을 기술한 것으로, 《사기史記》〈열전列傳〉의 형식에 맞추어 지은 일종의 탁전託傳이다.

선생이 어떤 사람인지 모르겠고, 성과 자도 또한 분명하지 않은데 집가에 다섯 그루의 버드나무〔五柳〕가 있어서 이를 호로 삼았다. 한가하고 고요하게 지내면서 말이 적고, 영예나 이익을 탐하지 않았다. 독서를 좋아하되 세세하게 이해하고자 꼬치꼬치 파고들지는 않았고, 뜻에 맞는 일이 있으면 흔연히 식사도 잊고 몰두하였다.

천성이 술을 좋아하기는 하나 집이 가난하여 늘 마실 수는 없었다. 친구가 그의 이런 형편을 알고 혹 술자리를 마련하고 부르기라도 하면, 찾아가 술이 떨어질 때까지 다 마셔서 반드시 취향醉鄕에 이르기를 기약하였고, 취하도록 마시고 물러 나와서는 일찍이 삶과 죽음에도 관심을 두지 않았다.

흙담을 두른 작은 집은 엉성하여 바람과 햇볕도 가리지 못했고, 짧은 갈옷에 뚫린 구멍을 꿰매어 입고 지냈으며, 소쿠리의 밥과 표주박 물도 떨어지기 일쑤였지만, 이를 편안히 여겼다. 늘 문장 짓기를 스스로 즐겨서 자신의 뜻을 약간 드러내 보이기도 하였고, 득실에 관심을 가지지 않고 이렇게 일생을 마쳤다.

이에 다음과 같이 찬贊을 지었다.

검루黔婁[1]가 말하기를, '빈천을 두려워하지 않고 부귀에 급급하지 않는다.' 하였으니, 그 말을 깊이 헤아려본다면 바로 이 분이 그와 동류로다. 술을 즐겁게 마시고 시를 지어 이로써 그 뜻대로 삶을 즐겼으니, 무회씨無懷氏의 백성이었던가? 갈천씨葛天氏의 백성이었던가?[2]

오류귀장도五柳歸庄圖

1 검루黔婁 : 춘추시대春秋時代 제齊나라의 뛰어난 선비로 노魯나라 왕과 제나라 왕이 예를 갖춰 모시고 재상으로 삼고자 했으나 거절하고 가난하게 살다가 죽었다.

2 무회씨無懷氏……백성이었던가 : 무회씨와 갈천씨는 중국 설화에 나오는 중국 태고시대의 군주이다. 이들의 시대에 백성들은 별다른 다스림 없이도 분쟁 없이 편안하게 살았다고 한다.

2-2 북산의 신령이 보낸 공문〔北山移文〕

공치규孔稚珪

해설 | 종산鍾山이 회계군會稽郡 북쪽에 있어서 북산北山이라 칭하기도 한다. 주옹周顒이 이 북산에 은거하다가 황제의 조서를 받고 밖으로 나가 해염현령海鹽縣令을 지내었다. 그 후 임기를 마치고 다시 북산을 찾으려 하자, 북산 신령이 세속에 오염된 그가 다시 오는 것을 허락하지 않는 공문을 보내는 형식으로 문장을 지었으므로 이를 '북산이문北山移文'이라 한 것이다. '이문移文'은 관서 사이에 주고받는 공문을 뜻한다.

종산鍾山(북산)의 산신과 초당사草堂寺의 신령이, 안개를 시켜 역로로 달려가서 산마루에 다음과 같이 공문을 새겨놓게 하였노라.

무릇 은자隱者는 굳은 절개로 세속에서 벗어난 풍모와 깨끗하게 속세를 벗어난 뜻을 지녀서, 방정하고 결백함이 백설을 능가하고 고결함이 푸른 하늘을 찌르고 천상에 이르는 경지에 달해야 하는데, 나는 이와 같은 인물을 알고 있노라. 뚜렷하게 만물 밖으로 드러나고 결백함이 안개와 놀 밖으로 드러나서, 천금을 지푸라기같이 여기며 거들떠보지 않고 만승萬乘의 천자 자리를 헌신짝 벗어버리듯 버려서, 신선이 타는 봉취곡鳳吹曲을 낙수洛水가에서 듣고 채신가採薪歌를 연뢰延瀨에서 듣는 듯하였으니, 본시 또한 이런 사람이 있었노라.

그러나 변덕이 심하여 처음 품었던 뜻과 마칠 때의 행동이 어긋나고, 흰 실이 청색과 황색으로 이리 바뀌었다 저리 바뀌었다 하듯이 해서, 묵적墨翟이 슬퍼 눈물을 흘리게 하고 양주楊朱가 통곡하며 애통해하게 할 줄이야 어찌 기약했겠는가.[1] 잠시 산림으로 발길을 돌렸으나 마음은 이미 세속에 오염되고, 혹 이전에는 정결하였다가 후에는 더럽게 되었으니, 어찌 그다지도 타락하였는가. 아아, 상생尙生[2]은 죽어서 없고 중장통仲長統도 이미 세상을 떠나서 산모퉁이가 적막하고 쓸쓸해졌으니, 오랜 세월동안 그 뉘에게서 참된 은자의 모습을 볼 수 있었으리오!

이 세상에 주자周子(주옹周顒)라는 사람이 있으니 세상에 뛰어난 선비여서, 이미 문장에 능하고 박학하며 또한 도가道家의 현묘한 이치를 깨닫고 역사에도 정통하도다. 그런데 동쪽 노나라에 살던 안합顔闔[3]의 은둔을 배우고, 남곽南郭[4]이 무아無我의 경지에 이르렀던 것을 익히고는, 초당사草堂寺에서 몰래 젓대 부는 흉내를 내며 무리에 끼어들고 북산에서 건방지게 은자의 두건을 쓰고 있었도다. 우리 북산의 소나무와 계수나무를 속이고 북산의 구름과 골짜기를 기만하면서, 비록 용모는 강가에서 은둔한 은자의 모습으로 꾸몄으나, 좋은 관작에 나아가 벼슬할 마음을 가졌었도다.

그가 북산에 처음 이르렀을 때에는 소보巢父를 밀어젖히고 허유許由를 능가하려 하며, 백세百世 동안에 있었던 은자들을 하찮게 보고 왕과 후侯를 멸시하니, 풍류를 즐기는 뜻이 햇볕처럼 퍼지고 서릿발 같은 기상이 가을 하늘에 뻗친 듯하였으며, 혹 은자가 영원히 가버렸음을 개탄하기도 하고 혹 고귀한 왕손王孫이 이곳에서 놀지 않음을 원망하기도 하였도다. 불가佛家의 공空의 이치를 담론하고, 도가道家의 현묘한 이치를 따져 밝히기도 하니, 무

---

1 그러나……기약했겠는가 : 양주는 갈랫길을 보면 통곡을 하였으니, 남으로도 갈 수 있고 북으로도 갈 수 있어서였다. 묵적은 잘 익힌 실을 보고 눈물을 흘렸으니, 그것을 황색으로 물들일 수도 있고 검정색으로 물들일 수도 있기 때문이었다.

2 상생尙生 : 상장尙長으로 자字가 자평子平이다. 벼슬하지 않고 은둔해 지내다가 자녀들을 모두 출가시키자 집안일에도 관여하지 않고 지냈다 한다.

3 안합顔闔 : 전국시대戰國時代 노魯나라의 현사賢士이다.

4 남곽南郭 : 《장자莊子》에 나오는 가공의 철학자. 남곽자기南郭子綦를 말한 것이다.

광武光[5]이 어찌 그와 비교가 되겠으리오, 연자涓子[6]도 그의 짝이 될 수 없는 듯하였도다!

그러다가 황명皇命을 받든 사자가 탄 말이 방울을 울리며 골짜기로 들어와서 학두서체鶴頭書體로 쓴 조서詔書[7]가 산언덕에 다다르자, 몸은 그를 맞이하고자 내닫고 정신은 산란해져서 처음 품었던 지조가 바뀌고 마음이 동요하였도다. 그러고는 곧 사자의 곁자리에 앉아서 눈썹을 치켜 올리고 자리 위에서 소매를 휘저으며, 은둔했을 때에 입던 지초와 연잎으로 만든 옷들을 찢어 불태워버리고, 속기를 띤 얼굴을 빳빳하게 세우고 저속한 모습으로 내달리니, 북산의 구름과 바람은 처연히 분한 모습을 띠고 바위 사이의 물은 목 메어 흐느끼며 서럽게 흘러갔도다. 수목이 울창한 봉우리를 바라보니 실망한 빛을 띠었고, 초목을 돌아보니 잃은 것이 있는 듯하였도다.

그가 관인을 차고 인끈을 매고, 본주에 딸린 속성屬城의 우두머리 자리에 걸터앉아서, 백리 땅을 다스리는 수령이 되어, 바닷가 고을에서 뛰어난 명성을 펼치고 절강浙江 서쪽 지방에서 아름다운 명예를 드날림에 이르러서는, 도가의 전적은 오랫동안 배척받게 되었고 불법 강론 자리는 오래도록 묻히게 되었도다. 죄수를 매질하는 시끄러운 소리가 그의 마음을 어지럽히고 문서와 쟁송의 번잡함에 그의 생각이 얽매이니, 거문고 타며 선비가 부르는 노래가 이미 끊기고 술 마시며 시 짓는 일도 중단되었도다. 늘 근무성적에 얽매이고 번번이 옥사의 판단에 번거롭게 되었도다. 훌륭한 지방관이

---

5 무광武光 : 《열선전列仙傳》에 '무광은 하夏나라 때 사람으로 부들과 부추 뿌리를 복용하고 살았는데, 탕湯임금이 걸桀을 칠 때에 무광의 계책을 따랐다. 탕이 천하를 얻은 후에 무광에게 왕위를 넘겨주려 하니, 무광이 돌을 짊어지고 하수河水에 뛰어들어 자살하였다.' 하였다.

6 연자涓子 : 춘추시대春秋時代 제齊나라 사람으로 창출을 복용하며 탕산宕山에 은거하였는데, 비와 바람을 마음대로 부렸다 한다.

7 학두서체鶴頭書體로 쓴 조서詔書 : 전예체篆隷體로 쓴 조서를 학서鶴書, 학두鶴頭 또는 학두서鶴頭書라 칭하는데, 보통 황제의 조서를 지칭하는 말로 쓰인다.

었던 장씨張氏와 조씨趙氏[8]가 지난날에 도모했던 일을 능가하고자 하고, 탁씨卓氏와 노씨魯氏[9]가 세웠던 지난날의 기록을 뛰어넘고자 하여, 삼보三輔의 걸출한 자취를 좇아서, 구주의 관리들에게 명성이 전해지게 하려 힘을 썼도다.

우리 북산의 드높은 노을이 외로이 드리우고 밝은 달도 홀로 떠오르게 되었도다. 청송이 쓸쓸히 그늘을 드리우게 되었으니, 백운인들 그 누구와 짝을 이룰 수 있으리오. 은거하던 산골집의 문이 부서져 없어지도록 돌아오는 사람이 없고, 은자가 다니던 돌길은 황량해져서 한갓 우두커니 기다리고만 있을 뿐이로다. 회오리바람이 장막 속으로 들어오고 쏟아지는 안개가 기둥 사이에서 솟아남에 이르러서는, 향기로운 혜초蕙草로 지었던 장막은 텅 비어 밤에 함께 놀던 학이 원망하고, 산에 은거했던 사람이 떠나니 새벽에 원숭이도 놀라도다. 지난날에는 벼슬할 때에 치장하던 화려한 동곳〔簪〕을 던져버리고 바닷가로 은둔한 사람이 있었다고 들었는데, 이제는 은자가 패용했던 난초옷을 벗어버리고 속세의 갓끈을 맨 사람을 보게 되었도다.

이에 〈가짜 은자를 받아들였던 우리 북산에게〉 남악南嶽이 조소를 보내고 북쪽의 작은 산들도 크게 비웃고 있도다. 여러 골짜기들이 다투어 비꼬고 중기중기 솟은 여러 봉우리들이 신랄하게 꾸짖으면서, 북산에서 노닐던 사람이 우리를 기만했음을 개탄하고, 와서 위로해줄 사람이 없음을 슬퍼하였도다. 그 때문에 북산 숲의 부끄러움은 다함이 없게 되었고 시내의 치욕은 그칠 날이 없게 되었도다. 가을이 되자 계수나무는 바람을 보내고 봄이 되

---

8 장씨張氏와 조씨趙氏 : 장씨는 한나라의 장창張敞을, 조씨는 조광한趙廣漢을 말한다. 장창은 현령으로 있다가 후에 승진하여 산양태수山陽太守에 이르렀고, 조광한은 양적의 현령으로 있다가 뛰어난 업적으로 중앙관직이 발탁되었다.

9 탁씨卓氏와 노씨魯氏 : 탁씨는 후한의 탁무卓茂를, 노씨는 노공魯恭을 말한다. 탁무가 밀密 땅의 현령으로 오자 관리와 백성들이 그를 친애하며 차마 수령을 속이지 못하였고, 노공이 중모中牟의 현령에 임명되자 해충인 멸구가 그 고장에는 들어오지 않았다 한다.

자 송라松蘿는 달빛을 보내어, 서산西山[10]으로 달려가서 깨끗한 은둔에 대하여 상의하게 하고, 동고東皐[11]로 달려가서 안빈낙도하며 소박하게 지내는 은자만 만나도록 뜻을 전하였도다.

이제 주자가 다시 하읍下邑(해염현)에서 행장을 급히 수습하여 배를 타고 상경하면서, 비록 그 마음은 드높은 대궐에 쏠려 있으나, 아마도 우리 북산의 어귀로 잠시 들르려 하는 듯한데, 어찌 향기로운 아가위 풀로 하여금 얼굴을 부끄럽게 하고 줄사철나무와 여초로 하여금 염치를 모르게 하며, 푸른 산고개가 거듭 치욕을 당하고 붉은 산벼랑이 또다시 더러움을 겪게 하며, 속된 유람으로 혜초가 깔린 길에 발자취를 남기고 맑은 연못을 오염시켜, 귀를 씻도록 해서야 되겠는가. 마땅히 산의 입구에 휘장으로 빗장을 치고 구름으로 관문을 막고 가벼운 안개로 가리고 소리내어 흐르는 여울물로 감춰서, 주자가 타고 오는 수레를 골짜기 입구에서 차단해버리고 건방지게 타고 오는 말고삐를 교외의 어귀에서 막아야 할 것이니라.

이에 떨기진 나뭇가지들이 울화가 끓어서 눈을 부라리며 흘겨보고 빽빽한 풀싹들의 마음이 노해서, 혹 가지를 날려 수레바퀴를 꺾어버리기도 하고 갑자기 가지를 낮추어서 더러운 자취를 쓸어버리기도 할 것이니, 바라건대 속된 선비는 수레를 되돌리도록 하라! 여러 산의 산신들을 위하여 북산에서 달아났던 객의 재방문을 사절하노라.

---

10 서산西山 : 백이伯夷·숙제叔齊가 은둔했던 수양산首陽山이다.

11 동고東皐 : 은자 완적阮籍이 거처했다는 곳이다.

2-3 등왕각滕王閣 서문(시를 병기함)〔滕王閣序(幷詩)〕

왕발王勃

해설 | 당 고조唐高祖의 아들 이원영李元嬰이 홍주자사洪州刺史로 있을 때에 이 누각을 지었는데, 그가 등왕滕王으로 봉해졌으므로 이를 등왕각이라 불렀다. 함형咸亨 2년(671)에 염백서閻伯嶼가 홍주목사洪州牧使가 되어 이곳에서 큰 잔치를 열기로 하고, 그의 사위에게 서문을 지어서 객들에게 과시할 수 있게 미리 준비를 시켰다. 이에 지필을 준비하고 객들에게 서문 짓기를 청하였으나 이를 눈치채고 감히 받아들이는 사람이 없었다. 다만 부친의 임소로 시성侍省하러 가던 왕발이 가장 어린 나이로 말석에 있다가 사양하지 않고 이 글을 지으니, 염백서가 성이 나서 관리를 시켜 그가 짓는 글을 즉시 보고하게 하였다. 보고할 때마다 그 글이 점점 오묘해지자, 이에 "천재다!"라고 감탄하며 그 글을 완성하도록 뒷받침해주고, 극진한 환대를 베풀었다 한다.

남창南昌은 고을의 옛 이름이요 홍주洪州는 새로 붙여진 고을의 이름이로다. 별자리의 분야로는 익수翼宿와 진수軫宿의 자리에 해당하고, 지역은 형산衡山과 여산廬山에 인접해 있도다. 세 강이 옷깃처럼 앞에 펼쳐져 있으며 다섯 호수가 띠처럼 두르고 있고, 만蠻 땅과 형荊 땅이 접해 있으며, 구甌 땅과 월越 땅이 잇닿아 있도다. 생산물의 풍성함은 하늘이 내린 보배여서, 이곳에서 생산된 용천검龍泉劍의 빛이 견우牽牛와 남두성南斗星 사이까지 뻗치도다. 이 고장에서 태어난 인물의 걸출함은 땅의 신령한 정기를 타고난 것이어서, 이 고장 출신인 서유徐孺(서치徐稺)가 방문하면 태수 진번陳蕃이 특별한 의자를 내려놓고 예우하였도다. 큰 고을들이 성盛하게 나열되어 있고 뛰어난 인물들의 광채가 별처럼 빛나도다. 누대와 성 둘레의 연못은 오랑캐와 중화의 경계를 내려다보고, 손님과 주인은 동방과 남방의 뛰어난 인물이 다

모인 것이로다.

도독都督 염공閻公[1]께서는 고상하신 명망으로 창검을 지닌 군사들의 호위를 받으며 멀리 이곳으로 부임하셨고, 새로 고을의 수령이 되신 우문공宇文公[2]께서는 아름다운 법도를 지니시고 휘장을 드리운 수레를 잠시 이곳에 멈추셨도다. 열흘째 휴일[3]에 훌륭한 벗들이 구름처럼 모였고, 천 리 먼 곳에서 찾아온 분들을 만나 맞이하니, 고명하신 벗들이 자리에 가득 찼도다. 뛰어오르는 교룡과 깃을 펼친 봉황 같은 분들은 맹학사孟學士(맹호연孟浩然) 같은 문장의 대가들이요, 번개처럼 빛나는 창과 서릿발 같은 칼을 지닌 분들은 왕장군王將軍[4]처럼 온갖 무략武略을 품고 있는 명장들이시도다.

저의 가친께서 현령으로 계셔서, 찾아뵈러 가는 길에 이름난 이 지역을 지나게 되었도다. 어린 제가 어찌 예상하였으리오, 몸소 이처럼 성대한 잔치에 참여하게 될 줄을!

때는 9월이니 절서는 삼추三秋에 속하도다. 길바닥에 고였던 장맛물은 다 없어지고 서늘하게 깊은 물이 맑으며, 노을빛이 어리니 저물녘 산은 자줏빛으로 물들었도다. 근엄하게 말수레를 길가에 정돈해두고 높은 언덕에서 풍경을 바라보도다. 황제의 아드님[5]이 노시던 넓은 섬을 굽어보며, 신선이 노닐던 옛 건물(등왕각)을 찾아오셨도다. 층층 봉우리들이 짙푸르게 솟아서 드높은 하늘로 솟구쳐 있고, 나는 듯한 높은 누각이 흐르는 물에 붉은 단청을 비추며 한없이 깊은 물을 굽어보도다.

학과 오리가 노니는 물가는 섬의 끝까지 둘러 있고, 계수나무와 난목蘭木으로 지은 전각은 산봉우리의 형세에 맞추어 늘어서 있도다. 아름답게 수놓

---

1 염공閻公 : 당시의 홍주목사인 염백서閻伯嶼이다.

2 우문공宇文公 : 당시 풍주목사로 부임한 우문균宇文鈞이다.

3 열흘째 휴일 : 열흘을 단위로 9일간 일한 후에 하루를 쉬었다는 뜻이다.

4 왕장군王將軍 : 당시에 진왕晉王 준濬이 금오장군金吾將軍이었으므로 왕장군이라 한 것이다.

5 황제의 아드님 : 당 고조唐高祖의 아들인 등왕滕王 이원영李元嬰을 말한다.

은 문을 열고 아로새긴 용마루를 굽어보니, 산과 들은 탁 트여서 눈에 가득하고, 시내와 연못은 멀리까지 보여서 눈을 놀라게 하도다. 아래에 보이는 땅에 집들이 즐비한데 종을 쳐서 가족을 모으고 많은 솥을 걸어놓고 식사하는 대갓집들이요, 큰 배와 전함이 나루에 가득 차서 청작靑雀과 황룡黃龍을 아로새긴 뱃꼬리가 연이었도다.

무지개 사라지고 비가 개이니 햇살이 구름을 뚫고 비추도다. 엷은 노을은 외로운 따오기와 가지런히 날고, 가을 물은 넓은 하늘과 한 빛이 되었도다. 고깃배에서 저물녘에 노래를 부르니 소리가 팽려호彭蠡湖까지 들리고, 기러기 떼가 추위에 놀라 높이 날으니 울음소리가 형산 남쪽 포구에서 끊어지도다.

멀리 보이는 경치를 읊고 아래를 굽어보며 감회를 노래하니 고상한 흥취가 홀연히 솟구치도다. 상쾌한 피리소리 일어나자 맑은 바람이 스쳐가고, 여인의 고운 노래 소리가 어리자 흰 구름도 멈추고 듣도다. 휴원睢園[6]의 푸른 대숲 같은 등왕각의 녹죽은 그 기상이 도연명陶淵明이 맑은 술 마시며 품었던 기상을 능가하고, 업수鄴水의 연꽃 같은 등왕각의 연꽃은 왕희지王羲之의 필세筆勢처럼 빛나게 비추도다. 네 가지 좋은 일과 두 가지 이루기 어려운 일[7]이 아울러 갖추어지니, 하늘 한가운데를 끝까지 바라보며 한가한 날의 유쾌한 놀이를 한껏 즐기도다.

하늘은 드높고 땅은 멀리까지 펼쳐져 있어서 우주의 무궁함을 깨닫게 되는도다. 흥이 다하자 슬픔이 도래하니 흥망성쇠의 정해진 운수가 있음을 알겠도다. 태양 아래에서 장안長安을 바라보며 구름 사이로 오吳와 회계會稽 땅을 헤아려보도다. 땅의 형세가 남쪽 국경 끝까지 이르러서 남쪽 바다가 깊고, 천주봉天柱峰 높이 솟아 북극성(군주가 계신 곳)이 멀도다. 지나가야 할

---

6 휴원睢園 : 한 경제漢景帝의 아우인 양효왕이 만든 정원으로 녹죽이 우거져 수죽원脩竹園이라 부르기도 한다.

7 네 가지……일 : 네 가지 좋은 일은 좋은 계절〔良辰〕, 아름다운 경치〔美景〕, 이를 완상하는 마음〔賞心〕, 이를 즐기는 일〔樂事〕을 말하고, 두 가지 이루기 어려운 일은 어진 주인과 훌륭한 빈객이 서로 만나게 됨을 말한 것이다.

관문과 산이 험하여 넘기 어려운데, 길을 잃고 헤매는 이 사람을 누가 가엾어할까. 부평초처럼 떠돌다가 우연히 서로 만났으니 모두가 타향에서 뵙게 된 빈객들이로다. 황제께서 계신 대궐을 그리워하나 보이지 않으니, 가의賈誼처럼 선실宣室[8]에서 황제를 받드는 일이 어느 해에나 가능할까.

아아! 시운時運 고르지 않고 운명의 길은 어그러지는 일이 많아서, 풍당馮唐에게 기회가 왔을 때에는 이미 늙어서 소용이 없었고[9], 전공을 세운 이광李廣도 책봉을 받기 어려웠도다. 가의가 장사長沙로 좌천된 것은 훌륭한 군주가 없어서가 아니요, 양홍梁鴻[10]이 바다 모퉁이로 유배된 것이 어찌 태평한 시대가 아니어서였겠는가.

믿어야 하는 것은, 군자는 가난을 편안히 여기고, 통달한 사람은 자신의 운명을 알아야 하는 것이로다. 늙어서도 더욱 굳센 뜻을 지녀서 백발노인이 되어서야 그 충심을 인정받기도 하나니 곤궁해져서도 더욱 굳은 의지를 지니고 공명功名을 이루려는 뜻을 실추시키지 않으리라. 탐천貪泉[11]의 물을 마셔도 상쾌함을 느끼며 신념이 변하지 않고, 바퀴자국에 고인 물에서 말라 죽게 된 붕어와 같은 처지가 되어서도 오히려 기뻐하는 마음 바꾸지 않으리라. 북해北海(조정)가 비록 멀리 있으나 회오리바람을 타면 접근할 수 있고, 젊은 시절은 이미 지났으나, 노년에 이르러 뜻을 달성할 수 있음에는 늦지 않았도다. 맹상孟嘗[12]은 고결한 인품을 지니고 있었으면서도 나라에 보답할

---

8 선실宣室 : 한漢나라 미앙궁未央宮의 정전이다.

9 풍당馮唐에게……없었고 : 풍당은 한漢나라의 인물로 학덕이 뛰어났으나 벼슬이 낭중郎中에 그쳤다. 그 후 무제武帝가 명성을 듣고 높은 벼슬을 주려 하였으나 이미 90 노인이어서 아쉽게도 임용할 수가 없었다.

10 양홍梁鴻 : 양곡梁鵠의 오기이다. 그는 팔분서八分書에 능한 명필이었고 위 무제魏武帝를 받들다가 모함을 받아 북해로 축출되었다.

11 탐천貪泉 : 광주廣州의 석문石門에 있는 샘으로 사람들이 이 물을 마시면 탐욕스러워진다고 해서 붙여진 이름이라고 한다.

12 맹상孟嘗 : 후한後漢 때 사람으로 합포 태수로 있을 때에 선정을 행하여 많은 이들이 높은 관직에 천거하였으나 등용되지 못했다.

마음만 품은 채 등용되지 못하여 허송세월하였고, 완적阮籍은 미친 듯이 멋대로 날뛰었으니 어찌 그가 길이 끊긴 곳에 이르러 통곡하였음을 본받을 게 있으리오.[13]

이 왕발王勃은 보잘것없는 한낱 서생이라, 이끌어줄 밧줄(뒷배를 봐줄 사람)을 청할 길이 없으나 종군終軍이 약관 때에 품었던 기개[14]와 같은 뜻을 품고 있으며, 붓을 버리고 무武에 종사할 뜻을 품고서[15] 종각宗慤이 장풍을 타고 파란을 잠재웠던 일[16]을 연모하노라.

일생 동안 벼슬할 뜻을 버리고 만 리 밖에 계신 부모님을 혼정신성하며 받들고자 하였고, 사씨謝氏 집안의 보배로운 나무[17] 같은 인재에 미치지 못하는데도, 맹자孟子가 세 번 이사하여 훌륭한 이웃을 만났듯이 훌륭한 분들을 만나게 되었도다. 후일에 뜰아래를 종종걸음으로 지나면서 리鯉가 겸손히 아버지 공자孔子를 모셨듯이 부모를 모시며 살고자 하였는데, 오늘 아침에 위의를 단정히 갖추고, 나를 용문에 오르게 할 분에게 기쁘게 의탁할 수 있게 되었도다. 사마상여司馬相如를 천거했던 양득의梁得意 같은 사람을 만나지 못해서 상여가 지은 〈능운부凌雲賦〉만 암송하며 스스로 애석해하다가, 나를 알아주는 종자기鍾子期 같은 분을 이미 만나게 되었으니, 내가 백아伯牙처럼 유수곡流水曲을 연주한들 무어 부끄러울 것이 있으리오.

---

13 완적阮籍은……있으리오 : 완적은 진晉나라 죽림칠현竹林七賢의 한 사람으로 예법에 구애받지 않았는데, 홀로 산길을 가다가 길이 끊긴 곳에 이르면 곧 통곡하고 돌아왔다 한다.

14 종군終軍이……기개 : 한漢의 종군이 20세에 남월에 사신으로 가서 뛰어난 언변을 구사했음을 따르겠다는 것이다.

15 붓을……품고서 : 후한의 반초班超가 가난을 탄식하여 붓을 던지고 무공武功을 세워 제후가 되겠다고 하였는데 실제로 서역을 정벌하여 정원후定遠侯가 되었다.

16 종각宗慤이……일 : 한漢이 남월南越과 화친하려 할 때에 종각이 20세였는데, '긴 밧줄을 가지고 장풍을 타고 가 남월왕을 묶어 와서 파란을 잠재우겠다.'라고 포부를 밝혔다.

17 사씨謝氏……나무 : 진晉나라 때 사안謝安이 조카 사현謝玄의 뛰어남에 감탄하면서 "비유하건대 지란옥수芝蘭玉樹와 같다." 하였다.

아아! 명승지는 어디에나 있는 것이 아니고, 성대한 잔치에 거듭 참가하기는 어려운 일이로다. 왕희지가 난정에서 잔치를 열었던 일은 이미 지나간 옛일이고, 석숭石崇이 성대한 잔치를 열었던 금곡원金谷園은 이제 빈 터만 남아 있도다. 작별에 임하여 이 글을 올리게 된 것은 요행히 성대한 잔치에 은혜를 입어서요, 높은 누대에 올라 시를 짓게 된 것은 여러 공들께서 요청하셨기 때문이로다. 이에 감히 미천하나마 정성을 다하여 공손히 하찮은 서문을 상세히 지어 올리노라.

이에 이어서 아래와 같이 칠언제언七言齊言의 4운시를 지었노라.

등왕이 세운 높은 누각이 강가를 굽어보고 있는데,
옥을 차고 난鸞 방울을 울렸던 분들이 즐겼던 가무는 이제 그쳤네.
아침이 되자 단청한 기둥 사이로 남창 포구에 나는 구름이 보이고,
저녁에 붉은 주렴을 걷자 서산에 내리는 비가 보이네.
한가로운 구름은 물에 그림자를 비추고 해는 유유히 지나가,
사물이 바뀌고 세월이 흘러감이 몇 해나 지났는가.
누각 속에서 노닐던 황제의 아드님 지금 어디에 계신가.
난간 밖의 장강만이 하염없이 흐를 뿐이네.

등왕각도滕王閣圖

2-4 봄날 밤에 도리원桃李園의 연회에서 지은 시권의 서문〔春夜宴桃李園序〕

이백李白

해설 | 이백의 당내 형제들이 복사꽃 오얏꽃이 만발한 동산에서 시회를 열고, 그때 지은 시들을 책으로 엮을 때에 책머리에 붙인 서문이다. 형제들의 우애와 함께 이백의 허무주의와 낭만주의가 표출된 작품이다.

대저 천지라는 공간은 만물이 잠시 머무는 객사이고, 시간은 백대를 지나가는 나그네이다. 뜬구름 같이 덧없는 인생이 꿈처럼 지나가니, 즐거움을 누릴 때가 얼마나 되겠는가. 옛사람들이 촛불을 밝히고 밤에까지 노닌 것이 진실로 까닭이 있었도다. 더구나 화창한 봄날이 아지랑이 어른거리는 풍치로 우리를 부르고, 드넓은 땅이 우리에게 문장의 재능을 내어주었음에랴.

복숭아와 오얏꽃이 만발한 동산에 모여 천륜으로 맺어진 형제들이 즐겁게 연회를 펼치니, 여러 아우들은 뛰어나기가 모두 사혜련謝惠連과 같은데, 나만 노래하고 시 짓는 능력이 유독 사강락謝康樂(사령운 謝靈運)에 미치지 못하여 부끄럽도다. 그윽한 봄 경치의 감상이 미처 끝나기도 전에 고상한 대화는 점차 더욱 맑아지도다.

꽃나무 앞에 앉아 아름다운 연회를 열고, 술잔을 주고받으며 달 아래에서 취하니, 아름다운 시를 짓지 못한다면 어찌 우아한 심경을 펼칠 수 있으리오. 만약 시를 짓지 못하는 사람이 있다면, 벌주는 금곡金谷의 술잔 수[1]에 맞추어 마시게 하리라.

---

1 금곡金谷의 술잔 수 : 진晉나라의 거부 석숭石崇이 그의 정원인 금곡에서 성대한 연회를 열면서 시를 짓지 못하는 사람에게 벌주를 먹였던 고사를 인용한 것이다.

2-5 형주荊州 한자사韓刺史에게 보낸 편지〔與韓荊州書〕

이백

해설 | 이 편은 이백이 형주자사荊州刺史를 지낸 한조종韓朝宗에게 자신을 임용해달라고 보낸 자천서로, 자신의 포부와 이상을 당당하고 거침없이 드러내었다.

제가 들으니 온 세상에서 인물을 평론하는 사람들이 모여서 말하기를, "이 세상에 살면서 만호萬戶를 다스리는 후侯에 봉해지기를 원하지 않고, 다만 한형주韓荊州[1]에게 한번 인정을 받기를 원할 뿐이다."라고 한다 하니, 어쩌면 이다지도 사람들이 크게 우러러 존경하는 경지에 이르게 되셨습니까. 아마도 주공周公과 같은 품격을 지니고 토포악발吐哺握發하며 선비를 맞이하는 일을 몸소 실천하셔서, 천하의 뛰어난 인물들이 달려와 의탁하도록 한 때문이 아니신지요. 군후君侯(한조종을 높여 부른 것임)께 한번 인정을 받아서 용문龍文에 오르게 되면 평판이 열 배나 뛰어 오르도록 한 때문이 아닐는지요. 그런 까닭에 용이나 봉황 같은 뛰어난 인물들이 군후께 진가를 인정받아 명성을 얻게 되기를 바라게 된 것입니다. 군후께서 부귀한 지위에 계시면서도 교만하지 않으시고 빈한하고 미천한 사람을 소홀히 대하지 않으신다면, 많은 빈객 가운데 모수毛遂[2]와 같은 인물이 있을 것이니, 저에게도 포대 속의 송곳이 그 끝뿐 아니라 자루까지 드러내듯이 재능을 드러낼 기회를 주신다

---

1 한형주韓荊州 : 한조종韓朝宗을 일컫는다. 당 현종唐玄宗 때 사람으로 한사복韓思复의 아들이고, 양주襄州·형주자사荊州刺史를 지냈으며, 인물을 많이 추천하였다.

2 모수毛遂 : 전국 조趙나라 사람으로 평원군平原君의 식객이었으나 3년 동안 발탁되지 못하다가 스스로 천거하여 뽑혔다. 이때 평원군이, "뛰어난 인물은 송곳이 포대

면, 곧 모수 같은 사람이 되겠습니다.

저는 농서隴西 출신의 평민으로 고향을 떠나 초楚·한漢(형주) 땅을 떠돌아 다녔습니다. 15세부터 검술을 좋아하여 협객으로 이곳저곳 두루 돌아다니며 제후들에게 등용해주기를 청하였고, 30세 무렵에는 문장으로 일가를 이루자 이르는 곳마다 초대를 받아 공경재상을 두루 방문하였습니다. 키는 비록 7척에도 미치지 못하나 웅장한 기상은 사나이들 가운데 으뜸이어서, 모든 왕공王公과 대인大人 들이 저의 기상과 의기를 인정하고 받아들였습니다. 이것이 제 지난날의 포부와 행적이었으니, 어찌 감히 군후께 이를 다 말씀드리지 않을 수 있겠습니까.

군후께서 지으신 문장은 신명神明과 짝할 만하고, 덕행은 천지를 감동시킬 만합니다. 글씨는 천지의 조화와 나란히 할 만하고, 학문은 천리天理와 인리人理를 모두 궁구窮究하셨습니다. 마음을 열고 얼굴을 펴고서 저를 용납해주셔서, 오랫동안 읍하고 있다가 행여나 거절을 당하는 일이 없게 되기를 바라옵니다. 만약 고상한 연회 자리에서 접견해주셔서 맑고 고결한 담론을 마음껏 펼칠 수 있게 해주신다면, 하루에 만언의 문장을 짓도록 시험하신다 해도 말안장에 기대어 기다릴 수 있을 것입니다. 지금 천하 사람들은 군후를 하늘에서 문장 평가를 주재하는 문창성文昌星 같은 문형文衡으로 여기고, 인물을 저울처럼 공평하게 평가하는 분으로 여기므로, 한번 군후의 품평을 받으면 곧 훌륭한 인물로 인정받게 됩니다. 그런데 이제 군후께서는 어찌하여 궁전 계단 앞의 한 자 남짓한 땅을 아끼셔서, 제가 눈썹을 치뜨고 기상을 토해내서 청운의 뜻을 높이 드날리도록 해주지 않으십니까.

속에 있어도 그 끝을 드러내듯이 능력을 드러내는데, 그대는 능력을 드러낸 일이 없으니 사신의 일원으로 동행할 수가 없소." 하며 그의 발탁을 꺼리자 모수가 대답하였다. "저를 진작에 포대 속에 넣었다면 송곳 자루까지 드러내었을 것이요, 송곳 끝만을 드러내는 데 그치지 않았을 것입니다." 여기에서 낭중지추囊中之錐라는 사자성어가 나왔다.

옛적 왕자사王子師[3]는 예주자사豫州刺史가 되자, 부임할 때 타고 가던 수레에서 미처 내리기도 전에 즉시 순자명荀慈明을 초빙하여 임용하고, 수레에서 내려서는 또 공문거孔文擧[4]를 초빙하여 임용하였습니다. 산도山濤[5]는 기주 자사가 되자 30여 명을 살펴 뽑아서 그들 가운데 더러는 시중侍中이나 상서尙書가 된 사람도 있었으므로, 선대 사람들이 그를 찬미하였습니다. 군후께서도 엄협률嚴協律을 한번 천거하시자 그가 조정에 들어가 비서랑이 되었고, 중간에 선발하신 최종지崔宗之, 방습조房習祖, 여흔黎昕, 허영許瑩 가운데 어떤 사람은 재능과 명망으로 인정을 받고 어떤 사람은 청백함으로 칭송을 받고 있습니다. 저는 그들이 군후의 은혜를 명심하고 몸소 따르며 충의를 분발하고 있음을 늘 보고 있습니다. 제가 이 때문에 감격하고, 군후께서 여러 어진 사람의 마음속에 거짓 없는 참된 뜻을 불어넣어주신 것을 알게 되었습니다. 이런 까닭에 다른 사람에게 몸을 의탁하려 하지 않고, 재주와 덕망이 나라에서 으뜸가는 분이신 군후께 몸을 맡기기를 원하는 것입니다. 혹시 위급하고 어려운 일이 있을 때에 쓰이게 된다면 감히 하찮은 몸이나마 힘을 다 바치겠습니다.

또한 사람이 요순堯舜 같은 성인이 아니라면 누구인들 모든 면을 다 잘할 수야 있겠습니까. 제가 계책을 헤아리는 일에야 어찌 스스로 잘할 수 있다고 뽐낼 수 있겠습니까. 다만 문장의 창작은 지어서 쌓아놓은 것이 여러 권이 있는데, 외람되나마 보여드리고 싶습니다. 하지만 벌레를 아로새긴 것처럼 꾸밈에나 힘쓴 하찮은 문장이 대인의 마음에 들지 않을까 두렵기도 합니다. 만약 저의 촌스럽고 거친 문장의 창작이나마 보아주실 것을 허락하신다

---

3 왕자사王子師 : 후한後漢의 왕윤王允(137~192)을 말한다. 자가 자사子師이고, 예주자사豫州刺史로 있을 때에 순상荀爽(128~190, 자가 자명慈明)을 임용하여, 함께 동탁董卓을 제거하려다 뜻을 이루지 못하였다.

4 공문거孔文擧 : 후한後漢의 공융孔融(자가 문거文擧)으로 문장에 뛰어났으나, 조조에게 처형당하였다.

5 산도山濤 : 진대晉代 죽림칠현竹林七賢의 한 사람이다.

면, 청하옵건대 붓과 종이와 아울러 정서精書할 사람을 내주십시오. 그러면 뒤로 물러나 한가히 마루를 쓸고 글을 정서하여 바치고서, 행여 청평青萍 같은 명검名劍과 결록結綠 같은 보옥寶玉이 설씨薛氏와 변씨卞氏의 문하에서 좋은 평가를 받은 것[6]처럼 되기를 기대하겠습니다. 하류에 속한 비천한 저를 밀어주셔서 드러날 수 있도록 크게 열어 주기를 군후께서 도모해주신다면 행운으로 여기겠습니다.

---

6 청평青萍……것 : 구주舊註에 청평과 결록을 모두 보검寶劍의 이름으로 보았으나, 우리나라 정사신鄭士信(1588~1619)은 청평만 보검이고 결록은 옥명玉名으로 보았는데, 본 역문에서도 정사신의 설을 따랐다. 설씨는 보검의 감정가 설촉薛蜀을, 변씨는 보옥의 감정가 변화卞和를 말한 것으로, 이백 자신의 문장도 훌륭한 감정가를 만나면 그 가치를 인정받을 수 있으리라고 자부한 것이다.

2-6 황제가 경계할 일〔大寶箴〕

장온고張蘊古

해설 | 대보大寶는 제위를 지칭한다. 이 편은 당 태종唐太宗에게 황제가 경계해야 할 일을 많은 고사를 인용하여 지어 올린 잠명류箴銘類의 운문이다. 태종이 이를 읽고 제왕이 감계鑑戒로 삼을 만하다고 칭찬하며 장온고의 관직을 올려주었다 한다.

예부터 현재까지 굽어 땅을 살펴보고 우러러 하늘을 관찰해보건대,

오직 군주만이 복을 내릴 수 있으니, 군주 노릇 하기가 진실로 어렵습니다.[1]

널리 천하의 주인이 되셔서, 왕공王公의 윗자리에 계시면서.

필요한 물자를 토지에 맞추어 공물로 바치게 하고, 관료를 갖추어 창도하시는 바를 시행하게 하십니다.

이 때문에 두려워하는 마음이 날로 풀어지고, 사악하고 편벽된 마음이 더욱 거침없이 일어나서 방자해지게 되나니,

사단이 소홀함에서 일어나고, 화가 뜻밖의 일에서 발생함을 어찌 알겠습니까.

진실로 천명을 받아 성인聖人에게 제위에 오르게 한 것은, 물에 빠지듯 곤

---

1 군주……어렵습니다 : 《논어論語》 〈자로子路〉에 '군주 노릇 하기가 어렵고, 신하 노릇 하기도 쉽지 않다.〔爲君難 爲臣不易〕' 한 공자孔子의 말씀을 압축하여 인용한 것이다.

경에 처한 사람을 구제하고 막힌 것을 틔워주게 하려 한 것이니,

잘못되면 죄를 자신에게 돌리고, 생각은 백성의 뜻을 따라야 합니다.

크게 밝은 태양은 사사로이 비추어줌이 없고, 지극히 공정함은 사사로이 친애함이 없으니,

그러므로 한 사람의 성군으로 천하를 다스리게 한 것이지, 천하 사람들로 한 사람을 받들게 하려 한 것이 아닙니다.

예禮로써 사치하려는 마음을 억제하고, 악樂으로 방탕함을 막아야 하므로,

좌사左史로 군주의 말을 기록하게 하고 우사右史로 한 일을 기록하게 하며,[2] 나가실 때는 경계하게 하고 들어오실 때는 벽제辟除하게 한 것입니다.

네 계절과 음양이 조화를 이루도록 하소서. 3광(해·달·별)은 군도君道의 득실에 맞추어 그 조짐을 드러냅니다.

그 때문에 왕의 행동이 법도가 되고, 말씀이 법률이 되는 것입니다.[3]

하늘이 모를 것이라고 생각하지 마소서, 높은 곳에 있으면서 낮은 데서 하는 말을 모두 듣습니다.

이까짓 작은 일이 무슨 해가 되겠느냐고 생각하지 마소서, 작은 악이 쌓여서 커지게 됩니다.

향락을 끝없이 추구해서는 안 되나니, 향락이 극에 달하면 슬퍼할 일이 생깁니다.

욕망은 거리낌 없이 추구해서는 안 되나니, 거리낌 없이 추구한 욕망이 재앙을 이룹니다.

---

2 좌사左史로……하며 : 《한서漢書》 〈예문지藝文志〉에 '옛날의 군왕은 대대로 사관史官을 두어서, 움직였다 하면 반드시 이를 기록하도록 하였으니, 언행을 조심하고 법식을 밝히게 한 것이다. 좌사가 왕이 한 말을 기록하고 우사가 왕이 한 행동을 기록하여, 행한 일을 기록한 것이 《춘추春秋》가 되고, 한 말을 기록한 것이 《상서尙書》가 되었다.' 하였다.

3 그 때문에……것입니다 : 《사기史記》 〈하본기夏本記〉에 '〈우禹임금의〉 말이 율律이 되고 행동이 도度가 되었다.〔聲爲律 身爲度〕' 하였다.

구중궁궐을 아무리 장엄하게 꾸며놓아도, 머무는 곳은 무릎을 용납할 면적에 불과하거늘,

저 어리석은 군왕은 이를 알지 못하고, 그 누대를 옥으로 꾸미고 그 방을 구슬로 장식하였습니다.

팔진미八珍味[4]가 앞에 놓여 있어도 먹는 것은 입에 맞는 몇 가지뿐인데,

폭군은 이를 유념하지 않고, 술지게미로 언덕을 이루게 하고 술로 못을 이루게 하였습니다.

안에서는 여색에 빠지지 마시고, 밖에서는 사냥에 빠지지 마시며,

얻기 어려운 보화를 귀하게 여기지 마시고, 나라를 망하게 하는 퇴폐한 음악은 듣지 마소서.

궁 안에서 여색에 빠지면 사람의 본성을 해치고, 밖에서 수렵에 빠지면 사람의 마음이 방탕해지며,

얻기 어려운 보화는 사치를 즐기는 풍조를 야기하고, 나라를 망치는 음악은 음란한 풍조를 야기합니다.

자신이 존귀하다 하여 어진 선비를 오만하게 대하는 일이 없도록 하시고,

자신이 지혜롭다 하여 간언을 거절하며 내 뜻을 뽐내는 일이 없게 하소서.

듣건대, 하후夏后(우禹임금)는 수라상을 받고도 선비를 맞이하고자 빈번히 일어났다 하고,[5] 또한 위제魏帝(위 문제魏文帝 조비曹丕)는 옷자락을 당기며 간해도 그릇된 뜻을 멈추지 않았다 합니다.[6]

---

4 팔진미八珍味 : 《주례周禮》 〈천관天官 선부膳夫〉에 '선부膳夫가 왕이 드실 모든 음식을 관장하는 데 120가지가 있고, 그 가운데 진미로는 여덟 가지를 쓴다.' 하였고, 그 주에 '팔진은 순오淳熬, 순모淳母, 포돈炮豚, 포장炮牂, 도진擣珍, 지漬, 오熬, 간료肝膋 등이다.' 하였다.

5 하후夏后(우禹임금)는……하고 : 하후는 하나라를 세운 우임금이다. 《회남자淮南子》 〈범론훈氾論訓〉에 '우임금이 한 번 식사할 동안에 선비를 맞고자 열 번을 일어났다.' 하였다.

6 위제魏帝(위 문제魏文帝 조비曹丕)는……합니다 : 《삼국지三國志》 〈위지魏志 신비전辛毗傳〉에 '위 문제魏文帝가 기주冀州의 백성 십만 호를 하남河南으로 옮겨 살게 하

저 근심으로 잠을 이루지 못하는 백성을 평안하게 해주기를, 따사로운 봄볕과 가을 이슬처럼 하시고,

드높고 드넓음은 한 고조漢高祖의 큰 도량처럼 넓게 하시며,

백성들의 온갖 일을 감싸 어루만져주시기를, 얇은 살얼음판을 건너듯이 하고 깊은 연못을 굽어보듯이 조심스럽게 하시고,

벌벌 떨듯이 두려워하며 주 문왕周文王의 신중하심[7]을 본받으소서.

《시경詩經》에 '지혜롭지 못하면서 제가 아는 것만을 고집하지 말라.'[8] 하였고, 《서경書經》에 '편애하거나 내 패거리만 챙기지 말라.'[9] 하였으니,

저편과 이편을 마음속으로 동일하게 대하고, 좋아하고 싫어하는 편 가르기를 마음에서 지우소서.

모든 사람이 내치는 것을 본 이후에야 그에게 형벌을 가하고, 모든 사람이 기뻐하는 것을 본 이후에야 상을 내리소서.

억센 자를 제어하고 어지럽히는 자를 다스리며, 굽은 부분을 펼쳐주고 부정한 것을 바로잡아야 하나니,

그러므로 말하기를, '저울대와 저울추처럼 공평하여 인물의 판정에 사사로운 제한을 두지 않는다면,

저울대로 달 듯이 공정하게 평가받은 인물은, 그 경중이 자연히 드러나며,

고요한 물과 맑은 거울처럼, 인물을 사적인 정으로 비추어보지 않는다면,

비추어진 인물은, 예쁘고 추함이 자연히 드러난다.' 하였습니다.

흐릿하게 혼탁해서도 안 되고, 눈부시게 너무 맑기만 해도 안 되며,

려 하자, 신비가 이를 말렸으나 황제가 허락하지 않고 일어나서 내전으로 들어가려 하니, 신비가 뒤따라가 황제의 옷자락을 당기며 허락해주기를 빌었으나 옷자락 당기는 것을 꾸짖지 않았다.' 하였다.

7 주 문왕周文王의 신중하심 : 《시경》 〈대아大雅 대명大明〉편에 '오직 우리 문왕께서는 신중히 조심하며 삼가셨네.〔維此文王 小心翼翼〕' 하였다.

8 《시경》 〈대아大雅 황의皇矣〉에 보인다.

9 《서경》 〈주서周書 홍범洪範〉에 보인다.

더러움에 휩쓸려 어두워져도 안 되고, 까다롭게 따져서 지나치게 분명히 하려고만 해도 안 됩니다.

비록 쓰고 계신 면류관의 구슬이 눈을 가리어도, 드러나지 않은 것도 볼 수 있어야 하고,

비록 귀막이 솜으로 귀를 막았어도,[10] 소리 없는 민성民聲까지 들을 수 있어야 하나니,

담백한 경지에 마음을 풀어놓고, 지극한 도의 정묘한 경지에서 정신을 노닐게 하여,

찾아오는 자들은 인물의 크고 작음에 맞추어 그들의 뜻을 펼칠 수 있게 해주고, 물을 뜨고자 하는 자들(혜택을 입고자 하는 자들)에게는 인물의 얕고 깊음에 맞추어 모두 채워줘야 하나니,

그러므로 '하늘에는 기준이 있고, 땅에는 평안함이 있고, 왕에게는 바른 덕이 있다.' 한 것입니다.

네 계절은 말이 없어도 절서節序를 교대하고, 만물은 말이 없어도 조화를 이루나니,

어찌 제왕의 힘으로 천하가 태평해졌음을 말로 알릴 필요가 있겠습니까.

우리 군왕께서 난을 다스려, 꾀와 무력으로 이기게 되면,

백성들이 그 위엄을 두려워하기는 하되, 그 덕을 입었다고 생각하지는 않을 것이고,

우리 황상께서 천운에 맞게 감싸주어, 맑은 기풍을 불어넣으시면,

백성들이 그렇게 시작한 일은 마음에 품으나, 그것이 끝까지 갈지는 보장이 되지 않으므로,

이에 거울처럼 귀감이 될 잠언을 기술하여, 신묘하게 되시고 성스럽게 되

---

10 비록……막았어도 : 《문선文選》 동방삭東方朔의 〈답객난答客難〉에 '면류관을 쓰고 앞에 끈을 늘어뜨리는 것은 너무 세세하게 보지 않도록 가린 것이고, 귀막이 솜으로 귀를 막는 것은 너무 세세하게 듣는 것을 막는 것이다.〔冕而前旒 所以蔽明 黈纊充耳 所以塞聰〕' 하였다.

실 이치를 다 기술한 것이오니,

참된 마음으로 사람들을 부리고, 그들의 말을 행동으로 용납해주어,

통치의 근본을 포괄하고, 천자의 조칙으로 악인을 억제하고 선인을 드날리게 하소서.

천하가 공정하게 다스려지면 천자께 경사가 있게 됩니다.

탕湯임금이 그물을 걷고 신에게 기원했듯이 하고,[11] 순舜임금이 거문고를 당겨 남풍시南風詩를 지어 읊었듯이 하여,[12]

하루나 이틀의 짧은 시간에도 생각하심이 언제나 이에 있도록 하소서.

화와 복은 오직 사람이 불러오는 것이어서, 선한 일을 한 사람은 하늘이 보우해주실 것입니다.

간언을 담당한 신하는 직언을 해야 하므로, 감히 군왕을 보필하는 전의前疑[13]에게 이렇게 아뢰나이다.

---

11 탕湯임금이……하고 : 《사기史記》 〈은본기殷本紀〉에 '탕임금이 처음 상商 땅에 갔을 때에 들판의 4면에 그물을 치고 짐승을 잡는 것을 보고, 3면의 그물을 걷게 하고 축원하기를, "왼쪽으로 도망갈 짐승은 왼쪽으로 가고, 오른쪽으로 도망갈 짐승은 오른 쪽으로 가고, 명을 따르지 않는 놈들만 우리 그물에 걸려라." 하니, 제후들이 이를 보고, "탕왕의 지극히 어진 덕이 금수에까지 미쳤도다." 하고 감동했다는 것이다.

12 순舜임금이……하여 : 순임금이 5현으로 된 거문고를 만들고, 그 거문고로 백성들이 평안하고 풍족하게 살기를 기원하는 〈남풍가南風歌〉를 지어 노래하게 했다는 것이다.

13 전의前疑 : 《예기禮記》 〈문왕세자文王世子〉에 '군주를 보좌하는 사람으로 앞에는 의疑, 뒤에는 승丞, 왼쪽에는 보輔, 오른쪽에는 필弼을 두었다.' 하였으니, 전의에게 고한다는 것은 자기를 낮추어 직접 군왕께 아뢰지 않고 보좌관에게 아뢴다는 것이다.

2-7 당唐나라를 중흥시킨 위업을 찬양하다〔大唐中興頌〕

원결元結

해설 | 이 편은 안록산安祿山의 난을 평정하고 거의 망할 뻔했던 당唐나라를 중흥시킨 현종玄宗과 숙종肅宗의 위업을 찬양한 송찬류頌讚類의 문장이다. 앞에 산문으로 지은 서문을 붙이고 뒤에 운문으로 지은 송을 붙였는데, 안진경顔眞卿의 글씨로 영주永州 기양현祈陽縣의 오계浯溪 절벽에 새겨놓았으므로 마애비磨崖碑라 칭하기도 하였다. 이 송은 구절마다 압운하고 3구마다 환운한 별체의 형식으로 지었으며, 문장이 '드높고 웅건하다.〔峻偉雄剛〕'는 찬양을 들었다.

천보天寶 14년(755)에 안록산安祿山이 낙양洛陽을 함락하고 이듬해에 장안長安까지 함락하니, 천자께서 촉蜀으로 행행하셨고 태자께서 영무靈武에서 황제의 자리에 오르셨다. 이듬해에 황제께서 봉상鳳翔으로 군진을 옮기고 그해에 장안과 낙양을 수복하여 상황께서 서울로 돌아오셨다.

아아! 전대의 제왕으로 성한 덕과 큰 업적이 있었던 분은 반드시 찬미하는 송가頌歌를 지어 그 일을 드러내었으니, 만약 지금 큰 업적을 노래해 칭송하여 이를 금석에 새겨놓아야 한다면, 문학에 노련한 사람이 아니라면 그 누가 할 수 있겠는가. 이에 다음과 같이 송을 지었노라.

아아! 전대에 요망한 신하들이 간사하고 교만하여, 나라를 혼미하게 하고 요사한 짓을 하였도다.

변방의 장수가 군사를 휘몰고 와서, 국법을 해치고 어지럽히니, 뭇 백성이 평안을 잃었도다.

천자의 수레가 남쪽으로 몽진蒙塵하시니, 많은 관리들이 몸을 숨기거나 적을 받들며 신하 노릇을 하였도다.

하늘이 장차 당나라를 창성昌盛하게 하고자, 우리 황상을 보살펴서 필마匹馬를 타고 북방으로 가셔서 군사를 일으키게 하였도다.

우뚝 서서 한번 외치시니, 천만의 깃발을 휘두르며, 군사들이 앞다투어 달려왔도다.

우리 군사들이 동으로 진격하니 태자도 군사를 인솔하고 흉악한 무리들을 소탕해 없앴도다.

다시 수복할 시기를 정하시면, 그 시기를 넘긴 일이 없었으니, 나라가 있은 이래로 그런 일이 없었도다.

일을 도모함에 지난함이 있었으나, 종묘사직이 다시 평안해지고, 두 분 황제께서 재회하여 기뻐하셨도다.

천지를 개벽하셔서 요망한 재앙을 제거해 없애니, 상서로운 경사가 크게 도래하였도다.

반역을 도모했던 흉악한 무리까지 천자의 은덕에 젖게 되었으니, 죽은 자나 산 자나 부끄러워할 일이었도다.

공로 있는 이들은 지위를 올려주고 충렬은 명성이 남아 있게 하여, 은택이 자손에까지 이어지게 하였도다.

성대한 덕의 흥성함이 산처럼 높고 태양이 떠오르듯 하였으니, 온갖 복을 모두 받게 되었도다.

위대하신 군주의 명성과 위의威儀가 넓게 멀리 전파되도록 함이 이 글의 목적이 아니겠는가.

상강湘江의 동서쪽 한가운데 오계浯溪와 만나는 곳, 우뚝한 바위 절벽이 하늘에 닿을 듯한데.

이 절벽을 갈고 다듬어 글을 새길 만하기에, 이 송을 새겨놓나니, 어찌 천만 년만 전해짐에 그칠 뿐이겠는가.

2-8 사람의 본질〔原人〕

한유韓愈

해설 | 한유의 《창려집昌黎集》 〈잡저雜著〉에 〈원도原道〉, 〈원성原性〉, 〈원훼原毁〉, 〈원인原人〉, 〈원귀原鬼〉의 오원五原이 수록되어 있다. '원原'은 근원을 추구한다는 뜻이며, 이 다섯 편이 모두 논변류論辨類의 문장이다. 이 〈원인〉에서는 중화中華 사람만이 사람의 도리인 인仁을 행할 수 있고, 이적夷狄과 금수禽獸는 인으로 포용하여 다스릴 수 있을 뿐이라는 중화 중심 사상을 드러내었다.

위에서 형체를 이루고 있는 것을 하늘이라 하고, 아래에서 형체를 이루고 있는 것을 땅이라 하며, 그 두 사이에서 생명을 부여받은 존재를 사람이라 이른다. 위에서 형체를 이루고 있는 일월성신日月星辰이 모두 하늘에 소속된 것이고, 아래에서 형체를 이루고 있는 초목과 산천이 모두 땅에 소속된 것이며, 그 둘 사이에서 생명을 부여받은 이적夷狄과 금수禽獸가 모두 사람에 소속된 것이다.

"그렇다면 우리가 금수를 일러 사람이라 말해도 되겠는가?" 한다면, "안 된다."라고 대답할 것이다. 산을 가리키며 묻기를 "산인가?" 한다면, "산이다."라고 대답할 것이다. 이렇게 함이 옳은 것은, 산에 있는 초목과 금수를 모두 포괄해서 말했기 때문이다. 하지만 산에 있는 풀 한 포기를 가리키며 "산인가?" 했는데, "산이다." 한다면 이는 옳지 않다.

그러므로 하늘의 도가 어지러워지면 일월성신이 그 바른 궤도를 운행할 수 없고, 땅의 도가 어지러워지면 초목산천이 그 정상을 유지할 수 없으며, 사람의 도가 어지러워지면 이적금수가 그 본성대로 살아갈 수 없게 된다.

하늘은 일월성신의 주재자요, 땅은 초목산천의 주재자이며, 사람은 이적금수의 주재자이다. 주재자이면서 그들을 포악하게 대한다면 주재자로서 행할 도리를 행했다 할 수 없다. 이 때문에 성인聖人이 모두를 동일하게 보아 똑같이 사랑하고, 가까운 자(중화中華)를 돈독하게 대하면서 먼 자(이적)도 거두어 사랑하는 것이다.

2-9 도의 본질〔原道〕

한유

해설 | 한유는 유가儒家 사상을 수호하고 역대에 창궐했던 노장老莊과 불교 등 이단異端을 배격하고, 유가의 인의도덕仁義道德이 인륜에 부합하는 도리임을 강조하였다. 즉 유가사상에 입각한 사회질서의 확립을 주장한 것이다. '요순우탕문무주공공자맹자'로 이어진 유가의 도통과 이 사상을 함유하고 있는 오경五經이 도의 기준임을 주창하고, 한유 자신이 당대에 이 도통을 계승하여 발양시키는 것을 사명으로 여기고 있음을 밝힌 것이다.

널리 사랑함을 인仁이라 이르고, 행함이 이 인에 합당함을 의義라 이른다. 이 인의仁義를 근거로 하여 이에 맞게 가는 것을 도道라 이르고, 이것이 자기의 마음에 충족되어 있어서 밖에 기대함이 없는 것을 덕德이라 이른다. 인과 의는 구체적으로 정해진 명칭이고, 도와 덕은 인과 의를 채울 비어 있는 자리이다. 그러므로 도에는 군자君子의 도가 있고 소인小人의 도가 있으며, 덕에는 흉덕凶德이 있고 길덕吉德이 있다.

노자老子가 인의를 하찮게 여긴 것은 그것을 폄훼하려 해서가 아니고, 그의 안목이 협소했기 때문이었다. 우물 속에 앉아서 하늘을 보고, '하늘이 작다.'라고 말하는 것은, 하늘이 작아서가 아니다. 저들이 하찮게 작은 은혜를 인으로 여기고 하찮게 작은 지조를 의로 여겼으니, 그들이 이 인의를 작게 여긴 것이 당연하다. 그들이 이른바 도라 한 것은 그들이 도로 여기는 것을 도라 한 것이니, 우리가 말하는 도가 아니고, 그들이 이른바 덕이라 이르는 것도 그들이 덕으로 여기는 것을 덕이라 한 것이니, 우리가 말하는 덕이 아니다. 우리가 도와 덕이라 말하는 것은 인과 의에 합치됨을 말한 것이니, 곧 천하에 공인된 말이다. 노자에서 도와 덕이라고 일컫는 것은 인과 의를 제거하고 말한 것이니 한 사람의 사사로운 말일 뿐이다.

주周나라의 왕도가 쇠퇴하고 공자孔子께서 사망하시자 진秦나라에서는 경전을 불태웠고, 한대漢代에는 노장老莊 사상이 성행하였다. 진晋·송宋·제齊·양梁·위魏·수隋 시대에는 불교가 성해서, 도덕인의를 말하던 사람들이 양주楊朱의 학설로 돌아가지 않으면 묵적墨翟의 학설로 돌아갔고, 노장으로 돌아가지 않으면 불교로 돌아갔다. 저쪽으로 들어가서는 유학을 배척하게 되었다. 들어가 전공한 것을 주인으로 삼고 배척해 내쫓은 것을 노예로 삼아 업신여기며, 들어가 전공한 것을 따르고 내쫓은 것을 더럽게 여겼으니, 아아! 후세 사람들이 인의도덕에 대한 말을 듣고자 한들 그 누구로부터 들을 수 있었겠는가.

노자를 받드는 사람들은 '공자는 우리 스승의 제자이다.'라 하고, 불교 신자들도 '공자는 우리 스승의 제자이다.'라 한다. 공자를 공부하는 사람들조차 그런 소리에 익숙해져서 그 허탄한 말을 즐기고 스스로도 대수롭지 않게 생각하여 또한 말하기를, '우리 스승께서도 일찍이 그들을 스승으로 삼은 일이 있다.' 하면서, 입으로 이를 들어 언급할 뿐만 아니라 또한 글에도 기록해 놓았다. 아아! 그러하니 후세 사람들이 비록 인의도덕에 관한 말을 들어보려 한들 그 누구를 통해서 이를 구해 들을 수 있었겠는가. 심하도다, 사람들이 괴이한 것만을 좋아함이! 그 근원을 탐구하지 않고 결과도 따져보지 않으면서 오직 괴이한 것만을 듣고자 하는도다!

옛날의 백성들은 네 부류가 있었는데, 지금의 백성들은 여섯 부류가 되었다.[1] 옛날에 가르친 것은 한 가지뿐이었는데, 지금은 가르치는 것이 세 가지(儒·佛·老)이다. 농사짓는 집 하나에 먹여 살려야 할 집은 여섯이 되었고, 공장工匠의 집 하나에 기물을 쓰는 집은 여섯이 되었으며, 장사하는 집 하나에

---

1 옛날의……되었다 : 네 부류는 사士·농農·공工·상商이요, 여섯 부류는 이 네 부류에 불교와 노장 무리가 더해졌음을 말한다.

이익을 가져가는 집은 여섯이 되었다. 그러하니 어찌 백성들이 곤궁해지거나 도둑이 되지 않을 수 있겠는가.

옛날에는 사람을 해치는 것이 많았으므로, 성인聖人이 나와 즉위한 연후에, 서로 도우며 살아가는 도리를 가르쳤으며, 그들의 군주가 되고 스승이 되어, 벌레와 뱀과 새와 짐승들을 몰아내고, 살기에 알맞은 땅에서 살게 해주었다. 추위를 겪자 그런 연후에 옷 만드는 법을 가르쳐주었고, 굶주림을 겪자 농사지어 밥 먹는 법을 가르쳐주었다. 나무 위에 살다가 떨어지고 토굴 속에 살다가 병이 들게 되니, 집을 짓고 사는 법을 가르쳐주었고, 기술을 가르쳐서 그 물품을 풍부하게 하였으며, 장사를 가르쳐서 있는 것과 없는 것을 교환하게 하였다. 약을 쓰고 치료하는 법을 가르쳐서 요절夭折하는 것을 구제해주고, 장사 지내어 매장하고 제사 지내는 법을 가르쳐서 은혜를 알게 하고 사랑하는 마음을 길러주었다. 예법을 가르쳐서 그 선후의 차례를 알려주었으며, 음악을 가르쳐서 근심으로 답답해진 마음을 풀게 해주었다. 다스리는 제도를 만들어 나태함을 다스렸으며, 형벌제도를 만들어 억세고 말 안 듣는 자들을 제거하였다. 서로 속이는 일이 있자, 계약서·도장·말·되·저울 등을 만들어 서로 믿을 수 있게 하였다. 서로 침략하여 빼앗는 일이 있자, 성곽과 갑옷과 무기를 만들어 지키게 해서, 해害가 이르면 이를 대비하게 하고, 환난이 생기면 이를 방어하게 하였다.

그런데 그들(도가)은 말하기를 '성인이 죽지 않으면 큰 도둑이 끊이지 않게 되고, 말을 쪼개버리고 저울대를 꺾어버려야 백성들이 다투지 않게 된다.' 한다. 아아! 그 또한 깊이 생각하지 않은 때문이로다!

만약 옛날에 성인이 없었다면 인류가 멸망한 지 오래되었을 것이니, 이는 무엇 때문인가. 다른 동물처럼 깃과 털과 비늘과 등껍질로 추위와 더위를 이기며 살아갈 수도 없고, 날카로운 발톱과 이빨로 먹이를 다툴 수도 없기 때문이다. 이 때문에 군주는 명령을 내리는 사람이 되고, 신하는 군주의 명령을 실천하여 그 명이 백성에게 이르게 하고, 백성은 곡식·삼베·명주실 등을 생산하거나 그릇붙이를 만들거나 재화를 유통시켜서 이로써 그 윗사람을 섬기도록 한 것이다. 군주가 명령을 내리지 않으면 군주 된 본분을 잃는 것이다. 신하가 군주의 명령을 실천해서 백성들을 다스리지 않으면 신하 된 본분을 잃는 것이다. 백성이 곡식과 삼베와 명주실을 생산하거나 그릇붙이를 만들거나 재화를 유통시키는 일을 통하여 그 윗사람을 섬기는 일을 하지 않으면 형벌을 받게 된다.

이제 그들의 법(불법佛法)에는, '반드시 군신관계를 버리고 부자관계를 끊어, 서로 살려주고 서로 길러주는 도리를 금해서, 이로써 이른바 청정해지고 번뇌를 없애는 경지를 추구해야 한다.' 하고 있다. 아아! 그들이 또한 다행하게도 삼대(하夏·은殷·주周) 이후에 출현하였으므로 우왕禹王·탕왕湯王·문왕文王·무왕武王·주공周公·공자孔子에게 내침을 당하지 않았던 것이고, 그들이 또한 불행하게도 삼대의 이전에 출현하지 못했으므로 우왕·탕왕·문왕·무왕·주공·공자께서 바로잡아주는 혜택을 입지 못했던 것이로다!

제帝와 왕王이 그 부르는 명칭은 다르나, 성인이 맡아야 하는 자리임은 한가지이다. 여름에 칡베 옷을 입고 겨울에 털 갖옷을 입으며 목마르면 물을 마시고 배고프면 밥을 먹는 것이, 그 일은 비록 다르나 상황에 맞추어 지혜롭게 대처한 것은 동일하다. 지금 그들(도가)은 "어찌하여 그런 일을 하지 않았던 태고太古시대로 돌아가지 않는가?"라고 말한다. 이는 또한 겨울에 털 갖옷을 입고 있는 사람에게 꾸짖기를 "어찌하여 칡베 옷을 입는 간편함으로 돌아가지 않느냐?" 하고, 배가 고파서 밥을 먹는 사람에게 꾸짖기를 "어찌하여 물을 마시는 간편함으로 돌아가지 않느냐?"라고 하는 것과 같다.

《대학大學》에 이르기를, "옛날에 밝은 덕을 천하에 밝히고자 하는 사람은, 먼저 그 나라를 잘 다스리고, 그 나라를 잘 다스리고자 하는 사람은 먼저 그 집안을 공평하게 다스리고, 그 집안을 공평하게 다스리고자 하는 사람은 먼저 그 자신을 수양하고, 그 자신을 수양하고자 하는 사람은 먼저 그 마음을 바르게 하고, 그 마음을 바르게 하고자 하는 사람은 먼저 그 뜻을 성실하게 한다." 하였다. 그렇다면 옛날의 이른바 마음을 바르게 하고 뜻을 성실하게 한 사람은 장차 이를 바탕으로 하여 이루고자 하는 것이 있었던 것이다.

그런데 이제 그 마음을 다스리고자 하면서 천하 국가를 다스리는 일은 도외시하고 있으니, 이는 하늘이 정한 떳떳한 도리인 천리天理를 없애버려서, 자식이면서 그 아비를 아비로 여기지 않고, 신하이면서 그 군주를 군주로 여기지 않으며, 백성이면서 그들이 해야 할 일을 일삼지 않는 것이다. 공자께서《춘추春秋》를 지으시면서, 제후가 오랑캐의 예법을 썼으면 오랑캐로 취급하였고, 오랑캐이면서도 중국의 문화에 동화되었으면 중화의 나라로 취급하였다.《논어論語》에 말하기를, '요순堯舜의 도가 없는 오랑캐 땅에 군주가 있는 것이, 요순의 도가 있는 중화의 나라에 군주가 없는 것만 못하다.' 하였고,《시경詩經》에 이르기를, '서방과 북방의 오랑캐를 응징하니, 형荊나라와 서舒나라가 이에 징계되도다.' 하였다. 그런데 지금은 오랑캐의 예법을 들어서 선왕의 가르침보다 위에 올려놓고 있으니, 어찌 모두 오랑캐로 변하지 않을 수 있겠는가.

이른바 선왕의 가르침이란 무엇인가? 널리 사랑함을 인이라 이르고, 행함이 인에 합당함을 의라 이른다. 이를 근거로 하여 나아감을 도道라 이르고, 자신의 마음에 이것을 충족되어 밖에 기대함이 없는 것을 덕德이라 이르나니, 이를 설명한 글이《시경》,《서경書經》,《역경易經》,《춘추》요, 그것을 행하는 법이 예禮·악樂·형刑·정政이요, 그 백성은 사·농·공·상이요, 그 인륜의 위계는 군신, 부자, 사우師友, 빈주賓主, 형제, 부부요, 그 의복은 마포와 비단이요, 그 거처하는 곳은 궁실이요, 그 음식은 곡식과 채소와 과일과 어육이다.

그 도는 알기가 쉽고, 그 가르침은 실천하기가 쉽다. 이 때문에 이를 자기가 실천할 기준으로 삼으면 순리에 맞아서 행운이 따르고, 이로써 사람을 대하면 사랑이 되고 공정한 의가 된다. 이로써 자기의 마음을 다스리면 조화를 이루고 태평해지며, 이로써 천하 국가를 다스리면 조처하는 것마다 부당함이 없게 된다. 이러하기 때문에 살아서는 사람의 본성과 천리를 얻게 되고, 죽어서는 그 떳떳한 도리를 다할 수 있게 되어, 교제사를 지내면 천신이 이르고 사당제사를 지내면 조상신이 흠향하게 된다.

이 도〔斯道〕라고 말하는 것은 어떤 도인가? 이것〔斯〕이라고 말한 것은 우리가 말하는 도이고, 앞에서 말한 노자와 불가의 도가 아니다. 요는 이를 순에게 전해주었고, 순은 이를 우에게 전해주었다. 우는 이를 탕에게 전해주었고, 탕은 이를 문왕, 무왕, 주공에게 전해주었다. 문왕, 무왕, 주공은 이를 공자에게 전해주었고, 공자는 이를 맹가孟軻에게 전해주었는데, 맹자가 사망하자 그것을 전해줄 도통이 단절되었다. 순황荀況과 양웅揚雄은 유학을 택하기는 하였으나 정밀하지 못했고 유학을 말하기는 했으나 상세하지 않았다. 주공으로부터 그 윗분들은, 높은 지위에 올라 군주가 되었으므로 그 도가 실현되었다. 주공으로부터 그 후대 사람들은 아래에서 신하로 있었으므로 〈도를 직접 시행할 수 없어서 이를 후세에 전하기 위해〉 그 말이 길어진 것이다. 그렇다면 이를 어찌해야 하는가? 불도와 노장을 막지 않으면 우리의 도가 통하지 않게 되고, 불도와 노장을 멈추게 하지 않으면 우리의 도가 행해지지 않게 될 것이다. 그러므로 그 〈불가와 노장을 따르는〉 사람들을 〈유도를 따르는〉 사람으로 만들고, 그들의 책을 불사르고, 그들이 거처하는 곳(사원과 도관)을 민가로 만들고, 선왕의 도를 밝혀서 그들을 바른 길로 인도한다면, 홀아비, 과부, 고아, 봉양할 자식이 없는 늙은이, 고질병이 있는 장애인 등이 보살핌을 받게 될 것이다. 그렇게 되어야 또한 도가 옳게 행해지게 되었다고 할 수 있다.

2-10 장적張籍에게 다시 보낸 답서〔重答張籍書〕

한유

해설 | 이 편지는 장적張籍이 한유에게 불노佛老를 배척하려면 말로만 배척하지 말고 저서를 통하여 배척하라고 충고하고, 한유가 남과 토론할 때에 허탄한 농담을 하거나 성을 잘 낸다고 비판한 데 대하여 해명한 것이다. 《고문진보古文眞寶》의 편자는 본 편의 내용 가운데 도를 논한 부분이 많으므로 〈원도原道〉편 뒤에 이를 수록한 것이라고 밝혀놓았다.

그대는 제가 덕德이 없는 못난 사람이라고 여기지 않으시고, 저를 밀어주어 성현의 경지에 들도록 하여 그릇된 마음을 제거하고 아직 높게 되지 못한 부분을 보충해주고자 하시며, 저의 바탕이 도道에 이를 만한 점이 있다고 이르면서, 그 물의 근원을 깊이 파서 그 물이 돌아갈 곳(드넓은 바다)으로 인도하고, 그 나무의 뿌리에 물을 대 주어서 장차 그 열매(학덕의 큰 결실)를 먹을 수 있도록 해주고자 하시는데, 이는 덕이 성한 사람도 그런 경지에 이름이 불가능하다고 사양해야 할 바인데, 하물며 저 같은 사람이야 더 말할 것이 있겠습니까. 그러나 그 편지 가운데 마땅히 알려드려야 할 부분이 있어서 답장을 아니 드릴 수가 없습니다.

옛적에 성인께서 《춘추春秋》를 지으실 때에 이미 그 문사文辭를 은미하게 표현하셨으나, 그렇게 하시고도 오히려 감히 이를 공공연히 발표하지 못하시고 구두로 제자들에게 전해주었을 뿐이어서, 후세에 이른 연후에야 그것이 책으로 나오게 되었으니, 그 후환(필화筆禍)을 염려하셔서 대비한 방법이 은밀했던 것입니다.

지금 저 사람(석가釋迦와 노자老子)을 종주宗主로 삼아 섬기는 두 부류들이 아래로는 공경과 재상에까지 이르고 있으니,[1] 제가 어찌 감히 큰 소리로 공공연히 이를 배척할 수 있겠습니까. 말해도 괜찮은 말만을 골라서 그들을 깨우쳐 주더라도 오히려 이 시대 사람들과 제가 충돌하게 되어 그 비난하는 소리가 시끄러울 터인데, 만약 그것을 책으로 이루어놓는다면 이를 읽어보고 성을 내는 사람이 반드시 많을 것이고, 또한 틀림없이 저를 미쳤다 하고 사람들을 오도한다 할 것입니다. 그렇게 된다면 내 몸도 돌볼 수 없게 될 것인데, 저에게 그 책이 무슨 도움이 되겠습니까. 공자孔子는 성인聖人이신데도 또한 말씀하시기를, "내가 자로子路(용감하여 공자의 경호자 역할을 했다)를 제자로 얻고서야 나를 비난하는 말이 귀에 들리지 않게 되었다." 하셨고, 그 사람(자로) 이외에도 공자를 보필하고 돕는 사람들이 천하에 그득하였는데도 오히려 또한 진陳 땅에서 식량이 떨어져 굶주렸고, 광匡 땅에서 두려운 일을 겪었으며, 숙손叔孫에게 비난을 받았고, 제齊, 노魯, 송宋, 위衛의 들판을 바쁘게 떠돌아다니셨으니, 지니셨던 도가 비록 존귀하였으나 궁지에 몰리심이 또한 심했던 것입니다. 그 후에 그 문도들이 함께 힘을 모아 그 도를 지켜줌에 힘입어서, 마침내 천하에 도를 세울 수 있었으니, 그때에 만약 이런 도움을 받지 않으시고, 홀로 말씀하시고 홀로 이를 책으로 쓰셨다면, 그 도의 보존을 기대할 수 있었겠습니까.

이제 저 불교와 도교가 중국 땅에 퍼져서 숭앙을 받고 있는 것이 대략 600여 년이 되었습니다. 그 심긴 뿌리가 견고하게 박혀 있고, 전해오며 널리 퍼진 것이 천하에 그득해서, 아침에 명령을 내려서 저녁에 금지할 수 있는 것이 아닙니다. 문왕文王께서 사망하신 후에 무왕武王, 주공周公, 성왕成王, 강왕康王이 함께 문왕의 도를 지켜서, 문왕께서 제정하신 예악이 모두 남아 있게 되어, 이것이 공자에 이르게 되기까지가 오래되지 않았고, 공자로부터 맹자에 이르기까지도 오래되지 않았으며, 맹자로부터 양웅揚雄에 이르기까지도

---

1 아래로는……있으니 : '아래로는 공경 재상에까지 이르고 있다' 한 것은 그 말 속에 '위로는 천자로부터'라는 말이 내포되어 있는 것이다. 당시에 위로 천자로부터 아래로 공경에 이르기까지 모두 불교와 도교를 숭상하였으므로 은미한 말로 이를 드러낸 것이다.

또한 오래되지 않았었는데, 그런데도 오히려 그들이 부지런히 노력하기를 이와 같이 하였고, 그 고난을 겪음이 이와 같았던 이후에야 도를 수립할 수 있었는데, 제가 어찌 쉽사리 이런 일을 할 수 있겠습니까. 그들이 책으로 낸 일이 쉽게 이루어졌다면 그것이 먼 후대까지 전해지지 않았을 것입니다. 그 때문에 제가 감히 쉽게 책으로 내지 못하는 것입니다.

그리고 옛 성인을 살펴보건대, 그의 뜻을 펼 수 있는 시대를 만나서 그가 품은 도를 행할 수 있으면 책을 짓는 일은 하지 않았습니다. 책을 지은 것은 모두 품고 있는 도를 당대에 펼칠 수가 없어서 후대에 행해지게 하고자 한 것이었습니다. 지금 저는 제 뜻이 행해질 수 있을지 없을지를 아직 알 수가 없으니, 5, 60살이 되기를 기다려서 그때까지도 뜻이 행해지지 않는다면 그때에 책을 지어도 기회를 잃었다 할 수는 없을 것입니다. 하늘이 이 백성들로 하여금 도를 알게 하고자 하지 않는다면 저의 수명을 기약할 수가 없겠지만, 만일 이 백성들로 하여금 도를 알게 하고자 한다면 저를 제외하고 그 누구에게 이 임무를 맡기겠습니까. 그가 품은 도가 행해져서 지금 사람들을 교화하거나 책을 지어서 후세에 전해지게 하는 것에는, 반드시 하늘의 뜻이 있을 것인데, 그대는 어찌하여 이리도 급하게 제가 하는 일에 대하여 언짢게 여기시는지요.

앞서 보낸 편지에 이르기를, '제가 다른 사람과 토론할 때에 성난 기세를 누그러뜨리지 않아서 마치 남을 이기기를 좋아하는 사람 같다.' 하였습니다. 비록 진실로 이런 점이 있기는 하나, 이 또한 제가 남을 이기기를 좋아해서가 아니요, 제가 품고 있는 바른 도가 이단에 이기기를 좋아해서인 것입니다. 제가 품고 있는 그 도는 곧 공자, 맹자, 양웅이 전해준 도입니다. 만약 이기지 못한다면 이 도를 지켜낼 도리가 없으니, 제가 어찌 감히 이기기 좋아한다는 오명을 피하고자 하겠습니까. 공자님 말씀에, "내가 안회顔回와 대화할 때에 종일토록 내 말에 이의를 제기하는 일이 없어서, 마치 어리석은 듯하였다."[2] 하셨으니, 그렇다면 〈성인도〉 다른 사람들과 대화할 때에는 서

---

2 《논어論語》〈위정爲政〉에 보인다.

로 변론하며 따진 일이 있었다는 것입니다. 제가 변론할 때에 순수하지 못한 말을 뒤섞어서 농담을 한다는 비판에 대하여는, 앞서 보낸 편지에 다 해명을 했으니 그대는 그 글을 다시 살펴보십시오. 옛적 공자께서도 오히려 농담을 하신 일이 있고,[3] 《시경詩經》에도, '농담과 해학을 잘 하였으니, 까다롭지 않았던 것이네.'[4] 하지 않았습니까. 《예기禮記》에서도, '활을 당기기만 하고 풀어놓지 않는 듯한(긴장하게만 하고 완화시키지 않는) 정치는 문왕 무왕이 쓰지 않았다.'[5] 하였으니, 농담이 어찌 도를 해친다고 할 수 있겠습니까. 그대가 여기까지는 생각하지 않으신 듯합니다. 맹군孟君(맹교孟郊)이 장차 갈 곳이 있는데 그대와 작별하고 떠날 생각을 하고 있으니, 부디 한 번 방문해주셨으면 좋겠습니다. 거듭 절을 올리며 글을 마치나이다.

---

3 옛적……있고 : 《논어》 〈양화陽貨〉편에 공자의 제자 자유子游가 무성武城의 재宰로 있을 때에 그곳을 방문했다가 거문고 타는 소리를 듣고 "닭을 잡는 데 어찌 소 잡는 칼을 쓰는가?"라고 농담을 했던 일이 수록되어 있다.

4 《시경》 〈위풍衛風 기욱淇澳〉에 보인다.

5 《예기禮記》에서도……않았다 : 《예기》 〈잡기雜記 하〉에 수록된 공자孔子와 자공子貢의 대화를 압축하여 표현한 것이다.

2-11 장복야張僕射께 올린 편지〔上張僕射書〕

한유

해설 | 서주절도사徐州節度使 장건봉張建封이 한유를 절도추관節度推官에 임명한 후 하리下吏를 시켜서 복무규정에 맞추어 출퇴근 시간을 준수하라 하자, 이에 이의를 제기한 한유의 글이다. 사람마다 장점이 다르고 또 윗사람이 아랫사람을 부리는 방법 또한 각기 사람의 재능에 따라 달리 해야 한다고 하면서, 자신의 근무시간을 조정해줄 것을 요청하고 있다. 각각의 특장에 대한 배려 없이 그저 규정만 내세우며 그것을 지키기만을 강요한다면 누구도 진심으로 상사를 섬기지 않을 뿐 아니라 천하 사람들도 윗사람이 아랫사람을 부린 뜻을 곡해하게 될 것이라고 꼬집었다. 결국 한유는 자신과 같은 천하의 문장가요 도에 통달한 사람을 이렇게 예우해서는 안 된다는 뜻을 여러 고사를 인용하며 밝힌 것으로, 한유의 높은 의기와 긍지가 잘 드러나 있다.

9월 1일에 유愈는 거듭 절을 하며 이 편지를 올립니다.

임명장을 받은 다음 날 절도사節度使의 집무처에 있었는데, 어떤 하급관리가 집무처에 과거부터 내려오는 조례 규정 10여 조항을 가지고 와서 저에게 보여주었습니다. 그 가운데 수긍할 수 없는 것이 있었으니, '9월부터 이듬해 2월말까지는 모두 새벽에 출근하여 밤에 퇴근해야 하고, 질병이나 사고가 있는 경우가 아니면 외출을 허락하지 않는다.'라고 한 조항입니다. 그때는 처음 임명장을 받았기 때문에 감히 말하지 못하였으나, 옛사람이 말하기를 '사람은 각기 잘 하는 것이 있고, 잘 하지 못하는 것이 있다.' 하였는데, 이와 같은 것은 제가 잘 하는 것이 아닙니다. 억지로 이를 행하게 되면 반드시 견딜 수 없는 미친병이 나서, 위로는 공을 섬길 수가 없게 되어 은덕에 보답함을 잊게 될 것이고, 아래로는 제 몸도 지탱할 수 없어서 공을 위해 마음에 품었던 뜻을 잃게 될 것입니다. 이와 같이 될 것인데 어찌 말씀을 올리지 않을 수 있겠습니까.

집사執事께서 저를 택하여 임명하신 것은 새벽에 출근하고 밤늦게 퇴근하기를 잘할 것이라고 여겨서가 아니고, 반드시 취할 만한 점이 있다고 여기셨기 때문일 것입니다. 진실로 취할 만한 점이 있다면 비록 새벽에 출근해서 밤중에 퇴근하지 않더라도 취할 만한 것이 여전히 있을 것입니다. 아랫사람이 윗사람을 섬기는 방법이 누구나 똑같은 것이 아니고, 윗사람이 아랫사람을 부리는 방법도 누구에게나 똑같게 해서는 안 됩니다. 능력을 헤아려서 맡기고 재능을 헤아려서 그에 적합한 자리에 앉게 해서, 그가 잘할 수 없는 일을 억지로 하게 하지 않아야 합니다. 이렇게 해야만 아랫사람이 윗사람에게 죄를 짓지 않게 되고, 윗사람이 아랫사람의 원망을 사지 않게 됩니다.

《맹자孟子》에 이르기를, '지금의 제후들 가운데 크게 뛰어난 사람이 없고 서로 비슷비슷한 것은, 그들이 모두 그가 가르칠 만한 사람(자기만 못한 사람)을 신하로 삼기를 좋아하고 그가 가르침을 받을 만한 사람(자기보다 나은 사람)은 신하로 삼기를 좋아하지 않기 때문이다.' 하였습니다. 지금 시대는 맹자의 시대보다도 이런 점이 더욱 심해져서, 모두가 자기의 명령을 듣고(그 명령이 옳고 그름을 따지지 않고) 바삐 내달리며 행하는 사람만 좋아하고, 자기의 뜻을 곧게 지니고 도를 행하는 사람은 좋아하지 않습니다. 명령을 듣고 바삐 내달리기만 하는 사람은 사사로운 이익을 좋아하는 사람이고, 자기의 뜻을 곧게 지니고 도를 행하는 사람은 정의를 좋아하는 사람입니다. 사사로운 이익을 좋아하면서 자신의 군주를 사랑한 사람은 있던 적이 없고, 정의를 좋아하면서 자신의 군주를 잊은 사람도 있던 적이 없습니다. 지금의 왕공대인 가운데 오직 집사만이 이런 말을 들어주실 수 있고, 오직 이 한유만이 집사에게 이런 말씀을 올릴 수 있을 뿐입니다.

제가 집사께 총애를 받으며 모시고 따른 지가 오래되었습니다. 만약 너그러이 용납하셔서 그 본성을 잃지 않도록 해주시고, 더욱 우대해주셔서 명분을 세우기에 족하도록 해주신다면, 인시寅時(3~5시)에 출근하여 진시辰時(7~9시)가 되면 퇴근하고, 신시申時(15~17시)에 출근하여 유시酉時(17~19시)가 끝날 때쯤에 퇴근하여, 대체로 이렇게 하는 것으로 일상적인 근무시간으로 삼는다 해도 또한 일을 그르치지는 않을 것입니다.

천하 사람들이 집사께서 저를 우대함이 이와 같음을 안다면 반드시 모두 이렇게들 말할 것입니다. “집사께서 선비를 좋아함이 이와 같다.”, “집사께서 선비를 예로 우대함이 이와 같다.”, “집사께서 사람들로 하여금 그 본성을 억제하지 않아도 되도록 용납해주심이 이와 같다.”, “집사께서 사람들이 품고 있는 명분을 이루어줌이 이와 같다.”, “집사께서 오랫동안 사귄 사람을 후대함이 이와 같다.” 할 것이고, 또한 장차 이렇게 말할 것입니다. “한유가 의탁할 만한 사람을 제대로 알아보았음이 이와 같았다.”, “한유가 부귀한 사람에게 비굴하게 아첨하지 않았음이 이와 같았다.”, “한유의 현명함이 그 모시는 주인으로 하여금 예로써 대할 수 있게 하였음이 이와 같았다.” 할 것입니다. 그렇게 된다면 집사의 문하에서 죽는다 해도 후회가 없을 것입니다.

만약 관리들의 대열을 따라 출근하고, 대열을 좇아 뛰어다니게 하며, 말을 할 때에 감히 그 진심을 다 드러내지 못하게 하고, 품고 있는 도를 실천하려 하는데 소신을 굽히게 하는 일이 있게 된다면, 천하 사람들은 집사께서 저에게 이와 같이 하였음을 듣고 모두 이렇게 말할 것입니다. “집사께서 한유를 임용한 것은 그의 곤궁함을 딱하게 여겨서 거두어준 것일 뿐이다.”, “한유가 집사를 섬기기를 도에 맞게 하지 않고 생계의 수단으로 그를 이용하였을 뿐이다.” 할 것이니, 진실로 이처럼 된다면, 비록 하루에 천금을 내려주시는 은혜를 입고, 한 해에 벼슬을 아홉 차례 승진시킨다 해도, 은혜에 감사함은 있겠으나, 장차 이에 대하여 “자기의 뜻을 알아줌〔知己〕은 없었다.”라고 평할 것입니다.

엎드려 바라옵건대, 저의 부족한 것을 가엽게 여기시고 저의 어리석은 점을 애긍히 여기시어, 저의 죄를 마음에 새겨두지 마시고, 제가 한 말을 살펴주셔서 사랑을 베풀어 받아들여주시옵소서.

저는 두려운 마음으로 거듭 절을 올리나이다.

2-12 추천해주기를 청하는 편지를 대신 써주다

〔爲人求薦書〕

한유

해설 | 인재가 자기를 알아주고 높여주는 사람을 만나면 곧 크게 쓰여지게 됨을 백락伯樂이 관심을 가지면 곧 그 말의 성가聲價가 오르게 됨에 비유하였다. 문장이 간명하면서도 원활하게 전개된 점이 돋보인다.

나무가 산에 있고 말이 저자에 있을 때에 그 곁을 지나가면서 살펴보지 않는 사람이 비록 하루에 천 명 만 명이 되더라도 못쓰는 재목이나 하등의 말로 인정받는 것이 아니지만, 유명한 목수인 장석匠石이 그 곁을 지나가면서 눈길도 주지 않거나 말을 잘 알아보는 백락伯樂이 이를 보고도 돌아보지 않음에 이르게 되면, 그렇게 된 후에야 그것이 기둥이나 들보로 쓰일 재목이나 뛰어난 준마駿馬가 못됨을 알게 됩니다.

제가 공의 문하에 있은 기간이 하루 이틀이 아닌데다가 또한 인척姻戚의 말석을 차지하고 있으니, 이는 장석이 돌보는 동산에서 나무가 생육되고 있는 것이요, 백락의 마구간에서 말이 자라고 있는 것과 같습니다. 이런 처지에 있으면서도 알아줌을 얻지 못한다면 설사 알아주는 사람이 천 명 만 명이 있다 한들 어찌 만족스럽다 할 수 있겠습니까.

지금 다행히 천자께서 해마다 공경대부들에게 조서를 내려 인재를 천거하도록 한 덕택에 아무개 같은 무리들도 모두 추천받는 혜택을 입었습니다. 이 때문에 무례함을 무릅쓰고 이 말씀을 올려서 집사께 누를 끼치게 되었으니, 또한 자신의 능력을 헤아리지 못한 것일 뿐이지만, 집사께서는 저를 어떤 사람이라고 알고 계신지요. 옛사람이 말을 시장에서 팔려 하였으나 팔지 못 하고 있었는데, 백락이 말을 잘 본다는 것을 알고 찾아가 보아주기를 청하여, 백락이 한 번 보아주자 값이 세 배로 올랐다 합니다.[1] 저도 그 사실과 매우 유사한 처지에 있으므로, 이 때문에 이 편지의 시작부터 끝까지 백락의 고사에 비유하여 말씀을 드렸나이다.

---

1 옛사람이……합니다 :《춘추후어春秋後語》에 "소대蘇代가 제齊나라 위왕威王을 뵙고자 하였는데, 제나라 왕이 소진蘇秦을 원망하여 소대를 선뜻 만나주지 않았다. 이에 소대가 순우곤淳于髡에게 말하기를 '어떤 사람이 준마를 팔고자 하여 거의 3일을 저자에 세워놓았지만 물어보는 사람조차 없다가, 백락이 돌아와 거듭 살펴보자 하루아침에 값이 10배로 뛰었다 하는데, 족하께서 신을 위해 백락이 되어주시지 않겠습니까?'" 하였는데, 이 말을 인용한 것이다.

2-13 진상陳商에게 보낸 답서〔答陳商書〕

한유

해설 | 이 편지는 진상陳商이 문장을 난해하게 짓기를 좋아하면서 자신의 문장에 대한 한유의 평을 구하는 편지를 보내자 이에 답한 것이다. 시속에서 꺼리는 그의 난해한 문장으로 세상에서 출세하려 하는 것은, 우竽를 좋아하는 제齊나라 왕에게 슬瑟을 잘 타는 자신을 임용해주기를 바라는 것과 같다고 풍자하면서, 문체를 평이하게 바꿀 것을 권유한 것이다.

유愈가 말씀드립니다. 보내주신 편지를 받아보니, 말씀은 고상하고 취지는 심오하여, 두 번 세 번 거듭 읽어도 오히려 분명하게 깨달을 수가 없어서, 멍하니 있으면서 부끄러워 얼굴이 더욱 붉어졌습니다. 그런데도 저를 학문이 얕고 못나서 남보다 뛰어난 지혜와 학식이 없다고 여기지 않으셔서, 평소에 지켜야 할 바로써 깨우쳐주시니 너무도 고맙습니다. 그러니 제가 어찌 감히 속에 품고 있는 진정을 다 드러내 보여드리지 않을 수 있겠습니까. 그러나 그대가 기대하는 바를 채워드리기에는 부족함을 스스로 알고 있습니다.

제齊나라 왕이 우竽를 좋아하였는데, 제나라에서 벼슬하기를 원하는 어떤 사람이 슬瑟을 가지고 찾아가 궁문 앞에 3년 동안 서 있었으나 들어갈 수가 없었습니다. 이에 화를 내며 말하기를 "내가 슬을 타면 귀신을 오르내리게 할 수 있고, 내가 슬을 타는 것이 헌원씨軒轅氏가 제정한 율려律呂에 합치된다." 하였습니다. 이에 객이 꾸짖기를, "왕이 우를 좋아하는데 그대는 슬을 타려 하니, 슬을 비록 공교롭게 탄다 해도 왕께서 좋아하지 않으시니 어쩔 것이오." 하였습니다. 이것이 이른바 '슬은 잘 타지만 제에서 벼슬을 구하는 데는 서툴렀다.'라고 하는 것입니다.

이제 이 시대에 진사가 되어 이 세상에서 벼슬을 얻고 품고 있는 도를 행하려 하시면서, 문장은 기어이 온 세상 사람들이 좋아하지 않게 지으시니, 슬을 가지고 제나라 궁문에 서 있던 사람에 비유할 수 있지 않겠습니까. 문장이 진실로 공교롭기는 하나 벼슬을 구하는 데는 불리하고, 벼슬을 구하여도 얻지 못하면 성을 내고 원망할 것이니, 군자가 반드시 그렇게 해야 하는 것인지 하지 않아야 하는 것인지 저는 모르겠습니다. 그러므로 변변치 못한 마음으로나마, 번번이 찾아와 묻는 사람이 있으면, 이들이 모두 못난 이 사람에게 구하는 뜻이 있어서이므로, 조금도 사양하지 않고 드디어 저의 생각을 다 말해주는 것이니, 그대는 제 뜻을 너그러이 살펴주시기 바랍니다.

2-14 맹간孟簡 상서尙書에게 보낸 편지〔與孟簡尙書書〕

한유

**해설 | **당 헌종唐憲宗 때에 한유가 〈논불골표論佛骨表〉를 올렸다가 조주태수潮州太守로 좌천되었을 때에, 그 고을에 있던 태전太顚이라는 승려와 가까이 지낸 일이 있었다. 맹간孟簡이 이에 편지를 보내어 배불론자排佛論者인 그대가 어찌하여 승려와 가까이 지내는 것이냐고 따져 묻자, 의혹을 해명하고자 보낸 답서가 바로 이 편지이다.

보내주신 편지를 받아보니, 말씀하시기를 "어떤 사람이 전하기를 '한유韓愈가 요사이 불교를 신봉하는 쪽으로 약간 돌아선 듯하다.'라고 한다." 하셨는데, 이는 전한 사람이 함부로 한 말입니다. 조주潮州에 있을 때에, 한 노승이 있었는데 그 법호가 태전太顚이었고, 매우 총명하고 도리를 알고 있었습니다. 수도에서 멀리 떨어져 있는 땅에 함께 대화를 나눌 만한 사람도 없었기에 산에 있는 그를 고을 성안으로 불러들여서 10여 일을 머물게 하였습니다. 그는 진실로 육신의 욕망에서 벗어나 도리로 자신을 제어하고, 사물에 얽매여 자신을 어지럽히는 일이 없었습니다.

함께 대화할 때에 비록 그가 하는 말을 모두 이해할 수는 없었으나 요약해 보면 흉중에 막힘이 없었습니다. 이 때문에 얻기 어려운 인물로 여겨서 서로 왕래하였습니다. 해신海神에게 제사를 지내기 위해 바닷가에 이르렀을 때에 그의 암자를 방문한 일이 있었고, 원주태수袁州太守로 오게 되었을 때에 그에게 의복을 선물로 주고 작별한 일이 있었습니다. 이는 곧 사람으로서 인정을 베푼 것이지 그가 믿는 불교를 숭신崇信하여 부처에게 복을 얻거나 이익을 추구하고자 한 것이 아니었습니다.

공자孔子께서도 말씀하시기를 "내가 기도를 한 지 오래되었다."[1] 하셨습니다. 무릇 군자가 자신을 수행하고 몸을 바르게 세움에는 자연히 법도가 있어야 하고, 성현들이 일삼았던 것이 모두 경전에 갖추어져 있으니, 이를 본받고 스승으로 삼아, 우러러 하늘에 부끄러움이 없고 굽어 사람에게 부끄러움이 없으며, 안으로 마음에 부끄러울 것이 없어야 합니다. 선행을 쌓고 악행을 쌓는데 따라 재앙과 경사가 자연히 각기 그 류에 맞게 이르게 될 것인데, 성인의 도를 떠나고 선왕의 법을 버리고, 이적의 가르침을 따르면서 복과 이익을 추구할 필요가 어디에 있겠습니까.

《시경詩經》에 '화락하고 진실한 군자여, 복을 구하고자 사악한 짓은 하지 않는도다!'[2]라고 이르지 않았습니까? 《춘추좌씨전春秋左氏傳》에서 또 이르기를 '위압을 두려워하지 않고 이익 때문에 병들지 않는다.'[3] 하였습니다. 가령 석씨釋氏가 사람들에게 화와 복을 내려줄 수 있다 해도, 도를 지키는 군자는 두려워할 것이 없고, 더구나 이런 이치가 절대로 없는 데야 더 말할 것이 있겠습니까?

또한 저 부처는 과연 어떤 사람입니까. 그가 행했던 일이 군자와 같습니까, 소인과 같습니까? 만약 군자와 같다면 틀림없이 도를 지키는 사람에게 함부로 화를 가하는 일은 없을 것이고, 만약 소인과 같다면 그 몸은 이미 죽었고 그 귀신은 신령하지 못할 것입니다. 천신天神과 지신地祇이 밝게 늘어서 있어서 속일 수도 없는데, 더구나 그 불신佛神으로 하여금 멋대로 돌아다

---

1 《논어論語》 〈술이述而〉편에 보인다. 공자孔子의 병이 깊어지자 자로子路가 기도하기를 청한 데 대해 대답한 말로, 이는 공자가 실제로 신에게 기도를 올린 지 오래되었다는 것이 아니다. 기도는 잘못을 뉘우치고 선으로 옮기는데 신명이 도와주기를 비는 것인데, 성인은 잘못이 없어서 새삼스레 선으로 옮길 것이 없고, 평소의 행실이 신명의 뜻과 합치하기 때문에 기도를 한 지가 오래되었다고 한 것일 뿐으로, 실제로 기도를 했다는 것이 아니라 자신의 행동이 신명의 뜻에 합치되도록 노력한 지가 오래되었다는 것이다.

2 《시경詩經》 〈대아大雅 한록旱鹿〉에 보인다.

3 《춘추좌씨전春秋左氏傳》 애공哀公 16년조에 보인다.

니면서 그 사이에서 위엄을 보이고 복을 불러오게 할 수 있겠습니까. 나아가 살피거나 물러나 살피거나 근거로 삼을 것이 없는데, 이를 받들어 신앙한다면 또한 그릇됨에 빠진 것입니다.

또한 제가 석씨를 돕지 않고 배척한 것에는 역시 이유가 있습니다. 《맹자孟子》에 이르기를, '지금의 천하는 양주楊朱 쪽으로 기울지 않았으면 묵적墨翟 쪽으로 기울었다.'[4] 하였습니다. 양주와 묵적이 함께 세상을 어지럽히자 성현의 도가 밝게 드러나지 않게 되었고, 성현의 도가 밝게 드러나지 않으니 삼강三綱이 없어지고 구법九法(천하를 다스리는 근본 원리인 홍범구주洪範九疇)이 무너졌으며, 예악이 붕괴되자 이적이 설쳐대었으니, 어찌 금수처럼 되지 않을 수 있었겠습니까. 그러므로 '양주와 묵적을 배격하자고 주장하는 사람은 성인의 무리이다.'라고 말한 것입니다.

양웅揚雄이 말하기를, '옛적에 양주와 묵적이 정로正路를 막자 맹자孟子가 이를 물리치고 정로를 열어서 밝게 터놓으셨다.'[5] 하였습니다. 대저 양주와 묵적의 주장이 행해지니 왕도가 무너졌고, 이렇게 수백 년이 지나 진대秦代에 이르자 마침내 선왕이 세웠던 법을 폐기하고 경서를 불태워 없애고 학사들을 묻어 죽여 천하가 드디어 크게 어지러워졌습니다. 진나라가 멸망하고 한漢나라가 흥기함에 이른 지 다시 백 년이 지나서도 여전히 선왕의 도를 닦아 밝힐 줄을 모르고 있었습니다.

그 후에야 비로소 경서를 지니고 있는 사람을 처벌하는 법률[6]을 폐기하고, 점차 없어졌던 경서를 찾고 학사를 초빙하여 경서를 약간 얻기는 하였으나, 여전히 모두 탈락된 부분이 있어서 열에 두서넛은 빠지게 되었습니다. 그런 와중에 경서에 능했던 학사들은 대부분 늙어 죽었고, 새로 진출한 사람은

---

4 《맹자孟子》〈등문공滕文公 하〉에 보인다.

5 양웅의 《법언法言》〈오자吾子〉에 보인다.

6 경서를……법률 : 진 시황秦始皇 34년에 이사李斯의 건의를 받아들여 백성들이 의약복서醫藥卜筮 이외의 서적을 소지하지 못하도록 한 금령으로, 한漢나라 혜제惠帝 4년에 이르러서야 폐지되었다.

온전한 경전을 보지 못하여 선왕의 일을 다 알 수가 없었으므로, 각기 자기가 본 것만을 근거로 각자의 학설을 고집하여, 갈라지고 어그러져서 부합되지 않아 공정하지 않게 되니, 이제二帝(요堯·순舜)와 삼왕三王(우禹·탕湯·문무文武) 및 여러 성인이 남긴 도가 이에 크게 무너졌습니다. 후대의 학자가 찾아 따를 근거가 없어져서, 지금에 이르도록 우매하게 되었으니, 그 화는 양주와 묵적이 멋대로 횡행해도 이를 금하지 못했기 때문에 발생한 것입니다.

맹자께서 비록 성현이셨으나 도를 행할 통치자의 지위를 얻지 못하여, 공언만 하였을 뿐 실천할 수는 없었으니, 비록 말이 절실하기는 하였으나 무슨 도움이 되었겠습니까. 그러나 그분의 말씀에 힘입어서 지금까지 학자들이 아직도 공자를 높이고 인의仁義를 숭상하며 왕도王道를 귀하게 여기고 패도覇道를 천하게 여길 줄을 알게 되었습니다. 그러나 그 큰 원칙과 큰 법은 모두 없어져서 구제할 수가 없고 파괴되고 썩어서 거두어들일 수가 없게 되어, 이른바 천이나 백 가운데 열이나 하나만 남았다는 지경에 이르렀으니, 그 환하게 터놓았다는 것이 어디에 남아 있겠습니까. 그러나 과거에 맹자가 없었다면 모두 오랑캐처럼 옷깃을 왼쪽으로 여미고 언어도 오랑캐 말을 쓰게 되었을 것입니다. 그러므로 제가 항상 맹자를 받들면서, 그 공적이 우임금보다 뒤떨어지지 않는다고 여기는 이유가 바로 이 때문입니다.[7]

한나라 이후로 많은 선비들이 부지런히 연구하고 보완하였으나, 백 군데 구멍이 뚫리고 천 군데 상처가 나듯이 어지러워지고 없어져서, 그 위태로움이 마치 머리카락 한 가닥으로 천 균鈞의 무게를 가진 물건을 당기는 것과 같게 되었으며, 도통道統이 가냘프게 겨우겨우 이어져오다가 차츰차츰 희미하게 소멸되어갔는데, 바로 이때에 그 틈을 타고 불교와 노장老莊을 외쳐대고 천하의 민중들을 부추겨서 이에 따르게 하고 있으니, 아아! 그 어진 마음

---

7 그러므로……때문입니다 : 한유韓愈 자신은 치수治水에 성공하여 홍수의 해에서 백성을 구한 우禹임금의 업적과 양주楊朱와 묵적墨翟의 이단을 배척하여 인심이 그릇된 길로 빠지는 것을 막은 맹자孟子의 업적을 동일하게 본다는 것이다.

이 없어졌음이 또한 심하게 된 것입니다.

불교와 노장의 폐해가 양주 묵적의 폐해보다 더하고, 이 한유의 현명함이 맹자의 현명함에 미치지 못하며, 맹자는 아직 도가 완전히 없어지기 이전이었는데도 이를 구제할 수 없었는데, 이 한유는 곧 이미 다 무너진 후에 이를 온전하게 되돌려놓으려 하고 있으니, 아아! 그 또한 자신의 능력을 헤아리지 못하는 것입니다. 이 때문에 장차 몸이 위태롭게 되고, 이 때문에 죽음을 면할 수 없게 될 것입니다. 비록 그렇기는 하나 가령 그 도가 이 한유 때문에 다소나마 전해지게 된다면, 비록 죽어 없어진다 해도 전혀 여한이 없을 것입니다. 천지의 신명이 위에서 굽어보고 옆에서 바로잡아주려 하고 있으니, 또한 어찌 한 번 실패했다 해서 스스로 지녔던 도를 훼손하고 사교邪教를 좇을 수 있겠습니까.

장적張籍과 황보식皇甫湜 등에게는 비록 여러 차례 지적하고 지도를 하였으나, 그들이 과연 이 도를 배반하고 떠날지 떠나지 않을지의 여부는 알지 못하겠습니다. 인형仁兄의 후덕하신 보살핌을 입었으면서 명을 받들지 못했으니, 오직 부끄러움과 두려움이 더할 뿐입니다. 미안하고 또 미안합니다.

2-15 승려 문창文暢에게 보내며 지은 서문

〔送浮屠文暢師序〕

한유

해설 | 이 편은 시승詩僧 문창文暢에게 유학의 도를 알려주어 불도佛徒의 무리에서 그를 빼내려 한 것으로, 〈원도原道〉에서 주장한 내용과 서로 표리를 이루고 있다.

사람들 가운데는 유가儒家라는 이름을 내걸고 있으면서 묵적墨翟의 행실을 하는 사람이 있는데, 그 명분으로 내세운 것을 물어보면 옳으나 그 행실을 따져보면 옳지 않다면, 그를 동류로 인정하고 교유할 수 있겠는가. 만일 묵가라는 이름을 내걸고 있으되 유가의 행실을 하는 사람이 있어서, 그가 명분으로 내세운 것을 물어보면 틀렸지만 그가 실천하는 것을 따져보면 옳다면, 동류로 인정하고 교유할 수 있겠는가. 양자운揚子雲(양웅揚雄)이 말하기를, "내 집 문이나 담장에서 어릿거리며 이단의 책을 읽고 있는 자가 있으면 휘둘러 내쫓고, 오랑캐의 무리 속에 있으면서 읽고 있으면 벗어나게 하여 받아들여야 한다." 하였으니, 나는 이 말을 취하여 내치거나 받아들이는 기준으로 삼고자 하노라.

승려 문창文暢이 문장 짓기를 좋아하여, 그가 천하를 두루 유람할 때에 무릇 길을 떠나게 되면 반드시 지위 높고 점잖은 사람들에게 그가 뜻한 바를 시로 지어주어 읊고 노래할 수 있게 해주기를 청하였다. 정원貞元 19년(803) 봄에 동남쪽으로 떠나려 할 때에 유종원柳宗元 군이 나에게 그를 위하여 시를 지어주기를 청하기에, 그의 봇짐을 열어보고 그가 얻은 서序와 시詩 수백여 편을 얻어 볼 수 있었으니, 시문을 매우 독실하게 좋아하는 사람이 아니라면 어찌 이처럼 많이 얻을 수 있었겠는가. 그러나 안타깝게도 그 글들 가운데 성인聖人의 도(유도儒道)로 알려준 것은 없고 다만 불교의 이론을 거론하여 말해준 것뿐이었다.

문창은 승려이니, 만약 불교의 이론을 듣고자 한다면 마땅히 스스로 그의 스승을 찾아가 물었을 것이지, 무엇 때문에 우리 유가를 만나서 시문 지어주기를 청했겠는가. 저 사람은 우리 유가의 군신부자君臣父子의 아름다운 윤리와 예악문물禮樂文物의 성함을 보고, 그 마음에 반드시 흠모함이 있으나 그가 몸담고 있는 불법에 얽매여서 유학으로 들어올 수 없었던 것이다. 그러므로 그 유학의 학설 듣기를 좋아하여 청한 것이니, 우리 같은 사람들이 그에게 이제삼왕二帝三王의 도와, 일월성신이 운행하는 근원과, 천지가 형성된 이유와, 귀신이 은미하게 숨어있는 까닭과, 사람과 만물이 번성하게 된 이유와, 강하가 흐르게 된 까닭을 말해주어야 마땅하지, 다시 불교의 이론을 중언부언 알려주는 것은 온당하지 않다.

인류가 처음 생겼을 때에는 본시 금수禽獸와 같았다. 성인이 다스리게 된 이후에야, 집을 짓고 살고 농사지어 곡식을 먹으며 가까운 사람을 사랑하고 존귀한 사람을 받들며 산 사람을 길러주고 죽은 사람을 묻어주는 법을 알게 되었다. 이 때문에 도 가운데 인의仁義보다 중대한 것이 없고, 교화 가운데 예악형정禮樂刑政보다 바른 것이 없다. 이를 천하에 베풀면 만물이 그 합당함을 얻게 되고, 이를 자신의 몸에 적용하면 몸이 평안해지고 기氣가 평온해진다. 요임금께서 이 도를 순임금께 전해주고, 순임금께서 이를 우임금께 전해주고, 우임금께서 이를 탕임금께 전해주고, 탕임금께서 이를 문왕·무왕께 전해주고, 문왕·무왕께서 이를 주공·공자께 전해주어, 이를 서책에 기록해놓아서, 중국中國에 사는 사람들이 대대로 지키고 있거늘, 이제 저 불교라는 것은 누가 만들어서 누가 이를 전한 것인가.

새들이 머리를 숙이고 먹이를 쪼아 먹다가 머리를 들고 사방을 바라보고, 짐승들이 깊숙한 곳에 숨어 있다가 여기저기 살펴보고서야 나오는 것은, 외물이 자기를 해칠까 두려워해서이다. 그런데도 오히려 죽음에서 벗어날 수 없어서, 약한 놈의 몸을 강한 놈이 잡아먹는다. 지금 내가 문창과 더불어 편안하게 지내면서 걱정 없이 먹고 넉넉하게 노닐며 살다 죽을 수 있는 것이 금수들과는 다르니, 그렇게 된 근본 이유를 어찌 몰라서야 되겠는가. 대저 이를 모르는 것은 그 사람의 죄가 아니지만 알고서도 행하지 않는 것은 그릇됨에 빠진 것이며, 과거에 익힌 것(불교)을 좋아하여 새로운 진리(유학)로 나아갈 수 없는 것은 나약한 것이고, 유학의 진리를 알고 있으면서 이를 알려주지 않는 것은 인仁하지 못한 것이며, 알려주기를 진실하게 하지 않는 것은 신의가 없는 것이다. 내가 이미 유군柳君의 부탁을 중히 여기고, 또한 승려가 문학을 좋아함을 가상하게 여겨서, 이에 이렇게 말해주노라.

권3

3-1 회서淮西 평정 기념비문〔平淮西碑〕

한유

해설 | 당唐나라는 안녹산安祿山, 사사명史思明의 난을 겪은 이후, 번진藩鎭(절도사節度使)이 강성해져서 절도사 자리를 부자간에 마음대로 주고받았고, 조정에서 이를 불허하면 반란을 일으켰다. 헌종憲宗이 즉위하자 이에 발분하여 하주夏州, 촉주蜀州, 택로澤潞 등 여러 번진의 난을 평정하였다. 회채淮蔡의 절도사 오소성吳少誠이 죽자 그의 아들 오원제吳元濟가 스스로 절도사에 올라 정식으로 임명해주기를 청하였으나 이를 허락하지 않자 그도 또한 반란을 일으켰다. 배도裴度가 이를 평정할 회서절도사에 임명되자 한유를 행군사마行軍司馬로 삼았는데, 마침내 채주蔡州를 평정하고 조정으로 돌아왔다. 칙명을 받들어 한유로 하여금 이 업적을 드러낼 비문碑文을 짓도록 하였으니, 바로 이 편이다. 후세의 평자들은 이 비문에 대하여 '이 비문의 서序는 《서경書經》의 문체와 같고 명銘은 《시경詩經》과 같다.'라고 찬양하였다.

하늘은 당唐나라가 천덕天德에 맞게 잘 다스리며 성스럽고 신묘한 자손들이 연이어 계승하여 천만 년이 가더라도 공경하고 경계하기를 태만하게 하지 않을 것이라고 여겨서, 하늘 아래에 있는 땅 모두를 맡기셨으므로, 사해四海와 구주九州의 안과 밖을 막론하고 모두 다스리고 신하로 삼게 한 것이다. 고조高祖와 태종太宗께서 악한 무리를 제거하고 창업하여 다스리셨고, 고종高宗, 중종中宗, 예종睿宗께서 백성들이 잘 살고 번성하도록 아름답게 길러주셨으므로, 현종玄宗에 이르러 그 보답을 받아서 선황들의 공적을 모두 수렴하여, 지극히 번창하고 풍족하게 되었다. 인구가 많아지고 영토가 광대해지면 그 사이에서 간혹 나쁜 싹도 돋아나게 되는데, 숙종肅宗·대종代宗·

덕종德宗·순종順宗께서 더욱 부지런히 노력하고 포용하시어 큰 악은 마침내 제거하였으나, 가라지 같은 잡초(작은 악)까지 다 뽑아내지는 못하셨다. 이에 재상과 장수들 가운데 문관은 편히 지내기를 좋아하고 무신은 놀기를 좋아하면서 이런 것을 보고 듣는 것이 습관처럼 익숙해져서 이를 당연하게 여기게 되었다.

예종문무황제睿宗文武皇帝(헌종憲宗의 존호)께서 제위에 올라 뭇 신하들의 조회를 받고는 곧 지도를 살피며 지방에서 올린 공물을 헤아려보시고 말씀하시기를, "아아! 하늘이 이미 온 천하를 나에게 맡겨 국가를 소유하게 하셔서, 이제 황통皇統을 전하는 차례가 나에게 이른 것이다. 그런데도 내가 할 일을 제대로 처리하지 못한다면 내가 어떻게 천신天神과 조상신祖上神을 뵐 수 있으리오." 하셨다.

이에 뭇 신하들이 크게 두려워하고 바삐 뛰며 직무를 열심히 수행하여, 이듬해에 하주夏州를 평정하였고,[1] 또 이듬해에 촉주蜀州를 평정하였으며,[2] 또 이듬해에 강동江東을 평정하고,[3] 또 이듬해에 택주澤州와 노주潞州를 평정하고,[4] 드디어 역주易州와 정주定州까지 평정하니,[5] 위주魏州·박주博州·패주貝州·위주衛州·전주澶州·상주相州[6] 등을 접수하게 되었으며, 황상의 뜻에 따르지 않는 자가 없게 되었다. 이에 황제께서 말씀하시기를, "끝까지 무력으로만 해서는 안 되니 내가 앞으로 무력 진압을 잠시 멈추겠노라." 하셨다.

---

1 이듬해에……평정하였고 : 하주의 번진 양혜림楊惠琳의 난을 평정한 것을 말한다.

2 촉주蜀州를 평정하였으며 : 검남절도사劍南節度使 유벽劉闢의 난을 평정한 것을 말한다.

3 강동江洞을 평정하고 : 진해절도사鎭海節度使 이기李錡의 난을 평정한 것을 말한다.

4 택주澤州와 노주潞州를 평정하고 : 소의절도사昭義節度使 노종사盧從史의 난을 평정하여 택주와 노주를 수복한 것을 말한다.

5 정주定州까지 평정하고 : 의무절도사義武節度使 장무소張茂昭가 역주와 정주 이 두 고을의 통치권을 바치고 귀순한 것을 말한다.

6 위주魏州……상주相州 : 전홍정田弘正이 위주·박주·패주·위주·전주·상주 등 6주를 담당 관청에 반환하고 귀순한 것을 말한다.

9년에 채주蔡州의 절도사가 죽자,[7] 채주 사람들이 그의 아들 오원제吳元濟를 절도사로 세워주기를 요구하였으나 허락하지 않자, 드디어 무양舞陽을 불태우고 섭성葉城과 양성襄城을 침범하여 동도東都인 낙양洛陽을 불안하게 하고 군사를 풀어서 사방을 약탈하였다. 이에 황제께서 조신朝臣들에게 방책을 차례로 물으니, 한두 신하 외에는 모두 말하기를, "채주의 장수를 조정에서 마음대로 임명하지 못하고 저희들 멋대로 이어받은 지가 지금까지 50년이 되었습니다. 세 성씨의 네 장수가 서로 이어받았으므로, 그 심긴 뿌리가 단단하며 무기는 날카롭고 군졸들은 사나워서 다른 곳과는 다릅니다. 전례대로 어루만져주며 그대로 두어야, 조정에 순종하며 사단을 일으키지 않을 것입니다." 하였다. 대관大官이 이렇게 뜻을 결정하고 앞장서서 주장하자, 모든 사람이 이구동성으로 주견이 없이 이를 따르며 모두 똑같은 말을 하니, 그 견고한 주장을 깨트릴 수 없을 듯하였다.

황제께서 말씀하시기를, "하늘과 조종祖宗이 나에게 임무를 맡기신 것은, 아마도 이를 해결하라는 뜻이 있는 것이니, 내가 어찌 감히 진력하지 않을 수 있겠는가. 더구나 한두 신하는 내 뜻과 같은 주장을 하니, 돕는 사람이 없다 할 수 없다." 하시고 아래와 같이 출정을 명하셨다.

"이광안李光顔아, 네가 진주陳州와 허주許州의 사령관이다. 하동河東에 있는 위주魏州·박주博州·합양郃陽 세 지역의 군대를 네가 모두 통솔하도록 하라!"

"오중윤吳重胤아, 너는 전부터 하양河陽의 회주懷州를 맡고 있었는데, 이제 이에 여주汝州를 덧붙여 주나니, 북방의 의주義州·성주成州·합주陜州·익주益州·봉상주鳳翔州·연주延州·경주慶州 등 일곱 지역의 군대를 네가 모두 통솔하도록 하라!"

"한홍韓弘아, 너는 군졸 1만 2천을 거느리고 너의 아들 공무公武를 대동하고 가서 토벌하도록 하라!"

---

7 채주蔡州의……죽자 : 회채절도사淮蔡節度使 오소성吳少誠의 죽음을 말한 것이다.

"이문통李文通아, 너는 수주壽州의 태수이니 선무宣武·회남淮南·선흡宣歙·절서浙西 등 네 곳의 군대로 수주에 주둔한 자들을 네가 모두 통솔하도록 하라!"

"이도고李道古야, 너는 악주鄂州와 악주岳州를 다스리도록 하라!"

"이소李愬야, 너는 당주唐州·등주鄧州·수주隨州의 군을 거느려 그곳 각지에 있는 군사를 이끌고 나아가 싸워라!"

"배도裴度야, 너는 황제의 특사이니 가서 군사들을 돌보도록 하라! 배도야, 너는 나와 뜻이 같았으므로 나를 보필하는 재상으로 삼은 것이니, 명을 따르면 상을 주고 명을 따르지 않으면 벌을 주도록 하라!"

"한홍아, 너는 절도사로서 여러 군사를 모두 통솔하라!"

"양수겸梁守謙아, 너는 내 좌우를 출입하고 있으니, 나의 가까운 신하이다. 가서 군사들을 위무하도록 하라!"

"배도야, 너는 가서 나의 군사들에게 음식과 의복을 주어 춥거나 굶주리지 않게 하고, 그 일이 완료되면 이어서 채 땅 사람들도 구제하도록 하라! 너에게 부절符節과 부월斧鉞과 통천어대通天御帶와 300명의 호위병을 내려주나니, 이곳에 있는 모든 정신廷臣들 가운데 네가 마음대로 골라서 데려가되, 오직 현명함과 유능함만을 따져서 택하고 지위 높은 관리라 하여 꺼릴 것이 없다. 경신일庚申日에 내가 직접 도성문에 이르러 너를 전송하리라!"

"어사御史야! 나는 사대부들이 전쟁으로 심한 고통을 겪는 것을 안쓰럽게 여기나니, 이제부터 이후로는 교제郊祭나 종묘의 제사가 아니면 음악을 연주하지 않도록 하라!" 하셨다.

이광안·오중윤·한공무韓公武가 협력해서 그 북쪽을 공격하여 16차례를 크게 싸워, 23개소의 목책과 성과 현을 빼앗고 백성과 군졸 4만의 항복을 받았다. 이도고는 그 동남방을 공격하여 8회의 전투에서 군졸 1만 3천의 항복을 받고 다시 신주申州로 들어가 그 외성을 깨트렸다. 이문통은 그 동쪽에서 싸워서 10여 차례 접전하여 1만 2천의 항복을 받았다. 이소는 그 서쪽으로 쳐들어가서 적장을 사로잡았다가 죽이지 않고 곧 풀어주면서 그가 건의

한 계책을 이용하여 싸울 때마다 공을 세웠다.

12년 8월에 승상 배도가 군진에 이르니, 도통都統 한홍이 전투를 더욱 서두르도록 독려하였고, 이광안·오중윤·한공무가 협력하여 싸우면서 명령을 더욱 잘 따랐다. 적장 오원제는 그 무리를 총동원하여 회곡洄曲에서 대비하고 있거늘, 10월 임신일에 이소가 사로잡은 적장의 계책을 이용하여 문성文城으로부터 눈이 크게 내린 날씨를 틈타서 120리를 급히 달려가 한밤중에 채주에 이르러, 그 성문을 깨트리고 오원제를 사로잡아 바쳤고, 그 관속과 인민과 군졸을 모두 사로잡았다. 신사일辛巳日에 승상 배도가 채주로 들어가서, 황제의 명으로 그 백성들을 사면하니 회서淮西가 평정되었다. 이에 큰 잔치를 열어 공을 세운 사람에게 상을 내렸고, 군사들이 개선해 돌아오는 날에 비축했던 군량미를 채주 백성들에게 하사하였다. 채주의 군졸 3만 5천 가운데 군인으로 있기를 좋아하지 않고 돌아가 농사짓기를 원하는 자들이 열에 아홉이었는데, 이들을 모두 놓아주고 수괴 오원제만 경사에서 참형에 처하였다.

공적에 따라 책봉할 때 한홍에게는 시중侍中을 더해주고, 이소는 좌복야左僕射가 되어 산남동도山南東道의 군사를 통솔하게 하고, 이광안과 오중윤은 모두 사공司空으로 승진시키고, 한공무는 산기상시散騎常侍로써 부방鄜坊과 단연丹延의 군사를 통솔하게 하고, 이고도는 대부大夫로 승진시키고, 이문통은 산기상시散騎常侍를 더해주었다. 승상 배도가 경사京師로 돌아와 황상을 알현하니 진국공晋國公으로 올려 책봉하고 품계를 금자광록대부金紫光祿大夫로 올렸고 관직은 옛날에 맡은 그대로 승상丞相을 맡겼으며, 그의 부관이었던 마총馬摠을 공부상서工部尙書로 삼아 채주를 다스리는 임무를 맡겼다. 돌아와 아뢰기를 마치자, 여러 신하들이 성스러운 황제의 공적을 기술하여 금석에 새겨놓을 것을 주청하였다. 황제께서 이를 신臣 한유韓愈에게 명하시기에, 신 유愈는 거듭 절을 올리고 머리를 조아리며 아래와 같이 글을 지어 올렸다.

당나라가 천명을 받들어 드디어 온 천하를 신하로 삼은 것인데,

누가 경사에 가까운 땅에 살면서 관직을 도둑질해 계승하는 미친 짓을 하였는가.

지난 날 현종 때에 국운이 극도로 융성했다가 기울어지니,

하북河北의 장수가 사납고 교만한 짓을 했고 하남河南의 장수가 이에 곁붙어 난을 일으키니,

네 분의 황제께서 용서하지 않으시고 여러 차례 군사를 동원하여 토벌하셨는데,

이길 수 없는 무리가 있으면 병력을 늘려서 이를 방어하니,

남정네는 농사를 지어도 먹지 못하고 여인들은 길쌈을 해도 입지 못하며,

그것을 수레로 운반하여 군졸을 위한 식량으로 대주었도다.

외관外官 가운데 조정에 복종하지 않는 자가 많아져서 사악四嶽을 순수巡狩하는 일이 중단되니,

여러 관리들이 태만해져서 예부터 전해오던 법이 없어졌도다.

헌종 황제께서 이때에 제위를 계승하셔서 신하들을 돌아보고 탄식하시며,

"그대들 문무관들이여 누가 나의 국가를 구원해주겠는가?" 하셨도다.

오吳와 촉의 반신叛臣을 목베고 이어서 산동을 탈환하니,

위박魏博의 절도사가 먼저 의義를 좇아서 여섯 고을을 바치며 항복하였도다.

회서에 있는 채주는 순종하지 않고 스스로 강성하다고 여겨서,

군사를 이끌고 크게 외치며 옛날의 버릇대로 버티려 하므로,

비로소 명을 내려 토벌하게 하시니 이에 주변의 간사한 무리와 결탁하고,

몰래 자객을 보내어 잠입하여 상신相臣을 해쳤도다.[8]

때마침 전투마저 불리하게 되어 안으로 장안을 놀라게 하니,

---

8 몰래……해쳤도다 : 회채절도사淮蔡節度使 오원제吳元濟의 일당인 이사도李師道가 자객을 보내어 재상 무원형武元衡과 배도를 습격하여 무원형을 살해하고 배도에게

여러 고관들이 진언하기를 은혜를 베풀어 달래는 것만 못하다 하였도다.
황제께서는 못 들은 척하시며 천신과 조상신과 의논하시고,
이에 뜻이 같은 사람을 재상으로 삼아 천벌을 집행하게 하셨도다.
이에 이광안, 오중윤, 이소, 한공무, 이도고, 이문통 등에게 명을 내려서,
"모두 한홍의 통솔을 받으며 각기 너희들이 세운 공을 보고하도록 하라!" 하셨도다.
세 방향으로 나누어 공격하게 하니 그 군사는 5만이었는데,
대군이 적을 패배시킨 기세를 몰아 진격하니 군사의 수가 배로 늘어났도다.
적군이 일찍이 회곡에 진을 쳤으나, 적병들은 어릿거리며 두려워하였고,
능운陵雲의 목책을 무너뜨리니, 채주의 군졸들이 크게 궁지에 빠졌으며,
소릉邵陵에서 승리를 거두자, 언성郾城의 군졸들이 와서 항복하였도다.
여름에서 가을에 이르도록, 거듭 머물러 있으며 관망만 하니,
군사들이 힘써 싸우지 않고 머물러 있어서, 전공의 보고가 없게 되자,
황제께서 출정군들을 딱하게 여겨 승상이 가서 보살피도록 명하시니,
배불리 먹은 군사들은 노래를 하고 말도 구유에서 뛰놀며 싸우려 했도다.
신성新城에서 시험삼아 싸우게 해보니 적은 만나자마자 패배해 도망쳤도다.
적은 병력을 다 뽑아 모아서 우리 편을 막으려 하거늘,
서쪽으로 군사들이 급히 진격하니, 길에는 남아 있는 적군이 없게 되었도다.
널리 이어진 채주는 그 강역이 천 리나 되는데,
쳐들어가 점령하니 순종하며 처분을 기다리지 않는 자가 없었도다.
황제의 은혜로운 말씀이 계셔서 승상 배도가 와서 선유宣諭하며,
처형은 그 괴수만으로 그치게 하고 아랫사람들은 풀어주었도다.

중상을 입혔던 일을 말한다.

반군에 가담했던 채주의 군졸들은 갑옷을 버리고 환호하며 춤을 추고,
채주의 부녀자들은 문을 열고 맞이하며 웃고 이야기하도다.
채주 사람들이 굶주림을 호소하자 곡식을 배로 운반해 먹여주었고,
채주 사람들이 추위를 호소하자 비단과 베를 나누어 주었도다.
처음엔 채주 사람들이 서로 왕래를 못하도록 금했었는데,
이제는 서로 왕래하며 놀 수 있어서 마을 문을 밤에도 열어놓게 되었도다.
처음엔 채주 사람들이 전쟁터에 나갔다가 죽어서야 돌아왔는데,
이제는 마냥 자고 느지막하게 일어나서 밥과 죽을 뜻대로 먹게 되었도다.
그들을 위해 적임자인 마총을 선발하여 남아 있는 피폐한 자들을 거두어 주었고,
관리들을 선발하고 소를 내려주어 교화를 베풀며 세금을 면제해주었도다.
채주 사람들이 말하기를 '처음엔 그릇됨에 빠져서 알지 못했다가,
이제는 크게 깨달아서 전에 했던 일을 부끄러워하게 되었다.' 하도다.
채주 사람들이 말하기를 '천자께서 밝고 성스러우시니,
순종하지 않으면 삼족이 처형되지만 순종하면 생명이 보전되리라.' 하도다.
그대들 내 말을 못 믿겠거든 이 채주 지방을 보라.
그 누가 순종하지 않으리오 가서 그 목을 벨 것인데.
반역하는 자들이 아직 몇 명 남아서 성세를 믿고 서로 의지하고 있는데,
우리의 강성함으로도 지탱할 수 없었는데 너희 약한 놈들이 무엇을 믿고 반항하는가.
너희들의 우두머리와 부형들에게 알리어,
급히 달려와 모두 내항來降하여 우리들과 태평을 함께 누리도록 하라.
회서의 채주가 반란을 일으키자 천자께서 그들을 토벌하셨고,
토벌한 후에 그들이 굶주리자 천자께서 살려주셨도다.
처음 채주의 토벌을 의론할 때엔 대신들 가운데 동조하는 이가 없었고,
토벌한 지 4년이 지나서도 대소 관원들이 모두 승리를 의심했으나,

반란의 무리를 용서하지 않고 승리를 의심하지 않게 된 것은 천자의 명철하심 때문이었도다.

무릇 이 채주를 평정한 공적은 오직 황제의 결단으로 이룬 것이로다.

회서의 채주를 평정하시자 사방의 오랑캐들도 모두 내조하게 되어,

드디어 명당明堂의 문을 열어놓고 편히 앉아서 그들을 다스리게 되었네.

3-2 남해신南海神 사당의 비문〔南海神廟碑〕

한유

해설 | 이 편은 남해신南海神을 모시는 사당 앞에 세운 비문碑文으로, 광주자사廣州刺史로 부임한 공규孔戣가 남해신에게 제사를 지성껏 행하여 백성들이 신의 보우를 받게 되었음과 백성에게 선정을 베푼 것을 찬양한 것으로, 사실을 서술하고 사물을 묘사함이 절묘하다는 칭예를 받았다.

바다는 천지 사이의 만물 가운데 가장 거대하니, 삼대의 성왕 때부터 제사를 지내어 섬기지 않은 일이 없었다. 전해오는 기록을 살펴보니 해신 가운데 남해신南海神의 서열이 가장 높아서, 북해·동해·서해의 세 신과 하백의 윗자리에 모시고, 축융祝融이라 불렀다. 천보天寶 연간(742~755)에 천자께서 '옛날에는 작위 가운데 공公과 후侯보다 존귀한 자가 없었기 때문에 사해와 오악의 신을 받드는 제사에 올리는 제물의 등급도 이에 의거하였으니, 존귀한 신을 이렇게 극진하게 받든 것이었다. 그러나 이제는 황제 밑의 왕도 작위가 되었는데, 그런데도 사해四海와 오악五嶽의 신에게 아직도 공과 후를 섬기는 예에 준하여 행하면서 왕에게 올리는 의식은 비워 두고 적용하지 않으니, 극진하게 받드는 뜻에 어긋난다.'라고 여기셨다. 이 때문에 조칙을 내려 남해신을 높여서 광리왕廣利王으로 삼으니, 제사 지낼 때의 축호祝號와 의식이 모두 차례로 승격되었다. 사당은 옛 사당을 그대로 이용하였으되 중창해서 새롭게 확장하였으니, 지금의 광주廣州 치소治所 동남쪽 바닷길로 80리 되는 부서扶胥의 입구인 황목만黃木灣에 위치해 있다.

언제나 입하立夏의 절기에 이르면 광주자사廣州刺史에게 명해서 사당에서 제사를 올리게 하고, 일을 마치면 역마를 달려 급히 보고하도록 하였다. 그곳을 다스리는 자사는 언제나 남방에 있는 5령의 군사를 통솔하고 또한 여러 군읍을 감독하면서 남방의 일에 관할하지 않는 것이 없었다. 지역은 광대하고 중앙에서 멀리 떨어져 있으므로 항상 중요한 인물을 골라 임용하였다. 자사의 신분은 높고 권세는 컸으며 바다 일에 익숙하지 않은데다가, 또한 제사를 지낼 시기가 되면 바다에서는 항시 큰 바람이 많이 부니 제사를 지내러 가게 되면 모두 근심에 잠겼고, 제사를 지내러 가서도 이리저리 둘러보며 두려워하였다. 그래서 언제나 질병을 핑계대며 남에게 미루어서 제사 지내는 일을 부자사副刺史에게 위임하고 돌보지 않았으니, 그런 관례가 이미 오랫동안 이어져 내려왔다.

이렇게 무관심하게 되니 해신을 모신 본당과 재계하는 건물이 위로는 비가 새고 옆으로는 바람이 들어와 지붕이나 벽이 온전하지 않게 되고, 제물로 바치는 희생은 빼빼 마른 것을 쓰고 술은 시어빠진 것을 임시변통으로 갖추어 올려놓으니, 물과 육지에서 나는 제물들이 제기 위에 어지러이 흩어져 있고, 술을 올려 강신하는 예법이나 절하고 일어나는 동작이 의식에 맞지 않았다. 이에 관리들은 차츰 공손한 태도를 지니지 않고, 해신들도 흠향하거나 돌보아주지 않게 되어, 사나운 바람과 괴이한 비가 시도 때도 없이 일어나서, 사람들이 그 해를 입었다.

원화元和 12년(817)에 비로소 조서를 내려 전에 상서우승尙書右丞 국자좨주國子祭酒를 역임했던 노국공魯國公 공규孔戣를 광주자사廣州刺史로 삼아 어사대부御史大夫를 겸하게 하고 남복南服(왕기王畿의 남쪽 지방)을 진무鎭撫하도록 하였다. 공은 정직하고 방정하고 엄격하면서도 속마음은 화평해서, 맡은 직무를 공경을 다해 신중하게 수행하였다. 공명하게 백성들을 다스리고 정성으로 신을 섬겨서, 안과 밖으로 지극함을 다하고 겉치레로 하는 일이 없었다. 광주자사로 부임한 이듬해 입하가 되려 할 때에 해신에게 올릴 축책祝冊이 서울에서 당도하자, 관리가 제사를 지낼 때가 되었음을 아뢰었다. 공이 몸과 마음을 깨끗하게 재계하고 축책을 살펴보고서, 여러 관리들에게 훈시하기를, "축책에 황제의 명을 쓰셨으니 황상께서 직접 서명하신 것이다. 그 책문에 '성군을 계승하여 천자에 오른 아무개가 삼가 모관某官으로 있는 아무개를 파견하여 공경을 다해 제사를 올립니다.' 하셨다. 그 공경하심과 엄숙하심이 이와 같으니, 감히 정성을 다해 받들지 않을 수 있겠는가. 내일 내가 사당 아래에서 유숙하고 새벽에 제사를 올리겠다." 하였다.

이튿날 관리가 비바람이 사나우니 가지 말라고 아뢰었으나 듣지 않았다. 이에 고을 관청의 문무 관리들 백여 명이 번갈아가며 뵙고 거듭 말렸지만, 공은 모두 읍하고 물러가게 할 뿐이었다. 공이 드디어 배에 오르니 비바람이 약간 누그러져서 사공이 출발하겠음을 아뢰었다. 그러자 빽빽했던 구름이 걷히고 햇빛이 비쳤으며 파도가 일지 않고 잔잔해졌다. 저녁에 이르러 제물로 쓸 희생을 살필 때에는 잠시 개였다 잠시 흐렸다 하더니, 제사를 지낼 밤이 되자 천지가 활짝 트여서 달은 밝고 별은 초롱초롱 빛났다. 오경을 알리는 북이 울리고 견우성이 하늘의 정중앙에 이르자, 공이 곧 조복을 성하게 갖추어 입고 홀을 들고 들어가 제사를 지냈다. 문무 관속들이 머리를 숙이고 정해진 자리로 나아가 각기 맡은 일을 집행했는데, 제물로 올린 희생은 살이 쪘고 술은 향기로웠으며 술항아리와 술잔은 정결하고 오르고 내리는 의식이 절도에 맞았다. 해신들은 모두 배부르게 먹고 취하도록 마셨으며, 해신이 거느린 온갖 신령들과 귀신들이 황홀하게 모두 나와 느릿느릿 구불구불 열을 지어 와서 음식을 흠향하였다.

제사를 마친 후 사당 문을 닫고 뱃머리를 돌려 돌아올 때에 상서로운 바람이 배를 밀어주고 대장의 기와 온갖 깃발들이 해를 가릴 정도로 빽빽하게 나부꼈고, 징소리와 북소리가 크게 울리고 높은 피리소리가 뒤섞여 일어났으며, 무부武夫는 기운이 나서 노를 젓고 악사는 노래하고 화답하였다. 큰 거북과 큰 고기들이 앞뒤에서 뛰어 놀고, 날씨는 하늘 끝에서 땅 끝까지 탁 트이도록 활짝 개었다. 제사를 지낸 해에는 태풍으로 인한 재앙이 일지 않아서 사람들은 물고기와 게를 실컷 먹었고 오곡이 모두 잘 익었다. 이듬해에 제사를 마치고 돌아와서 다시 사당의 건물을 넓게 확장하고 그 뜰과 제단을 정비하였으며 동서 양쪽 행랑을 고쳐 짓고 재계하고 요리하는 방과 온갖 제기를 모두 정비하였다. 이듬해 그때가 되자 공이 또 기어이 직접 가서 제사를 지내기를 게을리하지 않고 더욱 경건하게 하니, 한 해의 일이 크게 순조롭게 되어서 늙은이들이 태평가를 노래하였다.

공은 부임하자마자 법에 없는 별도의 명목으로 징수하던 세금을 모두 없애고, 관청에 의지해 의식을 해결했던 사람 가운데 내보낼 만한 사람은 모두 파직시켰다. 중앙에서 파견되어 사방으로 다니고 있는 사자들에게 재물을 주고 사귀는 일을 하지 않고, 자신도 지방을 순시할 때에 이를 솔선수범하였다. 접대하고 제사 지내기를 때에 맞게 하고, 상주는 일을 절도 있게 하니, 관청의 창고나 개인의 저축이 상하가 함께 풍족하게 되었다.

이에 관할하는 아랫 고을에서 갚지 못한 세금 24만 전과 쌀 3만 2천 곡을 면제해주고, 속주에 부과해서 받아야 할 금이 일 년에 8백 금이었으나 곤궁하여 갚지 못하게 되자 이를 모두 탕감해주었고, 서남쪽 수령들의 녹봉을 올려주고, 매우 불량하여 명령을 듣지 않는 자는 벌을 주니, 이 때문에 모두가 자중하며 신중히 법을 지키게 되었다.

남쪽으로 흘러들어와 떠돌며 돌아갈 수 없게 된 백성과 선비들 및 유랑하는 무리의 자손 128족 가운데 재능이 있고 훌륭한 사람은 등용해주고, 호소할 곳조차 없는 곤궁한 사람은 창고를 열어 구호해주었으며, 시집갈 때가 된 딸들에게는 돈과 재물을 대주어서 혼기를 잃지 않도록 하였다. 이에 형벌의 위엄과 은덕의 덕화德化가 아울러 시행되니, 사방 수천 리의 땅에 사는 사람들이 도둑을 알지 못하게 되어, 산이나 바다를 여행하다가 숙박할 때에 머물 곳을 고를 필요가 없게 되었으니, 신을 섬기는 일이나 사람을 다스리는 일이 지극한 경지에 이른 것이다. 이에 모든 사람이 사당의 빗돌에 그 공적을 새겨서 그 아름다운 치적을 드러내고 아울러 시를 덧붙이기를 바랐으므로, 아래와 같이 시를 지어 덧붙였다.

남해의 깊숙한 바다 속은 축융이 머무는 집이네.

그곳에 제를 올리도록 황제께서 남백南伯(광주자사)에게 명하셨네.

명을 받은 관리들 게을러서 몸소 행하지 않다가 이제 공에 이르러서야 그릇된 관행이 바로잡혔네.

제향을 밝게 행하며 우리나라를 보우해달라 하였네.

성명聖明하신 천자께서 그 일을 할 사람을 신중히 뽑으셔서,

우리 공께서 그 관직을 맡으시니 신과 사람이 지극히 기뻐하였네.

남해 오령의 모퉁이가 이미 풍족해지고 은택에 젖게 되었으니,

어찌 다른 지방까지 널리 균등하게 혜택을 입히고자 공에게 중요한 직무를 맡게 하지 않겠는가.

공이 이 고장을 떠남이 늦어서도 안 될 것이나 너무 빨리 돌아가도 안 될 것이니,

이는 우리가 공과 사사로이 친해서가 아니요 신과 사람이 모두 의지하고 있기 때문이네.

3-3 간쟁을 맡은 신하에 대하여〔爭臣論〕

한유

해설 | 양성陽城이 간의대부諫議大夫가 된 지 5년이 되도록 간쟁諫爭을 한 일이 없자, 한유가 이 글을 지어서 간쟁하기를 촉구한 것이다. 그 후 양성은 그 지위에 2년을 더 있으면서 간쟁을 통하여 충신 육지陸贄의 축출을 저지하고 간신 배연령裵延齡의 임용을 막았다. 이에 대해서는 양성이 간관으로서의 임무를 다한 것이라는 긍정적인 평과 책임만을 모면한 것이라는 부정적인 평이 상존하고 있다. 풍부한 고사 인용과 정연한 논지로 한유의 박식함과 문장력을 유감없이 보여준 작품이다.

어떤 사람이 간의대부諫議大夫 양성陽城에 대하여 나에게 이렇게 물었다.

"도를 지닌 선비라고 할 수 있겠지요? 학식은 광범하고 견문이 풍부한데도 남에게 소문나기를 바라지 않으며, 옛 성인의 도를 실천하면서도 진주晉州의 시골에 거주하니, 시골에 사는 사람 중에 그의 덕에 감화를 받아서 착하고 어질게 된 사람이 수천 명이었습니다. 대신이 소문을 듣고 천자께 천거하여 간의대부로 삼았는데, 사람들이 모두 영예로 여겼으나 양자陽子는 기뻐하지 않았습니다. 그가 벼슬자리에 있은 지 5년이 되었는데도 그 행실은 초야에 있을 때와 같습니다. 저런 분이 어찌 부귀 때문에 마음을 바꿀 사람이라 하겠습니까?"

이에 내가 응답하였다.

"이는 《주역周易》에서 이른바, '그 행실에 변함이 없으니 곧기는 하되, 남자에게는 흉하다.'라는 것입니다. 어찌 바른 도를 지닌 선비라 할 수 있겠습니까. 《주역》 고괘蠱卦의 상구효上九爻에 '군주를 섬기지 않고 자기의 일만을 고상하게 지킨다.' 하였고, 건괘蹇卦의 육이효六二爻에는, '왕의 신하가 어지러운 시기에 힘써 노력함은 자신을 위한 일 때문이 아니다.' 하였습니다. 이는 또한 처한 때가 같지 않아서 도를 실천하는 일도 같지 않게 된 것입니다. 고괘의 상구효처럼 할 일이 없는 처지에 있으면서 자신을 돌보지 않고 충절을 바치려 한다거나, 건괘의 육이효처럼 신하의 자리에 있으면서 군주를 섬기려 하지 않는 지조를 숭상한다면, 예의와 염치를 무릅쓰고 함부로 벼슬에 나아가는 폐단이 생기거나, 직분을 이행하지 않는다는 비난이 일어날 것입니다. 그런 뜻은 본받을 수가 없고 끝내 허물을 없게 할 수도 없습니다.

지금 양자陽子는 실로 한 사람의 보통 사내일 뿐이었다가, 이제는 간관의 자리에 있은 지 오래되지 않았다 할 수 없고, 또 천하 정치의 득실을 충분하게 듣지 못했다 할 수 없고, 천자께서 그에 대한 대우를 특별히 후하게 하지 않았다 할 수도 없습니다. 그런데도 지금까지 정치에 대하여 한마디도 언급한 일이 없어서, 정치의 잘되고 못된 것 보기를 마치 남쪽 월越 땅 사람이 북쪽 진秦 땅 사람이 말랐는가 살쪘는가를 보듯이 무관심해서, 그 마음에 기쁨이나 슬픔을 일으키지 않는 듯이 소홀히 여깁니다. 그러면서도 그의 벼슬을 물어보면 '간의대부이다.' 하고, 그의 녹봉을 물어보면 '하대부下大夫(연봉 2천 석)의 녹봉을 받는다.' 합니다. 그런데도 그 정치의 득실에 대하여 물어보면, '나는 모른다.' 합니다. 도를 지닌 선비라면 진실로 이같이 할 수 있겠습니까?

또한 내가 들으니, '관직을 맡은 사람은 그 직분을 이행할 수 없으면 떠나야 하고, 간언을 책임진 사람은 간언을 할 수 없으면 떠나야 한다.' 하였습니다. 그런데 지금 양자가 간언을 제대로 하고 있다고 여기십니까. 간언을 할 수 있는데 말을 하지 않거나 간언을 할 수 없는데 떠나지 않는 것은 어느 한 쪽도 옳지 않습니다.

양자께서는 봉급 때문에 벼슬하려 한 것인가요? 옛사람의 말에 '벼슬은 가난을 해결하기 위해 하는 것이 아니지만, 때로는 가난을 해결하기 위해 하기도 한다.' 하였으니, 이는 봉급만을 위해 벼슬한 녹사祿仕를 말한 것입니다. 그런 사람은 존귀한 지위를 사양하고 낮은 지위에 머물러야 하고, 많은 봉록을 사양하고 적은 봉록에 머물러야 합니다. 관문을 지키는 문지기나 딱딱이를 치는 야경꾼 같은 직책에 머물러야 옳습니다.

공자께서도 창고 관리인이 된 적도 있고, 가축 사육사가 되기도 하였습니다. 그때에도 또한 감히 그 직분을 소홀히 하지 않아서 반드시 말씀하시기를, '출납 계산을 들어맞게 할 뿐이다.' 하셨고, 또 '소와 양을 잘 키울 뿐이다.' 하셨습니다. 그런데 양자의 벼슬 등급과 녹봉은 낮거나 적다 할 수 없음이 분명합니다. 그런데도 이와 같이 하고 있으니 어찌 옳은 일이라 할 수 있겠습니까?"

이에 그 사람이 이렇게 반박하였다.

"아닙니다. 그렇지 않습니다. 양자는 윗사람 헐뜯기를 싫어하고, 신하가 되어서 그 군주의 과실을 들춰내고서 이를 명예로 여기는 것을 싫어하는 사람입니다. 비록 간하거나 따지더라도 다른 사람들이 모르게 한 것입니다. 《서경書經》에 이르기를, '너에게 훌륭한 정책과 계획이 있으면 들어가 안에서 너의 군주께 아뢰고, 너는 곧 밖에 나와 이를 따르면서 이 정책과 계획은 우리 군후의 덕에서 나온 것이다'라고 말하라.' 하였으니, 저 양자의 마음 씀씀이도 이와 같은 것입니다."

이에 내가 응답하였다.

"만약 양자의 마음 씀씀이가 이와 같다면, 이른바 의혹을 조장한다는 것입니다. 들어가서는 그 군주에게 간하고 나와서는 사람들이 알지 못 하게 하는 것은 대신이나 재상이 해야 할 일이지 간관인 양자가 행해야 할 일이 아닙니다.

양자는 본래 평민으로 시골에 은거하고 있었는데, 주상께서 그의 방정한 품행을 아름답게 여겨 발탁하여 이 지위에 있게 하여, 벼슬은 간하는 것으로 명분을 삼게 하셨습니다. 그러니 정성을 다해 그 직분을 받들어서, 사방 사람들과 후대 사람들로 하여금 조정에 곧은 말을 하는 강직한 신하가 있음을 알게 해야 하고, 천자께서 벼슬을 함부로 내리신 것이 아니며, 간언을 따르시기를 물이 흐르듯 자연스럽게 하시는 미덕을 지니셨음을 알게 해야 합니다. 그리하여 암혈에 은둔한 모든 선비들이 이 소문을 듣고 흠모하여 의관을 정제하고 대궐로 나아가 그들의 주장을 펼치면서, 우리의 군주를 요순의 경지에 이르게 하고 위대하신 명성이 무궁토록 빛나게 하기를 원하도록 해야 마땅합니다. 《서경》에서 말한 것은 대신과 재상이 할 일이지 양자가 해야 할 일이 아닙니다. 또한 양자의 마음이 장차 군주가 자신의 잘못을 듣기 싫어하도록 하려는 것입니까. 이는 그렇게 되도록 유도하는 것이 됩니다."

그 사람이 말하였다.

"양자가 알려지기를 바라지 않았는데 사람들이 명성을 듣고 알게 되었고, 임용되기를 바라지 않았는데 군주께서 임용해서, 어쩔 수 없이 벼슬을 했습니다. 하지만 그가 지닌 도를 변함없이 지키려 한 것인데, 그대는 어찌 그리도 심히 꾸짖습니까?"

내가 대답하였다.

"예부터 성인과 현사는 모두 소문나고 등용되기를 마음먹거나 추구하지 않았습니다. 그 시대가 화평하지 못함과 사람들이 잘 다스려지지 않음을 마음 아파하여, 그것을 해결할 도를 얻게 되면 감히 홀로 자신만을 잘 보존하려 하지 않고, 반드시 천하 사람들을 아울러 구제하고자 부지런히 힘쓰다가 죽은 이후에야 그쳤습니다. 그러므로 우禹임금은 자기 집 문 앞을 지나가면서도 집에 들르지 않았고, 공자는 앉은 자리가 따뜻해질 겨를이 없었으며, 묵적墨翟은 굴뚝이 검어질 겨를이 없었습니다. 저 두 성인과 한 현인이 어찌 스스로 안일하게 지내는 것이 즐거운 줄을 몰라서 그랬겠습니까? 진실로 천명을 두려워하고 사람들의 곤궁을 슬퍼해서 그랬던 것입니다.

대저 하늘이 현인과 성인에게 능력을 부여한 것이 어찌 그 자신만 여유 있게 지내게 하고자 해서일 뿐이겠습니까. 진실로 그들을 통하여 부족한 자들을 돕게 하고자 한 것입니다. 귀와 눈이 몸에 있는 것은, 귀는 듣는 일을 맡고 눈은 보는 일을 맡아서, 그 옳고 그른 소리를 들어 판별하고 그 위험하고 안전함을 살피게 한 것이고, 그렇게 된 연후에야 몸이 안전해질 수 있는 것입니다. 성인과 현인은 당시 사람들의 귀와 눈 역할을 한 것이고, 그 시대 사람들은 현인과 성인의 몸 역할을 한 것입니다. 그러니 또한 양자가 현인이 아니라면 장차 그 몸을 사역시키는 비천한 일을 해서 그 윗사람을 받들면 될 것이고, 만약 과연 현인이라면 진실로 천명을 두려워하고 백성의 곤궁을 가련하게 여겨야 할 것입니다. 어찌 자신만이 한가하고 안일하게 지내서야 되겠습니까?"

그 사람이 말하였다.

"내가 들으니, '군자는 남에게 자신의 의견을 강요하지 않으며, 남의 약점을 들춰내는 것으로 자신이 정직하다고 여기는 사람을 싫어한다.' 하였습니다. 그대의 주장이 곧기는 곧지만 덕을 해치고 말을 과다하게 한 것이 아닐까요. 말을 끝까지 다해서 남의 과실을 들춰내기 좋아한 것이 국무자國武子[1]가 제齊나라에서 죽임을 당한 이유였는데, 그대도 또한 이를 들었겠지요?"

내가 대답하였다.

"군자는 벼슬자리에 있게 되면 그 직분을 위하여 죽을 각오를 해야 하고, 벼슬을 얻지 않았으면 문장을 지어서 그가 지닌 도를 밝힐 것을 생각해야 합니다. 나는 이로써 도를 밝히려는 것이지 저 자신을 정직하다고 여겨서 이로써 남을 능멸하고자 하는 것이 아닙니다. 또한 국무자는 선인을 만나지 못했고 어지러워진 나라에서 끝까지 말을 다했다가 이 때문에 죽임을 당했습니다.

《국어國語》에 '오직 선인만이 말을 끝까지 다하는 것을 들어줄 수 있다.' 하였으니, 과실을 듣고 고칠 수 있었음을 말한 것입니다. 그대가 나에게 말하기를, '양자는 도를 지닌 선비라 할 수 있다.' 하셨으니, 지금 비록 도를 지닌 선비에는 미치지 못한다 해도, 양자가 장차 내 말을 끝까지 들어줄 수 있는 선인이야 될 수 있지 않겠습니까."

---

1 국무자國武子 : 춘추시대春秋時代 제齊나라의 경卿이던 국좌國佐의 시호가 무자武子였으므로 국무자라 한 것이다. 직언을 하다가 영공靈公에게 피살되었다.

3-4 가난 귀신을 내보내려 하며〔送窮文〕

한유

해설 | 이 편은 자신을 가난하게 하면서 그에게서 떠날 줄을 모르는 다섯 궁귀窮鬼, 즉 지혜가 있을수록 자신을 곤궁하게 하는 지궁智窮, 학문이 깊을수록 자신을 곤궁하게 하는 학궁學窮, 문장이 기묘해질수록 자신을 곤궁하게 하는 문궁文窮, 천명을 따를수록 자신은 곤궁하게 하는 명궁命窮, 뜻이 같은 사람을 벗으로 사귀려 할수록 자신을 곤궁하게 하는 교궁交窮 등을 내쫓으려다가, 그들에게 설복되어 어쩔 수 없이 다시 맞이하여 높은 자리에 모셨다는 이야기이다. 자신이 곤궁하더라도 명리名利를 추구하는 세속을 따르지 않고 안빈낙도安貧樂道하는 생활을 고수할 것임을 밝힌 우언寓言 형식의 문장이다.

원화元和 6년(811) 정월 그믐 을축일에 주인이 노예 성星을 시켜서 버드나무를 묶어 수레를 만들고 풀을 엮어 배를 만들어 그곳에 마른 식량과 미숫가루를 싣고, 소에 멍에를 매어 끌게 하고 돛을 당겨 돛대를 올리게 하고, 가난 귀신〔窮鬼〕에게 세 차례 읍하고 다음과 같이 알렸다.

"그대가 떠날 날이 멀지 않았다고 들었네. 보잘것없는 내가 감히 가는 곳을 묻지 않겠고, 몸소 배와 수레를 준비하여 마른 식량과 미숫가루를 갖추어 실어놓았으니, 좋은 날 좋은 때를 골라 사방으로 잘 다니시게. 그대는 내가 주는 밥 한 그릇 먹고 술 한잔 마시고 벗과 무리를 이끌고 지금까지 지내던 곳에서 떠나 새로운 곳으로 가시게. 먼지를 일으키며 빨리 달려 바람을 몰면서 번개와 앞서기를 다툰다면, 그대에게는 머뭇거리며 지체하고 있다는 허물이 없게 되고 내게는 노잣돈을 마련하여 보내주는 은혜를 베풀었다는 덕이 있게 될 것인데, 그대들은 길을 떠나려는 생각이 있는가?"

숨을 죽이고 가만히 들어보니, 마치 한숨을 쉬는 듯, 흐느끼는 듯, 훌쩍이는 듯 엉엉 우는 듯하여, 머리카락이 쭈뼛하게 서고 어깨가 올라가고 목이 움츠러들었다. 귀신이 있는 듯도 하고 없는 듯도 했다가 얼마 지나자 곧 분명해졌는데, 마치 이렇게 말하는 듯했다.

"내가 그대와 함께 산 것이 40여 년이오. 그대가 어렸을 적에 나는 그대를 어리석게 만들지 않고, 그대가 학문에 힘쓰고 농사를 지으면서 벼슬과 명예를 추구할 때에도 오직 그대만을 따라다니기를 시종여일 변함이 없었소. 대문 귀신과 쪽문 귀신이 텃세를 부리며 괄시를 해도 부끄러움을 참고 무조건 따랐으니, 다른 사람을 따를 뜻을 가진 일이 없었던 것이오.

그대가 남쪽 먼 변방으로 좌천되었을 때에 열기가 금석을 녹일 듯하고 습기는 찌는 듯하여 내가 살 만한 고장이 못 되는 데다가 온갖 귀신들이 텃세를 부리며 나를 속이고 능멸하였소. 태학에서 벼슬하는 4년 동안에는 반찬이라고는 아침에는 부추 한 그릇, 저녁에는 소금 한 접시뿐이었지만 오직 나만이 그대를 보호해주었소. 사람들이 모두 그대를 싫어하는데도 처음부터 끝까지 애당초 그대를 배반한 일이 없었으니, 마음에 다른 계책을 품은 일이 없고, 내 입으로 떠나겠다는 말을 한 일이 없는데, 어디에서 무슨 말을 듣고 내가 마땅히 떠날 것이라고 이르시오? 이는 틀림없이 그대가 모함하는 말을 믿고 나와 사이가 벌어지게 된 것이오.

나는 귀신이지 사람이 아닌데 수레와 배가 무슨 쓸모가 있으며, 코로 악취와 향기만 구별해 맡으면 될 뿐이니 마른 식량은 버려도 되고, 다만 한 몸뿐인데 그 누구와 벗이 되고 무리가 되겠소? 그대가 진실로 자세히 안다면 나의 벗과 무리를 하나하나 셀 수 있겠소? 없겠소? 그대가 이를 다 말할 수 있다면 성스럽고 지혜롭다 이를 만하고, 내 사정과 형편이 이미 다 드러난 것이니, 감히 회피하지 않고 떠나겠소."

주인이 다음과 같이 응답하였다.

"그대는 내가 진실로 모른다고 여기는가? 그대의 무리는 여섯도 아니고 넷도 아닌, 열에서 다섯을 뺀 것이고 일곱에서 둘을 제한 것이다. 그대들은 각기 주재하는 분야가 있고 사사로이 이름을 지어 쓰면서, 내 손을 비틀어 국그릇을 엎어버리듯이 일을 그르치게 하여 오는 복을 가로막고, 목청을 울리며 거리낌 없이 떠들어서 꺼리고 피할 일에 저촉되게 하여, 나로 하여금 얼굴은 미움을 살 만한 표정을 짓게 하고, 말은 듣기 싫은 직언만 하여 맛이 없게 하는 것이, 모두 그대들이 뜻한 대로 한 것이었다.

그 첫 번째는 이름을 '지궁智窮(지혜 때문에 곤궁하게 하는 귀신)'이라 하는데, 거만하게 목을 꼿꼿하게 세우고 둥글둥글 얼렁뚱땅 사는 것을 싫어하고 모나게 사는 것을 좋아하며, 간사한 짓이나 기만하는 행동을 수치로 여겨 차마 남을 해치거나 마음을 아프게 하지 못하게 한다.

그 두 번째는 이름을 '학궁學窮(학문 때문에 곤궁하게 하는 귀신)'이라 하는데, 속된 벼슬과 명성을 무시하고 아득하고 미묘한 이치를 파헤쳐 들춰내며 여러 성현의 말씀을 높이고 인용하여 신묘한 천기天機를 끄집어내 밝히도록 한다.

그 세 번째는 '문궁文窮(문장을 잘 짓기 때문에 곤궁하게 하는 귀신)'이라 하는데, 한 가지 문체만을 오로지 전공하게 하지 않아, 괴이하고 기묘하니 지금 세상에 실시하기에는 알맞지 않은 문장을 지어 혼자서만 즐기도록 한다.

그 네 번째는 '명궁命窮(운명적으로 곤궁하게 하는 귀신)'이라 하는데, 그림자와 육신이 달라서 얼굴 표정은 추하되 마음은 아름답게 해놓아, 이익을 취할 때는 남의 뒤에 있게 하고 책임을 질 일은 남의 앞에 있게 한다.

그 다섯 번째는 '교궁交窮(사귀는 도 때문에 곤궁하게 하는 귀신)'이라 하는데, 살을 갈고 뼈를 깎듯이 깊은 마음속에 품은 진심을 토해내면서 발뒤꿈치를 들고 동지를 기다리더라도 나를 원수의 자리에 놓이게 한다.

너희 다섯 귀신이 나에게 다섯 가지 환난을 겪게 해서, 나를 굶주리게 하고 나를 추위에 떨게 하며 거짓말과 비방하는 말을 지어내어 내 정신을 어지럽혀서 다른 사람이 나를 도와줄 틈을 낼 수 없게 하고 있다. 아침이면 그런 행동을 뉘우치다가 저녁이면 다시 그렇게 하도록 하면서, 파리처럼 맴돌고 개처럼 졸졸 따라다니며 아무리 몰아내도 다시 돌아오는구나."

말이 미처 끝나기도 전에 다섯 귀신이 서로 눈을 치뜨고 혀를 날름거리며 구부렸다 펼쳤다 손뼉을 치고 발을 구르고 서로 돌아보고 피식피식 웃으며 주인에게 천천히 말했다.

"그대가 우리의 이름과 우리가 하는 바를 알아서 우리를 몰아내어 떠나보내려 하니, 조금은 영리한 듯하나 크게는 어리석은 것이오. 인생의 일생에 그 수명이 얼마나 가겠소? 우리가 그대의 명성을 백세가 지나도 없어지지 않도록 세워주었소. 소인과 군자는 그 마음이 다르므로 이 시대의 풍조에 어그러지는 것이라야 곧 천도와 통하게 되는 것이오. 완琬과 염琰 같은 좋은 옥을 가져다가 하찮은 양가죽 한 장과 바꾸려 하고, 달고 살찐 고기에 싫증을 내어 저 겨와 싸라기를 그리워하는 것이오? 천하에 그대를 우리보다 더 잘 아는 자가 누가 있겠소. 비록 우리가 배척받아 쫓겨남을 당한다 해도 차마 그대를 멀리할 수가 없으니, 우리를 믿지 못하겠다고 여긴다면《시경詩經》,《서경書經》을 통하여 확인해보시오."

주인이 이 말을 듣고 머리를 숙이고 기가 꺾여서 두 손을 들어 올려 사과하고 수레와 배를 태워버리고는 그들을 다시 맞이하여 윗자리에 모셨다.

3-5 학생을 앞으로 불러내어 해명하다〔進學解〕

한유

해설 | 이 편은 국자박사國子博士 한유가 제자들을 모아놓고 훈계하다가 제자의 이의제기에 해명하는 형식으로 지은 논변체論辨體의 문장이다. 〈송궁문送窮文〉이 자신과 궁귀窮鬼들 사이의 문답형식으로 구성된 데 반하여 본편은 자신과 제자들, 즉 사제 간의 문답형식으로 구성되어 있다. 뒷부분에서는 목수와 의사의 역할을 재상의 역할에 비유하면서, 현명한 재상이 인물을 등용함이 훌륭한 목수가 나무를 적재적소에 골라 쓰는 것과 같고, 양의良醫는 양약과 독약을 모두 비치했다가 필요할 때에 적절하게 쓴다고 하면서, 재상도 인재를 이와 같이 활용해야 함을 강조하고, 아울러 자신이 갈고 닦은 도와 학식도 쓰일 날이 있게 되기를 희구하는 뜻을 우의적으로 드러냈다.

국자감國子監의 선생이 새벽에 태학太學에 들어가 여러 학생들을 불러 관사 아래에 세워놓고 훈계하였다.

"학업은 부지런히 힘쓰면 정밀해지고 향락을 즐기면 거칠어지며, 행실은 사려 깊게 처신하면 이루어지고 되는 대로 처신하면 무너진다. 바로 이 시대는 성군聖君과 현상賢相이 서로 만나 나라를 다스리는 온갖 제도가 모두 제대로 펼쳐져서, 흉악한 무리는 제거하고 뛰어난 인물들은 등용하여 우대하고 있다. 작은 장점이라도 지닌 사람은 모두 기록이 되고 한 가지 재주에라도 이름이 난 사람은 임용되지 않은 이가 없다. 인재를 널리 찾아 남김없이 발굴하여 채용하고〔爬羅剔抉〕, 때를 긁어내듯이 단점은 제거하고 갈아서 빛나게 하듯이 장점을 조장〔刮垢磨光〕한다. 요행으로 선발됨은 있을지언정, 많은 재능을 지닌 인재가 드날릴 수 없게 되었다고 그 누가 말할 수 있겠는

가. 여러분은 학업이 정밀하지 못함을 근심해야 하고 담당 관리가 인물을 밝게 판별하여 임용하지 못함은 근심할 것이 없으며, 행실이 단정하게 이루어지지 못함을 근심해야 하고 담당 관리가 공정하게 평가하지 않음은 걱정할 것이 없다."

말이 미처 끝나기도 전에 대열에서 어떤 학생이 비웃으면서 이렇게 말하였다.

"선생께서는 저희들을 속이고 계십니다. 저희 제자들이 선생을 모신 지 이제 수년이 되었습니다. 선생께서 입으로는 육경六經의 글 읊기를 중단하신 일이 없고, 손으로는 제자백가의 서적 펼쳐보기를 멈추신 일이 없습니다. 일을 기록한 것은 반드시 그 핵심을 드러냈고, 학설을 서술한 것은 반드시 현묘한 이치를 이끌어내었으며, 많이 알고 터득하기에 힘쓰셔서 작은 것이나 큰 것이나 빠트린 것이 없습니다. 기름등잔을 켜놓고 새벽에 이르기까지 계속 학문에 힘쓰면서 항상 쉬는 일이 없이 세월을 보내셨으니, 선생께서 학업을 닦음에 부지런하셨다고 이를 만합니다. 정도正道에 반하는 이단을 물리쳐 불교와 노장老莊을 배척하면서 유학儒學의 허술해진 틈새를 보완하고 불분명하고 미세한 점을 분명하게 크게 넓혀놓으셨습니다. 아득하게 단절되었던 계통을 찾고자 홀로 두루 조사하여 멀리 공자孔子 맹자孟子에까지 이어놓으시고, 이단으로 흐르는 온갖 갈래의 물을 막아 도에 합치되는 방향으로 흐르게 해서, 이미 불교와 노장 쪽으로 거꾸로 흘렀던 미친 물결을 되돌려놓으셨으니, 선생께서 유학을 진흥시킴에 있어 공로가 많으시다고 이를 만합니다.

문학의 짙은 향기에 푹 젖어 꽃답고 화려함을 머금고 이를 문장으로 드러내셨는데, 그렇게 지은 글이 집에 가득하십니다. 위로는 《서경書經》의 〈우서虞書〉와 〈하서夏書〉 등 육경의 웅장하고 끝없이 드넓음과, 주周나라 기록인 고誥와 은나라 기록인 〈반경盤庚〉의 까다롭고 난삽함과, 《춘추春秋》의 근엄함과, 《좌씨전左氏傳》의 허탄하며 과장함이 있음과, 《주역周易》의 진기하면서 우주와 인생의 철학이 담겨 있음과, 《시경詩經》의 바르면서도 꽃다운 점을 기준으로 삼으셨습니다. 아래로는《장자莊子》와〈이소離騷〉와 태사공이 기록해놓은《사기史記》와, 양자운揚子雲과 사마상여司馬相如의 문장에 있어서 교묘함은 동일하면서도 의취意趣는 다른 것에도 미치셨습니다. 선생께서 문장을 지으실 때에 이런 것들을 통하여 그 내면의 사상을 크게 넓히고 이를 밖으로 드러낸 작품에 자유자재로 표현했다고 이를 수 있습니다.

젊어서부터 일찍이 배워야 함을 알아서 과감히 실천함에 용감하였고, 장성해서는 바른 도리에 통달하여 좌로 가든 우로 가든 모두 합당하게 처신하셨으니, 선생께서는 사람으로서 갖추어야 할 됨됨이가 완성되었다고 말할 수 있습니다. 그런데도 공적으로는 사람들에게 신임을 받지 못하고 사적으로는 벗들의 도움을 받지 못하여, 앞으로 가나 뒤로 가나 이리저리 짓밟혀서, 움직였다 하면 곧 비난이 뒤따릅니다. 잠시 어사御史가 되셨다가 드디어 남쪽 오랑캐 땅으로 좌천되셨고, 삼 년 동안 국자박사國子博士로 계시며 한직에 머물러서 치적을 드러낼 기회를 얻지 못하고 계시니, 운명과 적들이 모의해서 실패를 당하게 한 것이 몇 차례입니까. 겨울 날씨가 따뜻할 때에도 자녀들은 춥다고 울부짖고, 풍년이 든 해에도 부인께서는 배고파 울고 계시며, 머리는 벗겨져 대머리가 되고 이는 빠져서 헐렁하게 되었으니, 그렇게 지내다가 끝내 사망하신다 한들 선생께 무슨 도움이 되겠습니까. 이런 것은 염려할 줄을 모르시고 도리어 남에게 훈계를 하십니까."

선생이 말하였다.

"아아! 그대는 앞으로 나오라. 대저 큰 나무는 대들보가 되고 작은 나무는 서까래가 되며 두공斗栱과 주두柱頭와 단주短柱와 문지도리와 문지방과 빗장과 문설주가 각기 그 합당한 자리를 얻게 하여 이로써 건물을 완성하는 것은 목수의 공적이다. 옥찰玉札·단사丹砂·적전赤箭·청지青芝와 같은 귀한 약과 질경이, 말똥, 찢어진 북의 가죽 같은 천한 약을 아울러 거두어 간직했다가 필요할 때에 빠지는 것이 없도록 대비하는 사람이라야 의사로서 현명하게 대비하는 것이다. 직무에 밝은 사람을 등용하고 공정한 사람을 선임하고, 익숙한 자와 서투른 자를 적재적소에 모두 임용하여, 빽빽하지 않고 넉넉하게 하는 자를 곱게 여기고, 역량이 뛰어난 사람을 걸출한 인물로 보아주어, 장점과 단점을 비교하고 헤아려서 오직 능력에 적합하도록 쓰는 것은 재상이 행해야 할 바른 방책이다.

옛날 맹자께서 변론을 좋아하셔서 공자의 도가 이 때문에 밝게 드러나게 되었으나 자신은 천하를 떠돌다가 끝내 길에서 늙으셨고, 순경荀卿은 정도를 지켜서 위대한 학설이 이에 널리 퍼지게 되었지만 모함을 받아 초楚나라로 도피했다가 난릉蘭陵으로 쫓겨나서 죽었다. 이 두 선비는 말을 했다 하면 경經이 되고 움직였다 하면 법法이 되어서, 평범한 무리보다 월등히 뛰어나서 성인의 경지에 넉넉히 들어갈 수 있었던 분들인데도, 그들이 세상에서 받은 처우가 어떠했던가?

지금 나는 학문을 비록 부지런히 닦기는 하였으나 성인의 도통을 이을 정도는 못되고, 학설을 비록 많이 발표하였으나 그 중용지도中庸之道의 핵심을 꿰뚫지는 못했으며, 문장이 비록 뛰어나지만 실용에 도움이 되지는 못하였고, 행실을 비록 닦기는 하였으나 대중에게 뚜렷하게 드러내지는 못했다. 그런데도 오히려 매달 봉급을 허비하고 해마다 국고의 곡식을 축내고 있으며, 자식들은 농사지을 줄을 모르고 아내는 길쌈할 줄을 모르고 지내고 있고, 자신은 말을 타고 하인을 뒤따르게 하며 편안히 앉아서 식사를 하고 있다. 판에 박은 듯이 똑같은 일만을 부지런히 하고 있고, 묵은 책이나 뒤적이며 국록을 도적질해 먹고 있는데, 그런데도 성스러운 군주께서 형벌을 가하지 않으시고, 재신으로부터 배척을 받지 않고 있으니, 이것은 행운이 아닌가. 움직였다 하면 비방을 받게 되지만 명성도 또한 뒤따르니, 한가롭고 중요하지 않은 직책에 버려진 것이 곧 내 분수에 합당한 것이다. 만약 재물의 유무를 헤아리고 관위官位와 자품資品의 높고 낮음을 비교하여 자신에게 합당한 역량을 잊어버리고 앞서 출세한 상관의 잘못을 지적한다면, 이는 이른바 목수가 말뚝 감으로 기둥을 삼지 않는다고 꾸짖는 것이고, 의사가 창포로 수명을 연장하려 함을 꾸짖으며 수명을 단축시키는 독약인 희령豨苓을 복용하게 하려 하는 것이니라."

3-6 악어를 꾸짖다〔鰐魚文〕

한유

해설 | 이 편은 한유가 조주자사潮州刺史로 부임했을 때에 민폐를 끼치는 악어를 남해로 옮겨가도록 꾸짖은 글이다. 한유가 예를 갖추어 꾸짖자 미물인 악어까지 감동하여 드디어 남해로 옮겨가서 한동안 악어가 사라졌다 한다. 이에 지성至誠과 도道가 함유된 문장은 감천지 동귀신感天地動鬼神할 수 있다는 논거를 밝히는 사례로 이 문장을 들기도 한다.

옛적에 선왕께서 천하를 다스리게 되시자 산과 늪을 불태우고 그물과 작살로 해충과 뱀 등 백성에게 해를 끼치는 악한 동물들을 제거해 몰아내서 사해四海의 밖으로 내쫓으셨다. 후대의 왕에 이르러서는 덕이 부족하여 먼 지방까지 소유할 수가 없게 되어 장강長江과 하수河水 사이의 땅도 오히려 모두 포기하여 만이蠻夷나 초월楚越 등 오랑캐들과 섞여 지내게 되었는데, 더구나 조주潮州는 영남嶺南과 바다 사이에 있어서 수도와의 거리가 만 리나 되니 더 말할 것이 있겠는가. 이 땅에서 악어들이 숨어 살면서 알을 낳고 새끼를 기르게 된 것이 또한 본시 당연하다. 그러나 지금 천자께서는 당唐나라의 제위를 물려받으셨고 신묘하고 성스럽고 자애로우며 용맹하셔서 사해의 밖과 상하 사방의 안에 있는 땅들을 모두 감싸 소유하고 계시다. 더구나 우禹임금의 자취가 미친 곳이고(《서경書經》〈우공禹貢〉에 수록된 구주에 포함된 곳) 양주揚州에 가까운 땅으로 천자께서 파견한 자사刺史와 현령縣令이 다스리는 곳으로, 공물과 부세를 바쳐서 천지와 종묘의 온갖 신들에게 제사를 지내는 데 이바지하는 지역이니 더 말할 것이 있겠는가. 오늘날에는 악어들이 자사와 더불어 이 땅에 함께 살아서는 안 되느니라.

자사는 천자의 명을 받아서 이 땅을 지키고 이 백성들을 다스리는데, 악어들이 사납게 눈을 부라리며 시내와 늪에 가만히 있지 못하고 백성들의 가축과 곰과 멧돼지와 사슴과 노루를 차지해 잡아먹어, 그 몸을 살찌우고 그 새끼들을 번식시키며, 자사에게 대항하여 우두머리가 되기를 다툰다면, 자사가 아무리 못나고 나약하다 해도 또한 어찌 악어에게 머리를 숙이고 기가 죽어 못난 자세로 흘끗흘끗 쳐다보며 백성들과 관리들에게 창피를 당하면서 이곳에서 구차하게 살고자 하겠는가. 또한 천자의 명을 받들고 이곳에 와서 관리 노릇을 하고 있으므로, 그 형편이 악어들과 시비를 따지지 않을 수가 없게 되었으니, 악어들아, 말을 알아들을 수 있으면 이 자사가 하는 말을 듣도록 하라!

조주潮州는 큰 바다가 그 남쪽에 있어서 고래와 붕조鵬鳥 같은 큰 동물과 새우와 게 같은 작은 동물들이 돌아와 서식하도록 받아들이지 않는 것이 없어서, 이들을 태어나게 해주고 자라게 해주고 있는데, 너희 악어들이 아침에 출발하면 저녁에 도달할 수 있는 곳이다. 이제 너희 악어에게 기약하노니, 3일이 될 때까지 그 추한 무리들을 이끌고 남쪽 바다로 옮겨가서 천자의 명을 받은 관리를 피해 떠나도록 하라! 3일에 할 수 없다면 5일에 이르도록 허락할 것이고 5일에 할 수 없다면 7일에 이르도록 허락할 것이다. 7일이 지나도 할 수가 없다면 이는 끝내 옮기려 하지 않는 것이고, 이는 자사의 명이 있는데도 그 말을 듣고 따르려 하지 않는 것이거나, 그렇지 않으면 이는 악어들이 어리석고 우둔하고 생각을 할 줄 몰라서 자사가 비록 말을 하였으되 듣지 못하고 이해하지 못하는 것이다. 대저 천자께서 임명한 관리를 무시하고 그 말을 듣지 않아 옮겨가서 피하지 않거나, 어리석고 우둔하고 생각을 할 줄 몰라서 백성과 동물들을 해치는 것들은 모두 죽여야 옳다. 자사가 즉시 유능하고 기술이 뛰어난 관리와 백성을 선발하여 강한 활과 독을 바른 화살을 잡고 너희 악어들과 일을 벌여서 반드시 모두 죽이고야 말 것이니, 그렇게 되어도 후회하지 말라!

3-7 유주柳州 나지羅池에 있는 유종원柳宗元 사당의 비문〔柳州羅池廟碑〕

한유

해설 | 본 비문은 유종원柳宗元이 유주자사柳州刺史로 있으면서 선정을 베풀다 순직하자 그곳에 그의 사당을 짓고 제사를 지내게 된 경위를 빗돌에 새겨 사당 앞에 세워놓은 것이다. 비문의 서술은 춘추필법春秋筆法에 합치하고, 덧붙인 명銘은 〈이소離騷〉의 체재에 맞게 지었다는 찬양을 받았다.

나지羅池에 있는 사당은 과거 유주자사柳州刺史를 지냈던 유후柳侯(유종원 柳宗元)의 사당이다. 유후께서 고을을 다스릴 때에 그 백성들을 변방의 오랑캐 같은 무리라고 깔보지 않고 예법에 맞추어 다스렸다. 3년이 지나자 백성들이 각기 스스로 의욕을 갖고 분발하며 말하기를 "이 지역이 비록 수도에서 멀리 떨어져 있기는 하나 우리도 또한 천자의 백성이다. 지금 천자께서 다행스럽게도 인자한 자사를 보내주셨으니, 만약 그의 교화에 복종하지 않는다면 우리는 사람도 아니다." 하면서, 이에 늙은이와 젊은이들이 서로 가르쳐주고 말해주어 유후의 명을 어기는 이가 없었다. 무릇 그 고장의 마을과 가정에 이르기까지 할 일이 있게 되면 모두 말하기를 "우리 유후께서 이를 들으시면 불가하다고 여기시지 않으실까?" 하면서, 뜻을 헤아려본 이후에 일에 종사하지 않음이 없었고, 무릇 명령을 내려 기한을 정해주면 백성들이 서로 격려하며 이를 따라서 뒤처지거나 앞서는 사람이 없이 반드시 제때에 맞게 하였다.

이렇게 되자 백성들이 종사하는 일에는 일정한 법도가 있게 되고 관청에는 밀린 세금이 없게 되었으며, 도망쳤던 유민들이 사방에서 되돌아와 즐겁게 생업에 종사하였다. 그들이 거처하는 마을에는 새로 지은 집이 있고 나루에는 새로 건조한 배가 있으며 저수지와 농원이 질서 있게 정비되어, 돼지, 소, 오리, 닭들은 크게 살찌고 무성하게 번식하였고, 자식은 아비의 가르침을 엄히 여겨 실천하고 아내는 남편의 지시에 순종해서, 시집가고 장가들고 장례 치르고 제사 지냄에 각기 조리에 맞는 법도가 있게 되었으며, 집 밖에 나가면 서로 어른을 공경하고 집안에 들어오면 서로 자애를 베풀고 효성을 다하였다. 유후께서 부임하기 이전에는 백성들이 궁핍해서 아들과 딸을 담보로 하여 빚을 졌다가 오래도록 갚지 못하면 모두 양인良人의 호적에서 지워져 노예가 되었었는데, 우리 유후께서 부임하셔서 나라에 예부터 전해오는 법을 살펴서 그동안 머슴살이한 품값으로 채무를 갚은 것으로 하고 모두 주인에게서 빼앗아 돌려보냈다. 공자 사당을 크게 수축하고, 성곽과 길거리를 모두 단정하게 수리하고 좋은 나무들을 심으니, 유주 백성들이 모두 크게 기뻐하였다.

유후께서 전에 그분의 부장部將들인 위충魏忠·사령謝寧·구양익歐陽翼 등과 역정驛亭에서 술을 마신 일이 있는데, 그때에 이르기를 "내가 이 시대에 버림을 받고 이곳에 의탁해 있으면서 그대들과 친하게 지내고 있는데, 내년에 내가 죽을 것이다. 죽으면 신이 될 것이니 죽은 후 3년이 지나면 사당을 세워서 내 제사를 지내달라." 한 일이 있었다. 예측한 기한이 되자 과연 사망하였고, 3년이 지난 7월 신묘일辛卯日에 유후의 신령이 고을 청사의 후당後堂에 강림하였으므로 구양익 등이 뵙고 절을 올렸다. 그날 밤에 구양익의 꿈에 나타나서 알리기를, "내가 머물 사당을 나지에 마련해 달라." 하였다. 그 달 병진일丙辰日에 사당을 낙성하고 크게 제사를 지냈는데, 지나다 들른 이의李儀라는 사람이 술에 취하여 사당 위에서 유후를 모멸하는 언행을 했다가 병을 얻어, 부축을 받고 사당 문을 나서자마자 즉사하였다.

이듬해 봄에 위충과 구양익이 사령을 수도로 보내어 그분의 사적을 비석에 새겨놓을 수 있도록 비문을 지어주기를 내게 청하였다. 내가 생각하건대 유후께서 살아서는 그 백성들에게 은택을 베풀었고, 사망해서는 그들에게 재앙을 내리거나 복을 주어 놀라게 하고 감동하게 하여 그 땅에서 바치는 제물을 흠향하고 있으니, 신령한 분이라고 이를 만하다. 이에 신을 맞이하고 음식을 올리고 전송하는 시를 지어 유주 백성에게 주어서, 그들로 하여금 이를 노래하며 제사를 올리도록 하고, 아울러 이를 비석에 새겨놓도록 하였다.

유후는 하동河東 사람으로 휘는 종원宗元이고 자는 자후子厚이다. 현명하였고 문장으로 명성이 있었으며 일찍이 조정에서 벼슬을 하여 업적이 빛나게 드러났지만, 얼마 후에 배척당하여 등용되지 못하였다.

이에 다음과 같이 이 시를 짓는다.

붉은 여지와 노란 바나나, 안주와 나물을 모아 후侯의 사당에 올리나이다.

후께서 타신 배에 두 깃발 꽂고, 바람타고 중류를 건너 여기에 대었도다.

후를 기다려도 오시지 않은 것은 우리의 뜻을 모르고 슬퍼하신 것인데,

후께서 망아지를 타고 사당에 납시어 우리 백성을 위로하시며, 찡그리지 않고 웃으시도다.

사당을 모신 아산鵝山과 유주의 물가에는, 계수나무가 둥글게 에워싸고 흰 돌이 줄지어 깔려있도다.

후께서 아침에 나가 노시다가 저녁에 돌아오시는데, 봄에는 원숭이들과 읊조리시고, 가을에는 학과 함께 하늘을 날으시도다.

북방 사람들이 후를 옳으니 그르니 비판하고 있으니, 천추만세토록 후께서는 이곳에 계시면서 우리와 헤어지지 마시라.

우리에게 복을 주시고 장수하게 해주시며, 나쁜 귀신들을 산 왼쪽으로 몰아내시도다.

낮은 땅은 습기로 괴로워함이 없게 하시고, 높은 땅은 건조하지 않게 하셔서, 메벼와 찰벼가 남아나도록 풍년이 들게 해주시고, 뱀과 이무기는 또아리 틀고 가만히 있고 날뛰지 않게 해주시도다.

우리 백성들은 제사를 받들어 보답하는 일에 태만하지 않고, 이제부터 대대로 공경을 다해 받들리로다.

3-8 맹동야孟東野를 전송하며 지은 서문〔送孟東野序〕

한유

해설 | 이 편은 시인 맹교孟郊가 강남江南의 지방관으로 나갈 때에 그를 위로하기 위해 지어 준 송서送序이다. '명鳴'자 한 글자를 문장의 핵심으로 하여 의론을 이리저리 펼쳐놓아서 변화하는 양태가 지극히 교묘하다. 맹교가 곤궁함에 처하여 시로써 이를 드러냄을 가엽게 여기면서 '하늘이 장차 그를 현달하게 하여 그로 하여금 국가의 성세를 드러낼〔鳴〕 것인가, 아니면 끝내 곤궁하게 생을 마치게 하여 그 자신의 불행을 드러낼 것인가는 알 수가 없다.' 하여, 천명에 의탁하여 그의 울분을 풀어주며 위로한 것이다.

맹교孟郊

대체로 만물이 그 평온한 상태를 얻지 못하면 소리를 내게 되나니, 초목이 소리 없이 있는 것을 바람이 흔들어 소리를 내게 하고, 물이 소리 없이 있는 것을 바람이 흔들어서 소리를 내게 하며, 그 물이 뛰어오르는 것은 무엇인가가 충격을 가해서이고, 내달리는 것은 무엇인가가 가로막았다가 터놓아서이며, 끓는 것은 누군가가 불을 때서이다. 쇠와 돌이 소리 없이 있다가 무엇인가가 충격을 가하면 소리를 내게 된다. 사람이 말로 뜻을 드러내는 것 또한 그러해서, 그만둘 수 없는 것이 있은 이후에 말을 하게 된다. 노래를 하는 것은 생각이 있어서이며, 우는 것은 마음에 품은 한이 있어서이니, 입에서 나와 소리가 되는 모든 것들은 모두 평온하지 않은 것이 있어서이다.

음악은 심중에 답답하게 맺혀있는 것이 밖으로 흘러나온 것이다. 그 소리를 잘 내는 것을 골라 그를 통하여 뜻을 드러내게 하는데, 금金·석石·사絲·죽竹·포匏·토土·혁革·목木 여덟 가지[1]는 물건들 가운데 소리를 잘 내는 것들이다. 하늘이 네 계절을 운행할 때에도 또한 그러해서, 그 소리를 잘 내는 것을 택하여 뜻을 드러낸다. 이 때문에 새 울음으로 봄을 드러내고, 우레 소리로 여름을 드러내고, 벌레들 울음소리로 가을을 드러내고, 바람소리로 겨울을 드러내나니, 네 계절이 서로 밀어내고 빼앗고 하며 교대하여 운행하는 것이, 반드시 그 평온한 상태를 얻지 못함이 있어서인 것이로다.

사람에 있어서도 또한 그러해서, 사람이 내는 소리 가운데 정묘한 것이 말이 되고, 문장으로 드러낸 것은 말 가운데 또한 더욱 정묘한 것이다. 그러므로 드러내기를 잘하는 사람을 택하여 그를 빌려서 드러내게 되는데, 요순堯舜시대에는 고요皐陶와 우禹가 드러내기를 잘했던 사람이므로 그들을 빌려서 드러내었고, 기夔는 문장을 통하여 드러낼 수가 없자 또한 소악韶樂을 빌려서 이로써 뜻을 드러내었으며, 하夏나라 때에는 다섯 형제들이 오자지가五子之歌[2]로 뜻을 드러내었고, 이윤伊尹은 은殷나라에서 뜻을 드러내었고 주공周公은 주周나라에서 뜻을 드러내었는데, 이들이 모두 《시경詩經》, 《서경書經》 등 육경에 등재되어 있으니, 모두 드러내기를 잘한 것들이다.

주나라 말기에는 공자孔子의 무리가 뜻을 드러냈는데 그 소리가 크고 심원하였다. 《논어論語》에 '하늘이 공자로써 천하에 경종을 울리는 목탁을 삼아 뜻을 드러내게 하였다.' 하였으니 이를 믿지 않을 수 있겠는가. 그 말년(전국시대戰國時代)에는 장주莊周가 황당한 문사로 초楚나라에서 뜻을 드러내

---

1 금金……여덟 가지 : 악기로 쓰이는 여덟 가지로, 이를 팔음八音이라 한다. 금은 종류, 석은 편경류, 사는 현악기류, 죽은 관악기류, 포는 생황류, 토는 훈류, 혁은 고류, 목은 목탁류를 말한다.

2 오자지가五子之歌 : 하夏나라의 왕 태강太康이 사냥에 빠져 정사를 돌보지 않다가 역신에게 쫓겨나게 되자, 그의 다섯 아우가 나라를 걱정하는 노래를 부른 것을 말하며, 이 사실이 《서경書經》에 수록되어 있다.

었고, 초나라는 대국이어서 망할 때에 굴원屈原으로 뜻을 드러내게 하였다. 장손진臧孫辰·맹가孟軻·순경荀卿은 도로써 뜻을 드러낸 사람들이고, 양주楊朱·묵적墨翟·관이오管夷吾·안영晏嬰·노담老聃·신불해申不害·한비韓非·신도愼到·전병田駢·추연鄒衍·시교尸佼·손무孫武·장의張儀·소진蘇秦 등의 무리는 모두 그들의 학술로 뜻을 드러내었고, 진秦나라가 흥기하자 이사李斯가 그 시대를 드러내었고, 한漢나라 때에는 사마천司馬遷·사마상여司馬相如·양웅揚雄이 그 뜻을 가장 잘 드러냈던 사람들이다.

그 이후 위진魏晉시대에는 뜻을 드러낸 자들이 고인古人에 미치지는 못했지만 그러나 뜻을 드러냄이 끊기지는 않았다. 그러나 그 뜻을 잘 드러낸 자들을 본다면 그 소리가 맑기는 하되 부화浮華하고 그 음절은 빽빽하고 촉급하며 그 내용은 음탕하거나 슬프고 그 뜻은 풀어져서 절제를 못하여, 그 말이 난잡하고 법도가 없으니, 아마도 하늘이 그 도덕 수준을 추하게 보아 돌보지 않았던 것인가. 어찌하여 그 뜻을 잘 드러내는 사람을 통하여 드러내게 하지 않았던 것인가.

당唐나라가 천하를 다스리게 되자 진자앙陳子昻·소원명蘇源明·원결元結·이백李白·두보杜甫·이관李觀 등이 모두 그들이 지닌 장점을 동원하여 뜻을 드러내었다. 생존하여 현재 살고 있는 사람으로는 맹교孟郊 동야東野가 비로소 그가 지은 시를 통하여 뜻을 잘 드러내고 있다. 수준이 높은 시는 위진시대 작품을 뛰어넘었으며 게으름을 피우지 않고 꾸준히 노력하여 고인의 경지에 이르렀고, 그 밖의 문장들도 한대의 수준에 합류할 만하다. 나를 따라 노닐고 있는 사람들로는 이고李翶와 장적張籍이 우수한 사람들이니, 이 세 사람이 진실로 뛰어나게 뜻을 잘 드러내고 있다. 그렇지만 하늘이 장차 그들이 내는 소리를 조화롭게 하여 국가의 융성을 드러낼 것인가는 알 수가 없다. 아니면 장차 그들 자신을 궁핍하고 굶주리게 하여 그 마음속을 근심으로 채워서 그들 자신의 불행만을 드러내게 할 것인가도 또한 알 수가 없다. 세 사람의 운명은 하늘에 달려 있으니, 그들이 높은 자리에 있게 된다 한들 어찌 기뻐할 것이 있으며, 낮은 자리에 있게 된다 한들 어찌 슬퍼할 것이 있겠는가.

동야가 강남의 지방관으로 가게 되자 기뻐하지 않는 듯한 기색이 있기에, 내가 그 운명이 하늘에 달려 있음을 말해주면서 위로하였다.

3-9 양거원楊巨源이 소윤少尹으로 나갈 때 지어준 송시의 서문〔送楊巨源少尹序〕

한유

해설 | 국자사업國子司業으로 있던 양거원楊巨源이 노퇴老退하여 고향으로 돌아가자 재상이 그의 녹봉이 이어지도록 고향의 소윤少尹 벼슬을 주면서 송별시를 지어주었고, 많은 사람이 그 시운詩韻에 화운和韻하여 송별시를 지어주었는데, 이 편은 그 시축 앞에 붙일 서문으로 지어준 것이다.

옛적에 소광疏廣과 소수疏受 두 분이 연로했음을 이유로 동시에 벼슬을 사직하고 떠나니,[1] 그때에 공경公卿들이 차일을 치고 도성 문 밖에서 길 제사를 지내며 이들을 전송하는 연회를 열어주었는데, 그들이 타고 온 수레가 수백 량이었고, 도로에서 구경하는 많은 사람들이 탄식하고 눈물을 흘리면서 모두 그들의 어짊을 칭송하였다. 한대漢代의 사서史書가 이미 그 사실을 전하고 있고, 후세에 그림 잘 그리는 사람이 또한 그의 업적을 그림으로 그려놓아 지금까지 사람들의 이목에 비추고 있어서, 그 밝게 빛남이 마치 어제의 일과 같게 되었다.

국자사업國子司業 양거원楊巨源 군이 이 시대에 시를 잘 짓는다는 명성이 있어서 후진들을 가르치고 있었는데, 어느 날 그는 또한 나이가 70이 되었음

---

1 옛적에……떠나니 : 한 선제漢宣帝 때에 소광은 태자태부太子太傅였고 그의 조카 소수는 태자소부太子少傅였는데, 관성명립官成名立이면 물러나야 한다 하면서 함께 벼슬을 버리고 고향으로 돌아가니, 많은 이들이 명리에 초탈함을 높이 칭송하며 그들을 전송했다 한다.

을 승상에게 아뢰고 물러나 고향으로 돌아갔다. 세상에서 항상 옛일에 대하여 말할 때에 '지금 사람들은 그에 미치지 못한다.' 하지만, 지금의 양씨와 옛날의 두 소씨가 그 뜻에 어찌 차이가 있겠는가.

나는 외람되게도 공경의 일원에 끼어있으되 마침 병이 나서 나아가 전송할 수가 없었으니, 양후楊侯가 떠날 때에 성문 밖에 나아가 전송한 사람이 몇 사람이었는지, 수레는 몇 량이나 되고 말은 몇 필이었는지, 길가에서 구경하는 자들이 또한 감탄하면서 그의 어짊을 알고 있었는지의 여부와, 사관이 또한 그의 사적을 크게 펼쳐 열전에 올려서 두 소씨의 자취에 이어놓을 것인지의 여부와, 떠날 때에 적막하지나 않았는지의 여부도 알지 못한다. 이 시대에는 그림 잘 그리는 사람도 없으니 그의 사적을 그림으로 그려놓을 것인가 그려놓지 않을 것인가도 본시 따질 것이 없다.

그러나 내가 들으니, 양후가 떠날 때에 승상이 아까워하고 애석해해서, 고향 고을의 소윤少尹으로 삼기를 위에 건의하여 그의 봉록이 끊어지지 않도록 해주고, 또 그를 위해 시를 지어주며 격려하자, 경사京師의 시 잘 짓는 사람들이 또한 그 시운에 화운하여 시를 지어주었다 하는데, 두 소씨가 떠날 때에도 이런 일이 있었는지 또한 알 수가 없으니, 옛사람이 떠났을 때와 지금 사람이 떠났을 때의 같았던 점과 달랐던 점을 알 수가 없다.

중세(한대漢代)부터는 사대부들이 벼슬자리로 가家(채지采地)를 삼아서, 벼슬에서 물러나면 돌아가 의탁할 곳이 없게 되었다.[2] 양후는 처음 관례冠禮를 행한 20세가 되자 그의 고향에서 추천을 받아 녹명鹿鳴의 시를 노래하며 과거를 보러 서울로 왔고,[3] 이제 고향으로 돌아가서는 그곳에 있는 나무를 가

---

2 중세(한대漢代)부터는……되었다 : 진한秦漢시대 이전의 대부大夫들은 생활의 바탕으로 삼고 대대로 물려줄 수 있는 채지采地 즉 가家가 있었으나, 한대 漢代 이후에는 벼슬하여 녹봉으로 생계를 유지하다가 벼슬에서 물러나면 돌아가 살 가家가 없게 되었음을 말한 것이다.

3 녹명鹿鳴의……왔고 : 녹명은 《시경詩經》 〈소아小雅〉의 편명이다. 원래는 천자가 사신으로 떠나는 신하를 위로하기 위하여 베푸는 잔치에서 부른 노래였으나, 후대에는 향시 합격자가 중앙으로 과거보러 갈 때의 전송 연회에서도 이 노래를 불렀

리키며 "저 나무는 내 선친께서 심은 것이고, 저기에 있는 물과 언덕은 내가 어렸을 때에 낚시질하고 놀던 곳이다."라고 말할 것이고, 고향 사람들은 그를 더욱 공경하지 않는 이가 없어서, 자손들에게 훈계하기를 양후께서 그의 고향을 떠나지 않음을 본받으라고 할 것이니, 옛사람이 이른바, '그 고장 선생이 사망하면 사社에서 제祭를 지내드려야 한다.' 한 것이 이런 분에게 해당되는 것이로다. 이런 분에게 해당되는 것이로다.

고, 과거 합격자에게 베푼 연회를 녹명연이라 하였다.

3-10 처사 석홍石洪을 전송한 시축詩軸의 서문

〔送石洪處士序〕

한유

해설 | 이 편은 왕승종王承宗의 반란을 토평討平하던 함양군절도사 오중윤烏重胤이 낙양의 처사 석홍石洪을 등용하자, 석홍이 벼슬하러 떠날 때에 고장사람들이 전별연에서 지어준 시를 모은 시축의 앞머리에 붙인 서문으로, 석홍에게 충의를 다하도록 면려한 송서이다.

하양군절도사河陽郡節度使 오중윤烏重胤 공이 절도사가 된 지 석 달 만에 부하 가운데 현명한 사람들에게 인재를 구해 달라 하니, 석石 선생을 추천하는 사람이 있었다. 오공烏公이 말하기를,

"선생은 어떤 사람인가?"

대답하기를,

"석 선생이 숭산嵩山과 망산邙山, 전수瀍水와 곡수穀水 사이에 사는데, 겨울에는 한 벌의 갖옷만으로 지내고 여름에는 한 벌의 베옷만으로 지내며, 아침과 저녁으로 밥 한 그릇과 나물 한 그릇으로 끼니를 때우고, 사람들이 돈을 주면 사양하지만 함께 유람하기를 청하면 일찍이 일이 바쁘다고 사양하는 일이 없었고, 벼슬하기를 권하면 응하지 않았습니다. 한 방에 앉아 좌우에 도서를 쌓아놓고 지내고 있으며, 그와 도리에 대하여 토론해보면, 고금의 일 가운데 합당했고 부당했음을 분별함과 인품의 고하를 논함과 일이 후에 성공할까 실패할까를 맞추는 것이 마치 황하黃河를 아래로 흐르도록 터놓아 동해로 내닫는 것처럼 시원하게 맞추고, 마치

가벼운 수레에 사마駟馬를 멍에매고 익숙한 길로 내달리는데 왕량王良과 조보造父[1]가 이를 앞뒤에서 모는 듯하며, 마치 촛불을 비추면서 운수를 헤아리고 거북으로 점을 쳐서 아는 것과 같습니다."

대부가 말하였다.

"선생이 그렇게 처신하며 자신의 노년을 보내려는 뜻만 있고 다른 사람에게 바라는 것이 없다면, 나를 위해 와주겠소?"

부하가 대답하였다.

"대부께서는 문무文武와 충효를 겸전兼全하셨으니 선비를 구함은 나라를 위한 것이지 사사로이 개인적으로 부리려는 것이 아닙니다. 지금 상황은 적군이 항주恒州에 모여 있고 우리 군사들이 그 강역을 포위하고 있어서[2] 농민은 경작이나 수확도 못하고 있고, 재물과 곡식은 다 없어졌으며, 우리가 처한 이곳은 바로 군수물자를 수송하는 길목이므로, 이를 처리하는 방법과 정벌할 계책을 그가 당연히 가지고 있을 것입니다. 석 선생은 어질고 용기가 있는 사람이니, 만약 의리에 맞게 청하고 중임을 맡기를 강권한다면 그가 무슨 말로 거절할 수 있겠습니까."

이에 편지를 쓰고 말과 예물을 갖추고 길일을 점쳐서 사자使者에게 주어 선생의 초가를 찾아가 청하게 하였다. 선생은 처자에게도 알리지 않고 붕우들과도 상의하지 않고, 갓을 쓰고 허리띠를 매고 나와 손님을 맞이하여, 편지와 예물을 문 안에서 예를 갖추어 받았다. 밤이 되자 목욕재계하고 여장을 꾸리고 서책을 싣고서 경유해야 할 길을 묻고서야 평소에 왕래하던 벗들에게 떠날 것을 통고하니, 새벽이 되자 그들이 모두 모여서 낙양 동문 밖에서 송별연을 열어주었다. 술이 서너 순배 돌자 떠나려 하니, 잔을 잡고 말하는 사람이 있었다.

---

1 왕량王良과 조보造父 : 왕량은 조간자趙簡子의 수레를 몬 사람이고, 조보는 주 목왕周穆王의 수레를 몬 사람으로, 모두 말을 매우 잘 몰던 사람들이었다.

2 지금……있어서 : 당시에 항주에서 반란을 일으킨 왕승종王承宗을 관군이 포위하고 있었던 상황을 말한 것이다.

“오 대부께서 진실로 의에 맞게 인재를 고르셨고, 선생이 진실로 도에 맞게 자신의 임무를 결정하셔서 거취를 정한 것이니, 선생을 위해 작별인사를 올립니다.”

또 어떤 사람은 잔을 잡고 이렇게 축원하였다.

“무릇 나아가고 물러남 및 벼슬하고 은둔함에 어찌 한쪽만을 고집할 수 있겠습니까. 오직 의에 맞는 길을 따를 뿐이니, 이에 선생을 위하여 장수를 축원합니다.”

또 어떤 사람은 잔을 잡고 이렇게 축원하였다.

“대부로 하여금 처음에 품었던 뜻을 굳게 지니고 바꾸지 않도록 하시고, 그의 가족을 부유하게 하고자 군사들을 굶주리게 함이 없게 하시며, 간사한 사람을 받아들이기를 좋아하면서 겉으로만 바른 선비를 공경하는 체 하는 일이 없게 하시고, 아첨하는 말에 맛을 들이는 일이 없이 오직 선생의 말씀만을 듣도록 해서, 이로써 공을 세움이 있어서, 천자의 은총과 명령을 보전하도록 하십시오.”

또 어떤 사람은 이렇게 축원하였다.

“선생으로 하여금 오 대부를 이용해 이익을 도모하면서 사사로이 그의 몸만을 편안하게 하고자 하는 일이 없게 하소서.”

선생이 일어나 인사를 하고 이렇게 축사에 답하였다.

“감히 기원해주시고 충고해주신 뜻을 따르고자 공경을 다해 아침 일찍부터 밤늦게까지 노력하지 않을 수 있겠습니까.”

이렇게 되자 낙양 사람들이 모두 오 대부께서 선생과 함께 서로 협력하여 성공을 거둘 것임을 알게 되었고, 드디어 각기 그를 위하여 육운시六韻詩를 짓고, 그 시권을 나 한유에게 보내어 시권 앞에 붙일 서문을 짓게 하였다.

3-11 처사 온조溫造를 전송한 시축詩軸의 서문

〔送溫造處士序〕

한유

해설 | 이 편도 전편 〈송석공처사서送石洪處士序〉와 함께 하양군절도사 오중윤烏重胤에게 발탁되어 떠나는 온조溫造를 위하여 낙양의 사대부들이 지은 전별시축 앞에 붙인 서문이다. 이 두 편은 발탁된 인물들의 뛰어난 인품과 이런 사람을 발탁한 사람의 안목을 찬양한 것이다.

'백락伯樂이 한 차례 기주冀州 북쪽[1] 들판을 지나가자 말 떼가 다 없어졌다.' 하는데, 기주 북쪽 땅은 말이 천하에서 가장 많은 곳이다. 백락이 비록 좋은 말을 잘 알아본다 하나 어찌 그 무리를 다 없어지게 할 수 있었겠는가.

이에 해명하는 사람이 말하였다.

"내가 없어졌다고 말한 것은 말이 없다는 것이 아니고 좋은 말이 없다는 것이다. 백락이 말을 잘 알아보아 좋은 말을 만나면 번번이 이를 골라 뽑아 가서 말떼 가운데 남아 있는 좋은 말이 없다는 것이니, 진실로 그 좋은 말이 남아 있지 않다면 비록 말이 없다고 말해도 거짓말이 되지 않는다."

동도東都(낙양洛陽)는 본시 사대부들의 기주 북쪽과 같은 곳이다. 재능을 자부하면서 이를 깊이 감추고 자랑하지 않는 사람으로 낙수의 북쪽 언덕에 사는 사람을 석홍石洪이라 하고, 그 남쪽 물가에 사는 사람을 온조溫造라 한다.

---

1 기주冀州 북쪽 : 양마良馬가 많이 산출되는 곳으로, 지금의 하북성河北省 일대를 가리킨다.

대부 오공烏公(오중윤烏重胤)이 절도사로서 부월을 잡고 하양을 다스린 지 3개월이 되었을 때에 석생을 인재로 여겨서 예禮로써 그물을 삼아 그를 낚아 막하에 데려다놓았고, 몇 달이 지나지 않아 온생을 인재로 여겨서 이에 석생을 중개인으로 하여 예로써 그물을 삼아 또 그를 낚아 막하에 데려다 놓았다. 동도에 비록 진실로 인재가 많다 해도, 아침에 그 뛰어난 한 사람을 골라 뽑아가고 저녁에 그 뛰어난 한 사람을 골라 뽑아가니, 그 지방에서 수령 노릇 하는 하남윤河南尹으로부터 여러 관청의 관리에 이르기까지와 두 현의 대부들인 우리가,[2] 정치에 원활하지 않은 점이 있거나 일에 확신이 서지 않는 것이 있을 때에 누구에게 자문하여 처리할 것이며, 사대부들 가운데 벼슬에서 물러나 시골로 내려온 사람이 누구와 더불어 즐겁게 노닐 것이며, 젊은 사람과 후배들이 누구에게 덕을 상고하고 학문에 대하여 질문할 것인가. 신분이 높은 관료로 동서東西로 출장을 다니다 이 고장을 지나게 되었을 때에 그 집을 방문하여 경의를 표할 상대가 없게 되었으니, 이와 같은 경우에 말하기를, '대부 오 공께서 한번 하양河陽 땅을 다스리시자 동도의 처사들이 살던 마을에 사람이 없게 되었다.' 한들 어찌 불가하겠는가.

천자께서 남면南面하고 천하를 다스릴 때에, 중임을 맡기고 능력을 믿을 만한 사람은 재상과 장수뿐이다. 재상이 천자를 위하여 조정에 인재를 등용하고, 장수가 천자를 위하여 막하에 문사와 무사를 등용한다면, 조정과 지방이 잘 다스려지기를 원하지 않는다 해도 잘 다스려지지 않을 수가 없을 것이다. 내가 이곳에 벼슬에 매여 있으면서 사임하고 떠나지 않은 것은 석생과 온생 두 사람에 의지하여 노년을 보내기를 기대해서였는데, 이제 모두 유력자에게 빼앗겨버렸으니, 어찌 마음속에 서운함이 없겠는가. 온생이 군문에 이르러 공을 뵙게 되거든, 나를 위해 앞에 말한 것을 가지고 천하를 위하여 축하한다고 전하고, 뒤에 말한 것을 가지고 내가 의지할 선비를 다 데

---

2 두 현의 대부들인 우리가 : 당시에 한유 자신이 하남령河南令이었고 두모竇牟가 하양령河陽令이었으므로 이렇게 말한 것이다.

려간 데 대한 사사로운 원망을 가지고 있다고 전하도록 하라. 낙양유수洛陽留守 어른[3]께서 먼저 사운시四韻詩를 지어 그 사실을 노래하셨기에, 내가 그 뜻을 받들어 이렇게 서序를 짓는다.

---

3 낙양유수留守留守 어른 : 당시의 낙양유수洛陽留守였던 정여경鄭餘慶을 말한 것이다.

권4

4-1 반곡盤谷으로 돌아가는 이원李愿을 전송하며 지은 서문〔送李愿歸盤谷序〕

한유

해설 | 이 편은 이원李愿이 출세와 향락을 즐기려는 뜻을 버리고 반곡盤谷에 은거하고자 떠나자 이를 찬양하고 격려한 것이다. 앞에 붙인 서문에서는 이원이 한 말을 그대로 써서, 한 단락에서는 득의한 사람을 드러내고, 다음 단락에서는 한가히 사는 사람을 드러내었으며, 마지막 단락에서는 평생을 분주하게 기회를 엿보며 사는 사람을 어리석게 여긴다는 뜻을 드러내었다. 후미에 붙인 시에는 이원의 뜻을 찬양하면서 자신도 같은 뜻을 가지고 있음을 밝혔다.

태항산太行山 남쪽에 반곡盤谷이 있으니, 반곡 지역은 샘물이 달고 토지는 비옥하며 초목이 빽빽하게 무성하지만, 거주하는 사람은 드물다. 어떤 사람은 "두 산이 에워싼 사이에 있어서 그 때문에 지명에 '서릴 반盤'자를 넣은 것이다." 하고, 어떤 사람은 "이 골짜기가 터가 깊숙하고 산세가 험해서 은둔해 사는 사람이 소요(반선盤旋)할 만한 곳이어서 반盤자를 넣은 것이다."라고 말하기도 한다.

내 친구 이원李愿이 그곳에 살았는데, 원愿의 말에 "사람들이 대장부라 칭하는 사람이 어떤 사람인지 나는 안다. 이익과 은택을 사람들에게 베풀고 명성이 한 시대에 밝게 드러나며, 조정에 앉아서 관리들을 승진시키기도 하고 물러나게도 하며 천자를 보좌하여 명령을 내린다. 지방관으로 나가면 행차할 때에 깃발을 세우고 궁시弓矢를 나열하고 무부武夫가 앞에서 소리를 치며 길을 인도하고 뒤따르는 자들이 길에 그득하며, 필요한 물건을 대는 사람들이 각기 그 물건을 가지고 길가를 급히 내달리는데, 기쁘면 상을 내리고 성이 나면 형벌을 내리며, 재주 있고 뛰어난 사람들이 앞에 가득 모여서 고금 인물들의 업적을 말하면서 성덕을 찬양하니, 이런 말을 듣게 되면 번거로운 줄을 모르게 된다. 눈썹이 반달처럼 굽어있고 볼이 통통한 미인들이 맑은 소리로 노래하고 몸가짐은 어여쁘며 외모는 빼어나고 마음은 부드러우며 옷깃을 가벼이 나부끼고 긴 소매를 늘어뜨리고 흰 분을 바르고 검은 눈썹을 그린 여인들이 집안에 늘어서서 한가하게 지내며, 총애를 질투하고 인정받음을 자부하면서 어여쁨을 다투며 사랑을 차지하려 한다. 이는 대장부가 천자께 인정을 받아서 당세에 역량을 발휘하는 것이다. 내가 이를 싫어하여 피하는 것이 아니요, 이는 운명이 있어서 요행으로 이룰 수 있는 것이 아니어서이다.

곤궁하게 시골에 거주하며, 높은 곳에 올라 먼 곳을 바라보기도 하고, 무성한 나무 밑에 앉아 하루를 보내기도 하며, 맑은 물에 몸을 씻어 심신을 깨끗이 하고, 산에서 나물을 뜯으니 맛이 먹을 만하고, 물에서 고기를 낚으니 신선한 생선도 먹음직하다. 움직였다 멈췄다 함에 정해진 시간의 제약이 없어서 오직 마음에 내키는 대로 편안히 지내니, 면전에서 칭찬을 받는 것과 뒤에서 비난받음이 없는 것 중에 어느 것이 더 낫겠으며, 육신에 즐거움이 있는 것과 마음에 근심이 없는 것 중에 어느 것이 더 낫겠는가? 거마車馬와 관복에 얽매임이 없고 형벌을 받음도 없으면서 세상이 잘 다스려지든 어지럽든 알 바 아니고 좌천됨과 승진됨을 듣고 신경을 쓸 필요가 없으니, 이는 대장부로서 시대를 만나지 못한 사람이 하는 일인데, 나는 이렇게 살고자 하노라.

공경이 거처하는 문을 살피며 문안을 드리고, 권세 있는 자들이 가는 길을 분주하게 뒤따르면서, 발이 앞으로 나아가려 하다가 머뭇머뭇 눈치를 살피고, 입이 말을 하려 하다가 쭈뼛거리며, 더러운 곳에 머물기를 부끄러워하지 않고, 형벌에 저촉되어 처형을 받기도 하면서, 만에 하나의 요행을 바라다가 늙어서 죽게 된 이후에야 그치는 자는, 그 사람됨의 현명함과 불초함이 어떠한가?" 하였다.

창려昌黎 한유韓愈가 그 말을 듣고 장하게 여겨서, 함께 술을 마시며 그를 위해 다음과 같이 노래하였다.

반곡 안이 그대의 집이고,
반곡의 땅이 그대의 농토로다.
반곡의 물이여, 씻을 만하고 거슬러 올라갈 만하도다.
반곡 산세의 험준함이여, 어느 누가 그대와 이곳을 다투겠는가.
아늑하면서도 깊숙하니, 탁 트여서 용납함이 있고,
강물이 빙 둘러 굽이져 흐르니, 갔다가 다시 돌아오는 것 같도다.
아아, 반곡에 사는 즐거움이여, 즐거움이 또한 다함이 없도다.
범과 표범이 자취를 멀리함이여, 이무기와 용도 도망쳐 숨는도다.
귀신이 수호해줌이여, 불길한 것을 꾸짖어 막아주도다.
이곳의 생산물을 마시고 먹고 지내니, 장수하고 강녕해져서,
부족함이 없음이여, 더 바랄 것이 무엇이 있겠는가.
나도 수레바퀴에 기름을 치고, 내 말에 꼴을 먹이고서,
반곡으로 그대를 따라가, 내 인생 마칠 때까지 그곳에서 노닐겠노라.

이원귀반곡도李愿歸盤谷圖

4-2 흡주자사歙州刺史로 떠나는 육참陸傪을 전송하며 지은 서문〔送陸歙州傪詩序〕

한유

해설 | 이 송서送序는 사부원외랑祠部員外郎으로 있던 육참陸傪이 흡주자사歙州刺史로 떠나게 되자, 그의 인품과 능력을 찬양하고 지방관으로 나가게 된 것을 위로하면서, 곧 다시 중앙으로 소환될 것이라고 위로한 것이다.

이 편의 주注에 이를 《고문진보古文眞寶》에 수록한 이유가 흡주(신안 新安)가 《고문진보》의 편자 자신의 고향이기 때문이라 하였다. 이는 《고문진보》의 편자가 신안 사람 진력陳櫟이었음을 방증하는 것이다.

정원貞元 18년(802) 2월 18일에 사부원외랑祠部員外郎 육陸 군이 흡주歙州의 자사刺史로 나가게 되니, 조정에서 조석으로 같이 근무하던 현인賢人들과 도읍都邑에서 함께 살고 교유했던 어진 이들이 탄식하고 눈물을 흘리면서 모두 지방관으로 내보내는 것이 잘못된 일이라고 여겼다.

흡주는 큰 고을이고 자사는 높은 벼슬이다. 낭관郎官을 지내고 자사로 나간 사람이 앞사람과 뒷사람이 서로 이어질 정도로 많았으며, 지금 천하에서 거두는 세금이 강남에서 10분의 9를 맡고 있고, 선사宣使가 살피는 곳 중에서 흡주가 부유한 고을이어서 재신宰臣이 그를 추천하고 천자께서 골라 선발하신 것이니, 가벼이 처리하지 않고 신중히 했음이 분명하거늘, 이와 같은데도 탄식하고 눈물을 흘리면서 지방으로 내보내는 것이 합당하지 않다고 여기는 것은, 육 군이 품은 도가 조정에서 행해지면 온 천하가 그 혜택을 기대할 수 있지만, 한 고을의 자사가 된다면 한 고을만이 오로지 혜택을 입고 두루 미칠 수가 없어서이다. 한 고을만을 앞세우고 천하를 뒤로 미루는 것이 어찌 우리 군주와 우리 재상의 뜻이겠는가. 이에 창려昌黎 한유韓愈는 그가 머물기를 원하는 사람들의 마음을 대변하고 그들의 생각을 외부에 알리고자 다음과 같이 시를 지었다.

내 옷의 화려함이여, 내가 찬 옥이 빛나도다.
육 군이 떠나간다면, 뉘와 함께 노닐어야 하나.
흡주가 이렇게 큰 혜택을 입음이여, 한 고을에만 베풀어지게 되었도다.
이제 그 사람이 떠나감이여, 어찌 만류하지 않으리오.
내가 이 시를 지어, 전별연을 연 거리에서 노래하노니,
수레 급히 몰고 떠나지 마시라, 조정으로 돌아오라는 천자의 조서가 곧 있을 것이니라.

4-3 스승론(師說)

한유

해설 | 사람이 도를 깨닫지 못했으면 깨달은 사람을 스승으로 모시고 이를 배워야 한다. 그런데 시대 풍조가 배우기를 꺼려서 스승을 모시고 배우는 도, 즉 사도師道가 허물어졌다. 한유는 마침 이반李蟠이 자신을 스승으로 모시려 하자 당시 풍조를 개탄하고 또 이반을 격려하는 뜻으로 지어준 것이다.

옛날에 배우는 사람들은 반드시 스승을 두었다. 스승 노릇 한다는 것은 수기치인修己治人의 도를 전해주고 육경六經을 전수하고 의혹을 풀어주는 것이다. 사람이 태어나면서부터 도道를 아는 자가 아니라면 누구인들 의문이 없을 수 있겠는가. 의혹을 품고 있으면서도 스승에게 배우려 하지 않는다면, 그 의혹은 끝내 풀리지 않을 것이다.

나보다 먼저 태어나서 그가 진실로 나보다 먼저 도를 깨달았다면, 나는 그를 좇아 스승으로 받들고, 나보다 늦게 태어났다 해도 그가 또한 나보다 먼저 도를 깨달았다면, 나는 그를 좇아 스승으로 받들어야 한다. 나는 도를 스승으로 삼을 뿐이니, 어찌 나보다 먼저 나고 뒤에 난 것을 따지겠는가. 때문에 신분이 높고 낮음을 따질 것이 없고, 나이가 많고 적음도 따질 것이 없이, 도가 있는 곳이 바로 스승이 있는 곳이다.

아아, 스승을 모시고 배우는 도(師道)가 전해지지 않은 지 오래되었으니, 사람들에게 의혹이 없게 하려 해도 어렵게 되었도다. 옛날의 성인은 보통 사람들보다 훨씬 뛰어났지만, 그럼에도 스승을 찾아가서 묻고 배웠다. 그런데 지금 보통 사람들은 성인보다 훨씬 뒤떨어지면서도 스승에게 배우기를 부끄러워한다. 이 때문에 성인은 더욱 성스러워지고 어리석은 사람은 더욱 어리석어진 것이다. 성인이 성스럽게 된 까닭과 어리석은 사람이 어리석게 된 까닭이 모두 이에서 나온 것이로다!

그 자식은 사랑해서 스승을 택해 가르치지만, 그 자신은 스승 두기를 부끄러워하니, 이는 그릇됨에 빠진 것이다. 저 어린이들을 가르치는 스승은 글을 가르치면서 그 글귀나 익히게 하는 자이니, 내가 말한 도를 전해주고 의혹을 풀어주는 사람은 아니다. 글귀를 알지 못함과 도에 대한 의혹을 풀지 못함에, 어느 쪽은 스승을 두고 어느 쪽은 두지 않으니, 이는 작은 것은 배우면서 큰 것은 빠뜨리는 것이어서, 나는 그것이 현명한 일인지를 알지 못하겠다.

무당과 의원 및 악사와 각종 기술자 들은 서로 스승으로 삼아 묻고 배우기를 부끄러워하지 않는데, 사대부라는 무리는 스승이라 부르고 제자라 부르는 사람이 있으면 떼 지어 모여서 그들을 비웃는다. 그 까닭을 물으면 이렇게 대답한다.

"저 사람과 저 사람은 나이가 서로 비슷하고 학식과 덕망도 서로 비슷하다. 지위가 낮은 이를 스승으로 삼았다면 부끄러워하기에 족하고, 벼슬이 높은 이를 스승으로 삼았다면 아첨에 가까운 것이다."

아아, 사도師道가 회복되지 않을 것임을 알겠도다! 무당, 의원, 악사와 각종 기술자들을 군자들이 대등한 존재로 인정하지 않고 얕잡아보는데, 이제 그 지혜는 도리어 그들에게 미치지 못하니 괴이한 일이로다! 성인은 고정된 스승을 두지는 않아서, 공자께서는 담자郯子와 장홍萇弘과 사양師襄과 노담老聃을 스승으로 삼아 배웠는데, 담자를 비롯한 이들은 그 어짊이 공자에 미치지 못하였다. 공자께서는 "세 사람이 길을 가게 되면 그 가운데 반드시 내 스승이 있다."[1] 하셨으니, 이 때문에 제자가 반드시 스승만 못한 것도 아니고, 스승이라고 반드시 제자보다 현명한 것도 아니다. 도를 깨달음에 먼저

---

1 《논어論語》 〈술이述而〉에 보인다.

깨닫거나 뒤에 깨달은 사람이 있는 것이고, 학문과 기술에 전문적으로 연구한 분야가 있으므로, 이와 같이 할 뿐인 것이다.

이씨李氏의 아들 반蟠이 열일곱 살인데, 옛 성현의 글을 좋아하여 육경의 경經과 전傳을 모두 익히고서, 시대 풍조에 얽매이지 않고 내게 배우기를 청하였다. 나는 그가 옛 도를 행할 수 있겠음을 가상히 여겨서, 이 〈사설師說〉을 지어 그에게 주었다.

4-4 잡설〔雜說〕

한유

해설 | 《한창려집韓昌黎集》에 〈용설龍說〉·〈의설醫說〉·〈학설鶴說〉·〈마설馬說〉을 등재하고, 그 첫머리의 제목을 여러 설說을 모아놓은 것이라는 뜻으로 잡설雜說이라 붙였다. 이 편은 그 중의 〈마설〉이다. 천리마가 백락伯樂 같은 상마가相馬家를 만나야 능력을 발휘할 수 있듯이 영웅호걸도 그 능력을 알아보고 발탁할 수 있는 혜안을 지닌 재상을 만나야 뜻을 펼 수 있음을 말하면서, 그렇지 못한 세태를 빗대어 개탄한 것이다.

세상에 백락伯樂처럼 말을 잘 감별하는 사람이 있은 연후에야 천리마가 있게 되나니, 천리마는 언제나 있지만 백락은 늘 있는 것이 아니다. 그러므로 비록 명마名馬가 있다 해도 노예의 손에 모욕을 당하다가 말구유와 마판 사이에서 보통 말들과 머리를 나란히 하고 죽어갈 뿐이요, 천리마로 일컬어지지 못하는 것이다.

말 가운데 하루에 천 리를 달리는 놈은 한 번 먹을 때에 혹 곡식 한 섬을 다 먹어치우기도 한다. 그런데 말을 먹여 기르는 사람이 그 말이 천 리를 달릴 수 있음을 모르고 먹이므로, 이 말이 비록 하루에 천 리를 달리는 능력이 있다 해도 배불리 먹지를 못하여 힘이 부족해져서, 훌륭한 재능을 밖으로 드러낼 수가 없고, 또한 보통 말들과 같게 되고자 해도 그럴 수가 없게 되나니, 어찌 천 리를 달리기를 바랄 수 있겠는가?

말을 부리는 도에 맞게 채찍질을 하지 않고, 그 능력을 다 드러낼 수 없도록 먹이면서, 말이 울어도 그 뜻을 알아차리지 못하고는, 채찍을 잡고 말 곁에 다가가 말하기를 "천하에 좋은 말이 없다." 한다.

아아! 진실로 좋은 말이 없는 것인가? 진실로 좋은 말을 알아보는 사람이 없는 것인가?

백락상마도伯樂相馬圖

4-5 기린을 잡은 일에 대한 해설〔獲麟解〕

한유

해설 | 《춘추春秋》 노 애공魯哀公 14년 조에 '노나라 숙손씨叔孫氏가 서쪽에서 사냥을 하다가 기린麒麟을 잡았다.' 하였다. 기린이 나타나는 것은 성왕聖王의 치세임을 상징하는 조짐이므로 본시 상서로운 것이지만, 춘추시대春秋時代 말기는 난세인데 그런 때에 기린이 나타난 것은 나와서는 안 될 때에 나온 것이므로 도리어 상서롭지 못한 것이다. 이 편은 성왕聖王이 다스릴 때에 나타나는 신령한 동물인 기린이 난세인 춘추시대에 나타났던 일에 대하여 자신의 견해를 밝힌 것으로, 공맹孔孟의 계승자로 자부하는 한유 자신이 때를 만나지 못했음을 비유적으로 표명한 것으로 보기도 한다.

이 편에서는 '상祥'에 대하여 반복해 말하면서, 기린이 나타났던 것을 처음에는 상서라 했다가, 이어서 상서가 아닌 듯이 의심했고, 곧 다시 상서가 아닐 것이 없다고 했다가, 마지막에는 분명히 상서가 아니라고 단정하는 식으로 문장을 구성한 점에 유의하여 살펴보아야 할 것이다.

기린麒麟은 신령한 동물임이 분명하다. 《시경詩經》에서 이를 노래하였고,[1] 《춘추春秋》에 기록되어 있으며,[2] 경전과 《사기史記》와 제자백가의 책 여기저기에 나와 있어서, 비록 부녀자나 어린아이라 해도 그것이 상서로운 동물임을 모두 알고 있다.

그러나 기린이라는 동물은 집에서 기르는 것이 아니고 천하에 언제나 있

---

1 《시경詩經》에서……노래하였고 : 《시경詩經》 〈주남周南 인지지麟之趾〉에 보인다.

2 《춘추春秋》에……있으며 : 《춘추좌씨전春秋左氏傳》 노 애공魯哀公 14년 조에 보인다.

는 것이 아니며, 그 생김새도 일반 동물과는 달라서, 소·말·개·돼지·늑대·이리·고라니·사슴 등과는 같지 않다. 그러므로 비록 기린이 있다 해도 그것이 기린인 줄을 알 수가 없게 된다. 뿔이 달린 것은 우리가 그것이 소인 줄을 알고, 갈기가 붙은 것은 우리가 말인 줄을 알며, 개나 돼지나 이리나 늑대나 고라니나 사슴은 우리가 그것이 개·돼지·이리·늑대·고라니·사슴인 줄을 알지만, 오직 기린만은 알 수가 없다. 알 수가 없다면 그것이 상서롭지 못한 것이라고 말한다 해도 또한 맞다.

비록 그러하기는 하나 기린이 나올 때에는 반드시 성인이 나와서 왕위에 있었으니, 기린은 성인을 위하여 나오는 것이고, 성인은 반드시 기린을 알아보므로, 기린은 상서롭지 못한 동물이 아니다.

또 말하건대 기린이 기린인 까닭은 지니고 있는 덕 때문이지 형체 때문이 아니니, 만약 기린이 나오면서 성인을 기다리지 않았다면, 이를 상서롭지 못하다고 이르는 것도 또한 당연한 일이다.

서수획린西狩獲麟

4-6 휘諱에 대하여〔諱辨〕

한유

해설 | 이진숙晉肅의 아들 이하李賀가 어려서부터 문장에 뛰어났음을 가상하게 여긴 한유가 그에게 진사시進士試에 응시하도록 권하였다. 이하가 진사시에 응시하는 것은 아버지의 이름인 '진숙'과 '진사'의 독음이 중국음으로는 유사하므로 아버지 이름자를 피휘避諱해야 하는 휘법諱法을 범하는 것이라 하여 이하는 진사시에 응시해서는 안 된다고 주장하는 사람이 있었다. 이를 논리적으로 반박한 것이 〈휘변〉이다.

내가 뛰어난 선비인 이하李賀에게 편지를 보내어 이하에게 진사시進士試에 응시하도록 권하였는데, 이하가 진사시의 응시자들 가운데 명성이 있었다. 이에 이하와 명성을 다투던 사람이 그를 비난하여 "이하 부친의 이름이 진숙晉肅이니 이하는 진사시에 응시하지 않아야 옳고, 그에게 응시를 권유한 사람도 잘못한 것이다." 하니, 이 말을 들은 사람들이 자세히 따져보지도 않고 부화뇌동하여 같은 말을 떠들어대고 있다. 이에 황보식皇甫湜이 "그대와 이하가 장차 죄를 받게 되었다." 하였다.

내가 대답하였다.

"그렇겠다. 예법에 '두 자로 된 이름은 두 글자 중 한 자씩은 휘하지 않는다.〔二名不偏諱〕' 했는데, 이를 풀이한 사람[1]이 이르기를 '만약 징徵이라 말할 일이 있으면 연이어 재在라고 말해서는 안 되고(공자 모친의 명이 징재徵在이다), 재在라고 말할 때에 연이어 징徵을 말해서는 안 되는 것이 이것이다.' 하였

1 이를 풀이한 사람 : 《예기禮記》 〈곡례曲禮〉를 주석한 정현鄭玄을 말한다.

고, 예법에 '명名과 음音이 같으나 글자가 다르면 휘하지 않는다.〔不諱嫌名〕' 했는데, 이를 풀이한 사람이 이르기를 '음이 같은 우禹와 우雨, 구丘와 구蓲를 서로 피휘避諱하지 않는 류가 이것이다.' 하였다. 이제 이하의 부친 이름이 '진숙'인데 이하가 '진사시'에 응시한다면 이명불편휘二名不偏諱의 예법을 위반한 것인가, 불휘겸명不諱嫌名의 예법을 위반한 것인가. 부친의 명이 진숙이라고 아들이 진사시에 응시할 수 없다면, 부친의 명이 인仁일 것 같으면 아들은 인人이 될 수도 없다는 것인가.

대체 휘법諱法은 언제 시작된 것인가. 이 법제를 정하여 이를 천하에 가르친 사람이 주공周公과 공자孔子가 아닌가. 주공이 시를 지으면서 부친이나 형의 이름을 휘한 일이 없고,[2] 공자도 두 글자로 된 이름의 한 글자씩은 휘하지 않았으며,[3] 《춘추春秋》에서도 혐명嫌名을 휘하지 않은 것을 비판한 일이 없다.[4] 주周나라 강왕康王 쇠釗의 손자가 실제로 쇠와 음이 같은 소昭자를 써서 소왕이라 하였고, 증삼曾參 부친의 명이 석晳이었지만 증자는 음이 같은 석昔자 쓰기를 꺼리지 않았다. 주나라 때에 기기騏期라는 사람이 있었고 한漢나라 때에 두도杜度라는 사람이 있었는데, 이런 경우에 그 자식들은 마땅히 어떻게 조상의 명을 휘해야 하겠는가. 장차 그 음이 유사한 글자까지 휘하여 그 성까지 휘해야 할 것인가, 아니면 그 음이 유사한 글자까지 휘하는 일은 하지 않아야 할 것인가.

한나라 때에 무제武帝의 명 철徹자를 휘하여 철자를 통通자로 바꾸어 쓰기는 하였지만 거철車轍이라 할 때의 철轍자까지 음이 같다 하여 다른 자로

---

2 주공이……없고 : 주공이 시를 지을 때에 '능히 그 후손들을 창성하게 하리라〔克昌厥後〕' 하여 부왕父王(문왕文王)의 명인 창昌을 그대로 썼고, 또한 '너의 마음을 뛰어나게 드러내라〔駿發爾私〕' 하여 형 무왕武王 발發의 명을 그대로 썼음을 말한 것이다.

3 공자도……않았으며 : 공자 모친의 명이 징재徵在인데 한 자씩 따로 쓸 때에는 이를 휘하지 않아서 '송부족징宋不足徵'이라 하여 '징徵'자를 휘하지 않았고, '모재사某在斯'라 하여 '재在'자를 휘하지 않았음을 말한 것이다.

4 《춘추春秋》에서도……없다 : 휘해야 할 사람의 이름과 음이 같되 글자가 다르면, 그 다른 글자는 휘하지 않고 그대로 써도 된다는 것이다.

바꾸어 썼다는 말은 들어보지 못했고, 황후 여씨呂氏의 명 치雉자를 휘하여 꿩을 야계野鷄라 하기는 했지만 치천하治天下라 할 때의 치治자까지 음이 같다 하여 다른 자로 바꾸어 썼다는 말은 듣지 못하였다. 지금 상소할 때나 조서를 내릴 때에 호滸, 세勢, 병秉, 기饑 등의 글자를 피휘한다는 말을 들은 일이 없고,[5] 오직 환관과 궁녀들만이 유諭나 기機[6]라고 쓰는 것이 두려워 피해야 할 일〔諱〕을 범하는 것이라고 여겨 감히 말하지 못하고 있다 하는데, 사군자君子가 글을 쓰고 일을 행할 때에 무엇을 기준으로 삼아 지켜야 마땅할 것인가. 이제 경서를 근거로 고찰해보고 예법에 근거하여 따져보며 국가의 전고를 근거로 하여 상고해 본다면, 이하가 진사시에 응시하는 것이 가한가, 불가한가.

무릇 부모 섬기기를 증삼과 같게 할 수 있다면 비난할 것이 없고, 사람됨을 주공이나 공자와 같게 한다면 또한 충분하다 할 수 있다. 이 시대의 선비들이 증삼, 주공, 공자가 행했던 일을 행하기에는 힘쓰지 않고, 어버이의 명을 휘하는 일은 증삼, 주공, 공자보다 더 낫게 하고자 힘쓰고 있으니, 또한 그 그릇됨을 알겠다. 주공, 공자, 증삼은 아무리 해도 뛰어넘을 수가 없는 분들인데, 주공, 공자, 증삼보다 낫게 되고자 하여 곧 환관이나 궁녀들이 행하는 행위에 맞추어 하려 하니, 그렇다면 환관과 궁녀가 그들의 부모에게 행하는 효성이 주공, 공자, 증삼보다 낫다는 것인가.

---

5 지금……없고 : 호滸는 태조太祖의 이름 호虎와 음이 같고, 세勢는 태조太宗의 이름 세민世民의 세世와 음이 같으며, 병秉은 세조世祖의 이름 병昞과 음이 같고, 기饑는 현종玄宗의 이름 융기隆基의 기基와 음이 같다.

6 유諭나 기機 : 유諭는 대종代宗의 이름 예豫와 음이 유사하고, 기機는 현종玄宗의 이름 융기隆基의 기基와 음이 같다.

4-7 남전현藍田縣 현승縣丞 집무실 벽에 써놓다

〔藍田縣丞廳壁記〕

한유

해설 | 이 편은 남전현승藍田縣丞 최사립崔斯立의 고고한 인품을 찬양한 것이다. 마지막 단락에서 할 일 없는 현승縣丞이 공무에 바쁘다고 둘러대고 유유자적하며 시나 읊조리고 있는 처지를 해학적으로 표현한 점이 노련하여 후세의 문장가들이 작문할 때에 이를 많이 인용하였다.

승丞이라는 관직은 현령縣令의 바로 다음 자리이므로, 한 고을 안에서 일어나는 일 가운데 관여해서는 안 되는 일이 없다. 그 아래에는 주부主簿(행정 담당)와 위尉(치안 담당)가 있는데, 주부와 위는 곧 분담分擔한 직책이 있다. 승은 지위가 높음이 현령과 비등하기 때문에 항상 의심을 살까 꺼려서 일에 대하여 옳으니 그르니 관여하지 않는 것이 관례가 되었다.

결재서류가 돌 때에 아전이 작성한 기안문서起案文書를 들고 승의 앞으로 나가서 그 앞부분(문서제목)은 말아서 보이지 않게 왼손으로 거머쥐고 오른손으로 문서의 끝부분만 잡고서 뒤뚱뒤뚱 오리걸음으로 걸어가 똑바로 서서 승을 곁눈으로 바라보면서, “서명하셔야 합니다.” 하면 승이 붓을 먹에 적셔서 가리키는 자리에 조심스럽게 서명할 뿐이다. 아전을 보고 가부를 물어서, 아전이 “됐습니다.” 하면 곧 물러가게 하고, 감히 내용을 대략이나마 살펴보아서는 안 되므로 무슨 사안인지를 전혀 알 수가 없다. 관직은 비록 높지만 힘과 위세는 도리어 주부主簿나 위尉보다도 아래에 있다. 속담에 게으른 사람을 지적할 때는 반드시 ‘승과 같다’ 하여, 이렇게 서로 헐뜯는 대상의 상징이 되기에 이르렀는데, 승이라는 자리를 설치한 것이 어찌 진실로 이렇게 하려고 둔 것이었겠는가.

박릉博陵의 최사립崔斯立이 학문을 닦고 문장을 연마해서 소유한 학식이 쌓여가자, 축적된 학식을 널리 드러내어 날로 크게 알려지게 되었다. 정원貞元 초에 재능을 믿고 서울에 올라와 글재주를 다투는 과거시험에 두 차례 응시했다가 두 번 모두 낙방하였고, 원화元和(순종 연호) 초년에 전에 대리시평사代理寺評事로 있을 때에 잘잘못을 말했던 일로 좌천을 당했으며, 두 차례의 전근轉勤을 거쳐 이 고을의 승이 된 것이다.

처음 부임해서는 탄식하며 말하기를, "관직이 낮지 않은데, 다만 역량이 부족하여 직무를 완수하지 못할까 두려울 뿐이다." 하였고, 그 후에 자신의 뜻을 펼쳐 쓸 수 없게 되자 입을 다물고 다시 탄식하기를, "승이여, 승이여, 나는 승의 직무를 저버리지 않았는데 승 자리가 나를 저버렸도다." 하고서, 어금니와 뿔을 드러내듯 했던 모난 행동을 모두 멈추고 옛 승들이 했던 처신을 그대로 따르며, 뻣뻣하고 모나게 행동하여 남과 어울리지 못했던 행동을 버리고 다른 승들처럼 처신하였다.

승의 집무실에 과거에 써놓은 기문記文이 있었는데, 허물어지고 비가 새어 더럽혀져서 읽을 수가 없었다. 이에 최사립이 서까래와 기와를 바꾸고 벽은 새로 흙손질을 하고, 전임 승들의 성명을 모두 기록해놓았다. 정원에는 늙은 느티나무가 네 줄로 늘어서 있고 남쪽 담장에는 큰 대나무 천 그루가 마치 서로 버티고 있는 듯이 점잖게 서 있으며, 물이 섬돌을 돌아 졸졸 소리를 내며 흘렀다. 이에 사립이 깨끗이 청소를 하고 물길을 터놓고 소나무 두 그루를 마주 보도록 심어놓고서, 날마다 그 사이에서 시를 읊고 지내면서, 무엇을 하고 계신지 묻는 자가 있으면 번번이 대답하기를, "내가 지금 공무를 처리하고 있는 중이니 그대는 우선 가서 기다리라."[1] 하였다.

고공낭중考功郎中 지제고知制誥 한유가 쓰다.

---

1 내가……기다리라 : 마침 공적으로 처리할 일이 있다는 뜻인데, 사실은 할 일이 없으면서 공사公事를 핑계로 내방객을 물리쳤다는 것이다. 이 말에는 세상을 완롱하는 뜻이 함축되어 있다.

4-8 재상에게 올린 세 번째 편지〔上宰相第三書〕

한유

해설 | 이 편지는 한유가 25세에 진사시에 급제한 후에 3년 동안 벼슬을 얻지 못하자, 28세 때에 재상에게 올린 자천서自薦書인 〈광범삼서光範三書〉 가운데 세 번째 것이다. 과거 주공이 했던 일과 지금의 상황을 반복적으로 대비해 말해서, 인재 구하기를 게을리하였음과 급히 하였음을 분명하게 비교해놓았다. 이 편지에 의논의 심오함과 소망의 절실함이 잘 드러나 있으나, 끝내 발탁되거나 답장을 받지는 못했다 한다.

제가 들으니 주공周公이 재상이 되자 어진 사람 만나는 것을 급선무로 여겨서, 한 번 식사하는 동안에 세 차례나 입에 있는 음식을 뱉고 찾아온 객을 맞이하였고, 한 번 머리를 감는 동안에 세 차례나 그 젖은 머리를 움켜쥐고 맞이하였다 합니다. 바로 그때에는 천하의 어진 인물들이 이미 모두 등용되었고, 간교하고 사악하며 참소하고 아첨하며 속이고 배신하는 무리들이 이미 모두 제거되어, 온 천하가 이미 모두 걱정할 것이 없게 되었습니다. 구이九夷와 팔만八蠻 등 오랑캐들로 매우 먼 외지에 있는 자들까지 이미 모두 사신을 보내어 조공을 바치고 있었고, 천재天災와 계절에 따른 변고와 곤충과 초목의 불길한 현상들이 이미 모두 없어졌고, 천하에 이른바 예악형정禮樂刑政과 교화의 제도가 이미 모두 잘 정리되었으며, 풍속이 이미 모두 돈독하고 순후해졌고, 사람은 물론이고 동물과 식물도 풍우風雨와 상로霜露의 혜택을 입어 이미 모두 그 합당함을 얻었고, 아름다운 징조와 좋은 상서가 나타나서 기린, 봉황, 거북, 용 등 성군의 시대에만 나타나는 상서로운 무리가 이미 모두 다 이르렀습니다.

그리고 주공이 성인의 능력을 지니고 왕의 숙부라는 지친至親의 자리에 있으면서 왕의 다스림을 보좌하고 교화를 받들어 행한 공적이 또한 모두 환하게 드러남이 이와 같았으니, 그분께 나아가 뵙기를 원하는 인물들 가운데 어찌 다시 주공보다 현명한 사람이 있었겠습니까. 주공보다 현명하지 못함에 그칠 뿐이 아니라 어찌 다시 그 당시에 직무를 담당한 사람들보다 현명한 자가 있었을 것이며, 어찌 다시 계책과 의논에서 주공의 교화를 도울 수 있는 사람이 있었겠습니까.

그런데도 주공은 어진 사람 찾기를 이처럼 서둘러서, 오직 눈과 귀가 보고 듣지 못함이 있고 생각이 미치지 못함이 있어서 성왕이 주공에게 의탁한 뜻을 지키지 못하여 천하의 민심을 얻지 못하게 될까 두려워하였으니, 설령 그때에 다스림을 보필하고 교화를 받드는 공로가 이처럼 극진하고 밝게 드러나지 못했거나 성인의 재능을 지니지 못했거나 숙부라는 지친이 아니었다면, 장차 식사하고 머리 감는 것 자체를 행할 겨를조차 없었을 것입니다. 어찌 다만 토포악발吐哺握發을 부지런히 함에 그쳤을 뿐이겠습니까. 오직 이와 같이 하였기 때문에 지금에 이르도록 성왕成王의 덕을 칭송하고 주공의 공을 찬양함이 줄어들지 않고 있는 것입니다.

지금 합하閤下께서 군주를 보필하는 재상이 되셨으니 또한 이에 가깝게 된 것이지만, 천하의 어진 인재가 어찌 모두 등용되었다 할 수 있으며, 간교하고 사악하고 참소하고 아첨하고 속이고 배신하는 무리가 어찌 모두 제거되었다 할 수 있으며, 온 천하에 근심거리가 어찌 모두 없어졌다 할 수 있으며, 구이와 팔만으로 지극히 먼 외지에 있는 자들이 어찌 모두 사신을 보내어 조공을 바치고 있다 할 수 있으며, 천재와 계절에 따른 변고와 곤충과 초목의 불길한 현상이 어찌 모두 해소되어 없어졌다 할 수 있으며, 천하에 이른바 예악형정과 교화의 제도가 어찌 모두 잘 정리되었다 할 수 있으며, 풍속이 어찌 지극히 돈독하고 순후해졌다 할 수 있으며, 동물과 식물도 풍우와 상로의 은택을 입음이 어찌 지극하게 합당함을 얻었다 할 수 있으며, 아름다운 징조와 상서가 드러나서 기린, 봉황, 거북, 용 등이 어찌 모두 다 모여들었다 할 수 있으며, 그 뵙고 진출하기를 원하는 자들로서 비록 성한 덕이 있기를 기대하기에는 부족함이 있다 해도 여러 관리들과 비교해본다면 어찌 모두가 그들만 못하다 할 수 있으며, 그들이 말하는 것이 어찌 모두가 도움이 되지 않는다 할 수 있겠습니까. 지금 비록 주공처럼 토포악발은 할 수 없다 해도, 또한 불러서 만나보고 벼슬길에 진출하게 하여, 그가 행하는 것을 보고 버리든가 채용하든가 하셔야 마땅하고, 말없이 가만히 계시는 것은 마땅하지 않습니다.

제가 명을 기다린 지 40여 일이 되었습니다. 편지를 거듭 올려도 뜻이 전해지지 않았고, 세 차례나 방문하였으나 문지기에게 거절을 당했습니다. 저 자신이 어둡고 어리석어서 이런 때는 달아나 숨어야 함을 모르므로, 다시 주공에 대한 말씀을 올립니다.

옛날의 선비는 석 달 동안 벼슬하지 못하면 서로 위로하였습니다. 그러므로 국경을 나설 때에는 반드시 벼슬을 구하는 데에 쓸 예물을 싣고 갔습니다. 그러나 옛날의 선비가 스스로 벼슬에 진출하기를 신중히 할 수 있었던 것은, 그가 주周나라에서 벼슬을 할 수 없으면 떠나서 노魯나라로 가고, 노나라에서 벼슬을 할 수 없으면 떠나서 제齊나라로 가고, 제나라에서 벼슬을 할 수 없으면 떠나서 송宋나라로 가고 정鄭나라로 가고 초楚나라로 가면 되었지만, 지금은 천하에 군주가 한 사람뿐이고 사해 안에 한 나라만 있을 뿐이어서, 이곳을 버리고 떠난다면 오랑캐 땅뿐이니, 이는 부모의 나라를 떠나는 것입니다. 그러므로 선비로서 도를 행하려는 사람이 조정에서 뜻을 얻지 못하면 산림에 은거하는 길만이 있을 뿐입니다. 산림에 은거하는 것은 선비가 홀로 자신의 수양을 잘 닦는 것일 뿐이어서, 천하를 근심하지 않는 사람만이 편안히 지낼 수 있는 곳이고, 만약 천하를 근심하는 마음을 가진 사람이라면 그렇게 할 수 없는 일입니다. 그러므로 저는 항상 스스로 벼슬에 진출하려 하면서 이것이 부끄러운 일이라고 생각하지 않아서 편지를 자주 올렸고 자주 합하의 문하를 방문하기를 그치지 않았던 것입니다. 어찌 다만 이와 같음에 그칠 뿐이겠습니까. 두려워 벌벌 떨며 오직 크게 어진 분의 문하로 진출할 수 없게 될까보아 이것만을 두려워하고 있사오니, 또한 조금 보살펴주시기 바랍니다.

4-9 전중소감殿中少監 마군馬君의 묘지명

〔殿中少監馬君墓銘〕

한유

해설 | 이 편이 비지류碑誌類에 속하는 문장이면서도 사자死者의 업적을 칭양稱揚함이 없는 것은 훈신勳臣의 자손이기는 하나 생애에 드러낼 만한 업적이 없었기 때문이다. 이에 자신과 친교를 맺었던 마계조馬繼祖 3대의 가계를 서술하고 자신이 느낀 감개를 언급하는 데 그친 것이다.

마군馬君은 휘諱가 계조繼祖이다. 사도司徒로서 태사太師에 추증되었던 북평장무왕北平莊武王의 손자이고, 소부감少府監으로 태자소부太子少傅에 추증되었던 휘諱 창暢의 아드님이다. 태어나 네 살이 되자 가문의 공로로 태자사인太子舍人에 임명되었고, 34년 동안에 다섯 차례 벼슬을 옮겨 전중소감殿中少監에 이르렀으며, 37세에 졸卒하였는데 아들 여덟과 딸 둘을 두었다.

처음에 내가 막 관례를 행하고 진사시에 응시하고자 서울〔長安〕에 와 있을 때에 곤궁하여 살아갈 수가 없었다. 작고한 형(한엄韓弇)이 북평왕과 아는 사이였기 때문에 그의 어린 동생이라 하면서 북평왕께 길가에서 인사를 올리니, 왕께서 형편을 물어보시고는 나를 가련히 여기셨다. 이어서 안읍리安邑里 저택에서 뵙자 왕께서 내가 추위와 굶주림을 겪고 있음을 마음 아파하셔서 음식과 의복을 내려주시고 두 아드님을 불러 나를 보살펴주도록 하셨는데, 그 가운데 작은 아드님께서 나를 특별히 후하게 예우해주었으니, 소부감으로 태자소부에 증직贈職되었던 분이었다. 그때에 보모가 어린아이를 안고 곁에 서 있었는데, 아기의 미목眉目이 그림과 같고 머리는 옻칠을 한 듯이 검었으며 살결은 눈처럼 희어서 매우 사랑스러웠으니, 바로 후에 전중소감을 지낸 마군이었다.

이때에 북정北亭에서 북평왕을 뵈오니 마치 높은 산과 깊은 숲에 있는 용과 호랑이가 어떻게 변화할지 헤아릴 수 없는 듯한 걸출한 분이었고, 물러나와 소부를 뵈니 비취빛 대숲과 짙푸른 오동나무에 난새와 고니가 우뚝하게 머물러 있는 것 같아서 그 가업을 잘 지켜낼 수 있을 분이었고, 어린 아기는 예쁘고 침착하고 수려하여 요瑤·환環·유瑜·이珥 등의 보옥과 같고 난초의 새싹이 돋아난 듯하여 그 집안의 아기로 딱 어울렸다.

그로부터 4, 5년 후에 나는 진사시에 합격하여 서울을 떠나 동쪽 지방을 여행하고 있다가 객사에서 북평왕의 부음을 접하고 애도하였고, 그 15, 6년 후에 상서도관랑尙書都官郎으로 동도東都(낙양洛陽)의 분사分司에 근무하고 있을 때에 태자소부가 졸卒하시어 곡을 하였는데, 다시 10여 년이 지난 지금 소감의 사망에 곡을 하게 되었다.

아아, 내가 아직 칠팔십 된 늙은이도 아니고, 처음 알고 지내고부터 지금에 이르기까지 40년도 안 되었는데, 그들 할아버지, 아들, 손자 3대의 사망을 곡하게 되었으니, 인간 세상에 어찌 이다지도 슬픈 일이 많단 말인가. 사람이 오랫동안 죽지 않고 지내고자 하면, 이 세상을 살아가며 이런 일을 겪게 되는 것을 어찌해야 하는가.

4-10 모영전〔毛穎傳〕

한유

해설 | 이 글은 사물을 인간에 빗대어 의인화하고 그 전기를 기록하는 형식을 취한 가전체假傳體의 문학작품으로 의인擬人 소설의 효시가 되는 문장이다. 여기서는 붓을 의인화하여 그 역할을 잘 정리해놓았다. 말미에 붙인 '태사공이 말하였다.〔太史公曰〕' 이하의 문장은《사기史記》〈열전列傳〉의 체재를 따르면서, 진秦나라가 문사를 홀대하고 탄압했음을 아울러 비판한 것이다.

모영毛穎은 중산中山 사람이다. 그의 선조는 명시明眎(토끼)인데 우禹임금을 보좌하여 동방의 땅을 다스리면서 만물을 잘 기른 공이 있었다. 이 때문에 묘卯(동방) 땅에 봉해졌고, 죽어서 12지신支神의 하나가 되었다. 그는 일찍이 이렇게 말하였다.

"나의 자손은 신명神明한 분의 후손이므로 다른 동물과 같을 수가 없으니, 당연히 새끼를 입으로 토하여 낳게 될 것이다."

그러고 나서 과연 그렇게 되었다.

명시의 8대손은 누䨲(토끼의 별칭)이다. 세상에 전해오기를, '은殷나라 때에 중산中山에 살다가 신선이 되는 방술을 터득해서 빛나는 능력을 숨기고 외물을 부릴 수 있게 되자, 항아가 훔친 불사약을 가지고 두꺼비〔蟾蜍〕를 타고 달 속으로 들어갔는데, 그 후손들은 은둔하고 벼슬을 하지 않았다.' 한다.

동곽東郭에 사는 자를 준㕙이라 하였는데, 재빠르고 달리기를 잘해서 한韓 땅에서 나는 사냥개〔韓盧〕와 그 재주를 겨루다가 한로가 따라잡을 수 없게 되자 성이 나서 송宋 땅에서 나는 사냥개인 송작宋鵲과 모의하여 그를 죽이고 그 일족까지 모두 죽여 젓을 담았다.

진 시황秦始皇 때에 장군 몽염蒙恬이 남쪽 초楚나라를 정벌하러 가다가 중산에 머물며 사냥을 하는 행사를 크게 벌여 초를 위협하려 하였는데, 좌우의 부장副將들과 군위軍尉 들을 불러놓고 연산역連山易[1]으로 점을 쳐서 '하늘이 인문人文을 준다'라는 점괘가 나오자, 점을 친 사람이 축하하며 말하였다.

"오늘 잡게 될 놈은 뿔도 없고 어금니도 없으며 털옷을 입은 무리일 것입니다. 째진 입에 수염이 길며 몸에 구멍이 여덟이고 쭈그리고 앉는 놈인데, 다만 그 털만을 취해서 글을 쓰는 나무쪽에 이를 이용하면 천하가 장차 동일한 서체를 쓰게 될 것이라 했으니, 진秦나라가 장차 제후들을 합병하게 될 것입니다."

드디어 사냥을 시작해서 모씨毛氏의 일족을 포위하고 그 가운데 뛰어난 놈인 모영毛穎을 골라서 싣고 돌아가 장대궁章臺宮에 바치고 그 종족들을 모아 묶어두었다. 이에 진 황제는 몽염을 시켜서 모영에게 탕목읍湯沐邑[2]을 하사하고 관성管城(붓 대롱)에 봉해주어 관성자管城子라 부르니, 날마다 총애를 받으며 일을 맡아 처리하게 되었다.

모영은 기억력이 뛰어나고 민첩해서 결승문자結繩文字를 쓰던 태고시대부터 진나라의 일에 이르기까지 기록해놓지 않은 것이 없고, 음양陰陽·복서卜筮·점상占相·의방醫方·씨족氏族·산경山經·지지地志·자서字書·도서圖書·구류九流·백가百家·천리天理와 인도人道에 대한 글과 불교·노자·외국에 대한 설명에 이르기까지 모두 자세히 기록하였다. 또한 당대의 업무에도 통달하

---

1 연산역連山易 : 점서占書의 일종으로, 하夏나라의 것을 연산역, 은殷나라의 것을 귀장역歸藏易, 주나라의 것을 주역周易이라 하였다. 연산으로 점을 쳤다는 것은 가장 오래된 신묘한 점서로 점을 쳤음을 말한 것이다.

2 탕목읍湯沐邑 : 중국 주周나라 때 제후가 목욕할 비용을 마련하도록 천자가 내린 땅. 제후가 천자를 조회할 때는 몸을 깨끗이 씻는 탕목을 해야 했으며, 그 비용을 여기서 마련하였다.

여 관부의 문서와 시정의 금전거래에 대하여 윗사람이 시키는 대로 잘 기록하니, 진 시황부터 태자 부소扶蘇·호해胡亥 등과 승상 이사李斯와 중거부령中車府令 조고趙高 및 그 아래로 백성에 이르기까지 그를 사랑하고 소중하게 여기지 않는 이가 없었다.

또한 사람들의 뜻을 잘 따라서 바르고 곧음과 악하고 굽음, 교묘함과 졸렬함을 모두 그를 부리는 사람의 결대로 맞추다가, 비록 버림을 받는다 해도 끝까지 침묵을 지키고 누설하지 않았다. 다만 무사武士는 좋아하지 않았지만, 요청을 받게 되면 또한 간혹 가서 도와주기도 하였다. 여러 차례 중서령中書令에 임명되어 황제와 더욱 흉허물 없이 지내게 되어, 황상께서 일찍이 중서군中書君이라 불렀다. 황상께서 친히 일을 결재하시며 경중을 직접 판단하실 때에 비록 궁인이라 해도 그 곁에 있을 수 없었지만, 오직 모영만은 촛불을 잡고 있는 자와 함께 늘 모시고 있으면서, 황상께서 쉬실 때가 되어야 비로소 일을 마치고 쉴 수 있었다.

모영이 강주絳州 사람 진현陳玄(강주에서 생산되는 먹의 별칭)과 홍농弘農의 도홍陶泓(홍농에서 생산되는 벼루의 별칭) 및 회계會稽의 저楮 선생(회계에서 생산되는 종이의 별칭)과 친교를 맺어서, 서로 밀어주고 이끌어주었으며, 나아가고 물러남을 반드시 함께하였다. 황상께서 모영을 부르시면 나머지 세 사람은 황제의 명을 기다리지도 않고 즉시 함께 갔지만 황상께서 일찍이 이를 괴이하게 여긴 일이 없었다.

그 후 나아가 알현하니, 황상이 맡기려는 일이 있어서 먼지를 털고 갓(붓깍지)을 벗고 인사를 올렸는데, 그때에 황상께서 그의 머리털이 없어진 것을 보게 되었고, 또한 기록하고 그려내는 것이 황상의 뜻에 맞지 않았다. 이에 황상께서 웃으며 농담을 하셨다.

"중서군이 늙어 대머리가 되어서 내가 시키는 일을 감당하지 못하게 되었구나. 내가 일찍이 군을 '중서中書(글쓰기에 알맞다)'라고 불렀는데, 군은 이제 글쓰기에 알맞지 않게 된 것인가?"

이에 대답하였다.

"신은 이른바 '진심盡心(붓의 속 털이 다 달아 없어짐)'한 자이옵니다."

이에 다시는 부름을 받지 못하고 봉읍으로 돌아가서 관성管城에서 생을 마쳤다. 그 자손이 매우 많아서 중국과 오랑캐 땅에 흩어져 살면서 모두 관성管城 사람이라 사칭하였으나, 오직 중산에 살고 있는 자들만이 선대의 유업을 잘 계승하였다.

태사공이 말하였다.

"모씨는 두 족속이 있다. 하나는 성이 희姬 씨인데 문왕의 아들로 모毛 땅에 봉읍을 받았으니, 이른바 노魯와 위衛와 모毛와 담聃이라는 나라들이다. 전국시대에 그 씨족으로 모공毛公과 모수毛遂가 있었다. 다만 중산에 사는 족속은 그 출생의 근원을 알 수 없으나 자손이 가장 번창하였다.《춘추春秋》가 완성되자 공자에게 버림을 받았으나 그의 죄는 아니었다. 몽 장군이 중산의 빼어난 인물을 발탁해 천거하니 시황이 관성에 봉해서 드디어 대대로 유명하게 되었으나, 희성嬉姓의 모씨들은 이름이 알려진 사람이 없었다.

모영이 처음에 포로의 신분으로 황제를 알현했다가 마침내 일을 맡게 되어, 진나라가 제후국들을 멸할 때에 모영도 이에 참여하여 공로가 있었다. 그런데도 시상施賞할 때에 그 노고에 대한 보답을 받지 못하고 늙었다고 내침을 당했으니, 진나라는 진실로 은혜를 베푸는 데 야박했도다."

4-11 백이伯夷를 찬양하다〔伯夷頌〕

한유

해설 | 주周나라 무왕武王이 은殷의 주왕紂王을 멸한 것을 인정하지 않고 이를 말리다가 굶어 죽은 백이伯夷와 숙제叔齊를 찬양한 것이다. 모두가 인정하는 성인인 무왕이 무도한 주왕을 치고 주를 세운 것은 불의를 쳐서 의를 세운 것인데도 백이와 숙제는 특립독행特立獨行하며 뜻을 굽히지 않고 굶어 죽었다. 이에 대하여 작가는 이들의 행동이 후대에 잇달아 나올 난신적자를 경계하기 위한 것이었다고 본 것이다.

선비가 우뚝하게 뜻을 세우고 시속에 휩쓸리지 않고 소신대로 행동하기〔特立獨行〕를 의에 맞게 할 뿐이요, 다른 사람들의 옳으니 그르니 하는 비판에 휘둘리지 않을 수 있다면, 대체로 뛰어난 인물로 도에 대한 확신이 철저하고 스스로 앎이 분명한 사람이라 할 수 있다.

온 집안 사람들이 그를 그릇되었다고 하는데도 소신대로 힘을 다해 실천하면서 그릇된 비난에 동요되지 않을 수 있는 사람은 드물고, 온 나라 온 고을 사람들이 비난함에 이르러서도 소신대로 힘을 다해 실천하면서 그릇된 비난에 동요되지 않을 수 있는 사람은 천하에 한 사람쯤 나올 수 있을 뿐이고, 온 세상 사람들이 모두 잘못한다고 비난함에 이르러서도 소신대로 힘을 다해 실천하면서 그릇된 비난에 동요되지 않을 수 있는 사람은 천 년 백 년에 한 사람쯤 나올 수 있을 뿐이다.

백이伯夷 같은 사람은 천지가 다 끝날 때까지 만세의 표준이 될 무왕武王과 주공周公이 행한 일을 홀로 그릇되었다고 비판하면서 어떤 비난에도 동요하지 않은 사람이니, 환하게 밝은 일월로도 그 밝음을 비교하기에 부족하고, 드높은 태산으로도 그 숭고함을 비교하기에 부족하며, 웅대한 천지로도 그 드넓음을 포용하기에 부족하다.

은殷나라가 망하고 주周나라가 흥기할 때를 당하여 미자微子는 어진 사람이어서 종묘의 제기를 가지고 떠났고, 무왕과 주공은 성인이어서 천하의 현인들과 천하의 제후들을 이끌고 가서 무도한 은나라를 정벌하였는데, 이를 비난한 사람이 있었음을 일찍이 들어본 일이 없다.

그런데 저 백이와 숙제叔齊만이 홀로 이를 옳지 않다 하였고, 은나라가 망하자 온 천하 사람들이 주나라를 받들었으나, 저 두 사람만은 홀로 그 나라에서 나는 곡식 먹는 것을 부끄럽게 여겨 굶어 죽으면서도 동요되지 않았다. 이를 근거로 하여 말한다면, 어찌 명리를 추구함이 있어서 그렇게 했다 할 수 있겠는가? 오직 도에 대한 확신이 철저하고 스스로 알고 있는 것이 분명했기 때문이었던 것이다.

이 시대의 이른바 선비라는 사람들은 한 사람의 범인이라도 그를 칭찬하면 스스로 넉넉하게 지녔다고 여기고, 한 사람의 범인이라도 그를 비난하면 스스로 부족함이 있다고 여기는데, 저 백이와 숙제는 홀로 무왕과 주공 등 성인이 행한 일을 그르다 하고 자신의 생각을 옳게 여기기를 이와 같이 하였다.

성인은 곧 만세萬世가 지나도 따라야 할 표준이 되는 분들이다. 나는 그 때문에 '백이 같은 사람은 홀로 우뚝하게 빼어난 뜻을 세워 시속에 휩쓸리지 않고 소신대로 꿋꿋하게 행동할 뿐이어서, 천지가 다 끝날 때까지 만세의

채미도採薇圖

표준이 될 무왕과 주공이 행한 일을 홀로 비판하면서 동요되지 않은 사람이다.'라고 하는 것이다. 비록 그러하기는 하나(성인인 무왕과 주공이 행한 일을 특립독행特立獨行하며 비판한 백이, 숙제의 행위에 약간의 과오가 있기는 하나) 이 두 분이 아니었다면 나라를 어지럽히는 신하와 부모를 해치는 자식〔亂臣賊子〕이 후세에 잇달아 나왔을 것이다.

권5

5-1 창려문집 서문〔昌黎文集序〕

이한李漢

해설 | 이 편은 한유韓愈의 사위 이한이 한유의 문집을 편찬하면서 붙인 서문이다. 한유의 생애와 업적과 역대 문장의 특징을 서술한 후, 당대에 수식에 치중한 변려문騈驪文이 널리 유행하는 것을 배격하고 도를 함유한 고문古文으로 돌아가기를 주장했던 한유의 문학관을 밝힌 것이다.

문장은 도道를 밝히는 도구이니,[1] 이 도(유가의 도)를 심오하게 깨닫지 않고서 지극한 문장을 지을 수 있는 사람은 있을 수가 없다. 《주역周易》은 효상爻象을 드러내고, 《춘추春秋》는 사실을 기록하고, 《시경詩經》은 읊고 노래하고, 《서경書經》과 《예기禮記》는 그 거짓됨을 제거한 것인데, 모두 이 도의 심오한 경지에 이른 것이다. 진한秦漢 이전에는 그 문장의 기상이 웅혼하였으니, 사마천司馬遷·사마상여司馬相如·동생董生(동중서董仲舒)·양웅揚雄·유향劉向 등의 무리가 이른바 그중에 더욱 뛰어난 경지에 이르렀던 사람들이다. 후한後漢과 조씨曹氏의 위魏나라에 이르러서는 문장의 기상이 시들어 섬약해졌고, 사마씨司馬氏의 진晉나라 이후에는 문장의 법도가 모두 사라져서, 《주역》을 비롯한 오경五經을 고문古文이라 하면서 이를 부분적으로 떼어다 쓰거나 몰래 훔쳐 쓴 것을 공교롭게 잘 지은 문장으로 여길 뿐이었다. 문장과 도가 거칠어지고 막혀버린 것을 당연하게 여기며 문장과 도道의 관계를 올바로 아

---

1 문장은……도구이니 : 문장은 도를 전하는 도구이므로 도와 문장은 불가분의 관계이며, 도는 형체가 없고 문장은 자취가 있으므로 '문장은 도를 밝히는 도구이다.'라고 말한 것이다.

는 사람이 없게 되었다.

선생께서는 대력大曆 무신년(768)에 탄생하셨다. 어려서 부모를 잃고 형의 임지인 소령韶嶺으로 따라갔다가, 형마저 사망하니 형수에 의해 양육되었다. 고생을 겪고 고향으로 돌아와 책을 읽고 문장을 지을 줄 알고부터 하루에 수천 수백의 문장을 지었고, 장년이 되자 경서에 통달하여 밝게 깨달았으며, 불교를 통렬하게 배척하였고, 제사諸史와 백과百家를 모두 탐구하여 모르는 것이 없었다. 문장은 윤택하면서 광범하여 높이 뛰어났고 풍부하면서도 맑고 드넓고 심오하여, 기이함은 교룡蛟龍이 하늘을 나는 듯하고, 성대함은 범과 봉황이 뛰노는 듯하며, 쇳소리처럼 쨍쨍 울림은 소악韶樂과 균천악鈞天樂[2]이 연주되는 듯하였다. 태양처럼 빛나고 옥처럼 깨끗하며 주공의 마음과 공자의 생각을 함축하여, 천태만상으로 드러낸 문장이 끝내는 도덕과 인의仁義로 귀착하여 환하게 빛이 났다. 만고를 꿰뚫어 보고 당세를 측은하게 여겨, 드디어 퇴폐한 문풍을 크게 구원하여, 사람들로 하여금 표절을 삼가고 자신의 뜻을 자신의 방식으로 드러내도록 하니, 당시 사람들이 처음에는 놀라고, 중간에는 비웃고 배척하였지만, 선생이 굳게 소신을 지키며 동요되지 않자, 끝내는 모두가 일치하여 따르기로 마음을 정하게 되었다. 아아, 선생이 문장으로 이단을 꺾어 무너트리고 폐단을 제거하여 맑게 소제掃除한 공을 무관이 전쟁하는 일에 비유한다면 비상하게 뛰어났던 영웅이라 이를 수 있도다!

장경長慶 4년(824) 겨울에 선생께서 서거하셨는데, 문인인 농서隴西사람 이한李漢이 선생께서 알아주시는 은혜를 가장 후하게 입었고 또한 가까운 친족(사위)이므로, 드디어 남겨놓은 문장을 거두어 잃거나 빠진 것이 없이 모아 약간권若干卷으로 엮고서, 문집의 제목을 《창려선생집昌黎先生集》이라 붙였다.

---

2 소악韶樂과 균천악鈞天樂 : 소韶는 순舜임금 시대의 태평盛世를 그린 음악이고, 균鈞은 천제天帝의 음악인 균천광악鈞天廣樂을 이른다.

5-2 도편수 이야기〔梓人傳〕

유종원柳宗元

해설 | 훌륭한 도목수의 일처리하는 방식에 빗대어 재상의 역할을 논한 글이다. 논리가 엄정하고 타당하다는 칭송을 받았다.

배봉숙裴封叔의 저택이 광덕리光德里에 있는데, 어떤 도편수가 그 집에 찾아와 비어 있는 방을 세로 얻어 지내고 싶어 했다. 그가 하는 일은 길고 짧은 자와 그림쇠, 곡자, 먹줄, 먹통을 다루는 일이었으나, 집안에는 숫돌이나 대패 같은 연장이 없었다. 그가 잘 할 수 있는 일을 물어보니 이렇게 대답하였다.

“나는 재목을 잘 헤아려서 건물의 규모에 맞게 높이와 깊이, 둥긂과 모남, 짧음과 긺 등에 적합하도록 하여 내가 지휘하면 여러 목공들이 일을 하게 되고, 내가 없으면 목공들이 한 채의 집도 지을 수 없습니다. 그러므로 관부에서 일을 하고 보수를 받을 때에 내가 받는 보수가 다른 목공의 3배이고, 개인의 집을 짓게 되면 제가 품값의 태반을 차지합니다.”

며칠 후 그의 방에 들어가 보니 그의 침상 다리가 빠져 있는데도 이를 수리하지 못하고는, “다른 목공을 불러 고칠 것입니다.” 하였다. 이에 내가 매우 비웃으며, 그가 재능은 없으면서 보수를 탐내고 재물을 좋아하는 사람이라고 생각하였다.

그 후 경조윤京兆尹이 관청 청사를 수리할 때에 가보니, 많은 재목을 쌓아놓고 많은 목공을 모아놓았는데, 어떤 이는 도끼나 자귀를 들고 또 어떤 이는 칼이나 톱을 들고 모두가 그를 향해 빙 둘러서 있었다. 도편수가 왼손엔

긴 자를 들고 오른손엔 지팡이를 잡고 그 가운데 있으면서, 들보나 기둥에 쓰일 재목을 헤아려서 재목 가운데 알맞은 것을 살펴보고, 그 지팡이로 가리키며 "저 나무를 도끼로 쪼아라!" 하니, 도끼를 든 사람들이 오른쪽으로 달려가고, 또 사람들을 돌아보고 지팡이로 가리키며 "저 나무를 톱으로 켜라!" 하니, 톱을 든 사람들이 종종걸음으로 왼쪽으로 갔다. 잠시 뒤에 자귀를 잡은 사람은 자귀질을 하고 칼을 잡은 사람은 재목을 깎으면서, 모두 그의 안색을 살피고 그가 하는 말을 기다릴 뿐이요, 감히 제 마음대로 하는 자가 없었다. 맡은 일을 해내지 못하는 사람은 화를 내며 내쫓았지만 또한 감히 불평도 못 하였다.

건물의 설계도를 그려 담벼락에 붙여놓았는데 사방 한 자쯤 되었으나 그 제도가 지극히 자세해서, 미세한 부분까지 헤아려 큰 건물을 짓는 데 오차가 없었다. 건물이 완성되자 대들보에 써놓기를 '아무 해 아무 달에 아무개가 세웠다' 하였으니 바로 그의 성명이었고, 연장을 잡고 일을 했던 목공들은 써놓지 않았다. 내가 이를 둘러보고 크게 놀라게 되었고, 비로소 그의 재주가 매우 뛰어나다는 것을 알게 되었으므로 이렇게 감탄하였다. '저 사람은 아마도 손을 움직여 일하는 기술은 내려놓고 오로지 마음속의 지혜를 써서 사물의 중요한 핵심을 알고 있는 사람이로다.'

내가 들으니, '정신을 써서 일하는 사람은 남을 부리고 육체를 써서 일하는 사람은 남의 부림을 받게 된다.' 하였으니, 저 사람은 정신을 쓰는 사람이로다. '기능을 가진 사람은 쓰이게 되고 지혜를 가진 사람은 일을 기획한다.' 하였으니, 저 사람은 지혜를 가진 사람이로다.

이 원리는 천자를 보좌하여 천하를 다스리는 재상이 본보기로 삼기에 충분하니, 재상 노릇 하는 원리로 이보다 더 가까운 것이 없도다. 저 천하를 다스리는 재상은 사람들을 조직하여 다스리는 일이 그 핵심이다. 연장을 잡고 일하는 사람은 하인이 되고 향사鄕師와 이서里胥가 되며 그 위는 하사下士가 되고 또 그 위는 중사中士가 되고 상사上士가 된다. 또 그 위는 대부大夫가 되고 경卿이 되고 공公이 된다. 맡을 일이 나뉘어 6직六職(6조)이 되고 더 세

부적으로 갈라져서 온갖 일의 담당관이 있게 된다. 밖으로는 온 천하에 관찰사와 절도사가 있고 군에는 군수, 읍에는 읍재가 있어서 모두 보좌관들을 두고, 그 아래로 서리가 있고 또 그 아래에는 소송이나 조세를 담당하는 색부嗇夫와 호적이나 건축을 담당하는 판윤版尹이 있어서 일을 처리한다. 이는 여러 목공이 각기 기술을 가지고 노력한 만큼 보수를 받는 것과 같다.

저 천자를 보좌하여 천하를 다스리는 재상이 된 사람은 인재를 등용하여 높은 지위에 앉히고 그들을 지휘해 부리면서, 그 근본 법도를 조리 있게 펼쳐서 채워주거나 줄여주어 조정하고, 그 법도를 조화시켜서 가지런히 정돈하는 일을 한다. 이는 도편수가 자와 그림쇠와 먹줄과 먹통을 가지고 건물의 알맞은 한도를 정하는 것과 같다.

천하의 인재들을 선발하여 그 직분에 알맞게 부리고, 천하 사람들을 편안히 살도록 하여 그들의 직업에 안주할 수 있게 하며, 수도의 형편을 보고 이를 미루어 지방의 형편을 알고, 지방의 형편을 보고 이를 미루어 한 나라의 형편을 알며, 한 나라의 형편을 보고 천하의 형편을 알아서, 먼 곳과 가까운 곳, 작은 일과 큰일을 손에 들고 있는 그 계획서에 의거하여 일을 강구한다. 이는 도편수가 건물 설계도를 담벼락에 그려놓고 건물을 완공하는 공적을 이루는 것과 같다.

유능한 사람을 등용하여 일을 행하게 하되 이를 사사로운 은덕으로 여김이 없고, 무능한 사람은 물러나 쉬게 하되 또한 감히 원망하지 못한다. 능력을 자랑하지 않고 명성을 뽐내지 않으며, 자질구레한 일을 직접 하지 않고 여러 하급관리의 직무에 간섭하지 않으며, 날마다 천하의 빼어난 인물들과 큰 경륜에 대하여 의론하나니, 이는 도편수가 여러 목공을 잘 운용하면서도 자신의 재능을 자랑하지 않는 것과 같다.

이런 연후에야 재상의 도에 맞게 되어 온 나라가 잘 다스려지는 것이다. 재상의 도에 들어맞아 온 나라가 이미 잘 다스려지게 되면, 천하 사람들이 고개를 들고 우러러보며, "우리 재상의 공이다." 할 것이고, 후세 사람들이 그가 남긴 자취를 따라 존경하며, "그분은 재상의 역량을 지닌 분이었다."

할 것이다. 선비들이 혹 은殷나라와 주周나라의 훌륭한 치적에 대하여 담론하게 되면 이윤伊尹, 부열傅說, 주공周公, 소공召公만을 말하고, 여러 실무자가 부지런히 애쓴 일은 기록하지 않는 것은 도편수가 완공한 건물의 대들보에 그 공을 세운 사람으로 자신의 이름만 기록하고 연장을 잡고 일한 목공들은 나열하지 않는 것과 같다. 위대하도다, 재상이여! 이 도에 형통한 사람이라야 이른바 재상이라 할 수 있을 뿐이로다!

그 근본 핵심이 되는 도를 알지 못하는 사람은 이와는 반대로 자질구레한 일을 정성을 다해 부지런히 하는 것을 공무에 충실한 것으로 여기고, 문서를 잘 꾸며놓음을 중요하게 여긴다. 재능을 뽐내고 명성을 자랑하며 자질구레한 일을 직접 하면서 여러 하급관리의 업무에 간섭하며, 6직과 온갖 일의 자질구레한 공로를 빼앗아 자신의 공으로 삼고자 조정에서 아등바등 다툴 뿐이요, 큰 계책과 장구한 계획은 빠트리니, 이는 이른바 재상의 도에 통달하지 못한 것이다. 도편수로 있으면서 먹줄의 굽음과 곧음, 그림쇠의 모남과 둥긂, 자의 길고 짧음을 적절하게 할 줄은 모르면서 갑자기 여러 목공의 도끼나 자귀나 칼이나 톱을 빼앗아가지고 직접 일을 하며 자기의 재능을 과시하고, 또한 그 각종 목공들을 알맞게 조직하지 못하여 일을 그르쳐서 이루어놓은 것이 없게 되는 것과 같다. 이것이 어찌 잘못된 것이 아니겠는가.

어떤 사람이 말하였다.

"저 집을 짓는 건축주가 혹시 자기의 그릇된 생각을 고집하며 도편수의 뜻을 억누르고, 그가 대대로 지켜온 법을 박탈하고 공사장 앞길을 지나가는 문외한들이 한마디씩 하는 의견을 받아들여서 이를 따르려 했다면, 비록 집을 바르게 짓는 공적을 이룰 수 없게 되었다 해도 이것이 어찌 그의 죄이겠는가. 이는 또한 맡기는 사람에 달려 있을 뿐이다."

이에 내가 반박하였다.

"그렇지 않다. 진실로 먹줄이 알맞게 펼쳐져 있고 그림쇠가 완벽하게 펼쳐져 있다면, 높여야 할 것을 줄여 낮게 할 수가 없고 좁혀야 할 것을 펼쳐서 넓게 할 수가 없다. 내 뜻대로 하면 견고한 건물이 되고 내 뜻대로 하지 않으면 무너지게 되어 있는데도, 건축주가 견고하게 되는 방안을 버리고 무너지게 되는 방안으로 행하기를 좋아한다면, 자기의 기술을 거두고 그 지혜를 고집하지 않고 유유히 떠나서, 내가 지닌 도를 왜곡하면서까지 일을 하는 일이 없어야 한다. 이렇게 하였다면 이는 진실로 훌륭한 재인梓人이라 할 수 있다. 하지만 혹 재물이 탐이 나서 차마 포기하지 못하거나, 그 직분과 권한을 잃고도 뜻을 굽히고 이를 지켜내지 못했다가, 들보가 흔들리고 지붕이 무너지게 되면, '내 죄가 아니다.'라고 변명한다면 이게 옳은 일이겠는가."

나는 도편수의 도가 재상의 도와 유사함이 있다고 여겨서 이를 기록하여 간직해둔다. 도편수는 옛날에 재목의 굽음과 곧음, 형세 등을 살펴 알맞게 쓰는 일을 담당했던 사람인데, 지금은 도료장都料匠이라 부른다. 내가 만났던 사람은 양楊 씨요, 그 이름은 잠潛이었다.

5-3 한유韓愈에게 보낸 사관의 임무를 논한 편지

〔與韓愈論史書〕

유종원

해설 | 한유韓愈가 사관史官에 임명되고도 사서史書의 편찬을 주저하자 이를 독려하기 위하여 보낸 편지이다. 한유가 앞서 보낸 편지에서 사관이 되어 사서를 찬술撰述한 사람 가운데 불행하게 생을 마친 사람이 많고, 자신은 능력도 부족하므로 사서의 편찬은 후진에게 맡기겠다고 하였던 모양이다. 유종원은 이런 한유의 주장을 반박하면서, 그런 생각이라면 사관 자리에서 하루빨리 물러나야 한다고 주장한다. 만약 계속해서 사관 자리에 머물러 있으려면 사서 편찬에 착수해야 한다는 것이다. 문장은 사리가 엄정하고 근엄하면서도 책선의 우정이 드러나 있다.

(정월 21일에 유종원은 머리를 조아리며 십팔장十八丈 퇴지退之님의 시하인侍下人께 올립니다.)

전에 보내주신 편지를 받아보니 사서史書를 짓는 일을 말씀하시면서 '유劉수재秀才에게 보낸 편지에 의견을 자세히 써놓았다.' 하셨기에, 지금 그 편지의 원문을 읽어보았는데, 제 마음이 매우 언짢았습니다. 지난해에 퇴지退之 그대와 사서를 짓는 일에 대하여 대화했던 내용과 매우 크게 어긋나서입니다.

편지에서 하신 말씀과 같다면 퇴지께서는 하루도 사관史館에 계셔서는 안 됩니다. 재상의 뜻을 살펴보니, 구차하게나마 사필史筆을 잡게 해서 이 한퇴지韓退之 개인을 영예롭게 하려 한 것이라 했는데, 어찌 그럴 리가 있겠습니까. 만약 과연 그러했다면 퇴지께서는 재상이 자신을 영예롭게 해주려 한 뜻을 어찌 하는 일도 없이 받아들여, 군주와 매우 가까운 곳인 사관에 함부로 머물면서 봉록을 받아먹고, 하급 사관들을 부리며, 지필을 이용하여 개인적인 글이나 짓고, 자제를 먹여 살리는 비용이나 취해서야 되겠습니까. 도에 뜻을 두었던 옛사람들은 당연히 이와 같지는 않았을 것입니다.

또한 퇴지께서 역사를 기록하는 자에게는 형벌과 재앙이 있게 된다고 여겨서 이를 회피하고 맡지 않으려 한다 하셨는데, 이는 더욱 잘못된 것입니다. 사관은 〈이미 사망한 사람을〉 찬양하거나 비판하는 것을 명분으로 삼습니다. 그런데 오히려 또한 이를 두려워하여 감히 기록하려 하지 않는다면, 가령 퇴지를 어사중승御史中丞이나 어사대부御史大夫로 삼는다면 〈현재 벼슬하고 있는〉 사람들을 찬양하거나 비판하여 그들의 뜻을 이루게 해주거나 허물어뜨리는 일이 더욱 드러나게 될 것이니, 당연히 그 두려워할 일이 더욱 커질 것입니다.

그렇다면 또한 장차 의기양양하게 어사대御史臺의 청사 안으로 들어가 편안히 앉아 맛있는 음식이나 먹으면서 조정에서 큰소리나 치다가 그칠 것입니까. 어사대에 계시면서 오히려 그와 같이 할 뿐이라면, 가령 퇴지께서 재상이 되어 천하의 인물들을 죽이고 살리는 일, 불러들이거나 내치는 일, 승진시키거나 좌천시키는 일을 행한다면, 정적들이 더욱 많아질 것인데, 그렇다면 또한 장차 의기양양하게 정사당政事堂에 들어가 편안한 지리에 앉아서 맛있는 음식이나 먹으며 조정 안이나 밖에서 큰소리나 치다가 그칠 것입니까. 그렇게 처신한다면 사관이 해야 할 일은 하지 않고 그 칭호나 영예롭게 여기고 그 봉록이나 이롭게 여기는 사람과 무엇이 다르겠습니까.

또 '역사를 기록한 사람에게는 인화人禍가 있지 않았으면 반드시 천형天刑이 있었다.'라고 말씀하셔서, 옛날에 역사를 기록한 사람들을 마치 비난하는 것처럼 하셨는데, 이는 심히 잘못된 것입니다. 무릇 그 자리에 있을 때에는 그에 맞는 도를 곧게 행할 것을 생각하고, 그 도가 진실로 곧다면 비록 죽는다 해도 그 일을 피해서는 안 됩니다. 만약 이를 회피하려 한다면 그 자리에서 급히 떠나는 것만 못합니다.

공자孔子께서 노魯·위衛·진陳·송宋·채蔡·제齊·초楚 등의 나라에서 곤액을 겪으셨던 것이 이런 경우였으니, 그때에 어리석은 제후들이 그분을 임용할 수가 없어서였습니다. 공자께서 도를 실현할 기회를 만나지 못하고 사망하신 것이 《춘추春秋》를 지었기 때문은 아니었습니다. 이때 비록 《춘추》를 짓지 않았다 해도 공자께서는 그래도 도를 실현할 기회를 만나지 못하고 사망하셨을 것입니다. 주공周公과 사관 윤일尹佚은 비록 언행과 사실을 기록한 사서를 지었지만 도를 실현할 기회를 만나서 현달하였으니, 또한 《춘추》를 지었기 때문에 공자께서 곤액을 겪으신 것이 아닙니다.

《후한서後漢書》를 지은 범엽范曄은 도리에 벗어난 짓을 하였으니 비록 사서를 짓지 않았다 해도 그 종족들이 또한 처형되었을 것이고, 《사기史記》를 지은 사마천司馬遷은 천자의 마음에 거슬리는 언행을 하였고, 《한서漢書》를 지은 반고班固는 아랫사람을 단속하지 못하였으며, 《위사魏史》를 지은 최호崔浩는 그 강직함을 과시하고자 흉포한 오랑캐와 다투었기 때문에 화를 입은 것이니, 이들의 행동은 모두 중용中庸의 도에 어긋났던 것입니다.

《춘추좌씨전春秋左氏傳》을 지은 좌구명左丘明은 병 때문에 맹인이 된 것이니 불행해서 생긴 것이고, 자하子夏는 사서를 지은 일이 없는데도 또한 맹인이 되었으니, 이 사례로써 경계를 삼는 것은 옳지 않습니다. 그 밖의 사례들도 모두 이에서 벗어나지 않습니다.

이러하니 퇴지께서는 마땅히 중용의 도를 지키며 직필로 기록해놓을 것을 잊어서는 안 되고, 다른 일로 스스로 두려워해서도 안 됩니다. 지금 퇴지께서 두려워해야 할 일은 오직 직필로 기록해놓지 못하는 것과 중용의 도를 얻지 못함에 있어야 하고, 천형과 인화는 두려워할 것이 못 됩니다.

'우리 당唐나라가 200년간 존속되어오면서 문무의 인재가 많았다.'라고 말씀하셨는데, 진실로 그러합니다. 그러나 이제 퇴지께서 '나 혼자서 어찌 이를 다 밝힐 수 있으리오.'라고 하신다면, 같은 직무를 맡은 사람들도 또한 이와 같이 말할 것입니다. 또 후에 올 사관으로 지금의 사관을 계승하게 될 사람들도 이와 같이 말하여, 사람마다 모두 말하기를, '나 혼자서…….'라고 할 것이니, 그렇게 된다면 끝내 누가 본기本紀와 열전列傳을 기록하여 전할 수 있겠습니까.

만약 퇴지께서 오직 듣고 아는 것을 감히 게으름을 피우지 않고 부지런히 기록하시고, 같은 직무에 종사하는 사람들과 뒷날에 지금의 직무를 계승할 사람들도 또한 각기 듣고 아는 바를 부지런히 기록하기를 감히 게을리하지 않는다면, 다행히 사관의 본분을 실추시키는 일은 없게 되어, 마침내 사실을 밝게 드러낼 수 있게 될 것입니다. 그렇게 되지 않아서 한갓 남들이 떠들어대는 말만 믿고 그때마다 기록을 달리하여 시일이 점점 오래 지나게 되면, 그대가 말씀하신 '천지 사이에 우뚝하게 드러나 있어서 결단코 묻혀 없어지지 않을 것이다.' 한 것이 왜곡되고 또한 기록이 난잡해져서 고증할 수 없게 될 것이니, 뜻있는 사람이라면 차마 그대로 놓아두어서는 안 될 일입니다. 과연 그런 뜻을 가지고 계시다면 어찌 다른 사람이 꾸짖고 급히 재촉하기를 기다린 연후에야 담당한 관직을 수행해서야 되겠습니까.

또한 대체로 귀신에 관한 일은 아득하고 허황하고 그릇되어서 준거로 삼아서는 안 되기에 사리에 밝은 사람은 언급하지 않는 것인데, 지혜로운 퇴지께서 오히려 이를 두려워하는 것입니까. 이제 학식이 그대처럼 깊고 문장이 그대처럼 뛰어나며 비판하기를 그대처럼 좋아하고 의분에 넘쳐서 스스로 정직한 행실을 굳게 실천하면서, 오히려 이와 같이 말씀하신다면 당나라 역사의 기술을 맡길 만한 사람이 끝내 없게 될 것입니다. 밝으신 천자와 현명한 재상이 역사를 기술할 인재를 얻었음이 이와 같은데도 또한 결행하지 못하시니 매우 통탄할 일입니다.

퇴지께서는 마땅히 생각을 바꾸어서, 할 수 있으면 빨리 하시고, 과연 끝내 두려워서 감히 할 수 없다고 여긴다면 그날로 즉시 몸을 이끌고 떠나야 옳습니다. 다시 무엇 때문에 '장차 해보려 한다.'라고 말하는 것입니까. 지금 마땅히 해야 하는데도 하지 않고 사관에 있는 다른 사람과 후생들에게 미루시니 이는 크게 잘못된 일입니다. 자신은 힘써 하려 하지 않고 남에게만 권면하려 한다면 이는 곤란한 일입니다.

5-4 위중립韋中立에게 보낸 답서〔答韋中立書〕

유종원

해설 | 위중립韋中立이 유종원에게 스승이 되어달라는 편지를 보내자 이에 답한 것이다. 이 답장에서 비록 스승으로 불리기를 사양하기는 하였으나, 평생 동안 힘쓴 것과 이를 통하여 터득한 문장의 원리를 알려주었으니, 이는 이미 스승으로서의 실상을 보여준 것이다. 이 편에 유종원이 문장을 지을 때에 노력할 원칙을 밝혔는데, 오경五經에 함유된 도道를 근본강령으로 삼고 그 외의 각종 전적을 참고로 한 것이 대체로 한유韓愈와 서로 유사하였으니, 두 사람이 고문부흥운동古文復興運動의 창도자가 된 이유가 바로 여기에 있었던 것이다.

21일에 유종원柳宗元이 올립니다. 보내준 편지에 이르기를 '서로 사제관계를 맺고자 합니다.' 하였는데, 저는 깨달은 도道가 독실하지 못하고, 업으로 삼았던 문장도 매우 천근淺近하여, 아무리 둘러보아도 도나 문장 가운데 스승 노릇 할 만한 점을 찾을 수가 없습니다. 비록 일찍이 논의하기를 좋아하여 문장을 짓기는 하였으나, 스스로도 매우 바르게 지었다고는 인정하지 못하고 있습니다. 그런데 뜻밖에도 그대가 서울에서 남방 오랑캐 땅인 영주永州까지 찾아와 저를 선택해 스승으로 삼으려 하는 행운을 누리게 되었는데, 제가 스스로 헤아려보아도 본시 선택받을 만한 점이 없고, 설령 선택받을 만한 점이 있다 해도 또한 감히 남의 스승이 될 수는 없습니다. 보통 사람의 스승이 되는 일도 또한 감히 할 수 없는데, 더구나 감히 그대의 스승이 될 수 있겠습니까.

맹자孟子는 '사람들의 병통은 남의 스승이 되기를 좋아하는 데 있다.' 하였고, 위진魏晉시대 이후로부터 사람들이 더욱 스승을 모시지 않아서, 오늘날에는 스승이 있다는 말을 듣지 못했고, 스승 노릇 하는 사람이 있으면 즉시 떠들썩하게 그를 비웃으며 미친 사람으로 여깁니다.

그런데 유독 한유韓愈만이 분연히 이런 시속을 고려하지 않고 비웃음과 모멸을 무릅쓰고 후학들을 거두어 불러들여 가르치며 〈사설師說〉을 짓고, 이어 부끄러움 없이 스승 노릇을 하고 있는데, 예상한 대로 세상 사람들이 과연 떼지어 몰려서 괴이하게 여기고 비난하면서, 손가락질하고 흘겨보며 끌어내리고 비판하는 말이 더욱 불어났고, 일찍이 이 때문에 미친 사람이라는 오명을 얻어서, 장안長安에 살 때에는 불을 때어도 밥이 익을 겨를이 없을 정도로 쫓겨다니며 시달렸고, 또한 신고辛苦를 겪으며 가족을 이끌고 동쪽 낙양으로 쫓겨났으니, 이와 같은 곤고를 겪은 것이 여러 차례였습니다.

굴원屈原이 지은 부賦에 '마을의 개들이 떼지어 짖는 것은 괴이한 것을 보았으므로 짖는 것이다.' 하였습니다. 제가 일찍이 들으니 '용庸과 촉蜀 땅의 남쪽은 계속 비가 오고 태양을 볼 수 있는 날이 적으므로, 태양이 드러나면 개들이 괴이하게 여겨 짖어댄다.' 하기에, 나는 이를 지나친 말이라고 여겼습니다. 6, 7년 전에 제가 남쪽〔永州〕 땅으로 온 지 2년이 되는 해 겨울에 뜻밖으로 큰 눈이 내려서 오령五嶺을 넘어 눈이 내리지 않는 지역인 남월南越 땅 가운데 여러 고을이 눈으로 덮이자, 그 고을의 개들이 모두 놀라 허둥대고 짖고 물고 하며 며칠을 미친 듯이 날뛰다가, 눈이 녹아 없어지고서야 그쳤습니다. 그런 후에야 비로소 전에 들었던 것을 믿게 되었습니다.

이제 한유가 이미 스스로 촉 땅 남쪽에 나타난 태양을 자처하고 있는데, 그대가 나로 하여금 남월 땅에 내린 눈이 되게 하려 하니, 그렇게 되면 해를 입지 않겠습니까. 나만 해를 입게 될 뿐이 아니고, 이 때문에 그대도 또한 해를 입게 될 것입니다. 그렇기는 하지만 눈이 내리거나 태양이 드러난 것에 무슨 잘못이 있겠습니까. 당시를 돌이켜 보면 짖어댄 것은 개들뿐이었지만, 지금의 천하를 헤아려 본다면 짖어대지 않는 사람이 몇 명이나 되겠습니까. 그러하니 누가 감히 뭇사람들의 눈에 괴이하게 비치도록 스스로 선전하여 떠들썩한 비판과 노여움을 자초하겠습니까.

저는 과오를 범하고 좌천된 이래로 더욱 의욕이 줄어들었고 남월 땅에서 지낸 9년 동안에 각기병이 도져서 점차 시끄러운 일 겪기를 좋아하지 않게 되었습니다. 어찌 떠들썩하게 비판하는 자들로 하여금 밤낮으로 내 귀를 어지럽히고 내 마음을 소란하게 하는 일을 할 수 있겠습니까. 그렇게 된다면 넘어져 엎어지고 심란하게 번민하게 되어, 오히려 살아갈 수도 없게 될 것입니다. 평소에 살아가면서 뜻밖의 비판을 만나고 미움을 사는 일이 적지 않았지만, 다만 남의 스승이 되려 한다는 비판만은 받지 않고 살았습니다.

그리고 또 들으니 옛적에 관례冠禮를 중히 여긴 것은 이로써 성인成人이 되어 행해야 할 도리를 책무로 삼게 하려 한 것으로, 이것은 성인聖人이 매우 유념했던 것인데, 수백 년 이래로 사람들이 다시는 행하지 않게 되었습니다. 그런데 근자에 손창윤孫昌胤이라는 사람이 홀로 분발하여 아들의 관례를 행한 후에, 다음날 조정에 나아가 외정外廷에 이르러 홀笏을 치켜들고 경사卿士들에게 말하기를, "내 아들의 관례를 마쳤소." 하니, 응대하는 사람들이 모두 괴이하게 여겼고, 경조윤京兆尹 정숙칙鄭叔則은 버럭 성을 내며 홀을 끌어내리고 물러나 서서, "그것이 우리와 무슨 관계가 있소?" 하니, 조정 안에 있던 사람들이 모두 크게 웃었다 합니다. 그런데 천하 사람들이 경조윤 정숙칙을 비난하지 않고 손창윤을 괴이하게 여긴 것이 무엇 때문이겠습니까. 남들이 하지 않는 일을 홀로 해서였으니, 지금 나에게 스승이 되어달라 하는 것도 대체로 이와 유사한 것입니다.

그대는 행실이 중후하고 문장이 심오하여 지은 문장들이 모두 옛 성현의 모습을 널리 갖추고 있으니, 비록 제가 감히 스승이 된다 한들 또한 더 보태줄 것이 무엇이 있겠습니까. 가령 제가 그대보다 나이가 앞서서 도를 깨닫고 문장을 지은 날이 그대보다 뒤지지 않는다고 여겨서, 저와 왕래하며 깨닫고 있는 도에 대하여 대화를 하고자 한다면, 저도 흉중에 터득하고 있는 것들을 모두 펼쳐 보일 것입니다. 그대가 만약 그 가운데서 스스로 선택해서 어떤 점은 받아들이고 어떤 점은 버리고 하면 되겠지만, 옳고 그름을 판

정해서 그대에게 가르치는 것은, 제가 재능도 부족하고 또한 앞에서 진술했던 일(중인衆人의 비난과 비웃음을 받는 일)이 두렵기도 하니, 그런 일은 결단코 감히 할 수가 없습니다.

그대가 전에 보고자 했던 내 문장을 이미 모두 보여주었는데, 이는 그대에게 자랑하고자 해서가 아니라, 오로지 그대의 기색이 진실로 좋아하고 싫어함이 어떠한가를 살피고자 해서였습니다. 이제 보내온 편지에서 한 말에 모두 지나치게 찬양한 것이, 그대가 진실로 간사하게 찬양하고 거짓으로 아첨하는 무리여서 그렇게 한 것이 아니고, 오직 내 글을 보고 매우 좋아해서 그렇게 한 것임을 알고 있습니다.

처음 내가 어리고 젊었을 때에는 문장을 지으면서 말을 잘 수식하는 것을 공교롭다고 여겼는데, 차츰 성장하게 되면서 문장은 도를 밝혀야 하는 것임을 비로소 알게 되었습니다. 이에 진실로 밝고 화려하게 지어서 문채를 이루기에 힘쓰고 성조를 잘 맞추었음을 과시하는 것을 잘 지은 것으로 여기지 않게 되었습니다. 내가 보여준 문장들이 모두 도에 접근한 것이라고 저 자신은 여기고 있지만, 과연 도에 가깝게 되었는지 멀게 되었는지는 알 수 없습니다. 그대가 도를 좋아하면서 내 글을 좋다고 하니, 아마도 도에서 멀리 떨어지지는 않은 듯합니다.

그러므로 저는 문장을 지을 때마다 감히 경솔한 마음으로 붓을 휘두른 일이 없었으니, 경솔하게 지어서 후세에 남아 있지 못하게 될까 두려워서였습니다. 감히 나태한 마음으로 함부로 쉽게 짓는 일이 없었으니, 느슨해져서 엄정하지 않게 될까 두려워서였습니다. 감히 혼미한 정신으로 지은 것을 세상에 내놓는 일이 없었으니, 뜻이 불분명하고 난잡하게 될까 두려워서였습니다. 감히 자랑하는 마음으로 지은 일이 없었으니, 교만하고 뽐내는 글이 될까 두려워서였습니다.

억제하여 압축한 것은 심오하게 하고자 해서였고, 밝게 드러낸 것은 뜻을 분명하게 하고자 해서였고, 트이도록 표현한 것은 화통하게 하고자 해서였고, 소박하게 표현한 것은 절제하고자 해서였고, 투명하게 드러낸 것은 맑게 하고자 해서였고, 논리를 굳건하게 보존한 것은 중후하게 하고자 해서였으니, 이렇게 한 것들은 내가 문장으로 도를 돕고자 해서였던 것입니다.

《서경書經》에 근본을 두어 이로써 도의 본질을 추구하였고, 《시경詩經》에 근본을 두어 이로써 도가 항구하게 존속되기를 추구하였으며, 《예기禮記》에 근본을 두어 이로써 도가 적의適宜하게 행해지기를 추구하였고, 《춘추春秋》에 근본을 두어 이로써 도에 대한 바른 판단을 추구하였으며, 《주역周易》에 근본을 두어 이로써 천지 운행의 원리를 추구하였으니, 이것이 제가 문장을 지으면서 도의 근원으로 취한 것들이었습니다. 《춘추곡량전春秋穀梁傳》을 참고하여 이로써 문장의 기세를 떨치게 하였고, 《맹자孟子》와 《순자荀子》를 참고하여 그 근본이 구김살없이 펼쳐지게 하였고, 《장자莊子》와 《노자老子》를 참고하여 이로써 그 단서를 거침없이 드러내었으며, 《국어國語》를 참고하여 이로써 그 지취를 해박하게 하였고, 〈이소離騷〉를 참고하여 이로써 그 심오함을 극진하게 하였으며, 태사공太史公이 지은 《사기史記》를 참고하여 이로써 그 간결함을 드러내었으니, 이것이 제가 널리 참작하고 두루 통찰하여 문장을 짓는 기준으로 삼은 것들이었습니다.

이와 같이 한 것이 과연 옳은가 그른가, 받아들일 점이 있는가, 아니면 받아들일 점이 없는가를 행여 그대가 살펴보고 선택하여 충분히 깨닫게 되면 이를 저에게 알려주기 바랍니다. 만약 자주 저를 찾아와서 이 도를 넓히게 된다면, 그대에게는 득될 것이 없다 해도 저에게는 득이 될 것이니, 또한 어찌 스승 운운할 것이 있겠습니까. 그 알맹이인 실질을 취하고 그 껍데기인 스승이니 뭐니 하는 명칭은 버려서, 남월이나 촉 땅 남쪽의 개들이 짖어대는 괴이한 일이나 대궐의 뜰에서 웃음거리가 되는 일을 초래하지 않게 된다면 다행이겠습니다.

5-5 뱀꾼 이야기〔捕蛇者說〕

유종원

해설 | 유종원이 영주사마永州司馬로 좌천되었을 때에 지은 것이다. 죽음을 무릅쓰고 뱀을 잡는 땅꾼 노릇 하는 것을 행운으로 여기고, 생업을 바꾸고 조세를 납부함을 도리어 불행으로 여기는 뱀꾼을 통하여 가렴주구苛斂誅求의 폐단을 비유적으로 비판한 것이다.

영주永州의 들판에 특이한 뱀이 살고 있는데, 검은 바탕에 흰 무늬를 띠고 있다. 초목이 그에 스치면 모두 죽고 사람을 물면 치료할 방법이 없다. 그러나 이를 잡아 포를 떠서 약으로 복용하면 대풍병大風病, 손발이 오그라들고 마비되는 병, 악성 종기 등을 치유할 수 있고 죽은 살을 없애주며 삼충三蟲을 죽일 수 있다.

처음에 어의御醫가 왕명王命으로 이 뱀을 모으고자, 한 해에 두 마리씩을 바칠 땅꾼을 모집하면서 이를 잡아 바치는 사람에게는 그 전조田租의 납입을 면제해주겠다 하였다. 그러자 영주 사람들이 뱀을 잡으려고 다투어 바삐 뛰어다녔는데, 장씨蔣氏 성을 가진 사람이 그 이익을 3대 동안 독차지하였다. 내가 그 까닭을 물으니 그가 대답하였다.

"제 할아버지가 이 일을 하다가 죽었고, 제 아버지도 이 일을 하다가 죽었습니다. 이제 제가 물려받아 이 일을 한 지 12년 동안에 거의 죽을 뻔한 것이 여러 번입니다."

이렇게 말하는 모습이 매우 슬퍼 보이기에, 내가 가엾게 여겨 또 말하였다.

"그대는 이를 고통으로 여기는가? 내가 장차 담당자에게 알려서 그대가

하는 일을 바꿔주어 그대가 다시 전조를 내도록 하면 어떻겠는가?"

장씨가 크게 슬퍼하며 주르르 눈물을 흘리고 말하였다.

"당신께서 저를 불쌍히 여겨 살아가게 해주려 하시는 것이지만, 제가 이 일로 겪는 불행이 전조를 다시 납부하게 되었을 때 겪어야 할 불행보다는 심하지 않습니다. 지난날에 제가 이 일을 하지 않았다면 오래전에 이미 탈이 났을 것입니다. 우리 집안이 3대 동안 이 고장에 산 것이 지금까지 60년이 되었습니다. 그 사이에 이웃사람들의 생활은 날로 궁핍해졌고 그 토지의 소출을 다 바쳐 그 집의 수입이 고갈되었습니다. 그리하여 울부짖으며 집에서 쫓겨나 떠돌며 굶주리고 목말라 쓰러지고 비바람에 부대끼며 추위와 더위를 피하지 못하여 풍토병을 일으키는 독한 공기를 호흡하다가 때로는 죽은 사람이 길에 서로 깔려 있게 되기도 하였습니다.

지난날 제 조부와 같이 살던 사람들 가운데 지금 남은 집이 열에 하나도 되지 않고, 제 부친과 같이 살던 사람들 가운데 지금 그 집이 열에 두서너 집도 남지 않았으며, 저와 함께 12년 동안 살던 사람들 가운데 지금 그 집이 열에 네댓 집도 남아 있지 않습니다. 죽지 않았으면 집에서 쫓겨나 떠돌게 된 것인데, 저의 집은 뱀을 잡아 생계를 유지했기 때문에 홀로 살아남게 된 것입니다.

사나운 관리가 우리 마을에 와서 동으로 서로 돌아다니며 시끄럽게 고함을 치고, 남으로 북으로 날뛰고 설쳐대며 떠들썩하게 놀래키게 되면, 비록 개나 닭이라 해도 평안히 지낼 수가 없습니다. 하지만 저는 조심조심 일어나서 항아리를 살펴보아 잡아온 뱀이 그대로 있으면 느긋하게 누웠다가 조심하여 먹이를 먹여 때가 되면 바치고, 물러 나와서 토지에서 생산된 것을 달게 먹으면서 제 수명을 다 누리며 살고 있습니다. 한 해에 죽음을 무릅쓰는 일은 두 번뿐이고, 그 남은 기간은 아무 탈이 없이 즐겁게 지내고 있으니, 어찌 제 이웃사람들이 날마다 이런 고통을 겪는 것과 같겠습니까? 지금 비록 이 일을 하다가 죽게 된다 해도 제 이웃사람들의 죽음에 비하면 이미 늦게 죽는 것이니, 또한 어찌 감히 이를 가혹하다고 여기겠습니까?"

나는 이 말을 듣고 더욱 슬퍼졌다. 공자께서 "가혹한 정치가 끼치는 해독이 호환虎患보다도 무섭다." 하셨지만, 내 일찍이 이 말을 의심했었는데, 이제 장씨의 일을 근거로 하여 살펴보고서 이를 확실히 믿게 되었다. 아아! 가렴주구苛斂誅求의 해독이 독사의 독보다 심함을 누가 알았겠는가? 그 때문에 이 글을 지어서, 백성이 살아가는 일을 살필 임무를 지닌 관리들이 알게 되기를 기다리는 바이다.

5-6 원예사 곽탁타郭橐駝 이야기〔種樹郭橐駝傳〕

유종원

해설 | 원예사 곽탁타郭橐駝의 나무 심고 기르는 법을 말하면서, 백성을 어떻게 길러야 하는가를 비유적으로 밝혔다. 만인이 천시하는 불구자 곽탁타의 나무 잘 기르는 방법은 별다른 것이 없다. 그저 나무의 본성을 해치지 않고 과도하게 간섭하지 않는 것이 전부다. 백성을 다스리는 이치 또한 그와 다르지 않은데, 통치자들은 한낱 시골의 원예사도 아는 것을 모르고 번잡하게 명령을 내리고 재촉하기만 하여 백성을 병들게 함을 비판한 것이다.

곽탁타郭橐駝는 애초에 이름이 무엇이었는지 알 수 없다. 곱사병을 앓아서 등이 불쑥 솟아 허리를 구부리고 다니는 것이 낙타와 유사하였다. 그 때문에 고장 사람들이 그를 탁타橐駝라고 부르니 탁타가 이를 듣고 말하기를 "매우 적절하다. 나를 표현하는 이름으로 참으로 합당하다." 하였다. 그 때문에 그의 본래 이름을 버리고 또한 자신도 탁타라고 불렀다.

그가 사는 마을은 풍락향豊樂鄕인데, 장안長安의 서쪽에 있다. 탁타는 나무 심는 일이 생업이다. 장안의 세력가나 부자 가운데 관상용으로 나무를 심거나 과일을 팔려는 사람들이 모두 다투어 그를 데려다가 나무를 돌보게 하였다. 탁타가 심거나 혹은 옮긴 것을 보면 살지 않는 것이 없었고, 또한 크게 잘 자라고 무성하였으며, 열매도 빨리 맺고 많이 달렸다. 다른 원예사들이 엿보고 부러워하며 이를 따라 하고자 하였으나 그처럼 할 수가 없었다.

어떤 사람이 그 이유를 물으니, 다음과 같이 대답하였다.

"제가 나무를 잘 살리고 무성하게 할 수 있는 것이 아닙니다. 나무의 자연스러운 욕구에 순응해서 그 천성을 이룰 수 있게 할 뿐입니다. 모든 나무의 본성이 그 뿌리는 펼쳐주기를 바라고, 북돋음은 고르게 되기를 바라며, 흙은 본래의 옛것으로 해주기를 바라고, 다지기는 단단히 해주기를 바랍니다. 이미 그렇게 하였으면, 흔들어보지도 말고 염려하지도 말며 떠나면서 다시 돌아볼 필요도 없습니다. 심을 때에는 어린 자식 보호하듯이 조심하고, 가만히 놔두기를 버린 것처럼 한다면, 그 자연스러운 욕구가 온전히 이루어지고 그 천성이 보전됩니다. 그러므로 저는 그것이 자연스럽게 자라는 것을 해치지 않았을 뿐이요, 크고 무성하게 할 수 있었던 것이 아닙니다. 열매를 맺는 것을 억제하거나 손상시키지 않았을 뿐이지 일찍 맺히게 하고 많이 달리게 해줄 수 있었던 것이 아닙니다.

다른 원예사는 그렇게 하지 않고, 뿌리는 구부러뜨려 뭉쳐있게 하고 흙은 다른 흙으로 바꾸어 넣으며 북돋을 때에는 지나치지 않으면 부족하게 합니다. 가령 이와는 반대로 할 수 있는 자라 해도, 또한 너무 지나치게 사랑하거나 너무 부지런히 근심합니다. 아침에 와서 살펴보고 저녁에 다시 어루만져 보며, 이미 떠났다가도 다시 돌아와 살펴봅니다. 심한 사람은 그 껍질을 손톱으로 긁어서 살아 있나 말라 죽었는가를 시험해보고, 그 뿌리를 흔들면서 다진 것이 엉성한가 빽빽한가를 살펴보는데, 그렇게 할 때마다 나무의 생명은 날로 멀리 떠나게 됩니다. 비록 사랑해서 그렇게 한다고 말하나 사실은 해치는 것이고, 비록 걱정이 되어서 그렇게 한다고 말하나 사실은 원수로 대하는 것입니다. 그러하기 때문에 제가 심은 나무만 못하게 되는 것이지, 전들 또한 무엇을 더 잘하는 것이 있겠습니까?"

묻던 사람이 다시 말하였다.

"그대의 나무 심는 도를 관청에서 다스리는 일에 옮겨 적용할 수 있겠는가."

탁타가 말하였다.

"저는 나무를 심을 줄만 알지 다스리는 일은 제 일이 아닙니다. 그러나 제가 이 고장에 살면서 백성들의 우두머리 노릇 하는 관리들을 보니, 명령을 빈번하고 까다롭게 내리기를 좋아합니다. 마치 매우 사랑해서 그렇게 하는 듯이 하지만 끝내는 이 때문에 재앙을 초래합니다. 아침저녁으로 관리들이 쉴 새 없이 찾아와 외쳐댑니다. '관청의 명이다, 너희들은 밭갈이를 빨리 하라! 곡식 심기에 힘쓰고 수확을 서두르라! 실을 빨리 켜고 베를 빨리 짜라! 어린 자식들을 사랑하고, 닭과 돼지를 잘 길러라!' 하면서 북을 울려 사람들을 모으고 딱딱이를 쳐서 불러댑니다. 우리 소인들은 아침밥 저녁밥을 갖추어서 그 수고하는 관리들에게 대접하기에도 겨를이 없는데, 어느 여가에 우리 생업을 번창하게 하고 우리의 천성을 평안히 누리며 살 수 있겠습니까. 그 때문에 병이 들고 지치게 되니, 이런 점으로 본다면 제가 생업으로 삼는 일과 유사한 점도 있습니다."

이에 묻던 사람이 기뻐하며 말하였다.

"어찌 훌륭하지 않은가. 나는 나무 기르는 방법을 물었다가 백성 기르는 방법을 알게 되었도다!"

이 사실을 기록해 전해서 관리들이 경계할 일로 삼게 하고자 한다.

5-7 우계시 서문〔愚溪詩序〕

유종원

해설 | 이 편은 유종원이 영주永州로 좌천되어 그곳 산수를 즐기면서, 그가 좋아하는 여덟 곳에 우愚자를 붙여 시를 짓고, 그 앞에 붙인 서문으로, 세속에 초연하여 천도를 지키며 살 뜻을 드러낸 것이다. 팔우시八愚詩는 현재 전해지지 않는다.

관수灌水의 북쪽에 시내가 있어 동쪽으로 흘러 소수瀟水로 들어간다. 어떤 사람은 말하기를, "과거에 염씨冉氏가 살았던 곳이므로 이 시내 이름에 그 성을 넣어 염계冉溪라 한다." 하고, 또 어떤 사람은 말하기를, "이 물로 염색染色을 하기가 좋으므로 그 물의 효능에 맞게 이름을 염계染溪라 한 것이다." 하였다.

나는 어리석게〔愚〕 죄를 범하여 소수 가로 귀양을 왔는데, 이 시냇물을 사랑하여 2, 3리쯤 들어가 경치가 매우 좋은 곳을 얻어 그곳에 집을 짓고 살게 되었다. 옛날에도 우공곡愚公谷[1]이 있었다 하는데, 나는 이 시냇가에 집을 짓고 살면서 시내의 이름을 정하지 못했고, 그 땅에 사는 사람들도 시내 명칭에 대하여 언쟁을 하며 의견이 통일되지 않았으므로, 이름을 바꾸지 않을 수 없었다. 그래서 이름을 바꾸어 우계愚溪라 하였다.

우계愚溪 가에 있는 작은 언덕을 매입買入해서 우구愚丘라 하고, 우구에서

---

1 우공곡愚公谷 : 《설원說苑》에, 제齊나라 환공桓公이 사냥을 나가서 산골짜기로 들어가 한 노인을 만나 묻기를 "이 골짜기 이름이 무엇인가?" 하니, 대답하기를, "우공곡愚公谷이라 합니다. 신 때문에 그렇게 이름을 붙인 것입니다." 하였다.

동북으로 60보 되는 곳에서 샘을 얻고는 또 매입해 차지하고 우천愚泉이라 하였다. 우천은 물이 솟는 구멍이 여섯인데 모두 지하수가 산 아래 평지로 나와 위로 솟구치는 것이었다. 이 물이 모여서 구불구불 남쪽으로 흐르는 것을 우구愚溝라 하였고, 흙을 져 나르고 돌을 쌓아 그 좁은 곳을 막아놓고 우지愚池라 하였으며, 우지의 동쪽에 우당愚堂을 짓고, 그 남쪽에 우정愚亭을 지었으며, 우지 가운데 우도愚島를 만들고, 아름다운 나무와 기이한 돌들을 얼기설기 배치했는데, 모든 산수가 빼어났지만 나 때문에 모두 우愚라는 이름이 붙는 욕을 당하게 된 것이다.

대저 물은 지자智者가 좋아하는 것인데, 이제 이 시내가 유독 지智와 반대되는 우愚라는 이름이 붙어 욕을 당하게 된 것이 무엇 때문인가. 그 흐르는 골짜기가 매우 낮아서 논밭에 대는 물로 쓸 수가 없고, 또한 물살이 세고 물 가운데 솟아 버티고 있는 바위가 많아서, 큰 배가 들어올 수 없으며, 으슥하고 깊숙하고 좁고 얕아서 교룡蛟龍이 달가워하지 않아 구름을 일으켜 비를 내리게 할 수 없다. 세상을 이롭게 할 수 없음이 바로 어리석은 나와 유사하니, 그러므로 비록 모욕을 가하여 그에 우愚자를 붙여도 좋은 것이다.

영무자甯武子는 나라에 도가 없으면 어리석은〔愚〕 듯이 지냈으니 지혜로우면서 어리석은 사람 노릇을 한 것이요,[2] 안자顔子는 종일토록 공자의 뜻을 어기지 않아 어리석은 것 같았으니 슬기로우면서 우자愚者처럼 행동한 것이어서,[3] 모두 진짜 우자愚者는 아니었다.

---

2 영무자甯武子는……것이요 : 《논어論語》 〈공야장公冶長〉편에 공자께서 말씀하시기를 '영무자는 나라에 도道가 행해질 때에는 지혜롭게 뜻을 드러내었고 나라에 도道가 행해지지 않을 때에는 어리석은 듯이 처신하였는데, 그 지혜롭게 뜻을 드러낸 것은 나도 따라 할 수가 있으나 어리석은 듯이 처신한 것은 내가 따라 할 수가 없다.〔甯武子 邦有道則知 邦無道則愚 其知可及也 其愚不可及也〕' 한 것을 인용하여, 사실은 지혜로운 사람이면서 나라에 도道가 행해지지 않을 때에만 어리석은 듯이 처신했던 점을 밝힌 것이다.

3 안자顔子는……것이어서 : 《논어論語》 〈위정爲政〉편에 공자께서 말씀하시기를 '내가 회回와 온종일 대화를 하였으나 내 말을 어기지 않아 어리석은 사람 같았는데, 물러간 후에 그의 사생활을 살펴보니 도道를 충분히 드러내고 있으니 회는 어리석

이제 나는 나라에 도가 행해지는 시대를 만났는데도 도리에 어긋나고 일을 그르쳤으니, 무릇 우자愚者 가운데도 나 같은 우자는 없다. 그러므로 이 시내의 명칭을 가지고 나와 다툴 사람이 천하에 없을 것이니, 나만이 오로지 독차지하여 우愚라는 이름을 지닐 수 있게 된 것이다.

이 시내가 비록 세상을 이롭게 함이 없다 해도, 만물을 잘 비추어서 거울같이 맑고 빼어나게 투명하며 금석金石의 악기 소리를 내면서 흐르니, 나 같은 우자로 하여금 기뻐 웃고 사랑하고 연모하게 하여 즐거워서 떠날 수가 없게 한다. 내 비록 시속에는 합치되지 못하지만 또한 자못 문장을 짓는 것으로 스스로를 위로하며 만물의 더러움을 씻어내고 온갖 모습을 문장 속에 포괄해 넣어서 빠트린 것이 없으니, 어리석은 문장으로 우계를 노래한다면, 아득하게 서로 어우러져서 어그러짐이 없고 혼연히 하나가 되어 피아를 구분할 수 없는 경지로 함께 돌아가, 세속을 초월하여 자연의 원기와 어울리며, 보아도 보이지 않고 들어도 들리지 않는 세계에 혼입混入해서,[4] 적막하고 고요하여 나 자신도 깨닫지 못하는 무아지경無我之境에서 노닐게 될 것이로다. 이에 팔우시八愚詩를 지어서 시냇가 바윗돌 위에 새겨놓았노라.

지 않도다.〔吾與回言終日 不違如愚 退而省其私 亦足以發 回也不愚〕' 한 것을 인용하여, 사실은 지혜로운 사람이면서 어리석은 듯이 보인 점을 밝힌 것이다.

4 세속을……혼입混入해서 : 《장자莊子》 〈재유在宥〉편에 '운장雲將이 때마침 홍몽鴻濛을 만났다.' 한 주注에 '홍몽鴻濛은 자연自然의 원기元氣이다.' 하였고, 《노자老子》에 '보아도 보이지 않는 것을 이夷라 하고, 들어도 들리지 않는 것을 희希라 한다.' 한 주注에 '무색無色을 이夷라 하고 무성無聲을 희希라 한다.' 하였다. 곧 지극한 도道를 가리킨다.

5-8 오동잎으로 아우에게 영지를 봉해주었다는 일에 대하여〔桐葉封弟辯〕

유종원

해설 | 주周나라 성왕成王이 어렸을 때에 장난으로 오동잎을 아우 숙우叔虞에게 주면서 "이 땅의 제후로 너를 봉한다." 하자, 섭정으로 있던 주공周公이 "왕은 허언을 할 수 없다." 하고 실제로 영토를 주어 제후로 봉했다는 이야기가 《설원說苑》과 《사기史記》에 실려 있다. 이 편은 성인聖人인 주공이 그렇게 처리했을 리가 없다고 의문을 표하면서, 해당 기사를 논박한 것이다.

옛 기록에 "성왕成王이 오동나무 잎을 어린 아우에게 주면서 장난으로 말하기를 '이로써 너를 봉하노라.' 하자, 주공周公이 들어가 축하하였다. 왕이 '장난으로 한 것입니다.' 하니, 주공이 '천자는 장난으로 말할 수가 없습니다.' 하였다. 이에 어린 아우를 당唐 지방의 제후로 봉하였다." 하였다.

동엽봉우桐葉封虞

내 생각에는 그렇게 하지는 않았을 것이라고 본다. 왕의 아우를 제후로 봉해야 마땅했다면 주공이 의당 적절한 때에 왕에게 건의했을 것이요, 장난하기를 기다려서야 축하하고 이를 이루어 주지는 않았을 것이다. 제후로 봉함이 마땅하지 않은데도 주공이 곧 도리에 맞지 않는 장난대로 이루어주어, 강역과 인민을 어린 사람에게 주어 그 주인이 되게 하였다면, 그런 분을 성인聖人이라 할 수 있겠는가. 또한 주공이 왕이 한 말이 구차해서 옳지 않다고 여겼으면 이를 그만두게 했을 것이지, 기필코 그 말을 좇아서 이를 이루어주었겠는가. 그렇다면 설령 불행하게도 왕이 오동나무 잎으로 장난삼아 궁녀나 환관에게 봉해주었다 해도 또한 장차 그대로 거행하여 이를 따랐을 것인가. 무릇 임금 된 사람의 덕은 어떻게 실천하느냐에 달려 있는 것이니, 설령 그것이 합당하지 않다면 비록 열 번을 변경해도 허물이 되지 않는다. 그 합당함을 갖추었을 때에 이를 바꾸어서는 안 되는 것이지, 하물며 장난삼아 한 말이야 따질 것이 있겠는가. 만약 농담으로 한 말인데도 반드시 이를 시행하였다면 이는 주공이 왕에게 과오를 이루도록 가르친 것이 된다.

내가 생각하건대 주공이 성왕을 보필할 때에, 마땅히 도에 맞도록 조용히 여유롭고 즐겁게 지내면서 위대한 중용지도中庸之道로 돌아가도록 바로잡아 주는 데 그쳤을 뿐이요, 반드시 그의 실수를 만나 그가 한 말대로 이루어주지는 않았을 것이며, 또한 당연히 그가 한 말에 얽매이게 하고 이를 급히 실천하도록 몰아붙이기를 마치 소나 말을 부리듯이 다그치지는 않았을 것이니, 이렇게 급하게 서두르면 실패하게 마련이다. 또한 가족 사이인 아비와 자식 간에도 이런 방법으로는 스스로를 제어하게 할 수가 없는데, 더구나 군주라 신하라 부르는 사이에 있어서야 더 말할 것이 있겠는가. 이런 일은 곧 소인배로 잔재주나 부리는 자들이나 할 일이므로 주공 같은 성인은 의당 행하지 않았을 것이다. 그러므로 믿을 수가 없다.

어떤 사람은 "당 땅에 숙우叔虞를 봉한 것은 〈주공의 건의 때문이 아니고〉 태사太史 윤일尹佚의 건의로 이루어 진 것이다."라고 말하기도 하였다.[1]

---

1 어떤 사람은……하였다 : 당숙唐叔을 봉한 것은 태사太史 윤일尹佚의 건의에 따른 것이라는 말이 《사기史記》〈진세가晉世家〉에 있으므로, 이곳에서 '혹왈或曰'이라 한 것은 이를 지칭한 것이다.

5-9 진 문공晉文公이 원原 태수太守의 임명을 환관에게 물은 데 대하여〔晉文公問守原議〕

유종원

해설 | 《춘추좌씨전春秋左氏傳》 희공僖公 24년 조에, 진 문공晉文公이 주周 왕실의 내란을 진압한 공로로 원原 땅을 하사받자, 그 땅을 다스릴 적임자를 내시인 발제勃鞮와 상의하여 조최趙衰를 임명했다 했는데, 이 편은 중직重職을 내시와 상의하여 임명한 진 문공의 처사가 후대에 환관들이 발호하는 시원始原이 되었다고 비판한 것이다.

'진 문공晉文公이 왕에게 원原 땅을 하사받은 후에 그 땅을 다스릴 태수를 고르기가 어려워 내시 발제勃鞮와 상의하여 이를 조최趙衰에게 맡겼다.' 하는데, 내가 생각하건대 원의 태수를 고르는 일은 정무 가운데 중대한 일이다. 이는 천자의 뜻을 받들고 패자覇者로서의 공적을 이루어 제후들에게 명을 내려 다스리는 기준이 되는 것이므로, 무람없는 측근 내시와 이를 의논하여 왕명을 욕되게 해서는 안 되는 일이었는데, 그런데도 진의 군주가 큰 임무를 맡을 사람을 고르면서 조정에서 공적으로 의논하지 않고 궁중 안에서 사사로이 내시와 의논하였으며, 경상卿相들과 널리 상의하지 않고 오직 내시하고만 상의하여 결정하였으니, 비록 조최의 현명함이 그곳의 태수가 되기에 충분하고 나라의 정치가 이 때문에 실패하지 않았다 해도, 현신賢臣을 해치고 정사를 그르치는 단서가 이로 말미암아 차츰 자라게 된 것이다. 더구나 그때에 의논할 훌륭한 신하가 없지 않았음에랴. 호언狐偃이 계책을 잘 세우는 신하였고 선진先軫이 중군中軍의 장將이었는데도 진의 군주가 그들을 멀리하여 자문하지 않고 외면하며 의견을 구하지 않고서, 도리어 내시와 상의하여 결정하였으니, 이를 본보기로 삼을 수 있겠는가.

또한 진의 군주가 제齊나라 환공桓公의 패업을 이어받아 이로써 천자를 보필하려 하였으니, 이는 곧 그 뜻이 컸던 것이다. 그런데 제 환공은 관중管仲[1]을 임용했기 때문에 흥기했다가 수조豎刁[2]를 임용했기 때문에 무너졌는데, 원 땅을 얻어 강역을 넓힌 것을 바로 그 패자로서 행해야 할 정사의 출발점으로 삼아, 이로써 제후들에게 본보기를 보이는 계기로 삼았어야 했는데, 도리어 그 흥기할 근거를 등지고 무너질 근거를 뒤따랐던 것이다. 그렇게 하고도 제후들의 패자가 될 수 있었던 것은 영토로 보면 광대하고, 국력으로 보면 강력하며, 의리로 보면 천자의 칙명을 받았기 때문이었으니, 제후들이 진실로 이를 두렵게 여기기는 했겠으나 어찌 마음에서 우러난 복종을 하게 할 수야 있었겠는가. 그 후에 진秦나라의 환관 경감景監이 이런 전례를 이용하여 위앙衛鞅을 재상으로 천거할 수 있었고, 한漢나라의 환관宦官 홍공弘恭과 석현石顯이 이런 전례를 이용하여 어진 재상 소망지蕭望之를 살해하였으니,[3] 그런 단서를 제공하여 일을 이렇게 그르치게 했던 사람이 진 문공이었다.

아아! 현명한 신하를 얻어서 큰 고을을 잘 다스렸으니, 임용할 사람을 물을 때에 물어야 할 사람은 비록 제대로 고르지 못한 실수를 범하였으나 천거된 사람이 잘못 천거되지는 않았는데, 그런데도 당시 사람들이 이를 부끄럽게 여겼고, 후대에 이런 전례 때문에 그릇됨에 빠지게 한 것이 이와 같았으니, 더구나 묻는 대상과 천거된 인물이 또한 둘 다 그릇되었다면 무슨 방법으로 이를 구제할 수 있겠는가. 나는 이런 이유로 진晉나라 군주의 죄를

---

1 관중管仲 : 제 환공齊桓公이 패자霸者가 될 수 있게 했던 명상名相으로, 이름은 이오夷吾이다.

2 수조豎刁 : 제 환공의 내시로, 환공이 병들자 역아易牙와 함께 반역을 도모하여 환공을 감금하고 아사하게 했던 역신이다.

3 한漢나라의……살해하였으니 : 한 원제漢元帝가 와병하자 홍공과 석현이 정권을 농단하였고, 이를 바로잡으려는 소망지 등을 죽였다.

드러내어 이로써 《춘추春秋》에서 허許나라 세자 止와 진晉나라 조돈趙盾이 그 군주를 시해했다고 써놓은 '춘추필법春秋筆法'의 뜻에 맞춘 것이다.[4]

---

4 나는……것이다 : 허許나라 세자 지止는 부군父君이 와병하여 약을 올릴 때에 이를 미리 맛보아서 독이 들었나를 살폈어야 했는데 이를 행하지 않아 부군이 사망했으므로, 《춘추春秋》에 '허나라 세자 지가 그 군주 매買를 시해했다.'라고 기록했고, 조돈趙盾이 군주의 무도함을 간하다가 뜻을 이루지 못하고 망명하려 출발했다가, 국경을 미처 넘지 않았을 때에 조천趙穿이 군주를 시해하자 되돌아왔는데, 군주를 해친 사람을 토벌하지 않았으므로, 《춘추》에 '진晉나라 조돈이 그의 군주 이고夷皐를 시해했다.'라고 써놓았다. 진 문공晉文公이 내시와 상의하여 중신을 임면한 과오도 이러한 춘추필법에 의거하여 비판한다는 것이다.

5-10 연주군連州郡에서 석종유石鍾乳가 다시 나온 데 대하여〔連州郡復乳穴記〕

유종원

해설 | 이 편은 유종원柳宗元이 영주사마永州司馬로 있을 때에 이웃 고을 연주連州의 태수는 최군민崔君敏이었는데, 그가 부임하여 선정을 베풀자 그동안 없어졌던 종유석이 다시 나왔다는 말을 듣고 지은 것이다. 문장 속에 상祥자를 반복해 써서 뜻을 밝히면서, 처음에는 상祥으로 여겼다가, 이어서 이를 비상非祥이라 하였고, 끝에는 다시 이를 상祥이라 하여, 지방관이 그 고장을 선치善治함이 상祥이 되는 것임을 강조하였다.

석종유石鍾乳(돌고드름)는 보약補藥 가운데 가장 좋은 것이다. 초楚와 월越 지방의 산에서 많이 생산되고, 연주連州와 소주韶州에서 생산되는 것이 특별히 세상에 이름이 났으나, 연주 사람들이 다 없어졌다고 아뢴 지 5년이 되었다. 그래서 조정에 공물로 바쳐야 할 경우에는 다른 고장에서 매입해 바쳤다.

그런데 지금의 자사刺史 최공崔公이 부임한 지 한 달이 지나자 동굴 관리인이 와서 석종유가 다시 나온다고 아뢰었다. 고장 사람들이 이는 상서로운〔祥〕 징조라고 기뻐하며 함께 모여 다음과 같이 노래하였다.

백성들이 화락함이여, 최공께서 부임해서이네.
공의 교화가 미치는 곳에, 흙과 돌까지 혜택을 입었도다.
이를 믿지 못하겠으면, 달려가 석종유 동굴을 보라.

동굴 관리인이 비웃으며 말하였다.

"이것이 이른바 상서인지를 어찌 알겠는가. 과거에 나는 자사들이 욕심 많고 사납고 사리私利를 좋아하여 우리에게 일만 시킬 뿐 노임을 지불하지 않았으므로, 내가 이 때문에 고통스러워 거짓말을 했던 것이다. 이제 우리 자사는 명령은 공명정대하고 뜻은 고결하며 품값을 먼저 지급하고 노역은 그 후에 시키니, 속이는 일이 없어지고 믿고 따라서 아름답게 화합하고 있다. 내가 이 때문에 사실대로 아뢴 것이다.

또한 석종유 굴은 반드시 깊은 산 궁벽한 숲속에 있어서 얼음과 눈이 쌓여 있고 이리와 호랑이가 거처로 삼고 있다. 이런 곳을 지나서 들어가면 빽빽한 안개와 마주치고 용과 뱀이 가로막아서 횃불을 묶어 밝혀야 그 물건을 찾을 수 있고, 끈을 매어서 되돌아올 길을 표시해야 한다. 그 고생스러움이 이와 같은데 이를 내어 바쳐도 또한 품값을 받지 못했었다. 이런 처지였으니 어찌 다 없어졌다고 고하지 않을 수 있었겠는가. 그런데 지금의 사또께서는 사람들에게 일을 시킬 때에는 곧 정성을 다하시므로 내가 사실대로 아뢴 것일 뿐이다. 이것이 무슨 상서로운 조짐이 되겠는가." 하였다.

선비(유종원 자신)가 듣고 말하기를, "노래한 사람들이 상서라 한 것은 곧 이른바 괴이한 일이요, 비웃은 사람이 상서가 아니라 한 것은 곧 그것이 이른바 진실로 상서인 것이다. 군자가 상서로 삼는 것은 바른 정치를 통해 나타난 결과이지 괴이한 현상이 나타난 것이 아니다. 백성에게 성의를 다하고 도道를 행함에 신의가 있어서 백성들이 그 명을 따르기를 즐거워하게 되면, 기쁜 마음으로 그들이 지닌 것을 바치게 된다. 이것이 바로 바른 정치인 것이니, 어찌 상서가 아닐 수 있겠는가." 하였다.

5-11 설존의薛存義를 전송하며 지은 서문

〔送薛存義序〕

유종원

해설 | 설존의薛存義가 영릉현령零陵縣令의 임무를 대행할 때에 백성의 공복으로서 직무를 성실하게 수행했으나, 응분의 처우를 받지 못하고 관직에서 물러나게 되자, 떠나는 설존의에게 위로하는 뜻으로 지어준 송서送序이다. 지방관은 백성을 위해 봉사하는 사람이요 백성을 부리는 사람이 아니라는 그의 견해는 모든 공직자가 새겨들어야 할 경구警句이다.

하동河東 사람 설존의薛存義가 떠나려 할 때에 유자柳子(유종원 자신)가 그릇에 고기를 담고 잔에 술을 가득 담아가지고 뒤따라가 강가에서 그를 전송하며 먹고 마시게 하고, 또 다음과 같이 알려주었다.

"무릇 지방에서 관리 노릇 하는 사람으로서 그대는 해야 할 일을 알고 있는가. 백성의 일꾼 노릇 하는 것이지 백성을 부리는 데 그치는 것이 아닐세. 백성으로서 토지를 경작하여 생계를 유지하는 사람은 그 수확의 10분의 1을 내어서 관리를 고용하여 자신들을 평안하게 살 수 있도록 하는 일을 맡긴 것이네.

그런데 이제 그 값을 받고서도 그 일에 태만한 것은 천하의 관리들이 모두 그러하네. 어찌 다만 태만하기만 할 뿐이겠는가, 또한 그 지위를 이용하여 도둑질까지 한다네. 만약 집에서 일꾼 하나를 고용해서 그대가 주는 보수를 받고서도 그대가 시킨 일은 태만히 하며 또한 그대의 재화나 물건을 훔친다면, 반드시 매우 성을 내며 쫓아내고 벌을 주었을 것일세.

지금 천하의 관리들 가운데 이와 같은 사람이 많은데도 백성들이 감히 그들에게 성을 내거나 내쫓고 벌주는 일을 마음대로 못하는 것은 무엇 때문인가. 권세가 같지 않아서일세. 권세는 다르다 해도 이치는 같으니, 우리 백성들을 어찌해야 하겠는가. 이치에 통달한 사람이라면 두려워하며 겁내지 않을 수 있겠는가."

설존의가 영릉零陵의 수령 임무를 대리한 지 2년이 되었다. 일찍 일어나고 밤늦도록 생각하며 몸은 부지런하고 마음은 수고를 다해 노력하여, 쟁송爭訟은 공평하게 처리하고 세금 부과는 균등하게 하니, 늙은이와 어린이까지도 속일 생각을 하거나 증오심을 드러내는 일이 없어졌다. 그가 헛되이 보수를 받지 않았음이 분명하고, 백성을 두려워하고 겁냈음을 알 수 있다. 나는 지위가 낮고 죄를 범해 좌천당한 욕된 몸이라서 관리들의 업적을 살펴 좌천시키거나 승진시키는 일을 상의하는 데 참여할 수 없으므로, 그가 떠나가게 되자 술과 고기를 대접하는 것으로 상을 주고, 다시 이렇게 글을 지어 주었노라.

5-12 양죽기〔養竹記〕

백거이白居易

해설 | 이 편은 대나무의 특성을 군자에 비유하여, 매란국죽梅蘭菊竹 사군자 중의 하나인 죽竹에 대한 문인들의 인식을 드러내면서, 집정자가 죽竹처럼 단단하고 곧고 마음을 비운 군자다운 현인을 찾아 등용하기를 기대한 것으로, 그가 많이 지었던 잡기류雜記類 소품小品중의 하나이다.

대나무는 현자와 유사하다 하는데 무엇 때문인가. 대나무 뿌리가 단단함은 견고함으로 그 덕德을 세운 것이므로, 군자가 그 뿌리를 보면 덕을 잘 세워서 뽑히지 않을 것을 생각하게 된다. 대나무의 본성이 곧음은 곧음으로써 그 몸을 세운 것이므로 군자가 그 본성을 보게 되면 중용中庸에 합당하게 서서 과過나 불급不及으로 기울지 않을 것을 생각하게 된다. 대나무 속이 비어 있음은 빈 것으로 도道를 체현體現한 것이므로 군자가 대나무 속을 보면 이에 응하여 마음을 비우고 남의 말을 받아들일 것을 생각하게 된다. 대나무 마디가 곧고 굳음은 곧음으로 뜻을 세운 것이므로 군자가 그 마디를 보면 명분과 행실을 갈고 닦아서 평온할 때나 험난할 때나 한결같기를 생각하게 된다. 이와 같은 연고로 군자들이 이를 많이 심어 정원을 채웠던 것이다.

정원貞元 19년(803) 봄에 내가 발췌拔萃로 급제하여 교서랑校書郎에 제수除授되었다. 이에 장안長安에서 임시로 거처할 곳을 구하여 상락리常樂里에 있는 작고하신 관상국關相國[1]의 사저 동쪽 건물을 얻어 거처하게 되었다. 이튿날

1 관상국關相國 : 관파關播가 상국相國을 역임했으므로 관상국이라 부른 것이다.

발길이 처소의 동남쪽 모퉁이에 이르러 이곳에 군락을 이루고 있는 대나무를 보니, 가지와 잎이 시들고 병이 들어 바람소리도 없고 제 색깔도 띠지 못하고 있었다. 관씨 댁의 노인에게 물으니 대답하기를 "이것은 상국께서 손수 심은 것입니다. 상국께서 서거하여 다른 사람이 세 들어 살게 되자, 이때부터 광주리 만드는 사람도 베어가고 빗자루 만드는 사람도 잘라가서, 이런 수난을 겪고 남은 것들은 길이는 8척에도 이르지 못하고 숫자는 백 그루도 안 됩니다. 게다가 온갖 초목들이 그 사이에 섞여 빽빽하게 자라니 대나무를 없애고 싶은 마음이 생길 지경입니다." 하였다.

나는 그 대나무들이 일찍이 훌륭한 어른의 손을 거친 것이면서도 속인들의 눈에 띄어 천대를 당하며 잘리고 버림받음이 이와 같게 되었으나 본성은 아직 지니고 있음을 가엽게 여겼다. 이에 우거진 잡초들을 베어내고 쓰레기들을 제거하고 그 간격을 틔워놓고 그 밑동을 북돋기를 하루도 걸리지 않아 마칠 수 있었다. 이렇게 되자 해가 돋으면 맑은 그늘이 있게 되고, 바람이 불면 맑은 소리가 있는 것이, 그리워하는 듯 반가워하는 듯하여, 나를 만나게 된 고마움을 드러내는 정이 있는 듯하였다.

아아! 대나무는 식물이니 사람과 무슨 상관이 있을까 만은, 그것이 현자와 유사한 점이 있기 때문에 사람들이 오히려 그것을 사랑하고 아끼며 심고 북돋아주는 것이니, 더구나 진실로 어진 사람이야 더 말할 것이 있겠는가. 그러므로 대나무가 초목들 사이에 있음이 현자가 보통사람들 사이에 있는 것과 같은 것이다.

아아! 대나무는 스스로 뛰어남을 드러낼 수가 없으므로 오직 사람만이 그 뛰어남을 알아줄 뿐이요, 현자도 스스로 뛰어남을 과시할 수는 없으므로 오직 현자를 등용하는 사람만이 그 뛰어남을 드러내줄 수 있도다. 그러므로 이 〈양죽기養竹記〉를 지어 내가 거처한 이 건물의 벽에 써놓아, 뒷날 이곳에서 살 사람에게 남겨주고, 아울러 이 시대에 현자를 등용해야 할 임무를 가진 사람에게도 이런 뜻을 알리고자 한다.

5-13 아방궁부〔阿房宮賦〕

두목杜牧

해설 | 이 부賦는 진 시황秦始皇이 짓기 시작한 웅장한 아방궁阿房宮이 완성도 되기 전에 나라가 망하여 불타버렸던 역사적 사실을 근거로 하여, 통치자가 백성을 사랑하지 않고 사치와 일락逸樂에 빠져 민력民力을 남용하다가 나라를 망하게 했음을 말하면서, 후세의 통치자들에게 이를 귀감으로 삼아 경계하도록 한 것이다.

육국六國의 왕이 다 없어지니[1] 천하가 하나로 통일되었고,

촉산蜀山이 민둥산이 되도록 나무를 베어 그 재목으로 아방궁阿房宮이 지어졌는데,

3백여 리를 덮어 눌러서 하늘을 가리고 햇빛을 막았도다.

여산驪山의 북쪽에 축조되어 서쪽을 향해 곧장 함양전咸陽殿까지 이르렀고,

두 강이[2] 넘실넘실 흘러들어 궁궐 담장을 에워싼 해자가 되었도다.

5보마다 루樓가 한 채, 10보마다 각閣이 한 채씩이며,

복도가 아름답게 둘러 있고 추녀 끝은 새가 부리를 높이 치켜든 듯하며,

각기 지세地勢의 높낮이에 맞추어 높고 낮게 지은 건물들이 중심을 향해 둘러서서 처마 모서리가 잇닿으니,

구불구불 뒤얽히고 꼬불꼬불 이어진 건물의 지붕들이,

---

1 육국六國의……없어지니 : 연燕 · 제齊 · 조趙 · 위魏 · 한韓 · 초楚 등 육국이 진秦나라에 망하여 왕들이 모두 사라진 것을 말한다.

2 두 강이 : 위수渭水와 경수涇水이다.

벌집이나 솟구치는 물거품처럼 다닥다닥 붙어서,
우뚝 솟은 기왓골에서 떨어지는 빗줄기가 몇 천만 가닥인지 알 수 없도다.
긴 다리가 물결 위에 누워 있으니, 구름도 없는데 웬 용이 버티고 있으며,
각도閣道가 공중을 지나가니, 비도 개이지 않았는데 어인 무지개인가.
높고 낮은 건물들로 헤매게 되어 동과 서를 구분하지 못 하겠도다.
가대歌臺에서 들려오는 따뜻한 음악소리에는 봄빛이 어린 듯하고,
무전舞殿에서 춤추는 여인의 차가운 소매는 싸늘한 풍우가 이는 듯하니,
같은 날 같은 건물 사이인데도 기후가 같지 않도다.
비빈妃嬪과 잉장媵嬙 등 궁중의 여인들 및 왕자 황손들이
옛날 살던 누각과 궁전에서 떠나 수레를 타고 진秦나라로 와서
아침에 노래하고 저녁에 거문고 타며 진나라의 궁인이 되었도다.
밝은 별들이 반짝이는 것은 궁녀들이 화장하는 거울에서 반사된 빛이요,
검은 구름이 어지럽게 나부끼는 것은 새벽에 쪽진 머리를 빗질함이요,
위수渭水에 매끄러운 기름이 넘쳐흐르는 것은 화장했던 기름 물을 버린 것이요,
연기가 안개처럼 비스듬히 가로놓여 있는 것은 초란椒蘭 향을 태운 연기요,
갑자기 우레 소리에 놀라게 되는 것은 궁궐의 수레가 지나가는 소리인데,
덜컹덜컹 차츰 멀리 들리는 소리는 아득히 그 가는 곳을 알 수가 없도다.
여인들마다 피부와 얼굴을 극진하게 다듬어 어여쁨을 다하고,
우두커니 서서 멀리 바라보며 황제의 행행行幸을 기다리다가,
뵙지 못하고 36년[3] 세월을 헛되이 보낸 사람도 있었도다.
연燕나라와 조趙나라에서 거두어 간직했고, 한韓나라와 위魏나라에서 모아들였고, 제齊나라와 초楚나라에서 모은 빼어난 물건들은,
여러 대 여러 해 동안 백성들에게서 약탈한 것으로, 모아놓은 무더기가 산과 같았는데,

---

3 36년 : 진 시황秦始皇의 재위가 36년이었음을 말한 것이다.

어느 날 갑자기 나라가 망하여 소유자가 죽자, 진나라로 실어 왔도다.

각지에서 모아온 보배로운 정鼎을 무쇠솥처럼 여기고 옥을 돌처럼 여기며,

황금을 흙더미처럼 여기고 주옥을 자갈처럼 여겨서,

여기저기에 팽개쳐 버려놓았지만 진의 궁인들은 이를 보고 아까워하지도 않았도다.

아아! 황제 한 사람의 마음은 천만 백성 마음의 본보기가 되는데,

진 시황이 요란하게 사치하기를 좋아하니 백성들도 그 집안을 화려하게 할 생각을 하게 되었도다.

어찌하여 하찮은 작은 물건까지 모두 빼앗아가서 이를 진흙처럼 여기며 낭비하였는가.

아방궁 들보를 받치고 있는 기둥은 남쪽 밭이랑의 농부들 수보다도 많고,

대들보에 얹혀 있는 서까래는 베틀 위에서 베 짜는 여인들 수보다도 많으며,

못대가리가 번쩍번쩍 빛나는 것은 곳간에 간직한 곡식 낟알보다도 많고,

기와가 종횡으로 교차된 것은 몸에 걸친 옷의 바느질 자국보다도 많고,

가로세로로 이어진 난간은 구주九州의 성곽보다도 많고,

관현管絃을 타는 요란한 소리는 시장 사람들이 떠들어대는 소리보다 많게 하고서,

천하의 백성들에게 감히 이를 비판하거나 성내지 못하게 하였도다.

독부獨夫(천명을 잃은 폭군)의 마음이 날로 더욱 교만하고 완악해지자,

수자리하러 가던 군졸들이 고함을 치며 봉기하니 함곡관函谷關이 함락되었고,

초楚나라 사람 항우項羽가 한번 횃불을 드니 아방궁이 가련하게 초토가 되었도다.

아아! 육국을 멸한 자는 육국 자신이요 진나라가 아니며,

진 왕족을 주멸誅滅한 것은 진나라 자신이요 천하 백성이 아니었도다.

아아! 육국이 각기 그 백성을 사랑했다면 진나라에 맞서기에 족했을 것이고,

진나라가 다시 육국 백성을 사랑했다면 이세二世만에 교체되었겠는가.

만세에 이르도록 군주 노릇을 했을 것이니, 그 누가 그들을 족멸할 수 있었으리오.

진나라 백성들이 스스로 슬퍼할 겨를도 없이 나라가 망해서 후세 사람들이 이를 슬퍼하고,

후세 사람들이 이를 슬퍼하되 통치자들이 이를 귀감으로 삼지 않아서,

또한 후세 사람들로 하여금 다시 귀감으로 삼지 않았던 후세 사람을 슬퍼하게 하고 있도다!

아방궁도阿房宮圖

5-14 옛 전쟁터에서 전사한 혼령들을 애도하다

〔弔古戰場文〕

이화李華

해설 | 이 편은 북쪽 초원과 사막지대에 있는 옛 전쟁터의 처참한 정경을 통하여 평화를 강조하고, 아울러 그곳에서 죽어간 영령들을 애도한 애제류哀祭類의 운문이다. 오랑캐는 무력으로 억압할 것이 아니라 인정仁政을 베풀어 귀의하도록 해야 함을 강조한 것이다.

드넓게 펼쳐진 평평한 사막은 끝이 없고 멀리까지 사람이 보이지 않도다.

하수河水는 띠처럼 둘러있고 뭇 산들이 이리저리 얽혀 있도다.

어두워지자 근심이 이는데 바람은 슬피 울고 해는 저물어가도다.

쑥대는 꺾여 흩날리고 풀도 메말라 으스스함이 서리 내린 새벽 같도다.

나는 새들도 내려앉지 않고 떠도는 짐승도 무리를 잃었도다.

정장亭長이 내게 알려주기를,

"이곳은 옛 전쟁터로 일찍이 삼군이 전멸당한 곳이어서,

가끔 귀신들이 울부짖는데 날씨가 흐려지면 우는 소리가 들린다." 하도다.

마음이 아프도다! 진秦나라 때인가, 한漢나라 때인가, 아니면 근대近代의 일인가?

내 들으니,

제齊나라와 위魏나라에서는 남정男丁들을 징발하여 변경을 지키게 하고 초楚나라와 한韓나라에서도 군사들을 징발하여,

만 리를 급히 달려가 해마다 밖에서 야영을 하면서,

새벽이면 사막의 풀을 말에게 먹이고 하수가 얼면 밤중에 건넜는데,
땅도 하늘도 넓고 멀어서 고향으로 돌아갈 길을 알지 못했다 하도다.
몸을 칼날에 맡기고 있었으니 답답한 마음 뉘에게 호소할 수 있었으리오.
진나라와 한나라 이후로는 사방 오랑캐와의 전쟁이 많아서,
중국의 소모가 없는 시대가 없었도다.
옛날에는 오랑캐가 중화中華를 섬기고 왕의 군사에 맞서지 않았다 하는데,
후대에 인문人文의 교화가 베풀어지지 않고 무신武臣이 정도에 벗어난 재주를 부려서,
기계奇計를 동원한 전쟁을 인의仁義와 어긋나게 행하면서,
왕도는 실정과 거리가 멀다 하며 행하는 사람이 없게 되었도다.
아아, 슬프도다!
북풍이 사막에 사납게 불고 오랑캐 군사가 엿보던 때를 상상해보도다.
주장主將은 적을 업신여기며 병영의 문을 열어 제치고 적을 맞이해 싸웠도다.
들판에 깃발을 세우고 냇가에 무장한 군사를 둘러 세웠는데,
군법이 엄중하여 공포에 떨고 장수의 위엄은 높으나 병사의 목숨은 천했도다.
날카로운 화살촉이 뼈를 꿰뚫고 날리는 모래가 얼굴에 들이치는데,
지키는 군사와 침략한 군사의 육박전에 산천이 진동하여 정신이 아찔해졌도다.
함성 소리는 강하江河를 쪼개는 듯하고 기세는 우레와 번개가 치는 듯했도다.
만물이 얼어붙는 한겨울이 되어 청해青海 주변이 혹독하게 추워져서,
쌓인 눈에 정강이가 묻히고 단단히 언 고드름이 수염에 매달리니,
사나운 새들도 둥지에서 나오지 못하고 출정한 말들도 머뭇거리는데,
솜옷에도 온기를 느낄 수 없어 손가락이 문드러지고 피부가 찢어지도다.
바로 이렇게 혹독하게 추운 날씨가 사나운 오랑캐에게 기회를 주어,

살인적인 추위를 얕보고 이용하여, 무찌르며 도륙을 행하도다.

수송 부대의 길을 차단하고 사졸들을 측면에서 공격하자,

새로 부임한 도위都尉는 항복하고 장군도 또한 죽으니,

시체가 큰 물가의 언덕을 메우고 피가 장성長城의 굴에 가득 고여서,

귀한 사람 천한 사람 가릴 것이 없이, 다 같이 마른 해골이 되었으니,

이 참혹함을 이루 다 말로 표현할 수 있겠는가.

북소리 스러지니 힘은 다했고, 화살이 떨어지자 활줄도 끊어졌도다.

흰 칼날 부딪치자 보도寶刀가 부러졌고, 두 군대가 맞붙으니 생사가 결판났도다.

항복을 하자니 평생 오랑캐로 지내야 하고 계속 싸우자니 해골이 사막에 뒹굴게 되었도다.

새들도 울지 않아 산이 쓸쓸하고 진실로 긴 밤 내내 바람만 우수수 불도다.

혼백이 어려 있어 하늘은 침침한데 귀신이 모여들고 구름은 층층이 쌓여 있도다.

햇빛조차 싸늘하여 풀도 자라지 못하는데, 괴롭게 비추는 달빛은 서리처럼 싸늘하도다.

마음을 아프게 하고 눈을 슬프게 하기를 이와 같이 하는 것이 또 있겠는가.

내 들으니,

이목李牧이 조趙나라 군졸을 부려서 흉노 오랑캐를 크게 깨트리자,

영토는 천 리나 넓어졌고 흉노는 달아나 숨었다 하고,

한나라는 천하를 기울여 오랑캐를 쳤지만 재물만 고갈시키고 국력이 쇠약해졌다 하니,

어떤 사람에게 맡기느냐에 달려 있을 뿐이지 어찌 군사의 많음에 달려 있는 것이겠는가.

주周나라는 험윤玁狁을 추출逐出하여 북으로 태원太原에 이르렀고,

그런 후에 북방에 성을 쌓고 군사를 온전히 보전하고 돌아와서,

종묘에 아뢰어 잔치를 열고 논공행상을 함이 화락하면서도 자연스러워서,

군신 사이에 공경을 다하며 질서가 정연했다 하는데,

진秦나라는 장성을 쌓아 바다 끝에 이르도록 관문을 만들었지만,

생령을 해치면서 만 리를 검붉은 피로 얼룩지게 하였고,

한나라는 흉노를 쳐서 비록 음산陰山 땅을 얻기는 하였으나,

땅에 뒹구는 해골이 들에 가득하게 되어 공적이 폐해弊害를 보상하기에 부족했다 하네.

모든 백성들이 누구인들 부모가 없으리오.

어릴 때에 이끌고 업어주며 장수하지 못할까 두려워하네.

누구인들 형제가 없으리오, 서로 수족처럼 여기네.

누구인들 부부가 없으리오, 서로 손님이나 벗처럼 받드네.

그들이 살 때에 무슨 은혜가 있었으며 그들이 죽음에 무슨 죄가 있었는가.

그가 살아 있는지 죽었는지를 집에서 알 수가 없으니,

혹 소식을 전해주는 사람이 있으면 참말 같기도 하고 거짓말 같기도 하도다.

그립고 보고 싶어도 꿈속에서나 만날 수 있을 뿐이어서,

제사 음식을 차려놓고 잔을 따르며, 하늘 끝을 바라보고 통곡할 뿐이니,

천지도 그를 위해 근심하고 초목도 처연悽然히 슬퍼하도다.

위로하는 제사도 이르지 않아 혼령들이 의탁할 곳이 없으니,

그 원한으로 기어이 흉년이 들어 사람들이 유리流離하여 떠돌게 되도다.

아아, 슬프도다! 이것이 시운인가 천명인가,

예부터 이와 같았으니 이를 어찌해야 하는가,

나라를 지키는 일은 사방의 오랑캐를 어떻게 대처하느냐에 달려 있느니라.

권6

6-1 대루원기〔待漏院記〕

왕우칭王禹偁

해설 | 왕우칭이 대리평사大理評事로 있을 때에 대루원待漏院 벽에 지어 붙인 것이다. 아마도 황명을 받고 지어서, 재상들이 경계하도록 했던 것으로 보인다.

천도天道는 말이 없는데도 만물이 융성하고 한 해의 업적이 이루어지는 것은 무엇 때문인가. 사시四時의 운행을 맡은 천리天吏와 오행의 운행을 맡은 천관天官이 만물을 생성하는 기氣를 적절하게 펼치기 때문이다. 성군聖君이 말이 없는데도 백성이 신뢰하고 만방이 평안해지는 것은 무엇 때문인가. 삼공三公이 바른 도를 논하고 육경六卿이 직분을 나누어 맡아 그 교화를 펼치기 때문이다. 이를 통하여 군주는 위에서 평안히 있고 신하는 아래에서 수고하는 것이 천도의 운행을 본받은 것임을 알게 된다.

옛날의 재상으로 천하를 잘 다스렸던 사람으로는 고요皐陶와 기夔로부터 방현령房玄齡과 위징魏徵에 이르기까지 그 수를 헤아릴 수 있을 정도로 많지가 않았다. 이들은 덕을 지니고 있었을 뿐 아니라 또한 모두가 부지런히 맡은 일에 힘썼다. 하물며 일찍 일어나서 밤늦게 자면서 오로지 군주 한 사람을 섬기는 것은 경이나 대부도 그와 같이 하는데, 더구나 재상이야 더 말할 것이 있겠는가.

조정이 건국 초부터 옛 제도를 이어받아, 재상이 조회할 시각까지 기다리며 머무는 대루원待漏院을 단봉문丹鳳門의 오른쪽에 설치했으니, 이는 정사에 부지런함을 보이고자 한 것이다. 황상께서 계신 대궐에 새벽이 되어 동방이 미처 밝아지기도 전에 재상이 대궐을 향해 출발하면 성은 밝게 횃불을 밝히고, 재상이 이르러 멈추면 수레의 방울 소리가 딸랑딸랑 울린다. 대궐 문은 아직 열리지 않았고 대궐 물시계의 물방울은 계속 떨어지고 있을 때에 일산을 걷고 수레에서 내려 여기에 머물며 대기한다. 이렇게 시간을 기다릴 때에, 재상은 무엇을 생각하고 있을까?

어떤 재상은 억조 백성이 평안하지 않으면 그들을 크게 평안하게 해줄 것을 생각하고, 사방의 오랑캐가 귀부하지 않으면 그들을 복속시킬 것을 생각하고, 전쟁이 그치지 않으면 이를 어떻게 그치게 할까 생각한다. 농토가 많이 황폐해졌으면 이를 어떻게 개척할까 생각하며, 현인이 초야에 있으면 내가 그들을 등용하리라 생각하고, 아첨하는 신하가 조정에 있으면 내가 그들을 물리치겠다고 생각한다. 육기六氣의 운행이 조화롭지 못하여 재앙이 거듭되면 책임지고 재상 자리에서 물러나 이를 물리치기를 바라며, 오형五刑이 제대로 행해지지 않아서 거짓과 속임수가 날로 일어난다면 덕을 닦아서 이를 바로잡기를 청하겠다 하면서, 근심하는 마음을 가득 지니고 있다가 해가 뜨기를 기다려 대궐로 들어가게 될 것이다. 구중궁궐의 대문이 열리면 황상께서는 사방에서 일어났던 일을 밝게 듣고자 매우 가까이 부르시어, 재상이 진언을 하면 군주가 이를 받아들여서, 황상의 교화가 이에 맑고 화평하게 퍼지고, 뭇 백성이 이로써 부유하고 평안해질 것이다. 이와 같다면 백관들을 총괄하며 만전萬錢의 녹봉을 받는 것이 요행이 아니요 당연한 것이다.

어떤 재상은 개인적인 원수를 아직 보복하지 못했으면 그를 쫓아낼 것을 생각하고, 과거에 입었던 사적인 은혜를 갚지 못했으면 그를 영화롭게 해줄 것을 생각한다. 자녀가 지닐 옥과 비단을 어떻게 마련할까, 거마와 좋아하는 기물을 어떻게 차지할까 하며, 간사한 인물이 권세에 아부하면 내가 그를 승진시켜야겠다 하고, 곧은 사람이 항의하면 내가 그를 내쫓아야겠다 한다. 세 계절(농사철)에 재앙이 일어났음이 보고되어 황상께서 근심하는 낯빛을 띠면 교묘하게 말을 꾸며서 기쁘게 해드리겠다 하고, 여러 관리들이 법을 농간하여 군주가 원성을 듣게 되면 아첨하는 용모를 꾸며서 어여쁘게 보여야겠다 하면서 사사로운 욕심을 끊임없이 일으키며 조는 체하고 앉아 있다가, 구중궁궐의 대문이 열리고 황상께서 여러 차례 돌아보시면, 재상이 뜻을 말하고 당시의 군주가 이에 미혹되어, 정치의 기본이 이 때문에 무너지고 황제의 지위가 이 때문에 위태롭게 된다. 만약 그렇게 된다면 죽임을 당하거나 감옥에 갇히거나 변방으로 유배당하는 것이 불행해서 초래된 것이 아니라 또한 마땅히 받아야 할 업보인 것이다.

이에 일국의 정사와 만인의 운명이 재상에게 달려 있음을 알게 되나니, 조심하지 않을 수 있겠는가.

위의 두 부류와는 다른 재상으로, 또한 비난받음도 없고 찬양받음도 없이 무리에 휩쓸려 나아갔다 물러났다 하면서, 자리나 차지하고 구차하게 녹봉만 타먹으면서 인원수나 채우고 몸이나 온전하게 보전하는 사람도 있는데, 이런 인물에게서는 또한 취할 것이 없다.

극시棘寺(대리시大理寺)의 하급 관리인 왕우칭王禹偁은 이렇게 글을 지어 대루원 벽에 써 붙이게 하여 이로써 집정자들이 경계할 일로 삼게 하고자 하노라.

6-2 황주 죽루기〔黃州竹樓記〕

왕우칭

해설 | 이 편은 왕우칭이 황주黃州로 폄적貶謫된 후에 성 모퉁이에 대쪽으로 지붕을 이은 작은 정자 죽루를 세우고, 이곳에서 좌천의 한을 풀고 세사世事에 초연하여 여가를 즐겼던 운치를 그린 것이다.

황강黃岡 땅에 대나무가 많은데 큰 것은 서까래 굵기만 하다. 죽공竹工이 이를 쪼개어 그 마디를 도려내고 기와 대신으로 쓰는데, 주변의 즐비한 집들이 모두 그렇게 하고 있으니, 값이 저렴하고 품이 덜 들기 때문이다. 황주성黃州城의 자성子城(본성本城에 딸린 소성小城) 서북쪽 모퉁이의 성가퀴가 허물어지고 잡초가 우거져 황폐해졌기에, 거기에 작은 루樓 두 칸을 지으니 월파루月波樓와 서로 통하였다. 멀리 산 빛을 머금고 있고 평평한 강 물결은 손으로 움킬 수 있을 듯이 가까이 보여서, 그윽하고 고요하고 멀고 아득한 절경을 필설로는 다 그려낼 수가 없다. 여름에는 소나기 내릴 때가 좋으니 폭포 쏟아지는 소리를 들을 수 있고, 겨울에는 싸락눈이 내릴 때가 좋으니 옥 부서지는 소리를 들을 수 있으며, 거문고 타기에 좋으니 거문고 음조가 온화하게 맑아지고, 시 읊기에 좋으니 시의 운율이 뛰어나게 청아해지며, 바둑 두기에 좋으니 바둑돌 소리가 통통 울리고, 투호하기에 좋으니 화살 소리가 쨍그렁쨍그렁 울린다. 이는 모두 대나무 지붕의 도움이 있어서이다.

공무를 마치고 퇴근한 여가에 학창의鶴氅衣를 입고 화양건華陽巾을 쓰고[1]

---

1 학창의鶴氅衣를……쓰고 : 학창의는 은자가 입는 흰색의 옷이고, 화양건은 은자가

손에는《주역周易》한 권을 들고 향을 피우고 묵묵히 앉아 속세의 생각을 떨쳐버린다. 밖의 강산에는 바람을 타고 가는 돛배와 모래톱에 앉아 있는 새들과 연기처럼 피어오르는 구름과 대나무 숲만이 차례로 보일 뿐이다. 술기운이 깨고 차 끓이는 연기가 사라질 때를 기다려서 지는 해를 전송하고 흰 달을 맞이하니, 이 또한 좌천되어 지내는 곳의 뛰어난 경관景觀이다. 저 한포韓浦가 세웠다는 제운루齊雲樓와 손권孫權이 세웠다는 낙성루落星樓[2]가 이 죽루보다 높기는 더 높고, 한 무제漢武帝가 세웠다는 정간루井幹樓와 위무제魏武帝가 세웠다는 여초루麗譙樓[3]가 화려하기는 더 화려하겠지만, 그 루들은 기녀들을 모아 즐기고 가무하는 자들을 모은 데 그쳤으니, 이는 시인들이 일삼을 바가 아니어서 나는 이를 취하지 않는 바이다.

내가 죽공에게 들으니 '대나무로 지붕을 잇게 되면 겨우 10년이 갈 뿐이고 만약 이중으로 덮는다면 20년을 갈 수 있다.' 한다. 아! 나는 지도至道 을미년乙未年(995)에 한림원翰林院에서 저주지사滁州知事로 나왔고, 병신년(996)에 양주楊州의 광릉지사光陵知事로 전근되었고, 정유년(997)에 다시 중서성中書省으로 들어갔다가 무술년(998) 섣달 그믐날에 제안齊安의 황주 태수로 가라는 명을 받고 기해년(999) 윤삼월에 군郡에 도착하였다. 이렇게 4년을 보내는 사이에 분주하게 지내느라 겨를이 없어서 명년에 또 어디에 있게 될지를 알 수 없었으니, 어찌 죽루가 쉽게 썩게 될 일을 두려워할 겨를이 있겠는가. 후임자가 나와 뜻을 같이 해서 뒤이어 지붕을 이어준다면 아마도 이 죽루는 썩지 않게 될 것이다.

함평咸平 2년(999) 8월 15일에 기記를 짓노라.

쓰는 두건이다.

2 저……낙성루落星樓 : 제운은 한포가 지은 누각樓閣으로 구름과 잇닿아 있을 만큼 높다 하여 이렇게 이름을 지은 것이고, 낙성은 손권이 지은 누각으로 유성이 떨어질 만큼 높다 하여 이렇게 이름을 지었다 한다.

3 정간루井幹樓와……여초루麗譙樓 : 정간은 한 무제가 지은 누대樓臺이고, 여초는 조조曹操가 지은 누대 이름으로, 이곳에서 크게 연회를 베풀었다 한다.

6-3 엄선생 사당기〔嚴先生祠堂記〕

범중엄范仲淹

해설 | 이 편은 범중엄范仲淹이 엄주嚴州 태수가 되었을 때에, 엄자릉嚴子陵의 사당을 세우고 그의 제사를 지내면서, 엄자릉과 후한後漢 광무제光武帝의 우정에 얽힌 고사를 바탕으로 하여 그의 고결한 품덕을 찬양한 것이다. 문장이 간결하고 엄정하면서도 뜻은 매우 웅장하고 활달하여, 후세 사람들이 '엄선생의 사적史蹟이 아니면 이런 문장에 알맞을 수가 없고, 범문정공范文正公의 문장이 아니면 이런 사실을 표현할 수가 없다.'라고 높이 찬양하였다.

선생先生[1]은 후한後漢 광무제光武帝의 친구였다. 서로 도의로써 존경했는데, 광무제가 적부赤符를 잡고 육룡六龍이 끄는 수레를 타고[2] 성인聖人으로서 천명을 받는 기회를 얻어 황제가 되어 억조창생을 신하로 삼았으니, 천하에 누가 그보다 더 존귀하였겠는가. 오직 선생만이 절의로써 높게 처신하여 감히 신하로 대할 수가 없었다. 그 후에 객성客星이 제좌帝座를 범하는 형

---

1 선생先生 : 엄광嚴光을 지칭한다. 엄광은 자가 자릉子陵이고 젊은 시절에 후한後漢을 개창開倉한 광무제光武帝 유수劉秀와 함께 공부를 하였다. 광무제가 즉위하자 부춘산富春山에 은둔하고 아무리 불러도 끝내 사절했던 인물이다.

2 광무제가……타고 : 적부는 예언서인 《적복부赤伏符》를 말한다. 후한後漢을 창건한 광무제光武帝 유수劉秀가 아직 등위登位하지 않았을 때에 강화彊華가 《적복부》를 올려 등위할 것임을 예언했다 한다. 육룡六龍이 끄는 수레를 탄다는 것은 《주역周易》 건괘乾卦에 이르기를, '때를 얻어 육룡이 끄는 수레를 타고 천도天道로 만물을 다스린다.' 하였으니, 천자로 등위함을 이른다. 즉 예언한 대로 광무제가 등위하여 천자가 되었음을 말한 것이다.

상이 나타나게 하고[3] 강호로 돌아와, 성인 광무제께서 맑게 살기를 허여해줌을 얻어, 고관대작의 벼슬을 진흙길을 가듯이 자신을 더럽히는 것으로 여기며 살았으니, 천하에 누가 그보다 뜻이 더 고매할 수 있겠는가. 오직 광무제만이 이를 인정하여 예를 다해 자신을 낮추어 겸손히 받들 수 있었을 뿐이었다.

《주역周易》 고괘蠱卦 상구효사上九爻辭에 '백성들이 바야흐로 치세를 만나 모두 출사하여 보필하고 있는데, 홀로 왕후王侯를 섬기지 않고 자기가 일삼는 것만을 높이 숭상한다.' 하였으니, 선생이 이 도를 행한 것이고, 둔괘屯卦 초구효사初九爻辭에 '양덕陽德이 바야흐로 형통하게 되어 군자가 천자의 정위正位에 군림君臨하는 상象이니, 만승萬乘의 귀한 몸이 되어서도 천한 사람에게 겸손할 수 있어서 크게 민심을 얻는다.' 하였는데, 광무제께서 이를 행한 것이다. 선생의 마음은 일월보다도 높이 솟아 있고, 광무제의 넓은 도량은 천지의 밖까지 포용함이 있으니, 선생이 아니었으면 광무제의 넓고 큰 도량을 널리 알게 할 수 없었을 것이고, 광무제가 아니었으면 또한 어찌 선생의 고상한 뜻이 이루어졌겠는가. 엄선생의 이러한 풍도는 욕심이 많은 사람을 청렴하게 하고 게으른 사람을 분발하게 해주니, 이는 명분과 교화에 크게 기여함이 있었던 것이다.

내가(범중엄范仲淹이) 이 고장의 태수로 부임하여, 비로소 사당을 짓고 제사를 지내고, 그 후손 네 집의 조세를 면제해주어 이로써 제사를 받들도록 하고, 이어 다음과 같이 노래하였노라.

구름어린 산은 푸르디 푸르고, 강에 흐르는 물은 넓고 깊도다.
선생께서 남기신 유풍은, 산처럼 높고 물처럼 영원하도다.

---

3 객성客星이……하고 : 광무제光武帝가 엄광嚴光을 불러서 그와 함께 잠을 자는데, 엄광이 다리를 황제의 배 위에 올려놓으니 이것이 천문의 성상星象에 나타나서 일관日官을 놀라게 했다는 것이다.

6-4 악양루기〔岳陽樓記〕

범중엄

해설 | 등자경滕子京이 악양루岳陽樓를 중수하고 범중엄에게 기문을 부탁하자 지어준 것이다. 작자의 흉금과 국량이 바로 악양루 및 동정호洞庭湖처럼 드넓음을 드러내었으며, 아울러 백성을 다스리는 사람이 지녀야 할 마음가짐을 분명하게 밝혀놓았다.

경력慶曆 4년(1044) 봄에 등자경滕子京이 좌천되어 파릉군巴陵郡의 태수가 되었는데, 이듬해가 되자 정치는 소통이 잘되고 백성들은 화합하여, 폐지되었던 갖가지 좋은 제도가 다시 모두 되살아났다. 이에 악양루岳陽樓를 중수하여 옛 건물보다 넓히고 당唐나라의 현인들과 이 시대 사람들이 지은 시부詩賦들을 그 위에 판각해놓고, 나에게 그 경위를 기록한 기문을 지어달라고 청하였다.

내가 살펴보건대 파릉군의 뛰어난 경치는 동정호洞庭湖라는 호수 하나에 다 모여 있다. 먼 산 그림자를 머금고 있고 장강이 흘러들어 끝없이 드넓게 펼쳐져 있어 그 끝을 헤아릴 수 없으며, 아침 해가 뜰 때와 저녁 그늘이 질 때에 그 경치가 천태만상으로 변화한다. 이것이 악양루에서 본 대체적인 경관이며, 이전 사람들도 이를 모두 기록해놓았다. 그런데다 북으로 무협巫峽과 통하고 남으로 소수瀟水·상수湘水의 끝과 이어져 있어서 좌천된 나그네와 시인들이 이곳에 많이 모여드는데, 그들이 이 누각에 올라 경치를 감상하는 마음이 서로 다르지 않을 수 있겠는가.

만약 장맛비가 계속 내려 몇 달 동안 개지 않고 음산한 바람소리가 성내듯

외쳐대며 혼탁한 물결이 공중으로 치솟아서 해와 별이 빛을 숨기고 산악이 형체를 감추고 있으면, 상인과 여행객이 탄 배들도 운행하지 않아 돛대는 기울어 있고 노는 꺾여 있으며, 해 질 녘이 되어 어스름해지면 호랑이가 으르렁대고 원숭이가 울어대는데, 이럴 때에 이 누각에 오른다면 도성을 떠난 몸으로 고향을 그리워하고 참소를 근심하며 비판을 두려워하게 되어, 눈 가득히 보이는 경치가 쓸쓸해보여서 감회가 극에 달하여 슬퍼하는 사람이 있게 될 것이다.

만약 봄볕은 따사롭고 경치는 선명하며 물결도 일지 않아, 위아래로 비치는 하늘빛이 드넓은 호수에 한 빛깔로 푸르고, 모래톱엔 갈매기 떼들이 날아들고 비단처럼 고운 물고기들이 헤엄을 치며 언덕의 지초芷草와 물가의 난초蘭草는 향기를 발하며 짙푸르고, 드넓게 펴졌던 안개가 모두 개고 밝은 달이 천 리를 비추게 되면, 일렁이는 달빛은 황금덩이가 약동하는 듯하고 고요한 그림자는 벽옥이 잠겨 있는 듯하다. 어부들이 노래하고 화답하니, 이 즐거움이 얼마나 지극하겠는가. 이럴 때에 이 누각에 오른다면 마음이 넓어지고 정신이 평안해져서, 속된 영예와 모욕을 모두 잊고 술잔을 잡고 바람을 쐬며 그 즐거움이 가득 넘치는 사람이 있게 될 것이다.

동정악루洞庭岳樓

아아! 내가 일찍이 옛 어진 사람들의 마음을 생각해보건대 아마도 이 두 부류 사람들이 품었던 마음과는 달랐던 듯하니, 무엇 때문인가. 옛날의 어진 사람은 외물 때문에 기뻐하는 일이 없고 자신이 당한 일 때문에 슬퍼하는 일도 없었다. 조정의 높은 자리에 있게 되면 그 백성을 걱정하고, 멀리 강호에 물러나 있으면 그 군주를 걱정하였다. 이는 벼슬에 나아가도 근심하고 물러나도 근심한 것이니, 그렇다면 어느 때엔들 즐거워할 일이 있었겠는가. 그런 사람은 반드시 "천하 사람들이 근심할 일을 앞장서서 근심하고, 천하 사람들이 모두 즐거워진 후 맨 나중에 즐거워하겠다." 했을 것이로다.

아아! 이런 마음을 가진 어진 사람이 없다면, 내가 그 누구와 더불어 바른 도로 돌아갈 수 있겠는가.

6-5 홀笏로 뱀을 쳐 죽인 데 대한 명문銘文〔擊蛇笏銘〕

석개石介

해설 | 이 편은 공도보孔道輔가 영주자사靈州刺史의 보좌관으로 있을 때에 관원들과 주민들이 용으로 섬기던 요망한 뱀을 홀笏로 쳐 죽이고 미신을 타파한 공로를 찬양하며, 불의와 이단의 배척에 명심하도록 경계한 것이다.

천지가 지극히 크다보니 사악한 기가 그 사이에 끼어 있기도 해서, 흉포하고 잔악하게 해치는 짓을 하는데도 그것이 멋대로 자행하도록 내버려두기도 하니, 마치 천지가 이 사악한 기를 배태하고 길러주며 이를 막지 않는 것 같기도 하다. 사람이 천지 사이에서 가장 신령하게 태어났는데, 더러는 이단의 무리가 밖으로 나와서 요망하고 괴이한 짓을 하고 음란하고 그릇된 짓을 하는데도 그 괴이한 행태를 그냥 내버려두기도 하니, 마치 사람들이 이를 가려주고 덮어주어 드러나지 않게 하는 것 같기도 하다.

상부祥符 연간(1008~1016)에 영주寧州의 도관道觀인 천경관天慶觀에 어떤 뱀이 있어 요망하게 매우 괴이한 짓을 하였다. 군郡의 자사刺史가 하루에 두 번씩 그 뜰에 이르러 인사를 올리니, 사람들은 이를 용으로 여겨서 고을 내외 원근의 뭇 백성들 가운데 급히 달려와 천경관 문에서 치성致誠을 드리지 않는 이가 없어서, 공손하고 엄숙하게 받들기를 감히 게을리하는 자가 없었다.

지금 용도각龍圖閣의 대제待制로 있는 공공孔公(공도보孔道輔)이 당시에 이 고을 자사의 보좌관으로 있었으므로, 또한 그 뜰로 자사를 따라갔다. 공이 말하기를, "이승에는 예악禮樂을 받드는 사람이 있고 저승에는 귀신이 있는 법인데, 이 뱀이 이런 질서를 그르치는 것이 아닌가. 우리 백성들을 그릇된 길로 오도하고 우리의 풍속을 어지럽히고 있으니 죽여 용서하지 말아야 한다." 하고, 손에 잡고 있던 홀笏로 그 머리를 쳐서 자사 앞에서 죽여 버리니, 보통 뱀과 다를 것이 없었다. 이에 군의 자사 및 내외 원근의 뭇 백성들이 어리석음에서 밝게 벗어나 푸른 하늘의 밝은 태양을 보는 것 같이 깨달았다. 그 때문에 흉포하고 잔악한 짓을 멋대로 행하거나 요망하고 그릇된 짓이 이루어지지 않게 되었다. 《주역周易》에서, '이 때문에 귀신의 실상을 알게 되었다.' 한 것이 공이 행한 이런 일을 이르는 것이로다.

천지 사이에는 순강純剛하고 지정至正한 기氣가 있어서 이것이 어떤 경우에는 물건에 어려 있기도 하고 어떤 경우에는 사람에 어려 있기도 한데, 사람은 죽게 되어 있고 물건은 없어지게 되어 있으나, 이 순강지정한 기는 없어지지 않고 성대하게 존재해서 억만 년이 되도록 두루 퍼져 영원히 남아 있다.

요堯임금 때에는 그 순강지정한 기가 지녕초指佞草가 되었고,[1] 노魯나라에서는 공자孔子가 소정묘少正卯를 처형한 칼날이 되었고,[2] 진晉나라나 제齊나라에서는 동호董狐와 남사씨南史氏의 사필史筆이 되었고,[3] 한 무제漢武帝 때에는 동방삭東方朔의 창이 되었고,[4] 한 성제漢成帝 때에는 주운朱雲의 칼이 되었

---

1 요堯임금 때에는……되었고 : 지녕초는 요임금 때에 대궐 뜰에 있었던 풀로 아첨하는 간신이 조정에 들어오면 굽혀서 그를 가리켰다 한다. 즉 당시에 천지의 순강하고 지정한 기운이 이 풀에 응집凝集되어 있었다는 것이다.

2 노魯나라에서는……되었고 : 공자가 노魯나라 사구司寇가 되어 재상의 일을 대리代理하게 되자, 제일 먼저 극악한 대부 소정묘의 목을 칼로 베어 저자에 효수梟首하였으니, 당시에 천지의 정기正氣가 그 칼에 응집되어 있었다는 것이다.

3 진晉나라나……되었고 : 동董은 진晉나라의 사관 동호董狐를 지칭하는 것으로, 집권자 조순趙盾의 잘못을 직서直書했고, 사史는 제齊나라의 사관 남사씨南史氏 3형제를 지칭하는 것으로, 집권자 최저崔杼가 군주를 시해弑害한 것을 직서하고 죽었으므로, 당시 천지의 정기가 그들의 사필史筆에 응집되어 있었다는 것이다.

4 한 무제漢武帝……되었고 : 한 무제가 총애寵愛했던 소인小人 동언董偃에 대하여 동방삭이 창으로 그를 찌르려 하면서 내칠 것을 강청強請하였으니, 당시에 천지의

고,[5] 동한東漢에서는 장강張綱의 수레바퀴가 되었으며,[6] 당唐나라에서는 한유韓愈의 〈논불골표論不骨表〉와 〈축악어문逐鰐魚文〉이 되었고,[7] 단태위段太尉가 주차朱泚를 가격한 홀笏이 되었더니,[8] 이제는 공공孔公이 뱀을 가격한 홀(격사홀擊蛇笏)이 된 것이다. 그 때문에 아첨하는 자가 제거되어 요임금의 덕이 밝게 행해졌고, 소정묘가 처형되자 공자의 도가 시행되었고, 조돈趙盾을 단죄하니 진나라 사람들이 두려워하게 되었고, 최자崔子를 죄주자 제나라의 형벌이 밝아졌고, 동언董偃의 횡포를 막고 장우張禹의 간계를 꺾고 양기梁冀를 탄핵하니 한나라가 잘 다스려졌고, 불교와 도교가 약화되자 성인의 도가 행해졌고, 악어가 옮겨가니 조주潮州의 근심거리가 없어졌고, 주차가 부상당하자 당나라가 진흥되었고, 괴이한 뱀이 죽자 요망한 기운이 흩어졌다.

아아! 천지의 순강하고 지정한 기가 모여 공의 홀에 응취凝聚되었으니, 어찌 다만 한 마리의 뱀을 죽이는 데 그칠 뿐이겠는가. 대궐의 뜰 아래에서 황상을 기망하고 백성을 속이며 황상의 뜻을 미리 헤아려서 비위를 맞추고 순종하는 자가 있으면 공이 이 홀로 지적하고, 정사당政事堂 위에서 어진 사람

정기가 그 창에 응집되어 있었다는 것이다.

5 한 성제漢成帝……되었고 : 한 성제 때의 명신名臣 주운이 황제의 검을 빌어 간신 장우張禹의 목을 베겠다고 나섰다가 고초를 겪었으니, 당시 천지의 정기가 그 칼에 응집되어 있었다는 것이다.

6 동한東漢에서는……되었으며 : 동한東漢(후한後漢) 순제順帝가 장강을 어사御使에 임명하여 지방의 민심을 살피라 하자, 장강이 타고 갈 수레의 바퀴를 땅에 묻고 "승냥이와 이리가 조정 안에 있는데, 그보다 덜 사나운 지방의 여우와 너구리는 따져 무엇하겠습니까?" 하고 권력을 농단하는 환관宦官 양기梁冀를 탄핵하였으니, 당시 천지의 정기가 그 수레바퀴에 응집되어 있었다는 것이다.

7 당唐에서는……되었고 : 당대唐代에 한유가 〈논불골표〉를 지어 올려 황제가 불교惑信를 신봉하는 것을 비판하여 이단을 배격하였고, 〈축악어문〉을 지어 조주潮州의 생민生民을 괴롭히는 악어들을 쫓아냈으니, 천지의 정기가 이 두 문장에 응축되어 있었다는 것이다.

8 단태위段太尉가……되었더니 : 당 덕종唐德宗 때에 태위太尉 단수실段秀實이 모반謀反을 도모하는 주차의 얼굴을 홀로 가격加擊하고 죽임을 당했으니, 당시 천지의 정기가 그 홀에 응집되어 있었다는 것이다.

을 가로막고 악한 자를 덮어주며 법을 어기고 기강을 어지럽히는 자가 있으면 공이 이 홀을 휘둘러 이를 지적하고, 조정 안에서 아첨하는 얼굴로 간사한 빛을 띠고 사악한 자에 붙어서 정직한 사람을 배반하는 자가 있으면 공은 이 홀로 그들을 쳐야 할 것이다. 대저 이렇게 할 수 있다면 대궐의 뜰아래에서 불인不仁한 자가 제거될 것이고, 정사당 위에 간사한 신하가 없어질 것이며, 조정 안에 아첨하는 사람이 없게 될 것이다. 이렇게 되는 것이 바로 순강지정한 기가 응취凝聚된 홀이 세운 공로일 것이니, 어찌 한 마리의 뱀을 제거함에 그칠 뿐이겠는가. 공이 이 홀을 가지고 이런 임무를 수행하고, 홀이 공을 만나서 이렇게 제대로 쓰여진다면, 공은 바야흐로 조정의 방정한 인물이 되고 홀은 바야흐로 공의 뛰어난 기물이 될 것이다. 이에 감히 공의 덕을 칭송하는 〈격사홀명擊蛇笏銘〉을 다음과 같이 짓노라.

지정한 기가 천지에 있는데,
홀은 영물이어서 홀이 드디어 그 기를 받았도다.
홀이라는 물건이 순강하고 정직한 기를 띠게 되자,
공만이 오직 방정한 사람이어서 공이 드디어 이를 얻게 되었도다.
그 홀이 공에게 있었으므로 음란함과 요사함을 깨트릴 수 있었고,
공이 조정에 있었으므로 모함하는 사람이 없어졌도다.
신령한 기가 마르지 않는 한 이 홀은 꺾이는 일이 없을 것이고,
바른 도가 없어지지 않는 한 이 홀은 버려지지 않을 것이다.
오직 공만이 이를 보배로 삼았으니, 그 빛남이 성대하도다.

6-6 간원에 간관들의 이름을 새겨놓다〔諫院題名記〕

사마광司馬光

해설 | 이 편은 168자의 간결한 문장이면서도 할 말을 남김없이 다하였으며, 정치의 본질과 간관諫官이 지켜야 할 직무에 대하여 간명하게 밝혀놓았다.

옛날에는 간언諫言을 담당한 관직이 따로 없어서 공경대부로부터 공상인工商人에 이르기까지 간할 수 없는 사람이 없었는데, 한漢나라가 건국된 이후 비로소 간관諫官을 두었다. 천하의 정치와 온 천하 백성들의 잘되고 잘못됨과 이롭고 해로움을 한 관청에 집중시켜 그곳에서 말하게 하니, 그 임무가 또한 중대하게 되었다. 이 관직을 맡은 사람은 마땅히 그 큰 문제를 간하기에 뜻을 두어 세세한 일은 제쳐놓으며, 급한 일을 우선으로 하고 늦춰도 될 일은 뒤로 미루어서, 오로지 국가를 이롭게 하는 일만을 하고 자신의 이익을 도모하는 일은 하지 말아야 한다. 저들 가운데 명예를 얻기에 급급한 사람은 이익을 얻기에 급급한 사람과 같으니, 그 둘 사이의 거리가 어찌 멀겠는가.

천희天禧 초년(1017)에 진종眞宗께서 조칙을 내려 간관 여섯 명을 두게 하여 그 일을 담당하는 책무를 맡겼다. 경력慶曆 연간(1041~1048)에 전곤錢昆[1] 군이 처음으로 그들의 이름을 현판에 기록해놓았는데, 나는 이 현판이 오래되면 더럽혀지고 없어지게 될까 두려워서 가우嘉祐 8년(1062)에 이를 돌에 새겨

1 전곤錢昆 : 당시에 우간의대부右諫議大夫로 있었다.

드러내었으니, 후세 사람들이 장차 그 이름을 하나하나 가리키며 비평하기를, '아무개는 충직하게 말했고, 아무개는 속임수를 썼으며, 아무개는 직언을 했고, 아무개는 왜곡하여 말했다.' 할 것이니, 아아! 두려워하지 않을 수 있겠는가.

6-7 독락원기〔獨樂園記〕

사마광

해설 | 이 편은 사마광이 우수迂叟라 자호自號하고, 벼슬에서 물러나 독락원獨樂園이라 이름을 지은 원포園圃에 뜻을 붙이고 살면서, 전원생활의 즐거움을 간결하게 표현한 것이다.

우수迂叟가 평소에 독서를 할 때에 위로는 성인聖人을 스승으로 받들고 아래로는 여러 현인賢人들을 벗으로 삼아서, 인의仁義의 근원을 엿보고 예악禮樂의 실마리를 탐구하였다. 그리하여 천지의 만물이 아직 생기기 이전 까마득한 옛날부터 사방 무궁한 공간에 이르기까지 사물의 이치가 모두 눈앞에 모여 펼쳐져 있는데, 그 가운데 배울 수 있는 것을 배우기는 하였지만 아직 지극한 경지에 이르지는 못하였다. 대저 독서를 통하여 배울 수 있는 것을 어찌 남에게서 구하겠으며, 어찌 독서 이외의 다른 데서 얻기를 바라겠는가.

이를 추구하다가 마음에 권태를 느끼거나 몸이 피곤해지면, 낚싯대를 던져 고기를 낚기도 하고, 소매를 걷고 약초를 캐기도 하며, 봇도랑을 터놓아 꽃밭에 물을 대기도 하고, 도끼를 잡고 대나무를 쪼개기도 하며, 더위를 씻어내고자 세수를 하거나, 높은 곳에 올라 여기저기 바라보며 느릿느릿 거닐면서 오직 뜻에 맞는 대로 할 뿐인데, 밝은 달은 때맞추어 솟아오르고 맑은 바람은 저절로 불어온다. 다닐 때에 내 뜻과 다르게 억지로 끌려다님이 없고, 머물 때에 방해받는 바가 없어서, 눈·귀·폐·장 등 모든 육신을 거두어 내 뜻대로 부리는 소유所有로 삼아, 나 홀로 드넓어지고 늠름해진다. 천지 사이에 다시 어떤 즐거움이 이를 대신할 수 있는지 알지 못하겠도다. 그 때문에 이 모든 즐거움을 합하여 원포園圃의 이름을 독락獨樂이라 지었노라.

6-8 〈맹상군전〉을 읽고〔讀孟嘗君傳〕

왕안석王安石

해설 | 이 편은 《사기史記》 〈맹상군전孟嘗君傳〉을 읽고 쓴 독후감이다. 〈맹상군전〉에 '진소왕秦昭王이 맹상군을 잡아두고 귀국하지 못하게 하자, 맹상군은 개구멍으로 들어가 도둑질 잘하는 사람의 도움으로 도망쳐서 한밤중에 함곡관函谷關에 이를 수 있었고, 닭 울음 흉내를 잘 내는 사람의 도움을 받아 관문을 벗어날 수 있었다.' 하여, 맹상군이 문객들을 귀천을 가리지 않고 모두 잘 예우하였으므로 그들 덕에 곤경을 모면했던 일을 찬양하였다. 왕안석은 맹상군이 계명구폐鷄鳴狗吠 흉내나 내는 소인배들의 우두머리에 불과했으므로 더 큰 일을 할 수 없었다고 폄하한 것으로, 87자로 이루어진 짧은 문장 속에 날카로운 비판안批判眼과 탁견이 드러나 있어서, 단문 중에서 최고의 걸작이라는 평을 받았다.

세상 사람들이 모두 '맹상군孟嘗君이 선비들의 마음을 잘 얻어서 선비들이 이 때문에 그에게 의탁하였고, 마침내 그들의 힘을 빌려 범과 표범처럼 사나운 진秦나라에서 탈출할 수 있었다.'라고 찬양하는데, 안타깝도다! 맹상군은 다만 닭 울음을 흉내 내고 개구멍으로 들어가 도둑질하는 무리들의 우두머리일 뿐이었으니, 어찌 족히 인재를 얻었다고 말할 수 있겠는가. 그렇지 않았다면, 그가 제齊나라의 강성함을 독차지하고 있었으니, 한 사람의 제대로 된 인재만 얻었다 해도 의당 이로써 남면南面하고 왕 노릇 하며 진나라를 제압할 수 있었을 것이니, 어찌 닭 울음이나 흉내 내고 개구멍으로 들어가 도둑질하는 사람의 힘을 빌릴 필요가 있었겠는가. 닭 울음이나 흉내 내고 개구멍으로 들어가 도둑질하는 사람들이 그의 문하에 출입한 것, 바로 이것이 뛰어난 인재들이 찾아오지 않은 이유였던 것이다.

6-9 범사간范司諫에게 올린 편지〔上范司諫書〕

구양수歐陽脩

해설 | 이 편은 범중엄范仲淹이 간관諫官이 되고도 간언을 하지 않자, 편지를 보내어 간언을 하도록 벗으로서 책선한 것이다. 그 후에 구양수 자신도 경력慶曆 연간(1041~1048)에 간관에 제수되어 범중엄, 채양蔡襄, 여정余靖과 함께 모두 간쟁을 잘한 사람으로 명성을 떨쳐서 경력사간관慶曆四諫官이라 칭해졌다.

지난달 어느 날 진주원進奏院의 관보官報를 얻어 보니 '진주陳州에서 대궐로 소환되어 사간司諫에 임명되었다.' 하였기에, 곧 한 통의 편지를 올려 축하하려 하였으나 일이 많고 바빠서 올리지 못했습니다. 사간은 7품관에 불과해서 집사執事께는 그 지위를 얻은 것이 기뻐하실 일도 아니겠지만, 제가 축하하려 하는 것은, 진실로 간관이라는 직책에는 천하 정치의 득실과 한 시대의 공론이 관련되어 있어서입니다.

이 시대의 관직이 구경九卿 등 온갖 관직〔百官〕으로부터 밖으로는 한 군현의 관리에 이르기까지 그가 품고 있는 도道를 실천할 만한 귀한 벼슬이나 큰 관직이 없는 것이 아닙니다. 그러나 현령이 행하는 일이 그 현의 경계를 넘거나 군수가 행하는 일이 그 군의 경계를 벗어나게 되면, 비록 현명한 수령이라 해도 영향력을 행사할 수 없는 것은 그가 담당한 지역의 한계가 있기 때문입니다. 이부吏部의 관원이 병부兵部의 일을 처리할 수 없고 홍로시鴻臚寺[1]의 경卿

1 홍로시鴻臚寺 : 의례儀禮와 귀화한 만이蠻夷의 관리를 맡았던 관청이다.

이 광록시光祿寺[2]의 일을 처리할 수 없는 것도 그들이 담당한 한계가 있기 때문입니다. 천하 정치의 득실과 백성의 이해利害와 사직을 유지할 큰 계책 등을 오직 보고 들은 대로 처리하여 맡은 직분의 한계에 얽매이지 않음은 오직 재상만이 행할 수 있고, 간관만이 말할 수 있을 뿐입니다.

그러므로 선비로서 옛 성인聖人의 도를 배워 품고 있는 사람이 조정에서 벼슬을 할 때에, 재상이 될 수 없다면 반드시 간관이 되려 하였으니, 간관의 지위가 비록 낮기는 하지만 하는 일은 재상과 대등해서였습니다. 천자가 "옳지 않다." 해도 재상은 "옳습니다." 할 수 있고, 천자가 "그렇다." 해도 재상은 "그렇지 않습니다." 할 수 있어서 정사당政事堂 위에 앉아 천자와 옳고 그름을 서로 따질 수 있는 사람이 바로 재상입니다. 천자가 "옳다." 해도 간관은 "그릅니다." 할 수 있고, 천자가 "반드시 행해야 한다." 해도 간관은 "행해서는 절대로 안 됩니다." 하면서 궁전의 뜰 앞에 서서 천자와 옳고 그름을 다툴 수 있는 사람이 바로 간관입니다. 재상은 존귀한 지위여서 그가 품고 있는 도를 행할 수 있고, 간관은 낮은 지위지만 말을 할 수 있으니, 그 말이 행해진다면 그가 품고 있는 도 또한 행해지는 것입니다.

구경九卿과 백사百司와 군현의 관리는 한 분야의 직무를 담당하고 있으므로 맡고 있는 한 분야의 직무에만 책임을 지지만, 재상과 간관은 천하의 일에 관련되어 있으므로 또한 천하의 모든 일에 책임을 져야 합니다. 그리고 재상과 구경 이하 모든 관원들로서 직무를 그르친 사람은 담당 관청으로부터 책임 추궁을 받지만 간관으로서 직무를 그르친 사람은 군자들의 비판을 받게 되는데, 담당 관청에서 행하는 법은 한때에 행해지고 그칠 뿐이지만 군자들의 비판은 서책에 기록되어 환하게 밝혀져서 백세百世까지 전해지며 없어지지 않으니, 심히 두려워할 일입니다. 대저 7품의 관리가 천하에 대한 책임을 지고 백세 후의 비판을 두려워해야 하니 어찌 중하지 않을 수 있겠습니까. 그러므로 훌륭한 자질을 지닌 현명한 사람이 아니면 간관의 직무를

---

2 광록시光祿寺 : 궁중의 선식膳食과 장막 등을 담당한 관청이다.

행할 수 없습니다.

근자에 집사께서 진주에서 소환되자 낙양洛陽의 사대부들이 서로 말하기를 "우리가 범군范君을 안다는 것은, 그의 자질을 아는 것이다. 그가 와서 어사御使가 되지 않는다면 반드시 간관이 될 것이다." 하였는데, 명이 내려짐에 이르러 과연 그렇게 되었습니다. 그렇게 되자 또 서로 말하기를 "우리가 범군을 안다는 것은, 그의 현명함을 아는 것이다. 후일에 천자의 뜰 아래 서서 곧은 말과 엄정한 낯빛으로 조정에서 정면으로 논쟁을 할 사람은 다른 사람이 아니고 틀림없이 범군일 것이다." 하였습니다. 그런데 간관에 임명된 이래로 머리를 들고 발돋움을 하고 그런 소문이 있기를 기다렸지만 끝내 들리지 않으니, 적이 당혹스럽습니다. 낙양의 사대부들이 앞서 한 말은 예상한 것이 맞았지만 뒤에 기대했던 말은 제대로 예측하지 못했던 것입니까? 아니면 집사께서 기다렸다 하려는 일이 있어서입니까?

과거 한퇴지韓退之가 〈쟁신론爭臣論〉을 지어 양성陽城이 힘을 다해 간하지 않음을 비판한 일이 있었습니다. 양성이 드디어 간언을 훌륭하게 한 것으로 이름을 드날리자, 사람들은 모두 '양성이 간하지 않았던 것은 기다릴 일이 있어서 그렇게 한 것이거늘, 한퇴지가 그 뜻을 알지 못하고 함부로 비판했다.' 하였지만, 저는 홀로 그렇지 않다고 생각합니다. 한퇴지가 〈쟁신론〉을 지을 때에 양성은 간의대부諫議大夫가 된 지 이미 5년이 되었습니다. 그 후 또 2년이 지나서야 비로소 조정에서 육지陸贄를 축출함이 부당함을 논하고 배연령裵延齡이 재상이 되는 것을 저지하여 마지麻紙에 쓴 조서를 찢고자 함에 이르렀으니, 겨우 이 두 가지를 간함에 그쳤을 뿐입니다. 덕종德宗이 다스리던 때에 사건이 많았다고 말할 수 있고, 벼슬을 주고 받는 일에 합당함을 잃어서, 반역을 도모하는 장수와 과도하게 권세를 휘두르는 억센 신하가 천하에 늘어서 있었고, 또 서로 시기하는 일이 많아서 소인을 발탁해서 임용했습니다. 이런 때에 어찌 간언할 말이 한 가지도 없어서 7년을 기다렸단 말입니까. 당시의 일 가운데 어찌 배연령을 저지하고 육지의 일을 논한 두 가지 일보다 급한 일이 없었겠습니까. 아침에 간관에 임명되었으면 바로 그 저녁에 상주하는 소를 올렸어야 마땅했다고 생각합니다. 요행히 양성이 간관이 된 지 7년 만에 마침 배연령과 육지의 사건을 만나서 한 번 이를 간하고 물러나, 이로써 그 간관으로서의 책임을 모면할 수 있었습니다. 그때에 만약 5년이나 6년 만에 간관의 직무를 마치게 하고 국자사업國子司業으로 전근을 시켰다면, 이는 끝내 한 마디 간언도 못한 채 임무를 마치고 물러나게 되었을 것이니, 그 일에서 취할 바가 무엇이 있겠습니까. 지금 관직에 있는 사람은 대체로 3년 만에 한 번씩 전임轉任되고, 어떤 경우에는 1, 2년 만에 바뀌기도 하고, 심한 경우에는 반년 만에 옮기기도 하니, 이는 또한 7년을 기다릴 수 있는 것이 아닙니다.

지금 천자께서는 갖가지 정사를 몸소 처결하셔서 교화와 다스림이 맑고 밝게 드러나고 있으니 비록 사건이 없다고 할 수도 있겠지만, 그러나 천 리 밖에 있는 집사를 칙서를 내려 불러들여 이 관직에 임명하신 것이 어찌 바른 비판을 들으시고 직언을 기쁘게 받아들이고자 해서가 아니겠습니까. 그런데도 이제 간언을 해서 천하로 하여금 조정에 바른 선비가 있음을 알게 하거나, 우리 군주께서 간언을 받아들이시는 명철하심을 밝게 드러내도록 했다는 말은 들은 일이 없습니다. 대저 베옷 입고 가죽 띠를 두르고 벼슬하지 않고 있는 선비들이 초가에서 곤궁하게 살며 앉아서 서사書史를 암송하며 늘 임용되지 못함을 원망하다가, 임용이 되면 또 말하기를, "저 문제는 내가 맡은 일이 아니니 감히 말할 수 없다." 하고, 더러는 말하기를, "내 지위가 낮아서 말할 수 없다." 하고, 말할 수 있는 지위를 얻고는 또 말하기를, "나는 기다리는 일이 있다." 한다면, 이는 끝내 한 사람도 간언하는 사람이 없는 것이니, 애석하지 않을 수 있겠습니까.

엎드려 생각하건대 집사께서는 천자께 간관으로 임용을 받게 된 의미를 생각하시고, 백세 후까지 남을 군자들의 비판을 두려워하셔서, 한 번 훌륭한 말씀을 아뢰어 많은 사람들의 엄중한 기대에 부응하시고, 또한 낙양 사대부들이 품고 있는 의심을 풀어주신다면, 매우 다행이겠습니다.

6-10 상주 주금당기〔相州晝錦堂記〕

구양수

해설 | 이 편은 위국공魏國公 한기韓琦가 재상으로서 치적을 남기고 노퇴老退하자, 황제는 그가 노후에 평안을 누릴 수 있도록 하고자 무강군절도사武康軍節度使에 보補하여 그의 고향 상주相州를 다스리게 하였다. 이에 그곳에 주금당晝錦堂을 지었는데, 이것이 범인처럼 금의환향錦衣還鄕을 즐기려 한 것이 아니고 오직 도道를 닦으며 충의를 지키기에 힘쓰려 한 것이었음을 주금당시晝錦堂詩를 지어 드러내었다. 이에 구양수가 이 기記를 지어 그의 뜻을 찬양한 것이다.

벼슬하여 장상將相에 이르고 부귀富貴해져 고향에 돌아오는 것, 이것은 인정人情이 영예로 여기는 것이고 이는 지금이나 옛날이나 동일하다. 선비가 곤궁할 때를 당하여 마을에서 고난을 겪게 되면, 어리석고 못난 사람들과 어린이들까지도 만만하게 보면서 그를 멸시한다. 예를 든다면 계자季子(소진蘇秦)는 그의 형수에게도 예우를 받지 못하였고,[1] 주매신朱買臣은 그의 아내에게도 버림을 받았다.[2] 그러다 어느 날 갑자기 사마駟馬가 끄는 높은 수레를 타고 기모旗旄를 잡은 자가 앞에서 인도하고 말을 탄 군졸이 뒤에서 옹위

1 계자季子(소진蘇秦)는……못하였고 : 계자는 전국시대 합종책合縱策을 주장했던 소진의 자이다. 소진이 유세遊說에 실패하고 곤궁해져서 집으로 돌아오니 형수와 아내조차 그를 홀대했음을 말한 것이다.

2 주매신朱買臣은……받았다 : 주매신은 한 무제漢 武帝 시기의 사람이다. 가난하여 나무장사를 하면서 서책을 암송하자 아내가 이를 부끄럽게 여겨 남편을 버리고 개가改嫁했음을 말한 것이다.

하게 되자, 길 양옆에 늘어선 사람들이 서로 어깨를 나란히 하고 발을 모아 우러러보며 감탄하고, 이른바 전에 멸시했던 못난 사람과 어리석은 부인도 분주하게 놀라 땀을 흘리며 부끄러워 부복해서 수레가 일으키는 먼지와 말발굽 사이에서 자신의 죄를 뉘우쳤다. 이는 한 사람의 선비가 당시에 뜻을 얻어 의기가 성盛해진 것인데, 옛사람들은 이를 출세하여 비단옷을 입고 고향에 온 영화에 비유하였다.

오직 대승상大丞相 위국공魏國公만은 그렇지 않았다. 공은 상주相州 사람이었는데, 대대로 훌륭한 덕이 있어서 당시의 명경名卿이 되었고, 공은 젊었을 때에 이미 과거에 뛰어난 성적으로 뽑혀서 현달한 벼슬에 올랐으며, 온 천하의 선비들이 소문을 듣고 빛나는 치적을 기대한 것이 또한 여러 해가 되었으니, 이른바 장상將相이 되어 부귀하게 된 것은 모두 공이 당연히 평소에 지니고 있던 자질대로 된 것이어서, 곤궁해져서 고통을 겪던 사람이 요행히 한때에 뜻을 얻어 일반 사람과 어리석은 부녀자들이 예상하지 못했던 출세를 하여 그들을 놀라게 하고 자랑하며 빛을 내는 것과는 달랐다. 그러므로 높은 깃발과 큰 깃발 장식이 공을 영예롭게 하기에 부족하고, 공이 잡고 있는 환규桓圭나 곤면袞冕이 공을 귀하게 하기에 부족하다. 오직 백성에게 덕德을 베풀고 사직에 공적을 세워서 이를 금석金石에 새겨놓고 명성이 시로 전파되어 이로써 후세에 빛나게 되고 무궁토록 전해지는 것, 바로 이것이 공의 뜻이었고, 선비들 또한 이로써 공에게 기대했던 것이니, 어찌 다만 한때에 과시하고 한 고장에서 영화로 여기게 하는 데 그칠 뿐이었겠는가.

공이 지화至和 연간(1054~1055)에 일찍이 무강군武康軍의 절월節鉞을 잡고 상주로 와서 다스릴 때에, 곧 주금당晝錦堂을 후원에 짓고, 그 후에 다시 시를 빗돌에 새겨 상주 사람들에게 남겨주었다. 그 시에 고향에 돌아와 은혜와 원수를 시원하게 갚고 명예를 뽐내는 것은 비루한 일이라고 하였으니, 옛사람들이 과시했던 것을 영예로 여기지 않고 도리어 경계할 일로 삼았던 것이다. 여기에서 공이 부귀를 어떻게 대하였는지 볼 수 있으니 공의 뜻을 어찌 쉽게 헤아릴 수 있겠는가. 그러므로 출장입상出將入相하여 국사國事에 부지런히 힘쓰면서 태평할 때나 험난할 때나 한결같이 절의를 지키고, 대사大事에 임하여 대체大體를 의논하여 결단을 내릴 때에 이르러서는, 관복을 바로 입고 홀을 바르게 잡고서 경망하게 성색을 드러내지 않고, 천하가 태산처럼 태평하게 되도록 다스렸으니, 사직을 안정시킨 대신이었다고 이를 만하다. 그 큰 공로와 성대한 업적은 종묘의 제기와 보정寶鼎에 이름이 새겨지고 시가로 찬양되어야 할 것으로, 이는 곧 국가 전체의 영광이요 한 고장한 마을만의 영광이 아니다.

내가 비록 공의 주금당에 오를 기회는 얻지 못했으나 다행히 삼가 공의 시는 암송할 기회가 있었으므로, 공의 뜻이 성취된 것을 즐겁게 여기고, 천하에 널리 알릴 수 있게 된 것을 기쁘게 여겼기에, 이에 이렇게 기記를 쓰노라.

주금당축晝錦堂軸

6-11 취옹정기〔醉翁亭記〕

구양수

해설 | 구양수가 저주태수滁州太守가 되었을 때에 그곳의 산수를 사랑하여 취옹정醉翁亭을 짓고 그곳에서 노니는 즐거움을 기술한 것이다. 산수에 취해 만물을 잊는 즐거움과 취옹정 주변의 경치를 사실적으로 표현하여, '붓끝에 그림이 있다.〔筆端有畵〕'라는 칭찬을 들었다. 또한 한 편의 문장 속에 '야也'자를 27차례나 썼으나 독자들이 단조롭다는 느낌을 갖지 않게 하는 절묘한 문장이다.

저주滁州는 사방이 모두 산으로 에워싸여 있다. 그 서남쪽 여러 봉우리들은 숲과 골짜기가 더욱 아름다운데, 초목이 무성하고 골짜기는 깊고 봉우리는 빼어나게 보이는 것이 낭야산琅琊山이다. 그 산속으로 6, 7리를 들어가면 차츰차츰 졸졸 흐르는 물소리가 들려오며 양쪽 봉우리 사이로 쏟아져 나오는 것이 양천釀泉이고, 봉우리가 굽어진 곳으로 길이 돌아드는 곳에 날아갈 듯이 물가를 굽어보고 있는 것이 취옹정醉翁亭이다.

이 정자를 지은 사람은 누구인가? 이 산속에 사는 승려 지선智僊이다. 정자의 이름을 지은 사람은 누구인가? 태수인 내가 직접 붙인 것이다. 내가 빈객들과 함께 이곳에 찾아와 술을 마실 때에 조금만 마셔도 곧 취하고 나이 또한 가장 많았다. 그 때문에 자호自號를 취옹醉翁이라 지었다. 취옹의 뜻은 술에 있지 않고, 산수를 즐기는 즐거움에 있으니, 산수를 즐기는 즐거움을 마음에 얻어서 이를 술에 붙인 것이다.

해가 떠올라 숲에 어렸던 안개가 걷히고, 구름이 돌아오면 바위구렁이 어두컴컴해진다. 어두컴컴해졌다 밝아졌다 하여 변화하는 것들이 산간의 아침과 저녁 경치이다. 야생화가 피어서 그윽한 향기를 풍기고(봄 경치), 아름다운 나무가 빼어나게 자라서 두터운 그늘을 드리우며(여름 경치), 바람이 높이 불어 서리는 맑고 깨끗하고(가을 경치), 물이 줄어들자 바위가 드러나는 것(겨울 경치)은 산간 네 계절의 풍광이다. 아침이 되면 찾아가고 저녁이 되면 돌아오는데 네 계절의 경치가 같지 않으니, 그 산수를 즐기는 즐거움 또한 끝이 없다.

짐을 진 사람들은 길에서 노래를 부르며 지나가고, 길을 가는 사람들은 나무 그늘에서 쉬며, 앞사람이 부르면 뒷사람이 응답하고, 등 굽은 늙은이와 어린이들이 끊임없이 왕래하는 것은, 저주 사람들이 유람하는 것이다. 시내에 이르러 고기를 낚으니 시냇물이 깊어서 고기는 살이 쪘고, 양천의 물로 술을 빚으니 샘물이 맑고 차서 술은 향기롭다. 산과 들에서 난 과일과 나물이 뒤섞여 앞에 안주로 펼쳐져 있는 것은 태수가 베푼 연회인데, 연회에서 취하는 즐거움은 악기의 풍악에 있는 것이 아니다.

모인 자리에서 활을 쏘는 사람은 과녁을 맞추려 하고, 바둑을 두는 사람은 이기려 하면서, 벌주의 술잔을 헤아리는 산가지가 뒤섞여 늘어놓여 있고, 일어났다 앉았다 하며 떠들썩한 것은 여러 빈객들이 즐기는 것이다. 창백한 얼굴에 흰 머리로 그 사이에 누워 있는 것은 태수가 취한 것이다. 이윽고 저녁 해가 서산에 걸려 있고 사람들의 그림자가 어지러이 흩어지는 것은, 태수가 돌아올 때에 빈객들이 뒤따르는 것이다. 숲에 어스름이 깔리자 여기저기 들리는 새 울음소리는 유람하던 사람들이 돌아가자 새들이 즐기는 것이다.

그러나 새들은 숲속의 즐거움은 알지만 사람들의 즐거움은 모른다. 사람들은 태수를 따라서 노니는 즐거움만 알 뿐 태수가 그들이 즐거워함을 즐기고 있음은 모른다. 취해서는 그들과 즐거움을 같이하고 깨어서는 이를 문장으로 써낸 사람이 태수인데, 그 태수는 누구인가? 여릉廬陵 사람 구양수이다.

6-12 가을바람 소리를 읊다〔秋聲賦〕

구양수

해설 | 가을바람 소리에 대한 묘사가 교묘하면서도 비장하다. 평생 욕망과 명예의 추구로 자신을 해치다가 황혼기에 이른 인생을 이 가을바람 소리에 비유하였다. 사람들에게 깊은 성찰과 경계심을 갖게 한다.

구양자歐陽子가 밤에 글을 읽고 있는데, 어떤 소리가 서남쪽에서 들려왔다. 두려운 마음으로 이를 듣다가 말하였다.

"이상하다. 처음에는 우수수 낙엽이 지듯 쓸쓸하게 들리더니, 홀연 기운차게 내달으며 흐르는 물이 바위에 부딪치는 소리 같기도 하고, 파도가 밤에 놀라게 하며 비바람이 느닷없이 불어와서 만물을 스치고 지나가며 쨍그랑쨍그랑 온갖 쇳소리가 울리는 듯하다. 또한 적진으로 내닫는 병사들이 재갈을 물고 질주하면서 호령 소리는 들리지 않고 다만 사람과 말이 내달리는 소리만 들리는 듯도 하다."

내가 동자에게 이르기를 "이것이 무슨 소리냐? 네가 나가서 살펴봐라." 하니, 동자가 대답하였다.

"별과 달이 밝게 비치고 은하수가 하늘에 뚜렷하게 보이며, 사방을 살펴보아도 사람 소리는 들리지 않고, 나무숲 사이에서 소리가 들려올 뿐입니다."

내가 말하였다.

"아아, 슬프도다! 이것이 바로 가을바람 소리로다! 어찌하여 어느새 불어오는가. 대저 가을의 모습은 그 빛깔은 쌀쌀하여 안개가 날아가고 구름이 걷힌다. 그 모습은 맑고 밝아서 하늘은 높고 태양은 밝다. 그 기상은 차가워

냉기가 사람의 살과 뼈를 찌르고, 그 뜻은 쓸쓸하여 산천이 적막해진다. 그 때문에 그 소리가 처절하고 절박하여 부르짖으며 외치는 듯하다. 풍성한 풀들이 시퍼렇게 우거져 무성함을 다투며 아름다운 나무들은 싱싱하게 우거져서 즐길 만했다가, 풀이 가을바람에 스치면 색이 변하고 나무가 이를 만나면 잎이 떨어지나니, 그것들이 꺾이고 무너지고 말라 떨어지는 것이 곧 가을 기운이 남긴 매서운 기운 때문이다.

가을은 형벌을 집행하는 관리에 해당되고, 계절의 운행으로는 음기陰氣에 해당한다. 또한 무기를 상징하며, 오행五行으로는 금金에 해당한다. 이 기氣를 천지의 의로운 기라 이르는데, 항상 냉엄한 기운으로 초목을 시들어 마르게 하는 것(肅殺)으로 뜻을 삼는다. 하늘의 운행이 만물에 대하여 봄은 만물을 자라게 하고 가을은 만물이 열매를 맺게 한다. 그러므로 음악의 소리에 있어서는 상성商聲이 되어 서방西方의 음을 담당하고 이칙夷則[1]이 7월의 율이 된다. 상商은 상傷한다는 뜻도 지녔으니 만물이 늙게 되면 슬피 상심하게 되고, 이夷는 죽인다는 뜻을 지녔으니 만물이 융성함을 지나면 마땅히 죽어야 하는 것이다.

아! 초목은 의식이 없으나 때가 되면 바람에 흩날려 떨어진다. 사람은 동물이면서 만물의 영장이다. 온갖 근심이 그 마음을 감응하게 하고 온갖 일이 그 육신을 괴롭히며, 마음속에서 움직임이 있으면 반드시 그 정신이 흔들린다. 더구나 그 능력으로는 미칠 수 없는 것까지 생각하고 그 지혜로는 할 수 없는 일까지 근심함에야 더 말할 것이 있겠는가.

반들반들 윤이 났던 홍안이 시든 나무처럼 되고 까맣던 머리가 희끗희끗해짐이 당연하도다! 어찌하여 금석처럼 단단한 바탕을 지니지도 않았으면서 초목과 생명의 번영을 다투려 하는가. 생각건대 누가 이 생명을 해치기에 또한 무엇 때문에 가을바람 소리를 원망하는가?"

---

1 이칙夷則 : 음력 7월의 다른 이름이자, 동양음악에서 12율 가운데 9번째 음을 일컫는다.

이렇게 말하였지만 동자는 대답이 없이 머리를 떨구고 졸고 있을 뿐이었으며, 다만 사방 벽 사이로 벌레 울음소리만 또르르또르르 들려와서 마치 나의 탄식에 동조하는 듯할 뿐이었다.

추성부도秋聲賦圖

6-13 쉬파리를 미워하며〔憎蒼蠅賦〕

구양수

해설 | 쉬파리가 형체는 지극히 작으나 그것이 끼치는 해악은 매우 크다는 것을 구체적인 사례를 들어 밝힌 것이다. 다소 해학 섞인 어조이지만 이득을 위해서는 목숨도 돌아보지 않는 쉬파리 떼의 모습은 자못 세상살이를 떠올리게 한다. 작가는 쉬파리 떼의 행태를 간사한 소인이 사악함과 아첨으로 군주의 덕을 무너뜨리며 흑백을 바꾸어서 만물을 해치는 것과 같음에 비유하면서 이를 비판하였다.

쉬파리야, 쉬파리야! 나는 너희들이 살아가는 모습을 딱하게 여기노라. 벌이나 전갈이 지닌 독침도 없고, 모기나 등에가 지닌 날카로운 부리도 없어서, 사람들이 두려워하지 않는 것은 다행이다만, 어찌하여 사람들을 기쁘게 하지는 못하는가.

너희들은 형체가 지극히 작아 욕심을 쉽게 채울 수 있으니, 술잔과 사발에 남은 국물, 도마 위에 남은 고기 찌꺼기 등 바라는 것이 지극히 작은 것들이다. 이보다 지나치면 감당하기도 어려운데 굳이 무엇을 더 구하기에 부족하여 종일토록 윙윙거리는가. 냄새를 좇고 향기를 찾아다니며 이르지 않는 곳이 없으면서 삽시간에 모여드니 누가 알려주는 것인가. 그 동물로서는 지극히 작으나 그 해로움은 매우 크도다.

화려한 고대광실과 진기한 대자리를 깐 침상에 더운 바람이 후끈거리고 여름날이 길게 이어지면, 정신은 혼미해지고 기운은 움츠러들며 흐르는 땀이 간장을 이루어, 사지가 늘어져서 움직이기가 어렵고 두 눈이 흐릿하게 가물가물해진다. 이런 때에는 오직 베개를 높이하고 한잠 자다 일어나 이

후텁지근함을 잠시 잊고 싶을 뿐인데, 생각하건대 너에게 무슨 잘못을 했기에 내가 이런 해코지를 당해야 하느냐.

머리카락 사이로 기어들고 얼굴을 스치고 다니며 소매로 들어오고 바지 속으로 파고들어 눈썹 끝으로 모여들고 눈두덩을 따라 기어 다니기도 한다. 눈을 감고 자려다 다시 놀라 깨고 팔뚝이 이미 뻐근해졌는데 다시 휘두르게 한다. 이런 때에 공자孔子님인들 무슨 도리로 잠이 들어 어슴푸레하게나마 꿈에서 주공周公을 뵐 것이며,[1] 장생莊生인들 어찌 꿈에서 호랑나비가 되어 날아다닐 수 있겠는가.[2] 다만 어린 종을 시켜 큰 부채나 휘두르게 할 뿐이지만, 혹 부채질을 하다가 머리를 떨구고 팔을 늘어뜨리며 선 채로 졸다가 쓰러지기도 하니, 이것이 그 첫 번째 폐해이다.

또 우뚝 솟은 집 높은 마루에 귀한 빈객에게 대접하고자, 술과 건육乾肉을 사와 자리를 마련하고 어느 날 한가히 즐기려 하는데, 너희 수많은 무리를 당할 도리가 없구나. 그릇으로 모여들고 음식상에 자리를 잡으며, 잘 익은 진국술을 빨아먹고 취하여 거기에 빠져 죽기도 하고, 뜨거운 국물에 몸을 던져 그 육신을 장사 지내기도 한다. 비록 죽게 되더라도 뉘우칠 줄을 모르니, 또한 이익을 탐하는 자들에게 경계가 될 만하다. 쉬파리 가운데도 머리가 붉어서 경적景迹이라 부르는 놈을 더욱 꺼리게 되니, 그 놈이 한번 적시고 더럽히면 사람들이 모두 이를 먹지 않는다. 어찌하여 무리를 끌어들이고 벗들을 불러 모아 머리를 흔들며 날개를 쳐대고 삽시간에 모였다 흩어졌다 하면서 끊임없이 왔다 갔다 하는가. 때마침 빈객과 주인이 술잔을 주고받으며 예법에 맞게 의관을 근엄하게 갖추려 할 때에, 손을 휘두르고 발을 구르

---

1 공자孔子님인들……것이며 : 《논어論語》 〈술이述而〉에 '심하도다, 나의 노쇠함이여! 오래되었도다, 내가 꿈속에서 다시 주공을 뵙지 못한 것이!'라 하여, 공자가 몸이 노쇠하자 꿈에서 존경하는 주공을 뵐 수 없게 되었다고 탄식하였는데, 이곳에서는 쉬파리의 방해로 낮잠을 잘 수 없음을 우의적으로 표현한 것이다.

2 장생莊生인들……있겠는가 : 《장자莊子》 〈제물론齊物論〉에 '장주莊周 자신이 꿈에 호랑나비가 되어 훨훨 날아다녔다.' 하였는데, 역시 쉬파리의 방해로 장주처럼 잠이 들어 꿈을 꿀 수가 없음을 우의적으로 표현한 것이다.

며 용모를 바꾸고 안색을 변하게 하여 체통을 지킬 수 없게 한다. 이런 때에 왕연王衍이라 한들 어느 겨를에 청담淸談을 할 수 있겠으며, 가의賈誼라 한들 크게 탄식할 겨를이나마 있겠는가.[3] 이것이 그 두 번째 폐해이다.

또한 갖가지 젓갈과 장조림을 마련할 때에 제철과 제 달에 거두어 갈무리하여, 조심조심 병과 항아리에 넣어 단단히 막아놓았는데도, 곧 여러 마리가 힘을 합해 공격하여 이를 뚫고 온갖 방법을 다 동원해 틈을 엿보다가 큰 고깃점과 제사에 올릴 살찐 고기와 좋은 안주, 맛있는 음식에 이르기까지 덮고 간수함에 조금이라도 노출이 되어 틈이 생기거나 지키는 사람이 혹시라도 깜빡 졸면서 잠시라도 경계를 게을리하면, 어느새 그 씨알을 남겨놓아 번식시켜서 질척질척 썩어 문드러지게 한다. 가까운 벗이 갑자기 찾아왔을 때에 이를 찾아 대접하려 하다가 실망하여 기뻐하는 빛을 잃어버리고, 비첩婢妾들은 이 때문에 죄를 얻게 될까 근심을 품으니, 이것이 그 세 번째 폐해이다.

여기에 지적한 것은 모두가 크게 해를 끼치는 것들이고, 그 밖의 나머지 해악은 이름을 다 대기도 어렵다. 아! 지극止棘의 시가 육경六經에 전해오는데,[4] 이 시에 시인의 박식함과 비흥比興의 정묘함이 드러나 있다. 그 시에서 너희들을 예로 들어 간악한 모함꾼이 나라를 어지럽힘을 풍자해놓은 것이 참으로 적절하니, 진실로 밉살맞고 가증스럽도다!

---

3 왕연王衍이라……있겠는가 : 왕연은 동진東晉 때의 인물로 노장의 사상을 숭상하며 청담淸談을 즐겼다. 가의는 전한前漢 문제文帝 때의 충신으로 황제에게 올린 글에 당시 사회의 비리를 지적하면서 '통곡할 일이 한 가지이고 눈물을 흘릴 일이 세 가지이고 크게 탄식할 일이 여섯 가지입니다.' 하였다. 여기서 왕연과 가의를 언급한 것은 모두 쉬파리의 방해 때문에 아무것도 할 수 없다는 것을 비유한 것이다.

4 지극止棘의……전해오는데 : 《시경詩經》 〈소아小雅 청승靑蠅〉에 '윙윙대는 쉬파리 떼 가시나무에 모였네, 끝없이 아첨하며 모함하는 소인들이 온 나라를 어지럽히네.' 하였다

6-14 매미의 울음을 읊다〔鳴蟬賦〕

구양수

해설 | 이 부는 매미의 울음을 서술하는 데서 시작하여 만물의 울음에 미치고, 만물의 울음을 근거로 하여 사람이 문장으로 우는 데(뜻을 드러내는 데) 미쳤다가, 다시 처음으로 돌아가 매미의 울음으로 결론을 맺으면서, 문장의 공효는 백세가 지나도 영원히 남아 그 뜻을 전할 수 있음을 밝힌 것이다.

가우嘉祐 원년(1056) 여름에 큰 비가 내리자 칙명을 받들어 예천궁醴泉宮에서 기청제祈晴祭를 지냈는데, 그때에 매미의 울음소리를 듣고 느낌이 있어서 이 부를 지었다.

엄숙히 사당의 뜰에서 공경을 다해 기청제를 지냄이여,
화려한 사당이 우뚝 솟아 있는 것을 우러러보도다.
성현이 보고 들은 말씀을 생각하며 마음을 맑게 함이여,
내 마음을 맑게 재계하고 정성을 바치노라.
정靜을 바탕으로 하여 동動을 추구함이여,
만물의 실정을 보게 되도다.
이에 아침까지 내리던 비가 갑자기 멎고
미풍도 일지 않으니,
사방의 구름이 사라져 푸른 하늘이 드러나고,
우레 소리도 줄어들어 여운만 남아 있을 뿐이로다.
이에 향초로 짠 자리에 앉아 화려한 건물에서 굽어보니,

빈 뜰 초목 사이에 오래된 나무 몇 그루 서 있도다.
여기에 한 동물이 있어,
나무 꼭대기에서 우는데,
맑은 바람을 끌어들여 길게 읊조리는 듯,
가는 가지를 안고 길게 탄식하는 듯하도다.
맴맴 우는 소리가 피리소리와는 다르고,
시원한 소리가 현악기 소리 같도다.
찢어질 듯이 외치다가 다시 흐느끼고,
처연히 끊길 듯하다가 다시 이어지도다.
똑같은 운韻만을 토해내어 시율詩律에는 맞추기 어려운 듯하나,
자연의 오음五音을 머금고 있도다.
나는 그것이 어떤 동물인지 알지 못했는데,
그 이름을 매미라 부른다 하도다.
이 동물이 어찌 사물에 맞추어 형체를 만들고
변화할 수 있는 것이 아니겠는가.
더러운 땅에서 나왔으면서도,
맑고 깨끗함을 흠모하는 것인가.
바람을 타고 높이 날다가
머물 곳을 아는 것인가.
무성하게 아름다운 나무에서
시원한 그늘을 좋아하는 것인가.
바람과 이슬을 마시고 살다가
신선이 되어 날아가는 것인가.
아리땁게 두 갈래 귀밑머리를
길고 예쁘게 늘어뜨리고 있는 것인가.
그 소리가 즐겁지도 슬프지도 않으며
궁성宮聲도 치성徵聲도 아니도다.

어찌하여 그렇게 울다가
또 어찌하여 그렇게 그치는가.
내 일찍이 슬퍼한 것은,
만물 중에 울기를 좋아하지 않는 것이 없음이니,
네 계절이 서로 교대할 것 같으면
온갖 새들이 이에 맞추어 울어대고,
새로운 기후가 이르면
온갖 벌레가 놀라 울도다.
아리따운 여아女兒의 소리처럼 들리는 것은
꾀꼬리 소리요,
베틀의 실이 내는 소리처럼 들리는 것은
귀뚜라미 소리라.
목을 굴리고 혀를 내두르며 우는 새의 소리는
진실로 사랑스러운데,
배를 당기고 다리를 움직여 우는 벌레는
어찌 그다지도 열심히 애쓰는가.
개구리는 더러운 못 흐린 물에서
비를 만나면 시끄럽게 울고,
지렁이는 땅 속의 물을 마시고 흙을 먹으며
긴 밤 내내 노래하니,
저 개구리들은 본시 하고 싶은 것이 있어 우는 듯하나,
지렁이들은 또한 무엇을 구하는 것인가.
그밖에 크고 작은 온갖 형태의 우는 것들은
모두 이름을 댈 수 없지만,
각기 품부稟賦 받은 기류氣類가 있어서,
그 형태에 맞추어 울면서,
스스로 그칠 줄을 알지 못하고,

마치 잘 울기를 다투는 듯하다가,
홀연히 계절이 변하여 사물이 바뀌게 되면,
모두 조용해져서 우는 소리가 없어지도다.
아! 통달한 선비가 만물을 동일하게 보는 것은
만물이 동류同類여서인데,
사람이 그 만물 사이에서 가장 귀한 이유는,
언어로 의사표현을 공교롭게 할 수 있고,
문장으로 전할 수 있어서이네.
이 때문에 저들은 사려를 다하고 그 혈기를 다 소모하여,
혹 곤궁과 수심을 시로 읊조리고,
혹 그 품은 뜻을 드러내기도 하나니,
비록 만물과 함께 죽어 없어지는 존재이기는 하나,
백세百世가 지나도록 시문詩文을 통하여 영원히 울 수 있도다.
나 또한 어찌 그 그러함을 알리오.
오로지 이렇게 글을 짓는 것이 즐거워 스스로 기뻐할 뿐이로다.
바야흐로 사람의 울음과 동물의 울음의 득실을 따져보고
같음과 다름을 비교해보고자 했는데,
잠시 후에 짙은 구름이 다시 일고 우레와 번개가 함께 치면서,
큰 비가 쏟아지니,
매미 소리가 드디어 멎어버렸도다.

권7

7-1 남쪽 고향으로 돌아가는 서무당徐無黨을 전송하며 지은 서문〔送徐無黨南歸序〕

구양수

해설 | 이 편은 사람이 죽어도 영원히 없어지지 않는 것, 즉 입덕立德, 입공立功, 입언立言의 삼불후三不朽를 언급하였다. 이 가운데 입언立言(좋은 문장을 남김)이 입공立功(훌륭한 공업을 남김)만 못하고, 문장과 공업을 남김이 모두 입덕立德(인덕仁德을 남김)만 못함을 강조하였다. 고향으로 떠나는 제자 서무당徐無黨에게 이를 깊이 명심하기를 면려하고, 아울러 작자 자신도 반성한 것이다.

초목금수草木禽獸가 동식물이 됨과 중인衆人이 모두 사람이 된 것이 그 살아감은 비록 다르나 죽게 되는 것은 같다. 모두가 죽어 썩어 없어져서 끝나는 것으로 귀결되지만, 중인들 가운데 성스럽고 현명한 사람이 있으니, 그들도 또한 그 사이에서 살다가 죽기는 하나, 유독 초목금수 및 일반 사람들과 다른 것은, 비록 죽더라도 썩어 없어지지 않고 영원히 전해지는 것이 있어서, 오래 지날수록 존재가 더욱 드러나게 된다. 그러한 성현이 되는 것은 인덕仁德으로 몸을 수양하고 일을 통해 공업(백성에게 도움이 되는 일)을 이루며 문장으로 뜻을 드러내기 때문이니, 이 세 가지는 썩어 없어지지 않고 영원히 남아 있게 된다.

자신을 인덕으로 수양하는 사람은 얻지 못하는 것이 없고, 공업을 이룰 일을 행하는 사람은 이룰 수도 있고 이루지 못할 수도 있으며, 문장으로 뜻을 드러내려는 사람은 또한 잘 지을 수도 있고 잘 짓지 못할 수도 있다. 공업을 이룰 일을 행하게 된다면 이를 문장으로 드러내지 않아도 좋으니, 《시경詩

經》, 《서경書經》, 《사기史記》에 기록되어 전해지는 사람들이 어찌 반드시 모두 문장을 잘 짓는 선비였겠는가. 자신을 인덕으로 수양했다면 공업을 이룰 일을 행하지 않고 문장으로 드러내지 않는다 해도 또한 좋다.

공자의 문하에 있던 제자들로 정사政事에 능한 사람도 있었고 언어에 능한 사람도 있었다. 안회顔回 같은 사람은 빈천한 사람들이 사는 협소한 골목에서 굶주리며 팔을 굽혀 베개로 삼고 지냈을 뿐이었고, 여러 사람이 함께 있을 때에는 종일토록 말이 없어서 마치 어리석은 사람 같았으나, 당시의 여러 공자님 제자들이 모두 그를 높이 받들면서 감히 그에 미치기를 기약할 수 없다고 여겼고, 후세에 다시 천백 세千百世가 지나도록 또한 그에 미칠 수 있는 사람이 없었으니, 그 영원히 썩어 없어지지 않고 남아서 전해지는 것이, 본시 공업이 행해지기도 기다리지 않았는데, 더구나 문장을 남기는 일이야 더 말할 것이 있겠는가.

내가 반고班固가 찬撰한 《한서漢書》 〈예문지藝文志〉와 《당서唐書》의 〈사고서목四庫書目〉을 읽고 그곳에 나열된 저자들을 보니, 삼대三代로부터 진한秦漢 이래로 문장을 지은 선비 가운데 많이 지은 사람은 100여 편에 이르고 적게 지은 사람도 오히려 3, 40편에 이르렀다. 그런 사람들을 이루 다 셀 수도 없는데, 그 글들이 흩어지고 마멸되어 백에 한둘도 남아 있지 않으니, 나는 그 사람들의 문장이 아름답고 말의 표현은 정교했겠지만, 초목의 흐드러진 꽃들이 갑작스러운 바람에 흩어지고 새나 짐승의 아름다운 울음소리가 한때 귀를 스치고 지나가는 것과 다름이 없이 그 문장들이 없어졌음을 삼가 슬퍼하노라. 그들이 정신과 육체를 다 써서 노력했던 것이 또한 중인들이 이익을 추구하기 위해 쉬지 않고 허겁지겁 애쓴 것이 전해지지 않음과 무엇이 다르겠는가. 그렇게 하다가 홀연히 죽는 것이 비록 늦게 죽기도 하고 빨리 죽기도 하나, 끝내 초목, 조수, 중인과 함께 사라져 없어지는 것으로 귀착되었으니, 문장은 없어지지 않는다는 것을 믿을 수 없음이 이와 같도다. 지금의 학자들 가운데 옛 성현들이 남겨놓은 영원히 없어지지 않는 것들을 흠모하기는 하면서도, 평생토록 고생하며 문장 짓는 일에만 마음을 다 기울이지 않는 사람이 없으니, 이는 모두 슬퍼할 만하다.

동양東陽의 서군徐君이 어려서부터 나를 따르며 공부를 했고 문장을 짓자 사람들에게 점차 칭찬을 받게 되었는데, 내게서 떠난 후에 여러 선비들과 예부禮部에서 시행한 과거에 응시하여 높은 성적으로 급제하니 이에 이름이 알려졌다. 그의 문장은 날로 진보하여 마치 물이 솟구치듯이 문사文辭가 솟아났고 산이 우뚝 솟은 듯이 뛰어났다. 이에 나는 그의 성한 기세를 꺾고 〈문장이 아니라 인덕이 불후하게 되기 위한〉 사려를 깊이 함에 힘쓰도록 하고자 하여, 그가 고향으로 돌아갈 때에 이 말을 알려주었다.

그러나 나도 본시 문장 짓기를 좋아하는 사람이므로, 또한 이를 계기로 나 자신도 경계하려 한다.

7-2 죄수를 풀어준 일을 논하다〔縱囚論〕

구양수

해설 | 당 태종唐太宗 6년에 황제가 친히 죄수들의 기록을 살펴보고는 사형을 받게 된 자들을 가련히 여겨서, 그들을 풀어주어 집에 돌아가 쉬게 했다. 그리고 이듬해 가을, 어느 날에 돌아와 사형을 받도록 약속을 하였다. 그런데 기약한 날이 되자 정말 전해에 풀어주었던 사형수 모두가 감시하거나 인솔하는 사람이 없는데도 한 사람도 도망친 사람이 없이 사형을 받으러 돌아왔다. 이에 태종이 이들을 모두 사면해주었다. 이 글은 이 일의 부당함을 비판하면서 국가가 형벌을 집행할 때에 기준으로 삼아야 할 핵심 원칙을 간결하게 밝힌 것이다.

신의는 군자 사이에 행해지는 것이고 형벌은 소인들을 다루는 방법이다. 형벌이 사형에 해당하는 사람은 곧 죄가 크고 악행이 극에 달한 것이니, 이는 또한 소인 가운데서도 더욱 심한 자이다. 차라리 의義를 위해 죽을지언정 구차하게 요행으로 살려 하지 않아서, 죽음을 마치 제 집으로 돌아가는 것처럼 여김은, 또한 군자라 해도 매우 어려운 일이다.

당 태종唐太宗 6년(632)에 태종이 사형수 300여 명의 기록을 살펴보고 이들을 풀어주어 집으로 돌아가 쉬게 했다가 스스로 돌아와서 사형을 받을 것을 기약하게 하였다. 이는 군자도 행하기 어려운 일을 소인 가운데서도 더욱 악한 자들에게 반드시 행하기를 기대한 것이다. 그런데도 그 죄수들이 기약한 날이 되자 마침내 스스로 돌아와 늦은 사람이 없었다. 이는 군자조차 어렵게 여기는 것을 소인이 쉽게 행한 것인데, 어찌 인간사회의 실정에 부합하는 일이겠는가.

어떤 사람이 말하였다.

“저지른 죄는 컸고 악행은 극에 달했으니 진실로 소인이다. 그러나 은덕을 베풀어 대하면 그들을 변화시켜 군자가 되게 할 수 있으니, 은덕이 사람에게 깊게 스며들어 사람을 빠르게 변화시킴이 이와 같다.”

내가 말하였다.

“태종이 그렇게 한 것이 바로 이런 명성을 얻고자 해서였다. 그러나 그들을 풀어주어 돌아가게 할 때에 그들이 반드시 돌아와서 이로써 사면해주기를 바랄 것으로 생각해서 그들을 풀어준 것이 아님을 어찌 알겠는가. 또 저들이 풀려나 돌아갈 때에 스스로 돌아오면 반드시 사면을 받게 될 것으로 생각해서 다시 돌아온 것이 아님을 어찌 알겠는가.

그들이 반드시 돌아올 것이라고 생각해서 풀어주었다면 이는 윗사람이 아랫사람의 속셈을 훔쳐본 것이요, 돌아오면 반드시 사형을 모면할 것이라고 생각해서 다시 왔다면 이는 아랫사람이 윗사람의 마음을 훔쳐본 것이다. 나는 윗사람과 아랫사람이 서로의 속셈을 훔쳐보아 이런 명성이 이루어졌음을 볼 뿐이니, 이른바 은덕을 베풀고 신의를 알았다는 것이 어디에 있는가.

그렇지 않다면 태종이 천하에 은덕을 베풀며 통치한 지 이때에 6년이나 되었는데도, 소인이 사형을 받을 만한 극악한 죄를 짓지 않게 할 수는 없으면서, 어느 날 갑자기 베푼 은혜가 그들이 죽음을 마치 집에 돌아가는 것처럼 여기고 신의를 지키게 할 수 있었다고 하니, 이는 또한 납득할 수 없는 논리이다.”

“그러면 어떻게 했어야 옳다는 것인가?”

그가 묻기에 내가 대답했다.

“풀어주었다가 돌아오면 그들을 죽이고 사면하지 않았어야 하고, 그런 후에 또다시 사형수들을 풀어주었는데 또 돌아왔다면 그때에야 은덕에 감화를 받았음을 알 수 있게 된다. 그러나 이런 일은 기필코 없을 것이다. 풀어주었는데 돌아왔으므로 그들을 사면해주는 일 같은 것은 우연히 한 번은 할 수 있는 일이다. 만일 연이어 이런 일을 행한다면 살인자들이 모두 사형을 받지 않게 될 것이니, 이것이 천하의 변하지 않는 법이 될 수 있겠는가. 변하지 않는 법으로 삼을 수 없는 것이 성인聖人의 법이 될 수 있겠는가? 이 때문에 요순堯舜과 삼왕三王이 다스리는 때는 반드시 인간 사회의 실정에 근본을 두고, 유별난 조치를 취함을 고상하게 여기지 않았고, 인간 사회의 실정을 거스르면서 명예를 추구하는 일은 하지 않았다."

7-3 붕당에 대하여 논하다〔朋黨論〕

구양수

해설 | 당시 명재상이던 범중엄范仲淹이 파당을 형성했다는 누명을 쓰고 좌천되었다. 이때 구양수는 간관諫官이었는데, 이 일의 부당함을 이 글로 써 아뢰었다. 그는 도가 같아서 이루어진 군자의 붕朋과 사익을 추구를 목적으로 결합한 소인의 파당派黨은 엄연히 다른 것으로, 군주는 이를 구분하는 분별력을 갖춰야 함을 강조하였다. 이를 통해 범중엄의 좌천을 철회하고 당시의 폐단을 바로잡도록 한 것이다.

신이 듣건대 붕당朋黨에 관한 말이 옛날부터 있었다 하니, 오직 만백성을 다스리는 군주가 군자와 소인을 분변할 수 있으면 다행일 뿐입니다. 대체로 군자는 다른 군자와 추구하는 도道가 같기 때문에 함께 무리를 이루고, 소인은 다른 소인과 추구하는 이익이 같기 때문에 함께 무리를 이루게 되는데, 이는 자연스러운 이치입니다. 그러나 신은 소인은 붕朋이 없고 오직 군자라야 이를 이룬다고 생각하나니, 그 이유가 어디에 있겠습니까.

소인이 좋아하는 것은 이익과 녹봉이고 탐하는 것은 재화입니다. 그 이익을 함께할 때에는 잠시 파당派黨을 만들어 서로 이끌어주지만 이를 붕을 이루었다고 하는 것은 거짓입니다. 이들은 이익을 보면 먼저 차지하려고 다투고 혹 이익이 다 없어지면 사귄 정情도 소원해져서 심한 경우에는 도리어 서로 해치기까지 합니다. 비록 형제나 친척이라 해도 서로를 보호해주지 않습니다. 이 때문에 신이 소인은 붕이 없고 그들이 잠시 붕을 이룬 듯했음은 허위였다고 생각하는 것입니다.

군자들은 그렇지 않습니다. 지키는 것은 도의道義이고 행하는 것은 충신

忠信이며 아끼는 것은 명예와 절의입니다. 이로써 몸을 수양하면 도가 같은 사람을 서로 보익補益이 되도록 해주고, 이로써 나라를 섬기게 되면 마음이 같아져서 서로 성취할 수 있게 해주기를 처음부터 끝까지 한결같이 합니다. 이것이 군자들의 붕입니다. 그러므로 군주가 다만 소인들의 거짓된 붕만을 물리치고 군자들의 참다운 붕을 써주신다면 천하가 잘 다스려질 것입니다.

요堯임금 때에는 소인인 공공共工과 환두驩兜 등 네 사람이 하나의 붕을 이루고 군자인 팔원八元과 팔개八愷[1] 등 16명이 하나의 붕을 이루었습니다. 이때에 순舜이 요임금을 보좌하면서 네 명의 흉인이 결성한 소인들의 거짓된 붕을 물리치고 팔원, 팔개가 결성한 군자들의 참된 붕을 등용하니, 요임금의 천하가 크게 잘 다스려졌습니다. 순 자신이 천자가 되어서는 고요皐陶와 기夔와 후직后稷과 설契 등 22명이 조정에 나란히 서서 서로 잘한 일을 찬양하며 밀어주고 사양하면서 22명이 한 붕을 이루었습니다. 순임금이 이들을 모두 임용하니, 천하가 또한 크게 잘 다스려졌습니다.

《서경書經》에 '은殷나라 주왕紂王은 신하가 억만 명이었으나 억만의 마음으로 갈라졌고, 주周나라는 신하가 삼천 명에 불과했으나 오직 한 마음으로 뭉쳤다.' 하였습니다. 주왕 때에 억만 명이 각기 다른 마음을 품고 있었으니 붕을 이루지 못했다고 말할 수 있습니다. 그래서 주왕은 이 때문에 나라를 망쳤고, 주나라 무왕武王의 신하는 삼천 명이 하나의 큰 붕을 이루자 주나라는 이들을 임용하여 흥기했습니다.

후한後漢 헌제獻帝 때에는 천하의 명사를 모두 잡아들여 가두고 파당을 지은 당인黨人이라 지목하였습니다. 황건적黃巾賊이 일어나 나라가 크게 어지

---

1 팔원八元과 팔개八愷 : 팔원은 상고시대 고신씨高辛氏가 거느렸던 8명의 재덕 있는 인물로, 백분伯奮, 중감仲堪, 숙헌叔獻, 계중季仲, 백호伯虎, 중웅仲熊, 숙표叔豹, 계리季貍 등을 말하는데, 팔원의 원元은 선인善人 가운데 뛰어난 인물을 뜻한다. 팔개는 고양씨高陽氏가 거느렸던 8명의 재사才士로 창서蒼舒, 퇴고隤敳, 도인檮戭, 대림大臨, 방강尨降, 정견庭堅, 중용仲容, 숙달叔達 등을 말하는데, 팔개의 개愷는 화합을 잘 하는 인물을 뜻한다.

러워진 후에야 비로소 뉘우치고 깨달아서 당인으로 지목되었던 사람들을 석방해주었지만, 그러나 이미 때를 놓쳐 나라의 멸망을 구제할 수가 없었습니다.

당唐나라 말년에는 차츰 붕당을 형성했다는 비판이 일기 시작하여 소종昭宗 때에 이르자 조정의 명사들을 파당을 형성했다 하여 모조리 죽이고 더러는 황하에 던지면서, "이 무리는 청류淸流이니 탁류濁流에 던져 물이 맑아지도록 하는 것이 좋겠다." 하더니, 당나라가 마침내 그 때문에 망하였습니다.

이전 시대의 군주 가운데 사람마다 다른 마음을 가지게 하여 붕을 이루지 못하게 한 것이 주왕보다 더한 사람이 없었고, 선인善人들이 붕을 이루는 것을 금지한 것이 후한 헌제보다 더한 사람이 없으며, 맑은 무리의 붕을 주륙誅戮한 것이 당 소종보다 더한 사람이 없었습니다. 그래서 모두 그 나라를 어지럽히고 망하게 하였습니다.

서로 잘한 일을 칭찬하며 밀어주고 양보하면서 의심을 품지 않았던 이들로는 순임금 때의 22명보다 더한 이들이 없고, 순임금 또한 이들을 의심하지 않고 모두 임용하였습니다. 그런데도 후세에 순임금이 22명의 붕당에게 기만당했다고 비난하지 않고 순임금을 총명한 성군이라고 찬양하는 것은, 그가 군자와 소인을 잘 분변했기 때문입니다. 주나라 무왕 때에는 그 나라의 신하 삼천 명 모두가 하나의 붕을 이루었으니, 예로부터 붕의 무리가 많고 규모가 큼이 주나라 같은 때가 없었습니다. 그런데 주나라가 이들을 임용해서 흥기한 것은, 선인의 무리는 아무리 많다 해도 나쁠 것이 없어서입니다. 나라의 흥망興亡과 치란治亂의 자취를 만백성의 군주가 된 사람은 귀감으로 삼아야 합니다.

7-4 족보 서문〔族譜序〕

소순蘇洵

해설 | 이 편은 소순이 집안(8촌 이내) 사람들의 족보를 만들고 그 앞머리에 써놓은 서문으로, 조상에 대한 효성과 동종간의 우애를 강조한 것이다. 중국과 우리나라의 족보는 이 소씨蘇氏 족보를 효방效倣한 데서 비롯되었다.

《소씨족보蘇氏族譜》는 소씨일족蘇氏一族의 계보系譜를 기록해놓은 것이다. 소씨는 고양씨高陽氏(전욱顓頊)를 시조로 하여 천하에 널리 퍼져 있다. 당나라 신요神堯(고조高祖) 초에 장사長史였던 소미도蘇味道가 미주자사眉州刺史로 있다가 그 벼슬을 지닌 채로 순직하였고, 아들 한 사람이 미주에 머물러 살게 되었으니, 미주에 소씨가 살게 된 것이 이로부터 시작되었다.

족보의 기록에 미치지 못한(빠진) 사람은 친족관계가 끝났기 때문이다. 가까움이 끝나게 되면 어째서 기록에서 빠지게 되는가? 족보는 가까운 친족을 위하여 지은 것이기 때문이다. 아들은 기록해놓으면서 손자는 기록하지 않은 것은 무엇 때문인가? 세대를 나타내기 위해서이다. 나의 부친부터 나의 고조에 이르기까지는 벼슬을 하거나 하지 않은 것과 어느 성씨에게 장가들었는가와 몇 년을 사셨는가와 모일某日에 졸卒하셨는가를 모두 기록하고, 다른 사람들은 기록하지 않는 것은 무엇 때문인가? 내가 태어난 근거가 된 조상들 만을 상세하게 기록한 것이다. 나의 부친으로부터 나의 고조에 이르기까지는 모두 휘諱 아무개라 쓰고, 다른 사람은 이름만을 그대로 쓴 것은 무엇 때문인가? 내가 태어난 근거가 된 조상들을 높인 것이다. 족보가 소씨들을 위해 만든 것인데 유독 내가 태어나는 근거가 된 조상만을 상세히 기록하고 높이게 된 것은 무엇 때문인가? 족보를 내가 만들었기 때문이다. 아아, 나의 이 족보를 보는 사람은 효심과 공경심이 구름이 피어오르듯 일어나게 될 것이로다!

정情은 친족관계의 정도(촌수)에 맞게 드러나고, 친족관계의 정도는 사망한 후에 입는 상복으로 드러나는데, 상복은 최복衰服으로 시작하여 시마복緦麻服에 이르게 되고,[1] 그리고는 상복을 입지 않는 관계에 이르게 된다. 복을 입지 않는 관계가 되면 가까운 친족관계가 끝난 것이며, 가까운 관계가 끝나면 가까운 정도 끝나게 되고, 가까운 정이 끝나면 기쁜 일이 있어도 축하할 필요가 없고 근심할 일이 있어도 위로할 필요가 없게 되고, 기쁜 일에 축하할 필요가 없고 슬픈 일에 위로할 필요가 없는 관계가 되면 곧 길거리에서 우연히 만난 사람처럼 되는 것이다. 나와 상대가 서로 보기를 길에서 우연히 만난 사람처럼 된 동족도 그 시초로 거슬러 올라가면 형제간이었고, 형제 사이는 그 시초로 거슬러 올라가면 한 사람의 몸이었는데, 슬프도다! 한 사람의 몸이 나뉘어서 길거리에서 우연히 만난 사람처럼 됨에 이르게 되므로, 이것이 우리의 족보를 만든 이유이다.

이에 족보를 만든 뜻을 말하기를, "씨족이 나뉘어져서 길거리에서 우연히 만난 사람과 같은 관계가 되는 것은 자연스러운 형세이니, 그런 형세는 내가 어찌할 도리가 없다. 그러나 다행히도 아직 길거리에서 우연히 만난 사람처럼 되는 관계에 이르지 않은 사람들은 서로 소홀히 하거나 잊어버리는 지경에 이르지 않도록 해야 옳다. 아아! 그러하므로 나의 족보를 보는 사람들은 효성과 공경을 다하는 마음이 구름이 피어오르듯이 일어날 것이로다!" 하고, 이에 아래와 같이 시를 붙여놓았다.

내 아버지의 아들들이 이제 나의 형제가 된 것이니,

---

1 상복은……되고 : 상복은 친소에 따라 삼년복三年服인 참최斬衰와 자최齊衰, 9월복인 대공大功, 5월복인 소공小功, 3월복인 시마의 5등급으로 나누어짐을 말한다.

내 몸에 병이 있게 되면 형제들도 편히 있지 못하고 신음하게 되지만,
몇 대가 지난 후에는 서로 누구인지도 알지 못하여,
그가 죽든 살든 슬퍼하지도 기뻐하지도 않게 된다네.
형제간의 정은 한 몸의 수족과 같지만, 그런 정이 얼마나 가겠는가.
그런데도 저들이 서로 잘 지내지 않는다면, 저들이 유독 어떤 마음을 지녔기 때문일까.

7-5 익주자사益州刺史 장공張公 화상기〔張益州畵像記〕

소순

해설 | 도적의 발호로 민심이 흉흉했던 촉蜀 땅에 장방평張方平이 자사로 부임하여 인덕仁德으로 다스려서 민생民生을 안정시킨 후에 중앙으로 돌아가자, 주민들이 그의 공업을 기리기 위하여 초상화를 화당畵堂에 모셔놓았다. 이 글은 그 일의 전말과 장방평의 덕업을 기술한 것이다.

지화至和 원년(1054) 가을에 촉蜀 땅 사람들이 소문을 퍼뜨리기를, “외적이 변경에 이르렀다.” 하니, 변방을 지키는 군사들이 밤에 고함을 쳐대고 들에는 거주하는 사람이 없어졌다. 요망한 유언비어가 유포되자 서울에서도 크게 놀라게 되었다. 이에 장수를 선발하여 출병을 명하려 하면서 천자께서 말씀하시기를, “난을 키우지 말고 변고를 조장하지 말라. 여러 의견이 분분하게 일어나고 있지만 짐의 뜻이 이미 결정되었노라. 밖으로 난이 아직 드러나지 않았지만 변고가 장차 안에서 일어나려 하고 있으니, 이미 문덕文德의 교화만으로 다스릴 수도 없게 되었고, 또한 무력으로만 억누를 수도 없게 되었다. 짐에게 있는 몇 안 되는 대관 가운데 누가 이 문덕과 무력 사이의 중용에 맞게 조처할 수 있겠는가. 그런 사람으로 하여금 가서 짐의 군사들을 진무하도록 명하겠노라.” 하셨다. 이에 “장방평張方平 공이 그 적임자입니다.”라고 대답하였고, 천자께서 “그렇다.” 하셨다. 공이 부모의 봉양을 이유로 사양하였으나 윤허하지 않으시니, 드디어 출발하여 겨울 11월에 촉 땅에 이르렀다. 도착하던 날에 진을 치고 있는 군사들을 돌려보내 수비를 철수시키고, 군현에 사자를 보내어 이르기를, “외적이 침래侵來한다 해도 내가 처결할 것이니 그대들은 수고롭게 고생하지 않아도 된다." 하였다. 이듬해 정월 초하룻날 아침에 촉 땅 사람들은 서로 새해를 경축하기를 평소와 같이 할 수 있었고, 끝내 아무 일도 없게 되었다. 다시 그 이듬해 정월에는 주민들이 서로 상의하여 공의 초상화를 정중사淨衆寺에 모시기로 하니, 공도 이를 막을 수가 없었다.

미양眉陽 소순蘇洵이 사람들에게 말하였다.

"난이 일어나지 않았을 때에는 다스리기가 쉽고, 이미 난이 일어난 것도 다스리기가 쉽다. 난이 일어날 조짐은 있으되 난이 아직 드러나지는 않은 것을 '장란將亂(난이 일어나려 함)'이라 이르는데, 장란將亂은 다스리기가 어렵다. 난이 있을 때처럼 조급하게 처결해서도 안 되고 난이 없을 때처럼 늦춰서도 안 된다. 생각하건대 이 지화 원년 가을은 마치 그릇이 기울어지기는 하였으나 아직 땅에 떨어지지는 않은 상태와 같았는데, 그대들의 장공께서는 곁에 평안하게 앉아 있다가 낯빛조차 바꾸지 않고 천천히 일어나 이를 바로잡았고, 바로잡히자 아무 일도 없었던 듯이 느긋하게 물러나서 자랑스러워하는 기색조차 없었다. 천자를 위하여 백성들 기르기를 게을리하지 않은 분이 바로 그대들의 장공이시다. 그대들은 이분 때문에 살게 되었으니, 그대들의 부모와 같다.

또한 공이 전에 내게 하신 말씀에, '백성들은 변함없는 고정된 마음이 없고 오직 윗사람이 그들을 어떻게 대하느냐에 맞추어 행동을 하게 되는데, 사람들이 모두 「촉 땅 사람들은 변란을 일으키는 일이 많다.」 하면서, 이에 도적을 대하는 마음으로 그들을 대하고 도적을 처벌하는 법으로 그들을 처벌해서, 위축되어 함부로 움직이지도 못하고 숨도 크게 쉬지 못하는 백성들을 죄수를 모탕에 엎어놓고 도끼로 쳐 죽이는 법령으로 다스리니, 이에 백성들이 처음에는 그들의 부모와 처자가 자기만 바라보고 의지하는 몸이기 때문에 참고 있다가, 드디어 도적들 속으로 몸을 버려서 도적떼가 되었던 것이고, 그 때문에 번번이 큰 난리가 일어났던 것이다. 대저 예에 맞게 행위를 제약하고 법에 맞게 인도하면 촉 땅 사람들도 다스리기가 쉬워질 것이고, 촉급하게 몰아붙이면 변란이 발생하게 됨은, 비록 예법으로 교화가 잘 된 제인齊人이나 노인魯人들이라 해도 또한 그렇게 될 것이다. 내가 제인이나 노인을 예우하듯이 촉인蜀人들을 예우하자 촉인들도 또한 제인이나 노인들처럼 스스로 예에 맞추어 처신하게 된 것이다. 법률에 벗어난 방법을 멋대로 행하여 위협과 겁박으로 백성을 다스리는 일은 내가 차마 하지 않았노라.' 하셨다. 아, 촉인들을 깊이 사랑하고 촉인들을 후하게 예우한 사례를 장공 이전에는 내가 애초에 본 일이 없도다!" 하니, 모두가 거듭 절하고 머리를 조아리며 "그렇습니다." 하였다.

내가 또 말하였다.

"장공이 베푼 은덕은 그대들의 마음에 남아 있으니, 그대들이 죽은 후에는 그대들 자손의 마음에 남아 있게 될 것이며, 그분이 이룩한 공업은 사관의 기록에 남아 있게 될 것이니, 초상화를 만들 필요가 없다. 또한 장공의 뜻도 이를 원하지 않는데 어찌하겠는가?" 하니, 모두 말하였다.

"공께서야 어찌 이 일에 관심을 두시겠습니까. 그러나 저희들 마음에는 그만두고 싶은 생각이 없습니다. 지금 평소에 한 가지 선행만 들어도 반드시 그것을 행한 사람의 성명과 그 사람의 향리가 어디에 있는가와 그의 키의 장단과 몸집의 대소와 잘생겼는가 못생겼는가까지 묻게 되고, 심한 경우에는 혹 그 사람이 평소에 좋아하는 것까지 따지면서 그 사람의 됨됨이를 상상해보기도 합니다. 그리고 사관이 그의 전을 기록해놓는 것은 천하 사람들로 하여금 마음으로 그를 생각하게 하여 눈에도 선연하게 남아 있게 하려는 뜻에서이고, 눈에 선연하게 남아 있게 되면 그를 마음으로 생각하게 됨도 더욱 굳어질 것입니다. 이를 근거로 살펴본다면 초상화도 또한 도움이 안 된다 할 수가 없습니다."

이에 나는 더 따질 수가 없어서 드디어 이 화상기畫象記를 짓게 되었다. 공은 남경南京 사람으로 인품이 강개慷慨하고 큰 절조節操가 있으며 도량의 광대함이 천하에 으뜸이므로, 천하에 큰 일이 있으면 공에게 그 처리를 맡겼던 것이다. 이에 아래와 같이 시를 지어 붙여놓는다.

천자께서 즉위하신 갑오년에,

서쪽 사람들이 전하는 말에 변방에 외적의 침입이 있다 하였네.

조정에 무신들이 있고 계책을 세우는 사람들 구름처럼 많았지만.

천자께서 "좋다!" 하시고 우리 장공을 임명하셨네.

공께서 동쪽에서 이곳으로 오시니 깃발과 장식이 펼쳐져 펄럭였네.

서쪽 사람들 모여 관람하는데 골목과 길이 가득 찼었네.

공께서 급히 서둘러 혹독하게 다스릴 것으로 알았는데 공은 오셔서 부드럽고 따사롭게 대해주셨네.

공께서 서쪽 백성들에게 이르시기를,

그대들 가정을 평안하게 해주리니 감히 그릇된 말에 현혹되지 말라.

그릇된 유언비어를 따름은 상서롭지 않으니 평상 생활로 돌아가서,

봄에는 뽕나무 가지로 누에를 치고 가을에는 타작할 마당을 깨끗이 하라.

이에 서쪽 사람들이 머리를 조아리며 공은 우리들의 부형 같도다 하였네.

공께서 서쪽 영역에 계시니 초목들도 무성해졌네.

공께서 막료들에게 잔치를 베푸니 북소리 둥둥 울려 퍼졌고,

서쪽 사람들이 와서 보고 공의 만수무강을 축원하였네.

어여쁜 딸들은 규문 안에서 평안히 지낼 수 있게 되었고,

갓 태어난 아이들 떠들썩하게 울어대다가 이제는 말도 할 줄 알게 되었네.

과거 공이 오시지 않았을 때에는 그대들을 버리려 하였는데,

이제는 벼와 삼대 무성하고 곡식 창고가 가득 차게 되었으니,

아아! 우리 처자들이여 이 풍년을 즐길지어다.

공께서 조정에 계시면 천자의 고굉지신股肱之臣이 되므로,

천자께서 이제 돌아오라 하시니 공께서 감히 이 명을 받들지 않을 수 있겠는가.

화상을 모신 건물 장엄하고 행랑채도 있고 뜰도 있네.

공의 화상이 그 안에서 조복입고 관끈을 매고 계시네.

서쪽 땅 사람들이 서로 고하기를 '감히 게으르거나 거칠게 살지 말라.

공께서는 서울로 돌아가셨으나 공의 화상이 당안에서 굽어보고 계시니라.' 하네.

7-6 관중管仲에 대하여 논하다〔管仲論〕

소순

해설 | 나라를 다스리는 재상은 자신이 큰 공업을 이룸에 그치지 않고, 현인을 후계자로 추천하여 훌륭한 공업이 이어지도록 해야 그 소임을 다했다고 할 수 있다. 그런데 관중管仲은 비록 생전에는 제齊나라를 제후들의 맹주가 되게 한 공업은 이루었지만, 사후에 현인이 뒤를 잇게 하지는 못했다. 그 결과 나라가 혼란과 패망의 길로 나아갔으니, 그는 재상의 임무를 제대로 수행하지 못했다고 할 수 있다. 소순은 그 이유를 조목조목 들어 추상같이 이를 비판하였다.

관중管仲이 제 환공齊桓公을 보필하여 제후들의 맹주가 되게 하고 이적夷狄을 물리치니, 그가 죽을 때까지 제나라가 부강하였고 제후들이 감히 배반하지 못했다. 관중이 죽자 간신들인 수조豎刁, 역아易牙, 개방開方 등이 등용되어 환공이 반란의 와중에 죽었고, 다섯 공자公子가 왕위를 다투어, 그 화가 덩굴처럼 뻗혀서 간공簡公에 이르기까지 제나라에 평안한 해가 없었다.

공이 이루어진 것도 이루어진 날에 이루어진 것이 아니고, 반드시 그것이 시작된 근원이 있다. 화가 일어난 것도 일어난 날에 일어난 것이 아니고 또한 반드시 그 조짐이 시작된 근원이 있는 것이다. 그러므로 제나라가 잘 다스려졌던 것을 나는 관중 때문이라고 말하지 않고 포숙鮑叔 때문이라고 말하고,

관중管仲

혼란에 이른 것을 나는 수조, 역아, 개방 때문이라고 말하지 않고 관중 때문이라고 하는 것이다.

무엇 때문인가? 수조, 역아, 개방, 이 세 사람은 저들이 본시 나라를 어지럽힐 자들이었는데, 돌이켜보건대 그들을 임용한 사람이 바로 환공이었다. 대저 순임금 같은 성군이 있은 이후에야 네 흉인凶人을 추방해야 함을 알았고, 중니仲尼(공자) 같은 성인이 있은 이후에야 소정묘少正卯를 제거해야 함을 알게 되는 것인데, 저 환공은 어떤 인물이었던가. 돌이켜보건대 환공이 세 사람을 임용토록 한 사람이 바로 관중이었던 것이다.

관중의 병이 위독해지자 환공이 후임 재상을 누구로 세울까 물었다. 이때를 당하여 나는 관중이 천하의 현자를 천거할 것이라고 여겼는데, 그는 단지 '수조, 역아, 개방 등 세 사람은 사람의 착한 본심을 지닌 자들이 아니니 가까이해서는 안 됩니다.'라고 했을 뿐이었다.

아아! 관중은 환공이 과연 그 세 사람을 임용하지 않을 수 있다고 여겼던 것인가. 관중이 환공과 여러 해를 함께 지냈으니 또한 환공의 됨됨이를 알았을 것이다. 환공은 풍악 소리가 귀에서 끊이지 않도록 하고 미인이 눈에서 끊이지 않도록 하였다. 저 세 사람이 아니면 그의 욕망을 채울 수가 없었다. 그가 처음에 이들을 임용하지 않은 것은 오직 관중의 견제가 있었기 때문일 뿐이었으니, 어느 날 관중이 없어진다면 이 세 사람은 갓을 털어 쓰고 등용된 것을 서로 축하하도록 되어 있었다. 그러니 관중은 죽을 때에 한 말이 환공의 수족을 묶어놓을 수 있었겠는가.

제나라에는 이런 세 사람이 있는 것이 근심거리가 아니고 관중 같은 인물이 없는 것이 근심거리여서 관중 같은 사람이 있으면 저 세 사람은 필부에 불과할 뿐이다. 그렇지 않다면 천하에 어찌 이 세 사람 같은 무리가 적겠는가. 비록 환공이 다행히 관중의 말을 듣고 이 세 사람을 처형했다 해도, 그 남은 무리까지 관중이 모두 헤아려서 모조리 제거할 수 있겠는가. 아아! 관중은 일의 근본을 모르는 사람이도다! 환공이 후임자를 물었을 때에 천하의 현자를 천거해서 그로써 자신의 임무를 이어받게 했다면, 관중이 비록 죽었다 해도 제나라에 관중 같은 인물이 없어졌다고 할 수 없다. 그렇게 되었다면 저 세 사람을 어찌 근심할 필요가 있었겠는가. 그랬다면 저 세 사람에 대해 말하지 않았어도 상관이 없다.

춘추시대의 오패五霸 가운데 제 환공과 진 문공晉文公보다 뛰어난 사람이 없었다. 그러나 그들 두 사람 가운데 문공의 능력은 환공만 못했고 그의 신하들도 모두 관중에 미치지 못했고, 진 영공晉靈公은 잔학해서 제 효공齊孝公의 관후함만 못했지만, 문공이 죽은 후에도 제후들이 감히 진을 배반하지 못했으며, 진이 문공이 남겨놓은 위엄을 이어받아 여전히 100여 년간 제후들의 맹주 노릇을 할 수 있었던 것은 무엇 때문인가. 그 군주가 비록 못났지만 아직 나이 많은 훌륭한 신하들이 남아 있기 때문이었다.

제나라는 환공이 죽자 단번에 혼란해져서 나라의 위엄이 추락하여 땅에 깔리게 되었음을 의심할 여지가 없다. 이는 저 환공이 유독 관중 한 사람만 믿고 있다가 바로 그 관중이 죽었기 때문이었다. 천하에 현자가 없었던 적은 없고, 훌륭한 신하는 있되 훌륭한 군주가 없었던 적은 있었다. 그러므로 환공과 같은 군주가 있는데 천하에 다시는 관중과 같은 사람이 없었다고 말하는 것을 나는 믿지 않는다.

관중이 지은 《관자管子》에, 그가 죽게 되었을 때에 포숙과 빈서무賓胥無의 됨됨이를 논하고 또한 그들의 단점을 각기 기록해놓은 것이 있다. 이는 그의 마음이 이들 몇 사람은 모두 나라를 맡기기에 부족하다고 여긴 것이고, 또한 그 자신이 곧 죽을 것임을 미리 알았다는 것이니, 그 책은 허황되어 족히 믿을 것이 못된다.

내가 관찰해보건대, 사추史鰌는 거백옥蘧伯玉을 등용하고 미자하彌子瑕를 내치려는 뜻을 이룰 수 없게 되자, 그 때문에 죽은 후에도 간한 일이 있고,[1]

---

1 사추史鰌는……있고 : 사추는 위衛나라의 대부로, 위 영공衛靈公에게 거백옥을 천거하고 미자하를 내치라고 건의했으나 받아들여지지 않았다. 뜻을 이루지 못하고 죽게 되자 그는 자식들에게 자신이 죽은 뒤에 장례를 예를 갖추어 행하지 말라고 하였다. 이렇게 그가 죽고 나서야 영공이 그의 말을 따랐다.

소하蕭何는 죽음이 가깝게 되자 조참曹參을 천거하여 자신의 업무를 이어받게 하였다. 대신은 마음 씀이 본시 이와 같아야 마땅하다.

한 나라가 한 사람 때문에 흥하기도 하고 한 사람 때문에 망하기도 하나니, 현자는 그 자신의 죽음을 슬퍼하지 않고 그 나라가 쇠미해짐을 근심해야 한다. 그러므로 반드시 다시 현자를 후계자로 세운 이후에야 제대로 죽을 수가 있는 것인데, 저 관중은 그 일을 행하지 못했으니 어떻게 죽었을까.

7-7 목가산기〔木假山記〕

소순

해설 | 목가산木假山은 오래된 나무 등걸이 우뚝 솟은 세 봉우리처럼 보이는 목공예품이다. 이 모습에 자신과 소식蘇軾, 소철蘇轍 등 삼부자의 기상을 빗대 표현하였다. 북송北宋의 문학가 황정견黃庭堅은 목가산을 사람의 관점이 아닌 나무의 관점에서 살펴본 점이 《장자莊子》, 《한비자韓非子》의 관점을 이어 받은 것이라고 평하였다.

나무의 일생이 더러는 새싹이 나자마자 바로 죽기도 하고, 더러는 한 줌 정도의 굵기가 되어서 요절하기도 하며, 다행히 기둥이나 들보가 될 만함에 이르러서야 잘리기도 한다. 불행히 바람에 뽑히고 물에 떠내려가다가, 더러는 쪼개지거나 부러지기도 하고 더러는 썩어버리기도 하며, 다행히 부러지지 않고 썩지도 않으면 사람들이 재목으로 여겨 도끼나 자귀에 찍히는 수난을 겪게 된다.

그 가운데 가장 행운을 얻은 것은 여울물과 모래 사이에서 떠올랐다 가라앉았다 솟아올랐다 묻혔다 한 것이 몇백 년이나 되는지 알지 못하다가, 사나운 물결에 부딪히며 깨물리고 씹혀 없어진 나머지가 혹 산과 방불하게 되었으면, 기이한 것 수집하기를 좋아하는 사람이 가져가 다듬어서 산처럼 만들어놓은 것이다. 그런 이후에야 진흙과 모래 속에서 벗어나고 도끼와 자귀에 찍히는 재앙에서 멀리 벗어날 수 있지만, 거친 강가에서 이와 같은 행운을 누리는 것이 몇이나 되겠는가. 기이한 것 수집하기 좋아하는 사람에게 발견되지 못하고 나무꾼이나 시골 사람의 땔감이 된 것들을 어찌 이루 다 헤아릴 수 있겠는가. 그러니 가장 행운을 얻은 것들 가운데 다시 불행하게 된 것도 있는 것이다.

우리 집에 세 봉우리로 된 목가산木假山이 있는데, 내가 이를 생각할 때마다 그 사이에 운수가 있는 듯하다는 느낌이 든다. 그것이 새싹이 났을 때에 요절하지 않았고, 한 줌 정도의 굵기가 되었을 때에 일찍 베임을 당하지 않았으며, 기둥이나 들보가 될 만할 때에도 베임을 당하지 않았다. 바람에 뽑히고 물에 떠내려가면서도 쪼개지거나 꺾이지 않고 썩지도 않았으며, 사람들이 재목으로 여겨서 도끼나 자귀에 찍히는 재앙도 당하지 않고, 여울물과 모래흙 사이에서 나와서 나무꾼이나 시골 사람의 땔감이 되지도 않은 이후에 비로소 여기에 이를 수 있게 된 것이니, 그 이치가 우연만은 아닌 듯하다.

그러나 내가 이를 사랑하는 것은 다만 산과 같이 생겨서만이 아니요, 또한 느끼는 바가 있어서이다. 느끼는 바가 있을 뿐이 아니고 또한 공경하는 바가 있어서이다. 내가 보니 가운데 있는 봉우리는 웅장하고 활달하게 버티고 있으면서 의기도 단정하고 장중하여 마치 그 곁에 있는 두 봉우리를 거느리고 있는 듯하다. 곁에 있는 두 봉우리는 씩씩하게 드높이 솟아 있어 그 늠름한 기상을 범할 수가 없으니, 비록 그 형세가 가운데 있는 봉우리에 복종하고는 있지만, 우뚝하게 솟아서 결코 비위를 맞추려 아첨하려는 마음은 없는 듯하니, 아아! 공경할 만하도다! 느끼는 바가 있게 하도다!

7-8 고조高祖에 대하여 논하다〔高祖論〕

소순

해설 | 이 편은 한 고조漢高祖와 그의 충신이었던 진평陳平 및 주발周勃에 대한 인물평이다. 고조가 작은 일의 처리에는 진평이나 장량만 못했지만 큰일의 처결에는 신하들이 따라올 수 없는 탁견이 있었으므로 제왕이 될 수 있었다. 사후에 야기될 환란까지 미리 제거하려 하였는데, 진평과 주발이 이를 제대로 알고 그에 맞게 보필하지 못했다고 하여, 역사적 사실을 바탕으로 고조와 그의 신하들이 천하의 사태를 파악하고 예측하는 식견에 차이가 있었음을 엄정하게 평가한 것이다.

《한서漢書》〈번쾌전樊噲傳〉에 '노관盧綰이 반란을 일으키자 황제가 번쾌를 파견하여 이를 치도록 하였다. 어떤 사람이 말하기를 "번쾌는 여씨呂氏의 당여입니다. 어느 날 갑자기 황제께서 승하하시면 번쾌가 병력을 동원하여 황제께서 총애하는 척씨戚氏와 그의 아들 조왕趙王을 죽이려 할 것입니다." 하니, 황제가 대노하여 진평에게 강후絳侯(주발)와 함께 가서 장수의 임무를 교대하고 군중에서 즉시 번쾌의 목을 베도록 명하였다. 이는 황실에 위협이 되는 여후의 당여를 미리 제거하려 한 것이었다. 그러나 진평은 번쾌를 즉시 죽이지 않고 장안長安으로 잡아 왔는데, 이는 황제의 큰 뜻을 헤아리지 못하여 황제 사후의 근심거리를 남겨놓은 것이라고 비판한 것이다.

한 고조漢高祖가 정세를 판별하고 계책을 세워서 이로써 한 시대의 이해에 맞도록 적용하는 일은 진평陳平[1]만 못했고, 천하의 형세를 헤아려 계획을 세

1 진평陳平 : 한 고조漢高祖와 항우項羽가 천하를 다툴 때에 여러 차례 기책奇策을 내어 고조를 도왔으며, 여후呂后가 사망하자 주발周勃과 함께 여씨 일족을 복멸覆滅하여 유씨劉氏의 한나라를 지키는 데 대공大功을 세웠던 인물이다.

우면서 손가락을 꼽아보고 눈을 껌뻑이며 계산하여 항우項羽를 위협하고 견제할 계책을 내는 일은 장량張良[2]만 못했다. 이 두 사람이 아니었다면 천하가 한漢나라로 돌아오지 않았을 것이고, 고조는 곧 말재주 없고 무뚝뚝한 사람으로 지내다가 생을 마칠 뿐이었을 것이다. 그러나 천하가 평정된 후 후세의 자손을 위한 계책에 있어서는 진평과 장량의 지혜로도 미칠 수 없는 점까지 고조는 항상 미리 후손을 위하여 계획을 세우고 조치를 취해서, 후세에 일어날 일을 눈으로 본 것처럼 명료하게 처리해 놓았으니, 고조의 지혜가 큰일에는 밝고 작은 일에는 어두웠음을 이에 이른 이후에야 알게 된다.

한 고조漢高祖

고조가 일찍이 여후呂后[3]에게 말하기를 "주발周勃[4]은 중후하고 문재文才는 부족하지만 그러나 유씨劉氏의 황실을 평안하게 해줄 사람이 틀림없이 주발일 것이니 그를 태위太尉로 삼아야 할 것이오." 하였다. 바로 이때에는 유씨의 황실이 이미 안정되어 있었는데 주발이 또 장차 누구를 평안하게 해준다는 것인가? 그러므로 내 생각에는 고조가 태위 자리를 주발에게 맡기려 한 것은, 앞으로 여씨들이 일으킬 화란을 미리 알았기 때문이라고 말하는 것이다. 그런데도 여후를 제거하지 않은 것은 무엇 때문이었는가. 형세가 그렇게 해서는 안 되게 되어 있었다. 옛날 주周나라 무왕武王이 죽고 왕위를 이

---

2 장량張良 : 한 고조漢高祖가 천하를 평정하는 데 크게 기여한 모신謀臣이다. 소하蕭何, 한신韓信과 함께 고조가 천하를 차지할 수 있게 한 삼걸三傑의 한 사람이다.

3 여후呂后 : 한 고조의 황후皇后로 고조의 천하통일에 크게 기여하였고, 고조 사후에는 국권國權을 장악하고 여씨 일족을 요직에 임용하였다.

4 주발周勃 : 고조高祖를 따라 군사를 일으켜 공을 세워서 강후絳侯에 봉해졌고, 여후呂后 사후에 여씨 일족을 주멸하여 한실漢室을 안정시켰다.

어받은 성왕成王의 나이가 어리자, 삼감三監이 반란을 일으켰으니,[5] 고조는 자신이 사망한 후에 장상將相이나 대신 및 제후와 왕들 가운데 무경武庚이나 녹보祿父 같은 사람이 있을 때에, 이를 제어할 수 없게 될까 염려하여 혼자 생각하기를 '집안에 안방 어른이 남아 있으면 억센 노예나 사나운 여종이라 해도 감히 주인의 유약한 아들과 맞서지 못한다. 여씨는 황제가 천하를 평정하는 일을 보좌하였으므로 제후와 대신들이 그 때문에 평소부터 두려워하고 복종하였으니, 오직 이 사람만이 그들의 사악한 마음을 억누르면서 뒤를 이을 아들이 장성하기를 기다리게 할 수 있을 것이다.'라고 여긴 것이니, 그러므로 여후를 제거하지 않은 것은 혜제惠帝를 위한 계책이었던 것이다.

여후를 제거해서는 안 될 형편이었으므로, 그 당여를 제거하여 그 권력을 줄여놓아서, 그들이 비록 변란을 일으키더라도 천하가 동요하지 않도록 하려 한 것이다. 이 때문에 큰 공훈을 세웠던 번쾌樊噲를 드디어 하루아침에 목을 베게 하면서도 망설임이 없었다. 아아! 이것이 어찌 저 고조가 유독 번쾌에게만 인자함을 베풀지 않으려 해서였겠는가? 또한 번쾌는 황제와 함께 군사를 일으켰고 성을 빼앗고 적진을 함락시킴에 공이 적다고 할 수 없으며, 아부亞父(범증范增)가 항장項莊을 사주하여 고조를 죽이려 했을 때에 번쾌가 항우를 꾸짖지 않았다면,[6] 한나라가 천하를 다스리는 한나라가 될 수 있었을지를 알 수 없는 일이었다.

---

5 옛날……일으켰으니 : 주周나라 무왕武王이 은殷을 멸한 후 은의 왕자王子인 무경武庚과 녹보祿父를 제후로 봉하고 아우들인 관숙管叔, 채숙蔡叔, 곽숙霍叔에게 이들을 감독監督하게 하였다. 이들을 삼감三監이라 한다. 무왕이 죽고 어린 성왕成王이 즉위하여 주공이 섭정攝政을 하게 되자, 삼감이 오히려 무경, 녹보와 함께 반란을 일으켰던 사실을 말한다. 주공이 이를 평정하였다.

6 아부亞父(범증范增)가……않았다면 : 유방이 진秦나라의 수도 함양咸陽을 함락시키고 항우와 홍문鴻門에서 만나 연회를 할 때에 항우의 아부인 범증이 항장項莊을 시켜 유방을 죽이려 하였는데, 당시 유방의 참승參乘이었던 번쾌樊噲가 강력하게 항의하여 유방의 목숨을 구했던 사실을 말한 것이다.

그런데도 어느 날 갑자기 번쾌가 척씨戚氏[7]를 죽이려 한다는 어떤 사람의 모함이 있자, 당시에 번쾌는 연燕을 정벌하러 나가 있었는데, 곧바로 진평과 주발에게 군중에 나아가 즉시 그의 목을 베라고 명한 것이다. 번쾌의 죄가 아직 드러나지도 않았고, 모함한 내용이 사실인지 거짓인지도 확실하지 않았으며, 또한 고조가 한 여자 때문에 천하의 공신의 목을 베려 하지는 않았을 것임도 또한 분명하다.

저 번쾌는 여씨 여인(여후의 동생)에게 장가들었는데, 여씨의 일족 가운데 여산呂産과 여록呂祿 같은 무리는[8] 모두 못난 사람들이어서 족히 걱정할 필요가 없었으나, 번쾌만은 뛰어나게 강건하여 여러 장수들이 제어할 수 없는 인물이었으니, 후세의 근심거리로 이 사람보다 더 큰 것이 없었던 것이다.

고조가 여후를 대하는 것이 마치 의사가 독초인 근堇(오두烏頭)을 다루는 것과 같았다. 그 독으로 병을 치료는 하되 사람을 죽이는데 이르지는 않도록 하고자 했을 뿐이었으니, 번쾌가 죽으면 여후의 독이 장차 황족을 죽이는 데까지는 이르지 않을 것이었다. 고조는 이 사람(번쾌)이 죽어야 족히 걱정거리가 없어질 것이라고 여겼던 것인데, 저 진평과 주발은 그 걱정거리를 남아 있게 한 것이다. 번쾌가 여씨들의 변고가 있기 이전인 혜제 6년에(B.C.189) 죽은 것은 천운이었으니, 가령 그가 살아 있었다면 여산과 여록에게 암수를 써서 군권을 박탈할 수 없었을 것이고, 태위(주발)가 북군에 들어가 군권을 장악하고 여씨 일족을 죽일 수가 없었을 것이다.

어떤 사람은 "번쾌가 고조와 가장 가까웠으니, 그가 살아 있었다 해도 반드시 여산, 여록과 함께 반란을 일으켰을 것이라고는 볼 수 없다."라고 말하기도 한다. 그러나 저 한신韓信·경포黥布·노관盧綰[9] 등이 모두 왕이 되어 남

---

7 척씨戚氏 : 고조高祖의 사랑을 받았던 여인으로 여후呂后가 매우 미워하였고, 고조가 죽자 여후에게 참혹하게 살해되었다.

8 여후呂氏의……무리는 : 여후의 친정 조카들로 군권軍權을 장악하고 권세를 누리다가 여후 사후에 진평陳平과 주발周勃에게 제거되었다.

9 한신韓信·경포黥布·노관盧綰 : 세 사람 모두 고조高祖가 항우項羽를 이기고 황제가

면南面하고 고孤(왕후王侯의 겸칭謙稱)라 자칭하였고, 노관은 또한 황제가 가장 가까이하고 사랑했었는데, 그런데도 고조가 아직 붕어하지도 않았을 때에 모두 서로 연이어 반역을 도모했다가 처형을 당했는데, 고조 사후에 과거에 사람이나 죽이고 백정 노릇이나 했던 무지막지한 번쾌가, 그 친척들이 황제나 왕이 될 수 있음을 보게 되면 흔연히 그들의 반란에 동조하지 않으리라고 누가 말할 수 있겠는가. 나는 그 때문에 "저 진평과 주발은 그런 근심거리를 남겨놓았던 자들이다."라고 말하는 것이다.

되는데 공을 세워, 한신은 제왕齊王과 초왕楚王, 경포는 회남왕淮南王, 노관은 연왕燕王이 되었는데, 중앙의 통치력을 강화하고 왕권을 약화시키려 하자, 모두 반란을 도모했다가 한신과 경포는 죽임을 당하였고 노관은 흉노匈奴로 달아났다.

7-9 구양내한歐陽內翰께 올린 편지〔上歐陽內翰書〕

소순

해설 | 이 편지는 소순이 당시의 대표적 문장가 구양수歐陽脩가 내한內翰(한림학사翰林學士의 별칭)으로 있을 때에 그에게 자신을 천거한 자천서自薦書이다. 군자들의 합침과 나뉨을 첫 단락의 큰 줄거리로 삼고, 다음 단락에서는 자신이 닦은 도道가 미성未成했음과 장성將成할 것임과 조성粗成했음과 그 후에 대성大成했음을 드러내어 그 진전과정을 밝혔다. 다음 단락에서는 당시의 대표적인 군자 6인을 언급하면서 편지를 통하여 만나볼 수 있는 사람이 구양공뿐이라 하였고, 다음 단락에서는 구양공의 문장을 찬양하고, 다시 한 단락으로 자기의 문장에 대하여 서술하였는데, 앞 단락과 뒷단락이 서로 호응하도록 구성하여, 후세 자천서를 쓰는 사람들이 이 문체를 전범으로 삼게 되었다.

《고문진보古文眞寶》의 편자는 이 편을 골라 수록한 이유를 '소순이 25세에 비로소 문장 공부를 시작하였으나, 한결같이 정성을 다했으므로 뒷날에 성취한 경지가 이처럼 높고 우뚝하게 되었으니, 후생들 가운데 공부할 시기를 놓쳤다 하여 스스로 포기하고 학문에 힘쓰지 않는 사람들에게 이 글을 읽고 분발하게 하고자 해서이다.'라고 밝혀놓았다.

제가 평민으로 곤궁하게 지내며 항상 삼가 스스로 탄식하기를, '천하사람들이 모두 현명할 수도 없고 모두 어리석을 수도 없다. 이 때문에 현인과 군자들이 이 세상에서 처신할 때에 서로 합치면 반드시 소인들이 모해하여 흩어놓고, 흩어지면 현인들이 이를 극복하고 반드시 다시 모이게 된다.'라고 생각했습니다.

지난날 천자께서 마침 나라를 잘 다스릴 뜻을 지니셔서, 범공范公(범중엄范

仲淹)이 상부相府에 계시게 되고 부공富公이 추밀원樞密院에 계셨으며 집사執事께서 여공余公, 채공蔡公과 함께 간관諫官이 되셨고 윤공尹公은 이리저리 뛰어다니면서 전쟁이 벌어진 지역에서 힘을 다하고 계셨습니다.[1] 바로 이때에는 천하 사람들 가운데 터럭이나 실낱이나 좁쌀알만 한 하찮은 재주를 지닌 사람들까지도 다투어 벼슬에 나아가 힘을 합쳐 하나가 되었습니다. 저는 스스로 생각하기를 어리석고 노둔한 쓸모없는 이 몸은 스스로 분발하여 그 사이에 나서기에는 부족하다고 여겨서, 물러나 있으면서 마음을 수양하다가 요행히 도道가 장차 이루어지면, 이런 시대에 활약하는 현인군자들을 그때에 다시 뵙는 것이 옳다고 생각하고 있었는데, 불행하게도 도가 아직 이루어지기도 전에 범공은 서쪽 지방관으로 나가셨고 부공은 북쪽 지방관으로 나갔으며 집사 및 여공과 채공도 나뉘어 흩어져서 사방으로 나가셨고 윤공도 또한 권세를 잃고 하급관리가 되어 이리저리 바삐 떠돌아다니게 되었습니다.

제가 당시에 서울에 있으면서 직접 그 일을 목도하고는, 맥이 풀려 하늘을 우러러 탄식하며 생각하기를, '이런 분들이 떠났으니 도가 비록 이루어진다 해도 또한 족히 영광스러울 것이 없다.' 하였습니다. 그러고 나서 다시 생각하니, '지난날 군자들이 조정에 등용될 수 있었던 것은 그 처음에 틀림없이 선인善人이 있어서 그들을 추천했기 때문이었을 것이고, 지금에 와서는 틀림없이 소인들이 있어서 이간질을 했기 때문일 것이니, 이 시대에 다시는 선인이 있지 않다면 그만이겠지만, 만약 그렇지 않다면 내가 무엇을 근심할 것이 있겠는가. 우선 마음을 수양하면서 닦고 있는 도가 크게 이루어지기를 기다리는 것이 어찌 해로울 것이 있겠는가?' 하였습니다.

---

1 범공范公(범중엄范仲淹)이……계셨습니다 : 범중엄은 참지정사參知政事를 역임했던 명재상이고, 부공은 당시 추밀원樞密院 부사로 있던 부필富弼이고, 집사는 구양수歐陽脩를 지칭한 것이고, 여공과 채공은 여정余靖과 채양蔡襄으로 당시에 간관諫官으로 있었으며, 윤공은 윤수尹洙로 박학다식한 인물이었다. 이 6인은 당시에 천하 사람들의 신망과 숭앙을 받던 군자들이었다.

이에 물러나 10년을 지나면서 비록 감히 스스로 도가 이루어졌다고 말할 수는 없습니다. 그러나 가슴속이 드넓게 트인 것이 지난날과는 달라진 것 같았습니다. 여공이 때마침 남방에서 공을 세우고 중앙으로 돌아오셨고, 집사와 채공도 또한 연이어 조정으로 올라오셨으며, 부공도 지방에서 들어와 재상이 되셨으니, 그 형세가 장차 다시 선인들이 하나로 합쳐지려는 듯하여, 이를 기뻐하고 또한 스스로 축하하면서 생각하기를, '내가 닦은 도가 이미 약간 이루어졌으니 과연 장차 이를 발휘할 수 있게 될 듯하다.' 하였습니다.

그러고 나서 다시 지난날에 흠모하고 우러러보며 좋아하고 사랑하면서도 뵐 수 없었던 분을 돌이켜 생각해보니 여섯 분이 계셨는데, 이제 찾아가 뵈려 하였지만 여섯 분 가운데 범공과 윤공 두 분이 이미 사망하셨으므로 다시 그 때문에 눈물을 흘리며 슬퍼하였습니다. 아아! 두 분은 다시는 뵐 수가 없게 되었지만 그래도 이 마음을 위로받을 수 있다고 믿는 것은 아직 네 분이 계셔서입니다. 그래서 다시 이로써 슬픈 마음을 위로하며 네 분만 남아 계심을 생각하니, 서둘러 그분들 얼굴을 한 번 뵙고 마음에 간직하고 있는 말을 펼쳐 보여드리고 싶었습니다.

그런데 부공께서는 천자의 재상이 되셨으니 먼 변방의 한미한 선비가 갑자기 드릴 말씀이 있다고 그분 앞으로 연통할 수가 없고, 여공과 채공은 멀리 만 리 밖에 계시고, 오직 집사만이 조정 사이에 계시면서도 그 지위가 비교적 심히 높지는 않으시니, 소리쳐 부르며 부여잡고 올라가 말씀을 아뢸 수 있을 듯합니다. 그러나 추위와 굶주림으로 늙어 쇠약해져 생긴 병이 또한 고질병이 되어 머뭇거리게 하여, 집사께서 계신 뜰로 직접 나아갈 수가 없게 하고 있습니다. 그분들을 흠모하고 우러러보며 사랑하고 좋아하는 마음을 가지고 있으면서도 10년이 되도록 뵙지를 못하다가 이미 사망한 분들로 범공과 윤공 두 분 같은 분도 계시게 되었으니, 남아계신 네 분 가운데 그 형세가 갑자기 말로 통할 수 없는 분이 아니라면, 어찌 직접 찾아갈 수가 없다 하여 바로 포기할 수 있겠습니까.

집사의 문장은 천하 사람들 가운데 모르는 사람이 없습니다. 그러나 삼가 제가 특히 심오하게 알고 있음이 천하 사람들보다 더 낫다고 여기고 있습니다. 이는 무엇 때문이겠습니까. 맹자孟子의 문장은 말이 간략하면서도 뜻이 심오하고, 까다롭거나 박절하게 말하지 않았으되 그 칼날처럼 날카로운 예봉은 범할 수가 없습니다. 한자韓子(한유韓愈)의 문장은 장강대하長江大河가 질펀하게 흐르며 감도는 듯하면서, 그곳에 사는 고기와 자라와 교룡 등 온갖 괴이한 것들이 사람을 놀라게 하고 당혹하게 하되, 이를 겉으로 드러나지 않도록 억제하고 덮고 가려서 이런 점이 스스로 들어나지 않게 하였으나, 사람들이 그 심오한 광채와 짙게 함축된 옛스러움을 또한 스스로 두려워하고 피하게 되어, 감히 가까이 가서 보려 하지 않게 됩니다.

집사의 문장은 넉넉하게 여유가 있으면서도 상세하게 갖추어져 있고, 이리저리 여러 차례 변화를 일으키면서도 조리가 명백하고 시원하게 트여 있어서 중간에 끊기는 일이 없습니다. 기상이 극진하고 말은 지극하여 급하게 하는 말과 끝까지 설파하는 의논 속에도 만유萬有를 포용하는 여유가 있고 극히 자연스러워서, 어려움을 겪으며 애써 고생하여 지은 듯한 궁기窮氣가 없습니다. 이 세 분의 문장은 모두가 단연코 스스로 일가를 이룬 문장이라 할 수 있습니다. 오직 이고李翶[2]의 문장만이 그 맛이 은은하면서도 길게 이어지고 그 광채가 성盛하게 피어오르면서도 그윽하며, 늦추었다 당겼다 하면서도 겸손하게 양보하는 점이 집사의 문체와 유사한 점이 있고, 육지陸贄[3]의 문장은 언어의 수사와 뜻의 표현을 절실하고 확실하게 드러낸 점이 집사의 문장 내용과 유사함이 있으나, 집사의 재능은 또한 자연스레 남보다 뛰어난 점이 있습니다. 이 점이 집사의 문장은 맹자나 한자의 문장이 아니요, 구양자 자신의 독자적인 문장이 된 것입니다.

---

2 이고李翶 : 당대唐代의 문인으로 한유韓愈를 사사事師하여 고문古文에 뛰어났던 사람이다.

3 육지陸贄 : 당대唐代의 문인으로 한림학사翰林學士, 중서시랑中書侍郎을 역임하였다.

남의 좋은 점을 말하기 좋아해도 이것이 아첨이 되지 않는 것은, 그 사람이 진실로 이에 충분히 합당하기 때문입니다. 이를 알지 못하는 사람들은 남을 찬양해서 이로써 그가 자기를 좋아하기를 바라는 것이라고 생각하지만, 남을 찬양해서 그가 자기를 좋아하기를 바라는 일은 이 소순蘇洵 또한 하지 않습니다. 그러면서도 집사의 광명하고 성대한 덕에 대하여 말하기를 스스로 그칠 줄 모르는 이유는, 또한 집사께서도 제가 집사를 알고 있다는 것을 아시도록 하고자 해서입니다. 비록 그러하기는 하나 집사의 명성은 천하에 가득 넘쳐서 비록 그 지으신 문장을 보지 않는다 해도 본시 구양자께서 계심을 이미 알고 있지만, 저는 불행하게도 시골의 진흙길 가운데 떨어져 있고, 도를 아는 마음이 최근에야 겨우 약간 이루어졌으므로, 짤막한 편지를 받들어 올려서 스스로를 집사께 의탁하고자 하는 것인데, 장차 어떻게 해야 집사로 하여금 저를 아시게 하고 어떻게 해야 제 말을 믿으시게 하겠습니까.

저는 소년 시절에는 공부를 못하고 있다가 25세가 되어서야 비로소 글을 읽을 줄 알게 되어 선비들과 어울려 공부를 하였습니다. 나이는 이미 많았고, 또한 스스로 뜻을 굳게 세우고 철저하게 공부하며 옛 성현처럼 되기를 기약하지 않고, 저와 동열에 있는 사람들이 모두 저만 못함을 보게 된다면 그것으로 충분하다고 여겼습니다. 그 후에 곤궁함이 더욱 심해지면서 다시 옛 성현의 글들을 취하여 읽어보고서야 그 속에 쓰인 말과 취지가 제가 생각했던 것과는 크게 다름을 비로소 깨달았습니다. 그때에 다시 마음속으로 반성하며 스스로의 재능을 생각해보고는 이 정도에서 그쳐서는 안 될 것 같았습니다. 이 때문에 과거에 지었던 문장 수백 편을 모두 불태워버리고《논어論語》,《맹자》,《한자韓子》 및 그 밖의 성현들의 문장을 취하여 꼿꼿하게 단정히 앉아서 날이 다하도록 이를 읽은 것이 7, 8년이 되었습니다.

처음 그렇게 읽기를 시작했을 때에 그 내면의 경지로 들어가 엿보고는 두려워서 어쩔 줄을 몰랐습니다. 그 외면까지 널리 관찰하고서는 놀라워서 깜짝 놀랐다가, 오랜 기간에 이르도록 읽기를 더욱 정밀하게 하자 가슴속이 탁 트이도록 밝아졌습니다. 맹자, 한자 같은 분들이 문장으로 표현한 말들이 진실로 마땅히 그렇게 해야 했던 것이라고 생각하게 되었지만, 여전히 감히 스스로 제 자신의 그런 주장을 문장으로 드러내지는 못하였습니다. 그렇게 시간이 오래 지나자 가슴속에는 문장으로 드러내고 싶은 말이 더욱 많아져서 이를 자제할 수 없었으므로, 시험삼아 드러내어 기록해보았습니다. 그러고 나서 이를 거듭 읽어보니 그제야 그 넓고 깊은 경지를 문장으로 드러내기가 용이해졌음을 깨달았습니다. 그러나 아직도 감히 스스로 옳게 지었다고 여기지는 못하겠습니다.

근래에 지은 〈홍범론洪範論〉과 〈사론史論〉 등 모두 7편을 집사께서 어떠한지 보아주시기 바랍니다. 아아! 구차하게 자신을 스스로 말하는 것을, 저를 이해하지 못하는 사람들은 또한 자신을 자랑해서 다른 사람이 자기를 알게 하려 하는 것이라고 여길 것입니다. 바라건대 집사께서는 제가 10년 동안 품고 있는 마음이 이처럼 우연히 이루어진 것이 아님을 유념하여 살펴주시옵소서. 드릴 말씀은 많사오나 다 펼쳐 보여 드리지 못하고 이만 줄이면서 소순은 거듭 절을 올리나이다.

7-10 전추밀田樞密께 올린 편지〔上田樞密書〕

소순

해설 | 이 편은 당시 추밀원부사樞密院副使로 있던 전황田況에게 보낸 자천서自薦書이지만 과공過恭이나 비굴함이 없다. 자신의 포부와 학문 및 수양에 대하여 밝히고, 자신이 지은 몇 편의 문장을 보내주면서, 이를 읽어보고 나의 임용여부를 결정하는 일은 당신의 책임이니, 만약 내가 기천棄天이나 설천褻天을 한 일이 없는데도 당신이 나를 임용하지 않는다면 이는 역천逆天하는 것이라 하였다. 재상의 임무에 충실하려 한다면 자신을 임용하지 않아서는 안 된다고 당당하게 말한 것이다.

하늘이 나에게 자질을 부여한 것이 어찌 우연히 된 것이겠습니까. 요堯임금도 그것을 단주丹朱에게 물려줄 수 없었고,[1] 순舜임금도 그것을 상균商均에게 물려줄 수 없었으며,[2] 고수瞽瞍가 그것을 순舜에게서 빼앗을 수 없었으니,[3] 그 마음을 통해 발로되어 말로 나타나고 공업으로 드러나는 것이어서, 바꿀 수 없음이 확실합니다. 성인聖人도 이를 남에게 물려줄 수가 없고, 아비도 그것을 그의 자식에게서 빼앗을 수가 없나니, 이런 사례를 통하여 하늘이 나에게 부여한 것이 우연이 아님을 알게 됩니다.

---

1 요堯임금도……없었고 : 단주丹朱는 요임금의 아들이었으나, 위인이 용렬하였으므로 그에게 전위傳位하지 않고 순舜에게 왕위를 물려주었다.

2 순舜임금도……없었으며 : 상균은 순임금의 아들이었으나, 역시 위인이 용렬하였으므로 그에게 전위傳位하지 않고 왕위를 우禹에게 물려주었다.

3 고수瞽瞍가……없었으니 : 고수는 맹인盲人으로 순의 부친父親이었다. 순의 계모繼母 및 서제庶弟와 함께 순을 학대하여 죽이려 하였으나, 하늘이 순에게 부여한 자질의 발휘를 막을 수가 없었다는 것이다.

대저 하늘이 나에게 부여한 것은 틀림없이 나를 쓰고자 함이 있어서인데, 내가 이를 알고 있으면서도 이를 행하지 않고 이를 남에게 알려주지도 못한다면, 하늘이 본시 쓰고자 부여한 것을 내가 버린 것이니, 그렇게 하는 것을 기천棄天(하늘이 부여한 능력을 버림)이라 합니다. 자신을 비하하면서 그가 지니고 있는 고대高大한 도를 좋아해주기 바라고, 자신을 하찮게 여기며 자신의 도가 쓰이기를 바란다면, 하늘이 나에게 부여한 것이 어떤 것이기에 내가 이와 같이 해야 하겠습니까. 그렇게 하는 것을 설천褻天(하늘의 뜻을 모독함)이라 합니다. 기천棄天하는 것도 나의 죄이고 설천褻天하는 것도 또한 나의 죄입니다. 기천棄天하거나 설천褻天하지 않는데도 다른 사람이 나를 써주지 않는 것은 나를 써주지 않은 사람의 죄입니다. 그렇게 하는 것을 역천逆天(하늘의 뜻을 거역함)이라 합니다.

그렇다면 기천棄天하거나 설천褻天한 것은 그 책임이 나에게 있고, 역천逆天한 것은 그 책임이 남에게 있는 것입니다. 나에게 있는 책임은 내가 장차 내 능력으로 할 수 있는 힘을 다해서 하늘이 나에게 부여해준 뜻에 보답하고 천하와 후세의 비난을 면하기를 추구해야 하지만, 남에게 있는 책임이야 내가 어찌 알 수 있겠습니까. 나는 내 한 몸이 지게 된 책임을 면하고자 하기에도 겨를이 없는데, 남을 위해 걱정할 겨를이 있겠습니까.

공자孔子와 맹자孟子께서 하늘이 부여한 자질을 실현할 기회를 만나지 못하여 길거리를 떠돌며 늙어가면서도, 게을리하지 않고 노여워하지 않고 부끄러워하지 않고 멈추려 하지 않았던 것은, 진실로 그 책임의 소재를 아셨기 때문입니다. 위 영공衛靈公과 노 애공魯哀公과 제 선왕齊宣王과 양 혜왕梁惠王 같은 무리들이 함께 도를 행하기에 부족함을 나(공자, 맹자가 자신을 가리킨 말)도 또한 알고 있지만, 다만 나의 마음에 품은 뜻을 극진하게 실현하려 하였을 뿐이었던 것입니다. 내 마음에 품은 뜻에 철저하지 못하다면, 천하 후세 사람들이 저 위 영공과 노 애공과 제 선왕과 양 혜왕 등을 책하지 않을 것이고, 그들도 또한 장차 그 꾸짖음을 모면할 핑계를 찾게 되었을까 두려웠던 것입니다. 그렇게 되었다면 공자와 맹자께서 지하에서도 눈을 제대로 감지 못했을 것입니다.

성인이나 현인의 마음 씀이 본시 이와 같아서, 이와 같은 마음으로 살아가고, 이와 같은 마음으로 죽고, 이와 같은 마음으로 빈천하게 지내고, 이와 같은 마음으로 부귀하게 지내기도 하면서, 올라가면 하늘처럼 통달하고, 가라앉으면 심연처럼 궁窮하게 되며, 움직이면 시내처럼 중단 없이 행하고, 멈추면 산처럼 정지하게 되지만, 저 생사, 빈부귀천, 궁달, 행지行止 등이 내가 뜻한 일에 끼어들 수가 없나니, 내 일은 이렇게 하는 것으로 끝나는 것입니다.

제가 삼가 괴이하게 여기는 것은, 후세의 현자라는 사람들이 그 자신이 하늘에서 부여받은 대로 처신하지 못하여, 굶주림과 추위와 궁곤窮困을 견디지 못하고 남에게 외쳐대며 구원을 청하는 것입니다. 아아! 가령 내가 진실로 굶주림과 추위와 궁곤으로 죽게 된다면, 천하와 후세 사람들이 꾸짖을 대상이 반드시 있게 될 것인데, 저들이 자신이 질 책임을 자임하며 근심하게 하지 않고, 내가 그 책임을 가져다가 내 몸에 붙여놓는다면 또한 잘못된 일이 아니겠습니까.

이제 못난 제가 어찌 감히 또한 스스로 성현의 대열에 낄 수가 있겠습니까. 그러나 그 마음속에 심히 가벼이 할 수 없는 것이 있으니, 그것이 무엇 때문이겠습니까. 천하의 학자 가운데 누구인들 단번에 뛰어올라 성인의 경지로 나아가고 싶지 않은 이가 있겠습니까. 그러나 그것을 이루지 못하게 되면, 한마디 말이라도 도에 가깝게 하기를 추구한다 해도 할 수가 없습니다. 천금을 소유한 부잣집 자식은 남을 빈한하게 할 수도 있고 부유하게 할 수도 있지만, 하늘이 부여한 바가 아니면 비록 남을 부유하게 하고 남을 빈한하게 할 수 있는 권세로도 한마디 말이 도에 가깝게 되기를 추구한다 해도 할 수가 없습니다. 천자의 재상은 사람을 살릴 수도 있고 사람을 죽일 수도 있지만, 하늘이 부여한 바가 아니면 비록 사람을 살리고 사람을 죽이는 권세로도 한마디 말이 도에 가깝게 되기를 추구한다 해도 할 수가 없습니다.

지금 저는 성인과 현인의 학술에 힘쓴 지가 또한 이미 오래되었습니다. 이를 통해 터득한 이론과 문장이 과연 이 시대에 쓰일 수 있는지와 후대에 전할 만한지의 여부는 비록 알지 못하겠으나, 다만 이상하게도 그것을 터득하는 일이 힘들지가 않아서, 그 도를 마음속으로 생각하면 마치 누가 깨우쳐주는 것 같았으며, 마음으로 터득하여 종이에 기록하면 마치 누가 도와주는 것 같았으니, 어찌 한 마디 말도 도에 가까운 것이 없다고야 할 수 있겠습니까. 천금을 가진 부잣집 자식과 천자의 재상이 얻으려 해도 얻을 수 없었던 것을 하루아침에 제 몸에 지니게 되었습니다. 그 때문에 마음에 자부할 수 있었으니, 이는 아마도 하늘이 또한 나에게 부여해준 이유가 있을 것입니다.

지난날에 집사執事를 익주益州에서 뵈었는데, 당시에 올렸던 문장은 천박하고 협애狹隘하여 가소로운 것이었습니다. 굶주림과 추위와 궁곤이 마음을 어지럽히고, 평측의 조화에나 힘쓰고 잡된 지식을 기록한 것이 또한 문장의 체재에도 어긋나서 볼만한 것이 없었습니다. 수년 이래로는 산야로 물러나 지내면서 세상에서 영영 버림을 받았음을 스스로 분수에 맞는 일로 여기면서 세속과 날로 멀리 떨어져 지냈습니다. 이에 문장 짓기에 그 힘을 다 바쳐서, 《시경詩經》 작자들의 넉넉하고 자유로움과, 초사楚辭 작자들의 맑고 깊음과, 맹자孟子와 한유韓愈의 온화하고 순수함과, 사마천司馬遷과 반고班固의 웅장雄壯하고 강직剛直함과, 손자孫子와 오자吳子의 간결하고 절실함을 보고, 그런 경향에 맞추어 문장을 짓고자 하면 뜻대로 되지 않는 일이 없었습니다.

일찍이 생각하기를, '동중서董仲舒는 성인의 근본 법도를 터득하였지만 그 잘못이 우활迂闊함으로 흘러간 데 있고, 조조鼂錯는 성인의 권도權道를 터득하였지만 그 잘못이 속임수를 쓰는 쪽으로 흘러간 데 있으며, 이 두 사람과 같은 재능을 지니고서 다른 쪽으로 빠지지 않은 사람은 오직 가생賈生(가의賈誼)뿐이었도다!' 하였는데, 애석하게도 이 시대에는 어리석은 제가 그런 사람을 만나지 못하였습니다.(이는 자신을 가생으로 자처한 것이다.) 이에 책문策文 두

편을 지어 〈심세審勢〉와 〈심적審敵〉이라 제목을 붙였고, 문장 열 편을 짓고서 〈권서權書〉라 제목을 붙였습니다.

제게는 산골의 밭 1경頃이 있으니 흉년만 들지 않는다면 굶주림은 면할 수 있고, 부지런히 농사짓고 씀씀이를 절약한다면 또한 노년을 보내기에 충분하니, 못난 이 몸은 족히 아까울 것이 없으나, 하늘이 부여한 재능을 차마 버릴 수가 없고 또한 감히 함부로 더럽힐 수도 없습니다. 집사의 명성은 천하에 가득 차 넘치고, 천하의 선비들이 임용되느냐 임용되지 못하느냐가 집사에게 달려 있습니다. 그러므로 감히 이른바 책문 두 편과 〈권서〉 열 편을 바치는 것입니다.

평생 지은 문장들이 멀리 떨어져 있어서 많이 보내드릴 수가 없고, 〈홍범론洪範論〉과 〈사론史論〉 열 편을 지은 일이 있어서, 근자에 내한內翰 구양공歐陽公에게 바쳤습니다. 헤아려보건대 집사께서는 그분과 조석으로 서로 만나서 천하의 일들을 상의하실 것이니, 이 글들도 또한 행여 앞에 펼쳐보여 드렸을 것이라고 봅니다. 문장에 쓰인 말이 채납되어 쓰여질 수 있느냐와 그 문장을 지은 사람이 귀하게 될 수 있느냐의 여부 같은 것은 집사께서 처리하실 일이고 집사의 책무일 뿐이니, 저와 무슨 관계가 있겠습니까.

7-11 두 아들의 명설〔名二子說〕

소순

해설 | 소순이 큰아들의 이름을 수레에 가로 댄 나무인 식軾, 둘째 아들의 이름을 수레바퀴 자국인 철轍이라 지어주고서, 직설적인 성격을 지녔던 첫째에게는 세속에 영합하지 못하여 재앙이 이를까 염려하고, 유순한 성격을 지닌 둘째는 살아가면서 큰 재앙은 면할 것이라고 예상한 것이다. 실제 두 아들의 생애가 이 예상과 일치했으므로, 세상 사람들은 이 글을 일종의 예언서라 하였다.

수레바퀴테와 수레바퀴살과 수레덮개와 수레 뒤에 가로 댄 나무가 모두 수레에서 맡은 일이 있다. 그런데 수레 앞턱에 가로 댄 나무인 식軾만은 유독 맡은 일이 없는 것 같다. 비록 그러하기는 하나 식을 제거하고서도 온전한 수레가 된 경우를 나는 보지 못했다. 식아! 나는 네가 겉으로 꾸미는 일을 하지 못할까 두려워하노라.

천하의 수레들이 바퀴자국(철轍)을 따라가지 않음이 없지만 수레의 공효를 말할 때에는 바퀴자국은 그에 참여하지 못한다. 비록 그러하기는 하나 수레가 엎어지고 수레를 끌던 말이 넘어져 죽게 되어도 그 재앙이 바퀴자국에까지는 미치지 않는다. 이 수레바퀴 자국은 재앙과 복의 중간에 있는 것이다. 철轍아! 나는 네가 재앙은 모면할 것임을 아노라.

권8

8-1 조주潮州 한문공韓文公 사당의 비문〔潮州韓文公廟碑〕

소식蘇軾

해설 | 한유韓愈는 불교를 배척하는 〈논불골표論佛骨表〉를 올렸다가 황제의 노여움을 사서 조주潮州로 좌천되었고, 1년 후에 중앙으로 복귀하였다. 한유 사후 조주에 그의 사당을 세웠는데, 이 편은 소식이 그의 사당 앞에 세울 비문으로 지은 것이다.

평민이면서 백세百世의 스승이 되기도 하고, 한마디 말이 천하의 법이 되기도 하는 것은, 모두 천지의 조화에 참여하고 성쇠盛衰의 운수에 관계됨이 있어서이다. 그런 인물이 태어남에는 이 세상에 오게 된 이유가 있고, 그런 인물이 사망하면 이루어놓은 것이 있게 된다. 그러므로 신백申伯과 여후呂侯는 산악의 정기를 내려 받아 태어났고,[1] 부열傅說은 사망하여 열성列星이 되었다 하였으니,[2] 고금에 전해오는 이런 사실은 속일 수가 없다. 맹자孟子께서 "나는 나의 호연지기浩然之氣를 잘 길렀다."라고 말씀하셨는데,[3] 이 호연지기는 일상적인 모든 것들 속에 깃들어 있고 천지 사이에 가득 차 있다. 갑자기 이 호연지기를 지닌 사람을 만나게 되면 왕공王公도 이에 압도되어 자신의 고귀함을 잃게 되고, 진晉나라나 초楚나라도 부유한 국가임을 드러낼

---

1 신백申伯과……태어났고 : 주周나라 선왕宣王 때에 국가를 중흥시킨 신백과 여후가 숭산嵩山의 정기를 받아 태어났다는 것이다.

2 부열傅說은……되었으니 : 부암傅巖에서 판축의 천역에 종사하던 부열이 은殷나라 고종高宗에게 발탁되어 명재상으로 업적을 남기고, 사망한 후 기성箕星과 미성尾星 사이의 별이 되었다는 것이다.

3 맹자孟子께서……말씀하셨는데 : 《맹자》 〈공손추公孫丑 상〉에 보인다.

수 없게 되며, 장량張良이나 진평陳平도 지혜를 뽐낼 수 없게 되고, 맹분孟賁이나 하육夏育[4]도 용맹을 드러낼 수 없게 되며, 장의張儀나 소진蘇秦[5]도 변설을 드러낼 수 없게 되나니, 이는 누가 그렇게 되게 한 것인가. 그런 기상은 반드시 육신에 의지하여 않고도 설 수 있고, 힘에 의지하지 않고도 행할 수 있으며, 태어남을 기다리지 않아도 존재하고, 죽어도 없어지지 않음이 있는 것이다. 그러므로 하늘에서는 성신星辰이 되고 땅에서는 하악河嶽이 되며, 저승에서는 귀신이 되고 이승에서는 다시 사람이 되는 것이니, 이는 언제나 변함이 없는 이치이므로 족히 괴이하다 할 것이 없다.

동한東漢 이래로 도道가 쇠미해지고 문文이 피폐해지자 이단의 학설이 떼지어 일어났다. 당나라 정관貞觀과 개원開元의 성세盛世를 거치면서 방현령房玄齡, 두여회杜如晦, 요숭姚崇, 송경宋璟 등 명상名相의 보필이 있었는데도 이를 바로잡을 수가 없었는데, 유독 한문공韓文公만이 평민에서 입신하여 느긋하게 담소하면서 지휘하여 이단을 물리치니, 온 천하가 휩쓸리듯이 공을 따라서 다시 정도正道로 되돌아오게 된 것이 지금까지 300년이 되었다. 공의 문장은 팔대 동안 쇠미했던 기풍을 바로잡아 일으켰고,[6] 도는 천하가 이단에 빠진 것을 구제하였으며, 충성스러움은 군주의 노여움을 무릅쓰고 직언을 하였고,[7] 용맹함은 삼군의 장수를 항복하게 할 수 있었으니,[8] 어찌 천지의 조화에 참여하고 천하의 성쇠에 관여하면서 호연한 기상을 지니고 홀

---

4 맹분孟賁이나 하육夏育 : 옛날 용맹으로 명성을 떨쳤던 인물들이다.

5 장의張儀나 소진蘇秦 : 전국시대戰國時代의 종횡가縱橫家들로 변설辯說에 능했던 사람들이다.

6 공의……일으켰고 : 팔대八代는 동한東漢·위魏·진晉·송宋·제齊·양梁·진陳·수隋 등 여덟 왕조를 말하며, 이 기간 동안 쇠미衰微했던 문풍文風을 한유韓愈가 다시 일으켰다는 것이다.

7 충성스러움은……하였고 : 한유韓愈가 〈논불골표論佛骨表〉를 헌종憲宗에게 올려, 황제가 부처의 사리를 받드는 것을 비판했다가 노여움을 사서 좌천당했음을 말한 것이다.

8 용맹함은……있었으니 : 한유가 병부시랑兵部侍郎으로 있을 때에 진주절도사鎭州

로 우뚝하게 그 기를 간직했던 분이 아니겠는가.

내가 일찍이 천도와 인세의 차이를 따져보고서, 이에 '사람은 못하는 짓이 없으나 하늘은 거짓됨을 용납하지 않나니, 지혜가 왕공을 속일 수 있다 해도 그것으로 돼지나 물고기까지 속일 수는 없고, 힘이 천하를 얻을 수 있다 해도 그것으로 평범한 일반 남녀의 마음까지 얻을 수는 없다. 그러므로 공의 정성이 형산衡山의 구름을 개이게 할 수는 있었어도 헌종憲宗이 그릇된 데 빠진 것을 돌려 세울 수는 없었고,[9] 악어의 포악함을 길들일 수는 있었어도 황보박皇甫鎛과 이봉길李逢吉의 비방誹謗을 저지할 수는 없었으며,[10] 남해 백성들의 신임을 얻어서 백세가 지나도록 사당에서 제향祭享을 향유할 수는 있었으나 그 몸이 하루도 조정에서 평안히 지낼 수는 없었으니, 대체로 공이 잘할 수 있었던 것은 천도에 맞게 행하는 것이고, 잘할 수 없었던 것은 인세人世에 맞추는 일이었다.'라고 생각하였다.

처음에 조주潮州 사람들이 학문을 몰랐는데, 공이 진사 조덕趙德에게 명하여 그들의 스승이 되어 가르치게 하니, 이로부터 조주의 선비들이 모두 교양과 행실이 독실해졌고, 그 감화가 모든 백성에게까지 미치게 되어, 지금에 이르도록 다스리기 쉬운 고장이라고 일컬어지고 있으니, 정말이로다! 공자 말씀에 '통치자가 도를 배우면 백성을 사랑하게 되고, 피치자가 도를 배우면 부리기가 쉬워진다.'라고 하신 것이! 조주 사람들이 공의 신령을 섬김

節度使 왕정주王廷湊가 반란을 일으켰는데, 한유가 적진으로 들어가 순역順逆의 도리로 설복하여 항복하게 했음을 말한 것이다.

9 그러므로……없었고 : 한유가 지은 〈알형악묘시謁衡嶽廟詩〉에 한유가 기도를 올리자 음산한 기운이 사라지고 맑아졌다고 하였다. 한유의 정성이 천지신명을 감동시켜 형산衡山의 구름도 개이게 할 수 있었지만, 이단에 빠진 헌종憲宗을 미혹에서 벗어나게 할 수는 없었다는 것이다.

10 악어의……없었으며 : 한유가 조주자사潮州刺史로 있을 때에 〈악어문鰐魚文〉을 지어 제사를 지내자 인축人畜을 해치던 악어들이 옮겨갔다 한다. 이렇게 미물인 동물까지 순치馴致할 수 있었으나, 좌천된 한유를 중앙으로 소환하려는 일을 황보박皇甫鎛이 가로막은 일과 한유를 음해하여 병부시랑兵部侍郎에서 내쫓은 이봉길李逢吉의 악행 등 소인들의 음해는 그치게 할 수 없었다는 것이다.

에 있어서 음식이 있으면 반드시 공에게 제를 올리고, 홍수洪水, 한발旱魃, 전염병 등이 발생하여 신에게 도움을 바랄 일이 있으면 반드시 공에게 기도를 하였다. 그러나 공의 사당이 자사가 집무하는 건물의 뒤편에 있어서 백성들이 이 때문에 출입에 곤란을 겪었다. 이에 전임 태수가 조정에 청하여 새로 사당을 짓고자 하다가 시행하지 못했는데, 원우元祐 5년(1090)에 조산랑朝散郎 왕척王滌 군이 이 고장의 태수로 와서는 선비를 양성하고 백성을 다스리는 모든 일을 한결같이 모두 공이 했던 일을 기준으로 삼아 처리하니, 백성들이 즐겁게 복종하였다. 이에 명령을 내리기를 '공의 사당을 신축하고자 하는 소망을 들어주겠다.' 하니, 백성들이 기뻐하며 달려와 고을의 성 남쪽 7리 되는 곳에 땅을 마련하여 1년 만에 사당이 완성되었다.

어떤 사람이 "공이 국도國都에서 만 리나 떨어진 조주로 좌천돼 왔다가 일 년도 다 채우지도 못하고 돌아갔으니, 죽어서도 인지함이 있다면 조주에 미련을 두지 않을 것임이 분명하다." 하기에, 내가 "그렇지 않다. 공의 신령이 천하에 있음이 물이 땅속에 있는 것과 같아서 가는 곳마다 없는 곳이 없는데, 조주 사람들이 유독 깊이 신봉하고 지극히 존경하여 향을 피워 엄숙하게 신을 맞이하고 마치 직접 뵙는 듯이 하니, 비유하건대 우물을 파고 샘물을 얻게 되자 '물이 오로지 이 속에만 있다.'라고 한다면, 어찌 이치에 합당하겠는가?" 하였다.

원풍元豊 원년(1078)에 조서를 내려 공을 창려백昌黎伯으로 봉하였으므로 사당의 편액片額을 '창려백昌黎伯 한문공지묘韓文公之廟'라 하였다. 조주 사람들이 그 사실을 빗돌에 써놓기를 청하기에, 이에 그들을 위하여 시를 지어 보내서 노래하며 공에게 제사를 지내도록 하였다. 그 시는 다음과 같다.

공께서는 전생에 상제가 계신 백운향白雲鄕[11]에서 용을 타고 지내시며,
손수 은하수를 헤치고 하늘에 문장을 펼치시니,

---

11 백운향白雲鄕 : 상제上帝가 계신 하늘나라이다.

천제天帝의 손녀인 직녀織女가 그를 위해 구름 비단옷을 짜 주었네.
상제 곁에 계시다가 표연飄然히 바람을 타고 내려왔으니,
혼탁한 인세로 내려 보내어 쭉정이 같은 이단을 쓸어내게 한 것이네.
서쪽 일몰처인 함지咸池에서 노닐다가 일출처인 부상扶桑을 지나시니,
초목도 밝은 빛 같은 공의 문장의 혜택을 입었네.
이백李白과 두보杜甫를 따라 함께 훨훨 날아다니니,
장적張籍과 황보식皇甫湜이 땀을 흘리며 달려 따라오다가 넘어져서,
넘어가는 햇빛처럼 가물가물하여 바라볼 수도 없었네.
글을 지어 불교를 배척하고 군왕을 비판했다가,
남해로 귀양와서 오로지 형산衡山과 상수湘水를 엿보며,
순舜임금의 장지인 구의산九疑山을 지나 조문을 지어 아황娥皇과 여영女英[12]을 위로하였네.
남방의 신 축융祝融이 앞에서 길잡이 노릇 하고 해신海神 해약海若은 깊이 숨으니,
교룡蛟龍과 악어에게 명령을 내려 양떼를 몰듯 몰아내었네.
하늘에 훌륭한 문장가 없어 상제께서 슬퍼하다가,
무양巫陽[13]을 보내 공을 불러가셨네.
물소를 제물로 올리고 닭 뼈로 점을 치며 우리의 술잔을 올리는데,
찬란하게 제상祭床에 놓인 여지荔枝는 붉고 바나나는 노랗도다.
공께서 잠시라도 머물지 않으시면 저희들 눈물 흘리게 되나니,
훨훨 머리를 휘날리며 이 먼 고장의 대지로 내려와 흠향하소서.

---

12 아황娥皇과 여영女英 : 요堯임금의 딸들로 순舜임금의 왕비가 되었다가, 순임금이 창오蒼梧에서 사망하자 상수湘水에 투신하여 수신水神이 되었다 한다.

13 무양巫陽 : 전설상의 무녀巫女이다. 그 무녀가 한유를 하늘나라로 인도해 갔다는 것이다.

8-2 전 적벽부〔前赤壁賦〕

소식

해설 | 소식이 왕안석王安石의 신법新法에 반대하다가 황주黃州로 귀양 갔을 때에 지은 작품이다. 속세의 생각을 풀어놓고 세속 밖의 일을 추구하며 감흥을 풍월에 붙였다. 이 편은 산문에 가까운 문부체文賦體의 부賦이다. 문장의 세찬 기세와 세속을 초월한 표연飄然한 기상을 드러낸 시어들이 독자로 하여금 선경仙境에서 노니는 듯한 환상에 빠지게 한다.

임술년(1082) 가을 7월 16일에 소자蘇子가 객과 함께 배를 띄우고 적벽 아래에서 노니는데, 맑은 바람이 천천히 불어오고 물결은 잠잠하였도다.

술잔을 들어 객에게 권하고 명월을 읊은 시[1]를 암송하며 요조窈窕장[2]을 노래하고 있는데, 잠시 후에 동산 위로 달이 떠올라 남두성과 견우성 사이를 배회하니, 흰 이슬이 강을 덮고 물빛은 하늘과 잇닿았도다.

작은 갈대배를 가는 대로 놓아두고 드넓고 아득한 수면을 지나가니, 광활한 허공에 의지해 바람을 타고 가며 머물 곳을 알지 못하는 듯하고, 훨훨 날아 속세를 버리고 홀로 서서 날개 돋은 신선이 되어 하늘에 오른 듯했도다. 이에 술을 마시며 너무도 즐거워 뱃전을 두드리며 노래를 불렀도다. 노래하기를,

“계수나무 노와 목란 상앗대로,

---

1 명월을 읊은 시 : 《시경詩經》 〈진풍陳風 월출月出〉을 가리킨다.

2 요조窈窕장 : 〈월출〉의 3장 가운데 '달이 떠서 환하게 비추니 미인의 모습 더욱 아름답네〔月出皎兮 佼人僚兮 舒窈糾兮 勞心悄兮〕'라 한 제1장을 지칭한 것이다.

달빛 어린 물을 치면서 달빛 흐르는 수면을 거슬러 오르도다.
아득할손 나의 마음이여,
아름다운 선녀가 있는 하늘 한편을 바라보노라."

객 가운데 퉁소를 부는 자가 있어, 내 노래에 맞추어 반주를 하는데, '오오오오' 하는 퉁소 소리가, 원망하는 듯, 연모하는 듯, 흐느끼는 듯, 호소하는 듯, 여운이 가냘프게 이어지며 실낱처럼 끊이지 않으니, 깊숙한 구렁에 숨어 있는 용을 춤추게 하고 외로운 배 안에 있는 과부를 흐느끼게 하도다.

나는 엄숙히 옷깃을 여미고 정좌하고서 객에게 묻기를,

"어찌 퉁소 소리가 그리도 슬픈가?"

하니, 객이 대답하였도다.

"'달이 밝으니 별은 드물게 보이고, 까막까치가 남쪽으로 날아가도다.' 하였으니, 이것은 조맹덕曹盟德(조조 曹操)이 지은 시가 아닌가? 서쪽으로 하구河口가 바라보이고 동쪽으로 무창武昌이 바라보이는데, 산천이 서로 얽혀 있어 빽빽하게 짙푸르니, 이곳이 조맹덕이 주랑周郎(주유 周瑜)에게 패전했던 곳이 아닌가. 조맹덕이 형주를 함락시키고 강릉으로 내려오며 강물을 따라 동으로 올 때에, 배들은 꼬리를 물고 천 리에 이어졌고 깃발이 하늘을 덮었었다. 이때에 강을 굽어보며 술을 따라 마시고, 창을 빗겨들고 시를 읊었으니, 진실로 한 시대의 영웅이었는데, 지금 어디에 남아 있는가.

하물며 그대와 나는 강가에서 고기나 잡고 나무나 하며, 물고기나 새우들과 짝을 이루고 고라니와 사슴을 벗 삼고 있는 신세로, 일엽편주 작은 배를 타고 바가지 술잔을 들어 서로 권하고 있으니, 천지 사이에 하루살이처럼 잠시 붙어사는, 넓은 바다의 좁쌀 한 알만 한 존재일 뿐이로다.

우리 인생이 한순간임을 슬퍼하고 장강이 무궁토록 흐름을 선망해서, 하늘을 나는 신선과 짝이 되어 마음대로 노닐고, 밝은 달을 안고서 오래도록 살고자 하나, 갑자기 얻을 수 있는 일이 아님을 알기에 퉁소소리의 여운을 쓸쓸한 가을바람에 붙여 보낸 것이로다."

이에 나는 말했다.

"객도 또한 저 물과 달을 아시는가? 물이 흘러감이 이와 같으나 일찍이 간 일이 없으며, 달이 찼다 비었다 함이 저와 같으나 끝내 소멸도 성장도 없는 것이로다. 변화하는 현상을 기준으로 하여 살펴본다면 천지도 일찍이 한순간도 그대로 있은 적이 없고, 불변하는 본질을 기준으로 하여 살펴본다면 만물과 내가 모두 영원토록 무궁한 것이니, 또 무엇을 부러워할 것이 있으리오.

또한 천지 사이에 있는 만물은 각기 주인이 있어서, 진실로 나의 소유가 아니라면 털끝 하나도 차지할 수가 없으나 오직 강 위에 부는 맑은 바람과 산간에 뜬 밝은 달만은, 귀로 그 바람 소리를 얻으면 즐거운 음악이 되고, 눈으로 그 달을 만나면 좋은 풍경이 된다. 이를 차지해도 금하는 이가 없고, 이를 아무리 써도 고갈됨이 없으니, 바로 이것이 조물주가 내려준 무진장無盡藏한 보물이고, 나와 그대가 함께 즐길 수 있는 것이로다."

이 말을 듣고 객이 즐거워 웃으며, 잔을 씻고 다시 술을 따라 주거니 받거니 마셨는데, 안주와 과일은 이미 다 없어졌고, 술잔과 술상은 어지러이 흐트러져 있었도다. 이에 배 안에서 서로 베고 깔고 잠이 들어, 동방이 밝아오는 것도 알지 못하였노라.

적벽도赤壁圖

8-3 후 적벽부〔後赤壁賦〕

소식

해설 | 〈전 적벽부前赤壁賦〉를 지은 지 3개월이 지난 후 같은 장소에서 노닐며 지은 것이다. 그 사이에 완연히 다르게 변한 경치를 완상하며 선학仙鶴과 교유하는 꿈속 풍경을 그려서, 세외世外에서 노니는 정신세계의 일단을 드러내었다.

이해(임술년) 10월 보름에 설당雪堂에서 나와 임고정臨皐亭으로 돌아가려 할 때에 두 객이 나를 따랐다. 황니판黃泥坂을 지나는데 서리와 이슬이 이미 내려 나뭇잎은 모두 떨어졌고, 사람 그림자가 땅에 어리기에 고개를 들고 바라보니 밝은 달이 떠 있었다. 서로 돌아보고 즐거워서 걸어가며 노래를 주고받고 하다가 탄식하며 말하였다.

"손님이 있는데 술이 없고, 술이 있다 해도 안주가 없도다. 달은 밝고 바람은 맑은데 이처럼 좋은 밤에 어찌해야 하는가?"

객이 대답하였다.

"오늘 초저녁에 그물을 들어 올려 고기를 잡았는데, 큰 입에 가는 비늘을 지닌 모양이 마치 송강宋江의 농어 같습니다. 하지만 어디에서 술을 구할 수 있을까요?"

돌아와 아내와 상의하니, 아내가 말하였다.

"제게 술 한 말이 있는데 간직하고 있은 지 오래되었습니다. 당신이 갑자기 필요로 할 때를 대비한 것입니다."

이에 술과 고기를 싣고서 다시 적벽 아래에서 노니는데, 강물은 소리 내어 흐르고 깎아지른 듯한 언덕이 1,000척이나 되었다. 산이 높으니 달은 작게 보이고 물이 줄어드니 잠겼던 바위가 드러났다. 돌이켜보건대 세월이 얼마나 지났기에 강산의 모습이 다시 알아볼 수 없게 변하였는가.

내가 이에 옷깃을 여미고 절벽을 오르면서 험한 바위를 밟고 무성한 숲을 헤치고 호랑이와 표범이 웅크린 듯한 바위를 걸터타고 뱀과 용처럼 구불구불한 나무를 거머잡고서 송골매가 서식하는 까마득하게 솟은 둥지를 휘어잡고 올라가서 물의 신 풍이馮夷(하백 河伯)가 사는 깊은 물속의 용궁을 굽어보았는데, 그때에 두 객은 뒤따르지를 못하였다.

휘익 하고 길게 휘파람을 부니 초목이 진동하고 산이 울리며 골짜기가 메아리쳤고, 바람이 일고 물이 솟구쳐 올랐다. 나 또한 슬퍼지고 숙연하게 두려워 오싹해져서 오래 머물 수가 없었다. 이에 돌아와 배에 올라 강 가운데 이르러 배가 가거나 멈추거나 내버려두고 쉬었는데 때는 한밤중이 되려 하였고, 사방을 돌아보니 쓸쓸하고 고요하였다. 그때 마침 학 한 마리가 강을 가로질러 동쪽에서 날아오는데 날개는 수레바퀴만 하고 검은 치마에 흰 저고리를 입은 듯한 모습으로, 끼룩끼룩 길게 울며 내가 탄 배를 스치고 서쪽으로 날아갔다.

잠시 후에 객들이 돌아가고 나도 잠자리에 들었다. 꿈에 한 도사가 훨훨 나는 듯한 학창의를 입고 임고정 아래로 지나가면서 나에게 읍을 하고 말하였다.

후적벽부도後赤壁賦圖

“적벽에서의 놀이가 즐거웠는가?”

이에 성명을 물어보았지만 허리를 굽히고 지나가며 대답을 하지 않았다.

“아아, 내 이제야 알겠노라! 어젯밤 울면서 내 배를 스치고 날아간 학이 바로 그대가 아니었던가.” 하니, 도사는 돌아보며 웃기만 할 뿐이었다. 나 또한 놀라 잠에서 깨어 문을 열고 찾아보았지만, 그가 간 곳을 알 수가 없었다.

8-4 구양공歐陽公 제문〔祭歐陽公文〕

소식

해설 | 이 편은 참지정사參知政事로 있던 구양수歐陽脩가 왕안석王安石의 신법新法에 반대하여 물러났다가 사망하자, 그를 애도하는 제문으로 지은 것이다. 구양수는 소동파 삼부자를 이끌어준 은인이었고, 그의 존망이 국운의 송쇠와 관련이 있었으므로, 위로는 천하를 위하여 그의 사망을 애통해하고 아래로는 개인적인 정 때문에 통곡하게 된다고 애도한 것이다.

아아, 슬프도다! 공께서 이 세상에 살아계셨던 66년 동안은, 백성에게는 부모처럼 모실 분이 계셨고, 나라에는 어려운 일을 해결할 방안을 알려주는 시귀蓍龜 같은 분이 계셨으며, 사문斯文(유학儒學의 도道)을 전해줄 분이 계셨고, 학자들에게는 스승으로 모실 분이 계셨으며, 통치자들에게는 신뢰할 분이 계셔서 두려워하지 않을 수 있었고, 피치자(백성)들에게는 무서워할 분이 계셔서 악행을 저지르지 못하였습니다. 이는 비유하건대 큰 강과 높은 산이 비록 그 활동을 드러내지 않는다 해도 그 혜택을 만물에 끼쳐주는 것을 숫자로 이루 다 헤아릴 수는 없으나 모두가 다 알고 있는 것과 같았습니다.

이제 공께서 별세하심에 백성들은 우러러 보호받게 해주실 분을 잃었고, 조정에서는 의심나는 것을 자문할 분을 잃었으며, 사문이 바뀌어 이단이 되어버렸고, 학자들은 오랑캐의 도道를 따름에 이르렀으며, 군자들은 함께 선을 행할 분이 없어졌다고 여기고, 소인들은 기세등등하게 자신들이 때를 만났다고 여기며 못된 짓을 하게 되었습니다. 이는 비유하건대 심산대택深山大澤에서 용이 사라지고 호랑이가 떠나면 갖가지 변괴가 일어나서 미꾸리와 드렁허리가 날뛰고 여우와 살쾡이가 호령하는 것과 같게 된 것입니다.

공께서 등용되지 않았을 때에는 온 천하 사람들이 이를 잘못되었다고 여겼고, 그러고 나서 임용이 되자 또 임용됨이 늦었다고 여겼으며, 벼슬을 내려놓고 떠나시자 다시 임용되기를 기대하지 않는 사람이 없었고, 은퇴하기를 청해 돌아갔을 때에는 탄식하며 실망하지 않는 이들이 없었으나, 그래도 만에 하나라도 바랐던 것은 행여나 공께서 아직 노쇠하지 않았으면 하는 것이었습니다. 그런데 공께서 다시는 이 세상에 뜻을 두지 않으시고 갑자기 일거에 떠나셔서, 우리들이 뒤쫓을 수 없게 될 줄이야 그 누가 생각했겠습니까. 어쩌면 세상의 혼탁함이 싫으셔서 몸을 깨끗하게 지니시고자 떠나신 것입니까. 아니면 백성들이 복이 없어서 하늘이 그런 분을 남겨두지 않은 것인가요.

전에 저의 선친께서 많은 학덕學德을 품고 계시면서도 세상에서 숨어 사셨는데, 공이 아니었다면 세상에 나와 활약하실 수가 없었을 것입니다. 그리고 못나고 보잘것없는 저도 이를 인연으로 하여 출입하며 문하에서 가르침을 받은 것이 이제 16년이 되었습니다. 공께서 서거하셨음을 들었으면 의리상 급히 달려가서 조문을 해야 마땅한데, 벼슬에 얽매여서 떠나지를 못하고 있으니, 옛 성현의 뜻에 부끄러울 뿐입니다. 천 리 밖에서 이 제문을 봉함하여 보내드리면서 오로지 슬픔을 부쳐 전할 뿐이오며, 위로는 천하를 위하여 애통해하고 아래로는 저의 개인적인 정 때문에 통곡하옵나이다.

8-5《육일거사집》 서문〔六一居士集序〕

소식

해설 | 이 편은 구양수歐陽脩의 문집文集 서문이다. 구양수를 공자孔子, 맹자孟子, 사마천司馬遷, 한유韓愈의 도통道統을 계승한 정통 유자儒者로 보고, 당시에 행해졌던 왕안석王安石의 신학新學을 양주楊朱, 묵적墨翟이나 노장, 불교와 신불해申不害, 한비자韓非子 같은 이단으로 보았으며, 이단을 배격하고 정통 유학을 수호하여 맹자가 양묵을 배격하고 한유가 불교를 배격한 것과 같은 업적을 남긴 사람이 구양수라고 찬양하였다.

대저 논리 가운데는 모든 것을 포괄하는 큰 주장을 했더라도 과장이 아닌 경우가 있는데, 이치에 통달한 사람은 이런 주장을 신뢰하나 일반 사람들은 믿지 않는다. 공자께서 "하늘이 장차 이 정도正道를 없애려 했다면 옛 성인聖人보다 뒤에 죽게 된 내가 이 도의 전파에 참여할 수 없게 되었을 것이다." 하셨고,[1] 맹자께서도 "우禹임금이 홍수를 다스리셨고, 공자께서 《춘추春秋》를 지으셨고, 나는 양주楊朱와 묵적墨翟을 배척하였다." 하셨다.[2] 이는 그들이 한 일(공자와 맹자가 《춘추》와 《맹자》를 지어 이단을 배척하고 정도를 수호한 일)을 우임금의 업적과 대등하게 짝을 지어놓은 것이다. 공자와 맹자께서 지으신 문장의 득실이 천도와 무슨 관계가 있기에, 우임금의 업적은 천지의 공효와 나란히 놓을 만한데, 공자와 맹자께서 하신 빈 말(문장)을 그와 짝을 지어놓았으니, 너무 크게 과장한 것이 아닐까?

---

1 공자께서……하셨고 : 《논어論語》〈자한子罕〉에 보인다.

2 맹자께서도……하셨다 : 《맹자孟子》〈등문공滕文公 하〉에 보인다.

《춘추》가 지어지고부터 난신적자亂臣賊子들이 두려워하게 되었고, 맹자의 말씀이 행해지자 양주와 묵적의 이단이 없어졌는데, 천하 사람들은 이것이 본시 그렇게 되게 되어 있었다고 여기고 그들의 공이 컸음을 알지 못하였다. 맹자께서 사망하신 이후에 신불해申不害, 상앙商鞅, 한비韓非 등 법가法家들의 학설이 도를 어기고 이익만 추구하며 백성을 해쳐서 군주만 후하게 더해주어서, 그 학설이 지극히 천박한 것이었는데도, 선비들은 이 학설로 그 군주를 기망欺罔하고, 군주는 도에 어긋나게 요행으로 일체의 공효가 이루어지기를 바라서, 휩쓸리듯이 모두가 그 학설을 따랐으며, 세상에 그 학설의 본말을 따지고 그것이 화를 부를지 복을 가져올지 그 경중을 저울질해서 그릇된 길로 빠진 사람들을 구제할 공자, 맹자 같은 위대한 스승이 없었다. 그러므로 그 학설이 드디어 세상에 퍼져서 진秦나라가 이 학설을 따르다가 천하를 잃었고, 그 와중에 진승陳勝, 오광吳廣, 유방劉邦, 항적項羽 등이 싸우는 화란에 죽은 사람이 열 명 가운데 아홉에 이르러서 천하가 삭막해졌으니, 홍수의 폐해도 이 지경에까지 이르지는 않았던 것이다.

진나라가 아직 뜻을 얻지 못했을 때에 가령 맹자 같은 분이 한 사람이라도 있었다면 신불해와 한비가 주장한 공언空言이 사람들의 마음을 움직여서 그 정치를 해치고, 그 정치에서 발생한 것이 그 제도를 해침이, 반드시 이와 같이 혹독함에는 이르지 않았을 것이다. 과거에 양주와 묵적이 천하에서 뜻을 얻을 수 있게 되었다면, 그 화환禍患이 어찌 신불해와 한비의 학술이 행해진 것보다 적었으리라 할 수 있겠는가. 이를 근거로 하여 말한다면 비록 맹자의 공업을 우임금의 공업과 짝지어놓는다 해도 옳은 것이다.

태사공太史公(사마천司馬遷)이 "합공蓋公[3]은 황제黃帝와 노자老子의 무위자연無爲自然을 말했고, 가의賈誼와 조조趙錯[4]는 신불해와 한비의 학설을 밝혔다."

---

3 합공蓋公 : 한漢나라 초기의 학자이다.

4 가의賈誼와 조조趙錯 : 가의는 한 문제漢文帝 때의 박사로 학식이 풍부했던 인물이고, 조조도 역시 문제 때의 학자이다.

라고 말하였으니, 조조는 족히 언급할 것도 없지만 가의 같은 뛰어난 인물까지 또한 이러하였다. 나는 이 때문에 사악한 학설이 사람들을 현혹시킬 때에는 비록 뛰어난 인물이라 해도 이에서 벗어날 수 없음을 알게 되었는데, 더구나 일반 사람들이야 더 말할 것이 있겠는가.

한漢나라 이래로부터 치도治道와 학술이 공자의 도에서 나오지 않게 되니 천하를 어지럽히는 자들이 많아졌다. 진晉나라는 노장老莊을 숭상했기 때문에 망했고, 양梁나라는 불교를 숭상했기 때문에 망했는데도, 이를 바로잡는 이가 아무도 없다가, 500여 년이 지나서 한유韓愈를 얻게 되자,[5] 학자들이 한유의 업적을 맹자의 업적과 짝지어놓았는데, 이는 올바르게 판단한 것이다.

한유 이후 300여 년이 지나서 구양자歐陽子를 얻게 되었는데, 그의 학문은 한유와 맹자에서부터 거슬러 올라가 공자에까지 이르렀다. 그는 예악禮樂과 인의仁義의 핵심을 드러내어 대도에 합치되게 하였다. 그 이론이 간략하면서도 분명하고 진실하면서도 통달했으며, 사물을 인용하고 동류와 연관지어 지극한 이치에 들어맞게 하여, 이로써 사람들 마음을 감복시켰다. 이 때문에 천하가 모두 기꺼이 그를 스승으로 받들게 되었다. 구양자가 생존해 계실 때부터 세상에 그분을 좋아하지 않는 자들이 떠들썩하게 그분을 공격하여,[6] 그분의 몸을 좌절시키고 곤경에 빠트릴 수는 있었으나 그분의 이론을 굴복시킬 수는 없었다. 그리하여 선비들은 현명한 사람이나 못난 사람이나 가릴 것 없이 서로 의논한 일이 없는데도 똑같이 '구양자가 바로 이 시대의 한유이다.'라고 말하게 되었다.

송宋나라가 건국된 지 70여 년 동안에 백성들은 전쟁을 모르는 평화를 누

---

5 한유韓愈를 얻게 되자 : 당대唐代에 한유가 불교를 이단이라 하여 이를 배척하는 〈논불골표論佛骨表〉를 황제에게 올렸던 사실을 말한 것이다.

6 세상에……공격하여 : 왕안석王安石을 중심으로 한 신법당新法黨들이 구법舊法을 준수할 것을 주장한 구양수歐陽脩를 공격하여 참지정사參知政事의 지위에서 물러나게 한 일을 말한 것이다.

리고, 풍요로워지고 가르침을 받게 되어 천성天聖, 경우景祐 연간(1023~1037)에 최고조에 이르렀다. 그러나 유학의 도는 끝내 옛 성인이 다스릴 때에 비하여 부끄러움이 있었다. 선비들 또한 천박한 것을 따르고 구습만 지켜서, 논리는 비루하고 기개는 섬약해졌다. 그러다 구양자께서 등장하고부터는 천하 사람들이 다투어 자신의 비루함을 씻어내고 갈고 닦아서 경서經書에 통달하고 옛 성현의 도를 배움을 숭상하며, 이로써 시대의 오류를 구제하고 도를 실현함을 어질게 여기고, 황상의 면전에서 용감하게 간함을 충으로 여겨서, 이런 기풍이 크게 육성되어 이루어졌다. 가우嘉祐(1056~1063) 말년에 이르자 훌륭한 선비가 많이 나오게 되었다고 일컬어지게 되었으니, 이렇게 된 데는 구양자의 공이 컸던 것이다. 아아, 이렇게 된 것이 어찌 인력으로 된 것이겠는가. 하늘의 뜻이 아니었다면 그 누가 그분으로 하여금 이렇게 하도록 할 수 있었겠는가.

구양자께서 사망하신 지 10여 년이 지나자 선비들 가운데 왕안석王安石의 신학新學을 공부하여[7] 불교 및 노장과 흡사한 논리로 주공과 공자의 실학實學을 어지럽히는 일이 있게 되어 학식있는 사람들이 근심했는데, 그러다 천자의 밝고 성스러움에 힘입어서 조칙詔勅을 내려 인재를 선발하는 법[8]을 수정하여 학자들을 교화시키고 권면하면서 오로지 공자의 도에 힘쓰게 하고 이단[9]을 배척하니, 그런 뒤에야 풍속이 일변一變하여 사우師友들 사이에 도학道學의 연원을 토론하고 고찰할 때에 근거로 삼을 것으로 다시 구양자의 글을 암송하고 익혀야 함을 알게 되었다.

---

7 선비들……공부하여 : 왕안석이 《주례周禮》, 《서경書經》, 《시경詩經》 등에 대하여 종래의 해석을 부정하고 새롭게 해석한 《주례신의周禮新義》, 《서경신의書經新義》, 《경신의經新義》 등 삼경신의三經新義를 간행하고, 이 삼경신의를 과거시험의 기준으로 삼으니, 선비들이 이를 학습하게 되었던 것을 말한다.

8 천자의……법 : 왕안석의 신법新法을 채택했던 신종神宗이 사망하고 철종哲宗이 즉위하자 왕안석의 신법과 삼경신의를 폐기하고 옛 제도로 복귀하였음을 말한 것이다.

9 이단 : 왕안석의 학설과 신법을 이단으로 본 것이다.

내가 그분이 지으신 시문 766편을 그 아들 구양비歐陽棐에게서 얻어 차례대로 엮고 이를 평론하며 말하기를, "구양자께서 대도를 논하신 것은 한유와 유사하고 정사를 논하신 것은 육지陸贄[10]와 유사하며 사실을 기록한 것은 사마천과 유사하고 시부詩賦는 이백李白과 유사하다." 하였다. 이렇게 논한 것은 나만이 주장하는 말이 아니고 천하 사람들이 공통으로 하는 말이다. 구양자의 휘諱는 수脩이고 자는 영숙永叔인데, 노후에는 자호自號를 육일거사六一居士[11]라 하셨다.

---

10 육지陸贄 : 당 덕종唐德宗 시기 학자로 그가 황제에게 상주上奏했던 주의奏議가 널리 전해졌다.

11 자호自號를 육일거사六一居士 : 자신이 지니고 있는 것이 장서 일만 권, 집고록集古錄 일천 권, 금琴 하나, 기棋 하나, 주酒 하나에 나 일옹一翁뿐이라 하여, 자호自號를 육일거사六一居士라 하였다.

8-6 삼괴당三槐堂 명문〔三槐堂銘〕

소식

해설 | 이 편은 삼괴당三槐堂 진국공晉國公 왕호王祜와 그의 후손들이 대대로 인덕仁德을 행하고 있으므로, 당대에 복록을 누리지 못한다 해도 후손들이 반드시 복록을 누리게 될 것이라고 축원한 것이다.

하늘의 뜻은 반드시 실현된다 할 수 있을까? 현자라 해도 반드시 귀해지지는 않고 인자仁者라 해도 반드시 장수하지는 않는다. 하늘의 뜻은 반드시 실현되지는 않는다 할 수 있을까? 인자는 반드시 후손이 복을 받게 된다. 그러니 이 두 가지를 장차 어떻게 받아들여 절충해야 하는가? 내 들으니, 신포서申包胥는 "사람이 많이 모여 갑자기 나쁜 짓을 하게 되면 하늘의 뜻도 이길 수 있는 듯하지만, 하늘이 평정을 찾아 결정을 내리게 되면 또한 이를 어긴 사람들을 제어하게 된다." 하였다.[1] 세상에서 하늘의 뜻에 대하여 논하는 사람들은 모두 그 뜻이 결정되기를 기다리지 않고 이를 추구한다. 그러므로 하늘의 뜻은 아득하여 확인할 수가 없다고 여겨서, 선한 사람도 이 때문에 선행에 태만해지고 악한 사람은 이 때문에 방자해진다.

---

1 신포서申包胥는……하였다 : 신포서는 춘추시대 초楚의 대부이다. 오자서伍子胥가 오吳나라 군사를 이끌고 초나라로 쳐들어와 자신의 아버지와 형을 죽였던 옛 초왕의 무덤을 파헤치고 그 관에 매질을 한 것을 꾸짖으며 '사람이 많이 모여 갑자기 나쁜 짓을 하게 되면 하늘의 뜻도 이길 수 있는 듯하지만, 하늘이 평정을 찾아 결정을 내리게 되면 또한 이를 어긴 사람들을 제어하게 된다.〔人衆者勝天 天定亦能勝人〕'라 하였다.

도척盜跖이 장수長壽를 누리고 공자孔子와 안자顔子가 곤액을 당한 것은[2] 모두 하늘의 뜻이 아직 평정을 찾지 않았을 때에 야기된 것이다. 소나무와 잣나무가 산림에서 새싹이 나오면 그 처음에는 쑥대와 같은 잡초에게도 제어당하고 소나 양에게도 짓밟히는 곤액을 당하지만, 그 종당終當에는 네 계절 내내 변함없이 푸르고 천년을 지나도 변함이 없게 되는 것은, 그것이 하늘의 뜻이 정해졌을 때의 모습이다. 이렇게 그 뜻이 정해지면 장구하게 변하지 않게 되는 것이다. 내가 보고 들은 이와 같은 것들을 근거로 하여 고찰해보건대, 하늘의 뜻은 반드시 이루어지게 되어 있음이 분명하다.

나라가 흥륭興隆하려 할 때에는 대대로 덕을 쌓은 신하가 은덕을 후하게 베풀었으되 복록을 누리는 보답을 받지 못하는 경우가 반드시 있게 된다. 그러나 후에는 그 자손이 선대의 제도를 잘 지키면서 태평하게 잘 다스리는 군주를 만나, 그와 더불어 천하의 복록을 함께 누리는 보답을 받게 된다. 과거 병부시랑兵部侍郞이었던 진국晉國 왕공王公(왕호王祜)은 후한後漢과 후주後周[3]에서 업적을 드러낸 이후에 우리 송宋나라의 태조太祖와 태종太宗을 차례로 섬기면서 학문과 무공, 충성과 효행에 뛰어나서, 천하 사람들이 그로써 재상을 삼기를 바랐지만, 공은 끝내 직언으로 간하다가 그 시대에는 용납되지 못하였다.[4] 이에 손수 세 그루의 느티나무를 정원에 심으면서, "내 자손 가운데 반드시 삼공三公에 오르는 사람이 있을 것이다." 하였다. 얼마 뒤 그

---

2 도척盜跖이……것은 : 도척은 춘추시대 노魯나라 사람으로 수천의 무리를 이끌고 천하를 횡행하며 악행을 자행했던 도둑 두목인데도 천벌을 받지 않고 천수를 다 누렸음을 말한 것이고, 공자나 안회顔回는 성인聖人인데도 공자는 여러 차례 죽을 고비를 겪었고, 안회는 가난하게 살다가 30대 초에 영양실조로 사망했음을 말한 것이다.

3 후한後漢과 후주後周 : 당唐이 망하고 송宋이 건국되기까지 50여 년간에 흥망했던 다섯 왕조를 오대五代라 하는데, 그 가운데 마지막 두 왕조가 후한後漢과 후주後周이다.

4 천하……못하였다 : 송 태조宋太祖가 처음에 천하의 여론을 받아들여 진국공晉國公 왕호王祜를 재상으로 삼으려 하였는데, 바로 그때에 부언경符彦卿이 반역을 도모한다는 모함을 받았다. 진국공이 자신의 가족 100명의 목숨을 담보로 그의 결백을 보증할 것임을 청했다가, 태조의 뜻을 거슬러 재상이 되지 못했던 사실을 말한 것이다.

아들 위국魏國 문정공文正公(왕단王旦)이 경덕景德·상부祥符 연간(1004~1016)에 재상이 되어 진종眞宗 황제를 보필하게 되니, 조정이 청명하고 천하가 무사한 때에 그 복록과 영예로운 명성을 누린 것이 18년이었다.

이제 물건을 남에게 맡겼다가 다음날 그것을 찾아오려 해도, 찾아올 수도 있고 찾아오지 못할 수도 있거늘, 진국공晉國公께서 스스로 덕을 닦으면서 하늘의 보답이 있기를 바랐는데, 수십 년이 지난 후에 틀림없이 보답을 받기를 마치 계약서를 지니고 있다가 손수 서로 주고받은 것처럼 딱 들어맞게 되었으니, 나는 이 때문에 하늘의 뜻은 틀림없이 이루어지는 것임을 알게 되었다.

나는 위국공魏國公은 뵌 일이 없고 그 아드님 의민공懿敏公(왕소王素)만 뵈었는데, 직간으로 인종仁宗 황제를 섬기면서 중앙에서 시종하고 지방에서 장수 노릇 하기 30여 년 동안에 그가 오른 지위가 그가 행한 덕에 부합되지 못하고 있으니, 하늘이 장차 왕씨 후손들을 흥기시키려고 그렇게 하고 있는 것인가. 어찌 이다지도 그 자손 가운데 현명한 사람이 많은가.

세상에는 진국공을 당唐나라 이서균李棲筠에 비유하는 사람들이 있는데, 그 뛰어난 재능과 곧은 기상은 진실로 서로 상하를 가릴 수가 없고, 이서균의 아들 이길보李吉甫와 그 손자 이덕유李德裕가 누렸던 공명과 부귀는 대체로 왕씨와 비슷하지만, 충성과 신의 및 인자함과 관후함은 그들이 위국공 부자에 미치지 못한다. 이를 근거로 고찰해본다면 왕씨들이 누릴 복록이 아직 다 끝나지 않았다고 보아야 한다. 의민공의 아들 왕공王鞏이 나와 친구로 지내고 있는데 덕을 행하기 좋아하고 문장에 능하여 그 가풍을 대를 이어 계승하고 있으니, 내가 이 때문에 이를 기록해놓은 것이다. 이어 아래와 같이 명銘을 지었다.

아아, 아름답도다!
위국공의 공업이 느티나무의 싹이 자람과 함께 시작되었도다.
심고 북돋은 효과가 다음 세대에 기어이 이루어졌도다.

진종의 재상이 되자 천하가 고르게 평안하게 되었는데,
돌아와 그 집 정원을 보니 느티나무 그늘이 뜰을 가득 채웠도다.
우리는 소인들이라 저녁에 일어날 일도 아침에 도모하지 않고,
기회를 살피며 이익이나 노리니 그 덕을 생각할 겨를이 있겠는가.
요행이나 바라면서 심지도 않고 수확을 하려 한다네.
그러니 군자가 없다면 어찌 나라가 잘 될 수 있으리오.
왕성의 동쪽은 진국공의 저택이 있는 곳인데,
그곳에 있는 울창한 세 그루 느티나무여 그분의 덕의 상징이로다.
아아, 아름답도다!

8-7 표충관表忠觀 비문〔表忠觀碑〕

소식

해설 | 이 편은 오월왕吳越王이 나라를 송宋나라에 바치고 귀순한 후 옛 오월왕들의 능이 황폐해지자, 나라에서 이들을 받드는 표충관表忠觀을 짓고 능을 관리하게 한 경위와 그들의 업적을 서술한 것이다. 서문 부분은 조변趙抃의 주소문奏疏文을 그대로 옮겨놓고, 이에 명문銘文만 지어 붙인 것으로, 왕안석王安石은 이 편을 자신과 정적이었던 소식蘇軾이 지은 것인데도 사마천司馬遷의 〈한흥이래제후왕년표漢興以來諸侯王年表〉에 버금가는 뛰어난 문장이라고 극찬하였다.

"희녕熙寧 10년(1077) 10월 무자일戊子日에 자정전태학사資政殿太學士 우간의대부右諫議大夫 지항주군사知杭州軍事 신 조변趙抃이 아뢰옵나이다. 옛 오월국吳越國의 왕이었던 전씨錢氏들의 분묘와 그들의 부조父祖 및 비부인妃夫人과 자손의 무덤으로 전당錢塘에 있는 것이 26기이고 임안臨安에 있는 것이 11기인데, 모두 거칠게 황폐해지도록 관리를 하지 않고 있어서, 이곳을 지나는 부로父老들 가운데 눈물을 흘리는 사람도 있게 되었습니다.

삼가 고찰해보니 고故 무숙왕武肅王 전류錢鏐는 처음에 향병鄕兵을 거느리고 황소黃巢의 반군을 격파해 물리쳐서 명성이 강회江淮 지방에 널리 퍼졌고, 다시 여덟 군의 군사를 거느리고 유한굉劉漢宏을 토벌하여 월주자사越州刺史로 임명되고, 동창董昌을 받들면서 자신은 항주杭州에 머물러 있었는데, 동창이 월주에서 반란을 일으키자 동창을 죽이고 월주를 병합하여 절강浙江 동서쪽의 땅을 모두 소유하였다가, 이를 그의 아들 문목왕文穆王 전원관錢元瓘에게 물려주었습니다. 그의 손자 충헌왕忠獻王 전인좌錢仁佐 때에 이르러서 이경李景의 군사를 격파하여 복주福州를 점유하였고, 전인좌의 아우 충의왕忠懿王 전숙錢俶이 다시 크게 군사를 내어 이경을 공격하고 후주後周 세종世宗의 군사와 맞서 싸웠다가, 그 후에 드디어 나라를 우리 송宋나라에 바치고 천자를 알현하였으니, 3대 동안 네 왕이 오대五代의 역사와 함께 흥망했던 것입니다.[1]

당唐나라가 망한 후 천하가 크게 어지러워지자 호걸들이 벌떼처럼 일어났습니다. 바로 이 시기에는 몇 고을의 땅을 차지하고서 왕이라는 명칭을 도둑질하여 지니고 있던 자들을 이루 다 셀 수도 없었는데, 종국에는 그 일족이 모두 복멸覆滅되고 그 화가 죄 없는 백성들에게까지 미쳐서 살아남은 자손이 하나도 없게 되었습니다. 그런데 오월은 영역이 사방 천 리에 미쳤고 무장한 군사가 10만이나 되었으며 산에서는 동을 주조하고 바다에서는 소금을 구웠으며 상아와 물소 뿔 및 주옥과 재화의 풍부함이 천하에 으뜸이었습니다. 그런데도 끝내 신하로서의 절의를 실추시키지 않았고, 길에서 서로 바라볼 수 있을 정도로 빈번하게 중앙정부에 공물을 바쳤습니다. 이 때문에 그 백성들은 늙어 죽을 때까지 전쟁을 모르고 지냈고, 사시사철 즐겁게 지내면서 노래하고 북치는 소리가 연이어 들리는 것이 지금까지 중단되지 않으니, 백성들에게 은덕을 베풂이 매우 후했다 하겠습니다.

우리 송나라가 천명을 받아 건국됨에 사방에서 주제넘게 왕이라 자칭하며 난을 일으킨 자들이 차례로 평정되었으나, 서촉西蜀과 강남은 지세가 험하고 멀리 떨어져 있음을 믿고 버티다가 토벌하는 군사가 성 아래에 이르러 힘이 꺾이고 형세가 궁박해진 연후에야 손을 묶고 항복하였고, 하동河東의 유씨劉氏(유계원劉繼元)는 여러 차례의 전투에 죽을힘을 다하여 버티며 왕사王師에 대항하니 쌓인 해골이 성을 이루고 흘린 피가 못을 이루었으며, 천하의

---

1 3대……것입니다 : 삼세三世 네 왕은 오월왕吳越王 전류錢鏐· 전인좌錢仁佐, 전관錢瓘·전숙錢俶이고, 오대五代는 후량後梁·후당後唐·후진後晉·후한後漢·후주後周를 이른다. 즉 오월은 오대십국五代十國 시대의 십국 중 하나였다.

병력을 다 동원하고서야 겨우 그들을 평정할 수 있었는데, 유독 오월만은 명령을 기다리지 않고 부고府庫를 함봉緘封하고 군현의 문서를 작성해놓고서 조정의 관리를 보내주기를 청하여, 자기 나라를 버리기를 마치 잠시 머물고 있던 여관을 떠나듯이 하였으니, 그들이 조정에 끼친 공로가 매우 크다 하겠습니다.

옛적에 두융竇融이 하서河西 땅을 바치고 후한後漢에 귀부하자[2] 광무제光武帝는 우부풍右扶風[3]에 칙명을 내려서 그 부조父祖의 무덤을 수리하고 태뢰太牢의 제물로 제사를 지내주도록 한 일이 있습니다. 지금 전씨의 공덕은 두융의 공적보다 훨씬 더한데, 백 년도 지나지 않아 그들의 분묘를 돌보지 않아 길가는 사람들이 이를 보고 마음 아파하며 탄식하고 있으니, 공신을 권장하고 민심을 위로하고 그들의 소망을 들어주어야 하는 의리에 어긋남이 매우 심합니다.

신이 바라옵건대, 용산龍山에 폐지된 불사佛舍로 묘인원妙因院이라 불렸던 것을 도관道觀으로 삼고 전씨의 후손으로 도사道士 노릇 하고 있는 자연自然이라는 사람으로 하여금 그곳에 머물게 하여, 그들의 분묘 가운데 전당에 있는 것을 자연에게 맡겨 관리하도록 하고, 임안에 있는 분묘는 그 현의 정토사淨土寺 승려인 도미道微라는 사람에게 맡기고, 매년 승려나 도사 한 사람에게 각기 도첩을 주어 그들로 하여금 대대로 이를 관장하게 하고, 그 토지의 수입을 문서로 기록하여 이로써 그 사당을 때맞추어 수리하며 그곳에 초목을 심고 북돋아주도록 하시옵소서. 이런 일을 제대로 처리하지 않는 사람이 있으면 현령과 현승이 이를 감독하고 심히 잘못한 자는 교체하도록 한다면, 아마도 영구히 실추되는 일이 없게 되어, 조정에서 전씨를 후대하는 뜻

---

2 두융竇融이……귀부하자 : 두융은 전한前漢을 멸한 왕망王莽 밑에서 장수 노릇을 하다가 왕망이 죽은 후에 서하河西의 오군五郡을 다스리고 있었는데, 광무제光武帝가 즉위하여 후한을 건국하자 즉시 귀순하였음을 말한 것이다.

3 우부풍右扶風 : 한대漢代에 경조윤京兆尹과 좌풍익左馮翊과 함께 수도권首都圈을 관할했던 세 기관, 즉 삼보三輔의 하나이다.

에 적합하게 될 것입니다. 신 변은 죽음을 무릅쓰고 이를 아뢰옵나이다." 하니 황제께서 "좋다." 하시고, 묘인원의 이름을 바꾸어 '표충관表忠觀'이라 지어주셨다.

이에 아래와 같이 명銘을 지었다.

항주의 천목산天目山에 초수苕水가 솟아 흐르는데,
용이 날고 봉황이 춤추듯이 뛰어난 인물이 임안臨安으로 모였네.
뛰어난 인물이 신실하게 태어나 일반 무리들과는 전혀 달랐으니,
그가 분발해 앞장서서 크게 외치자 따르는 이들이 구름처럼 모였네.
하늘을 우러러 장강長江에 맹세하자 그 밝게 빛남이 달과 별도 빛을 잃을 정도였고,
강한 쇠뇌로 물결을 쏘니 절강의 조수가 동쪽 바다로 물러났네.[4]
유한굉을 죽이고 동창을 베어 곧바로 오월 땅을 다 차지하고서,
공신의 금권金券과 옥책玉冊에 쓰인 작위와 군권인 호부虎符와 용절龍節도 받았네.[5]
큰 성에 머물면서 주변 산천을 아울러 다스리니,
왼쪽엔 절강이요 오른쪽엔 전당호錢塘湖였고, 남쪽의 오랑캐도 이끌었네.
명절이 되면 돌아와 쉬면서 노인들 모시고 잔치를 여니,
그 빛남이 신인神人이 옥대玉帶를 두르고 큰 말을 타고 있는 듯하였네.
41년을 다스리면서 공경하고 두려워하며 조심하여,[6]

---

4 강한……물러났네 : 항주杭州 지방에 일정한 때가 되면 해마다 조수가 밀려와 피해를 입었는데, 오월왕吳越王 전류錢鏐가 밀려오는 조수를 향해 강한 쇠뇌를 쏘니 조수가 물러갔다 한다. 이는 백성을 위한 강한 의지가 자연의 재해까지 물리쳤다고 찬양한 것이다.

5 공신의……받았네 : 금권옥책金券玉冊은 제왕이 공신에게 하사하는 신물이고, 호부용절虎符龍節은 제왕이 신하에게 군대를 통솔할 권한의 상징으로 준 신표이다.

6 41년을……조심하여 : 오대십국五代十國시대에 지방에 존속했던 십국의 하나였던 오월吳越이 41년간 중앙에 있던 오대 왕조에게 겸손하게 복종했음을 말한 것이다.

우리 송에 조공하는 바구니가 연이었으니 그 속에는 큰 조개와 남금南金이 가득 담겼었네.

오대五代시대는 혼란해서 나라를 의탁할 곳이 없어,

세 왕이 서로 계승하며 나라를 의탁할 덕 있는 군주를 기다렸네.

이미 귀의할 우리 송나라를 얻게 되자 누구와 상의하거나 자문하지도 않고,

선왕 때부터 품었던 뜻을 오직 내가 실천하는 것이라 하였네.

이에 하늘이 내린 복이 진실로 후해서 대대로 작록과 고을을 소유하였고,

문과 무에 진실로 뛰어나서 자손이 몇 천 몇 억으로 번창하였네.

황제께서 고을 수령에게 일러 그들의 사당과 분묘를 관리하게 하여,

그곳의 나무를 베거나 가축을 길러 후손들을 상심하게 하는 일이 없게 하셨네.

용산의 양지바른 곳에 우뚝하게 새로이 사당을 세웠으니,

전씨들에게 사사로이 은택을 베푼 것이 아니고 이로써 그들의 충성을 드러낸 것이네.

충신을 비방함은 군주를 무시하는 것이고, 효자를 비방함은 어버이를 사랑하지 않는 것이니,

모든 분들은 이 비에 새겨진 글을 보도록 하라.

8-8 능허대기〔凌虛臺記〕

소식

해설 | 봉상부鳳翔府 태수 진희량陳希亮이 능허대凌虛臺를 축조하고 자신의 휘하에 첨서판관사簽書判官事로 있던 젊은 소식蘇軾에게 기를 짓도록 명하였다. 능허대를 짓게 된 전말을 간략하게 기술하고, 아무리 웅장하고 화려하며 견고하게 지은 건물이라 해도 세월이 지나면 허물어져 없어지며, 영원히 남는 것은 삼불후三不朽인 입덕立德 · 입공立功 · 입언立言뿐이니 이에 힘쓰기를 간한 것이다.

종남산終南山 아래에 누대를 짓는다면 당연히 기거하며 먹고 마시는 일상생활을 산과 인접한 곳에서 할 수 있게 될 것이다. 사방에 있는 산들 가운데 종남산보다 높은 산이 없고 도읍중에 가장 아름다운 곳으로는 부풍扶風[1]만한 곳이 없으니, 지극히 가까운 곳에서 가장 높은 산을 찾는다면 그 형세로 보아 반드시 이 종남산을 찾게 되어 있는데도, 태수께서 기거하시며 일찍이 종남산이 있음을 의식하지 않고 계셨으니, 이것이 비록 업무의 처리에 득이 되거나 실이 될 것은 없지만, 사물의 이치로 보아 마땅히 그러해서는 안 되는 점도 있으므로, 이 때문에 능허대凌虛臺를 축조하게 된 것이다.

능허대를 아직 축조하지 않았을 때에 태수 진공陳公(진희량陳希亮)께서 지팡이 짚고 짚신 신고 그 아래를 거닐다가 숲 위로 산이 솟아 겹겹이 쌓여 있는

---

1 부풍扶風 : 당나라 때에 수도권首都圈을 경조윤京兆尹·좌풍익左馮翊·우부풍右扶風으로 나누어 이를 삼보三輔라 하였는데, 이곳에서 말한 부풍은 함양咸陽 동쪽에 있던 우부풍으로 송대宋代에는 이를 봉상부鳳翔府라 칭하였다.

것이 마치 사람들이 담장 밖을 돌아다니는데 그 상투 끝만 보이는 것과 같음을 보고, "이 자리는 필연코 특이함이 있는 곳이다." 하고, 공인工人들을 시켜 그 앞을 파서 네모진 연못을 만들고 그 흙으로 대를 쌓아서, 지붕의 처마보다 더 솟아오르게 한 정도에서 그치게 하였다. 후에 그 대 위에 오른 사람들은 황홀해져서 그 누대가 흙을 높이 쌓아 지은 것임을 알지 못하고 산줄기가 급히 뻗어와 뛰어오르듯이 솟구친 것으로 여겼다. 이에 공이, "이 누대는 능허대라 이름 지음이 마땅하다." 하고 종사관從事官 소식蘇軾에게 알려서 기記를 짓게 하셨다.

내가 공께 아뢰었다.

"건물이 세워졌다 없어졌다 지어졌다 허물어졌다 하는 운수는 알 수가 없습니다. 지난날 거친 풀밭과 들판의 전답으로 서리와 이슬로 뒤덮혀 있었고 여우와 독사가 숨어있던 곳이었으니, 그 당시에야 어찌 이곳에 능허대가 있게 될 줄을 알았겠습니까. 건물이 세워졌다 없어졌다 지어졌다 허물어졌다 함은 끝없이 서로 잇달아 일어나는 일이니, 이 누대가 다시 거친 풀밭과 들판의 전답으로 변하게 될지도 모두 알 수가 없습니다.

일찍이 공을 모시고 누대에 올라 바라보니, 그 동쪽은 진 목공秦穆公이 지었던 기년궁祈年宮과 탁천궁槖泉宮 자리이고, 그 남쪽은 한 무제漢武帝가 지었던 장양궁長楊宮과 오작궁五柞宮 자리이며, 그리고 그 북쪽은 수隋나라 때의 인수궁仁壽宮과 당唐나라 때의 구성궁九成宮 자리였습니다. 그 건물들이 한때 흥성했음을 헤아려보건대 웅장하고 화려하며 견고해서 흔들리지 않았음이 어찌 다만 이 능허대보다 백 배가 더함에 그칠 뿐이었겠습니까. 그런데도 몇 대 뒤에는 그 비슷한 모습이나마 찾아보려 해도 깨어진 기왓장과 무너진 담장조차 남아 있지 않고 이미 벼와 기장이 자라고 가시덤불이 우거진 언덕과 둔덕으로 바뀌어버렸으니, 더구나 이 누대야 더 말할 것이 있겠습니까.

대저 누대도 오히려 장구하게 남기를 바라기에 부족한데 더구나 사람 일의 득실이 갑자기 왔다 갑자기 갔다 하는 것을 어쩌겠습니까. 그런데도 어떤 사람은 이런 누대를 지어서 세상에 과시하면서 스스로 만족해 하고자 하니, 이는 잘못된 일입니다. 세상에서 족히 믿을 수 있는 것이 있기는 하나,[2] 누대가 남아 있느냐 없어지느냐에 달려 있는 것은 아닙니다." 이렇게 공께 말씀드리고 물러나서 이런 뜻으로 이 기를 지었다.

---

2 세상에서……하나 : 인간의 행위 가운데 세상에 영원히 없어지지 않는 것인 입덕立德, 입공立功, 입언立言, 즉 삼불후三不朽를 말한 것이다.

권9

9-1 이군산방기〔李君山房記〕

소식

해설 | 이 편은 일종의 서사기문敍事記文이다. 이상李常(자는 공택公擇, 황산곡黃山谷의 외조부)이 여산廬山 백석암白石庵의 승사僧舍에서 학문을 연마할 때에 그곳에 두었던 장서를 그곳을 떠난 이후에도 그대로 남겨두어 후학들이 누구나 이용할 수 있게 한 것을 찬양한 것이다. 옛날에는 전적을 구해 읽기가 어려웠으나 선현들은 이를 부지런히 구해 읽으며 학문과 덕행을 닦았는데, 현세인들은 전적을 구해 읽기가 쉬워졌는데도 이를 읽고 학덕을 닦는 데 소홀하여 선현들의 경지에 오르지 못하고 있음을 개탄한 것이다.

상아象牙, 서각犀角, 주옥珠玉 등 진기하고 특이한 물건은 사람들의 이목을 즐겁게 함은 있으나 실용에는 적합하지 않고, 금金·석石·초草·목木·사絲·마麻·오곡五穀·육재六材[1] 등은 실용에는 적합함이 있으나 쓰면 낡아지고 취하면 소모되어 없어진다. 사람들의 이목을 즐겁게 하면서 실용에도 적합하고 사용해도 낡아지지 않으며 취해도 소모되어 없어지지 않아서, 잘난 사람이든 못난 사람이든 각기 그의 능력에 맞게 얻을 수 있고, 어진 사람이든 지혜로운 사람이 이를 통해 깨닫게 됨이 각기 타고난 한도만큼 따르게 되어, 재능이나 타고난 정도가 같지 않아도 원하는 사람은 얻지 못함이 없는 것은 오직 서적에 쓰인 글뿐이다.

---

1 오곡五穀·육재六材 : 오곡은 기장〔黍〕·피〔稷〕·벼〔稻〕·수수〔粱〕·보리〔麥〕 등 5종의 곡식이고, 육재는 건축에 쓰이는 중요한 여섯 가지 재목으로, 진목榛木·율목栗木·의목椅木·동목桐木·재목梓木·칠목漆木 등을 말하기도 하고, 일상생활에 쓰이는 도구의 재료가 되는 토土·목木·금金·석石·수獸·초草를 말하기도 한다.

공자는 성인聖人이셨는데도 배우는 일이 반드시 책을 보는 데서 비롯되었다. 이때에는 오직 주周나라 주하사柱下史인 노담老聃만이 책을 많이 가지고 있었고, 한선자韓宣子[2]는 노魯나라에 간 연후에야 《역상易象》과 노나라의 《춘추春秋》를 볼 수 있었고, 계찰季札[3]은 상국上國(노나라)을 방문한 연후에야 《시경詩經》의 풍風, 아雅, 송頌을 들을 수 있었으며, 초楚나라에서는 좌사左史인 의상倚相만이 《삼분三墳》과 《오전五典》과 《팔색八索》과 《구구九丘》[4]를 읽을 수 있었다. 이는 그 시대에 살았던 선비 가운데 육경六經을 볼 수 있었던 사람이 거의 없었다는 것이니, 그 시대에는 배우기가 어려웠다고 말할 수 있다. 그런데도 모두가 예악禮樂을 익히고 도덕을 깊이 체득하였는데, 이는 후세의 군자가 미칠 수 없는 경지였다. 진한秦漢 이래로 글을 짓는 사람이 더욱 많아지고 종이가 발명되고 글자의 필획筆劃이 날로 간편해지자 서적이 더욱 많아져서 세상에 서적이 없는 곳이 없게 되었지만, 그런데도 배우는 사람이 더욱 편리하고 손쉬운 것만 추구하게 된 것은 무엇 때문인가.

내가 전에 나이 많고 학덕 높은 선생들을 뵈니, 그분들은 젊었을 때에 《사기史記》나 《한서漢書》를 구하고자 해도 얻을 수가 없었고, 요행히 얻게 되면 이를 모두 손수 베껴서 밤낮으로 읽고 암송하며 오직 미치지 못할까 두려워했다고 말씀하셨는데, 요사이는 장사꾼들이 서로 돌려가며 모사模寫해 인간印刊해서 제자백가들의 책을 하루에 일만장까지도 전할 수 있게 되었다. 배우는 사람이 서적을 쉽게 많이 구할 수 있음이 이와 같게 되었으니, 그 문장과 학술이 마땅히 옛사람들보다 여러 갑절 더 나아졌어야 할 터인데, 후생

---

2 한선자韓宣子 : 한기韓起이다. 춘추시대春秋時代 진인晉人으로 노魯나라에 사신으로 가서 《주역周易》과 노나라의 《춘추春秋》를 보고 주周나라의 전장제도가 고스란히 노나라에 남아 있음에 감탄하였다 한다.

3 계찰季札 : 춘추시대 오吳나라의 공자公子로 노魯나라에 와서 《시경詩經》의 시詩를 음악으로 듣고 각 편의 느낌을 말하였다.

4 《삼분三墳》과……《구구九丘》 : 《삼분三墳》은 복희伏犧·신농神農·황제黃帝의 서書이고, 《오전五典》은 오제五帝의 서이며, 《팔색八索》은 팔괘의 설說이고, 《구구九丘》는 구주九州의 지志로서, 모두 태고시대의 전적들이다.

으로 과거에 급제만 하면 선비들이 모두 책을 묶어두고 읽지 않고, 근거도 없는 말을 멋대로 떠들어대고 있으니, 이는 또한 어인 까닭인가.

내 친구 이공택李公擇(이상李常)이 젊은 시절에 여산廬山의 오로봉五老峰 아래 백석암白石菴의 승방僧房에서 독서를 한 일이 있었는데, 공택이 떠난 후에도 산중에 사는 사람들이 그를 그리워하여 그가 머물렀던 곳을 가리켜 '이군산방李氏山房'이라 했으며, 소장한 서적이 모두 구천여 권이었다. 공택이 그 책들에 수록된 여러 학설들을 섭렵하여 그 근원을 탐구하고, 그 꽃이 되고 열매가 될 만한 핵심을 찾아내고 그 전적들의 참된 맛을 음미하여 이를 자신의 학식으로 삼아, 문장으로 펼치고 공업을 행하는 일에 드러내었다. 이로써 당세에 명성이 널리 퍼졌지만, 그 장서는 그대로 있고 일찍이 조금도 훼손되지 않았으며, 이를 장차 뒷사람들에게 남겨주어 그들이 무궁토록 학문을 추구할 수 있도록 도와서, 각기 그들의 재능과 분수에 맞게 터득하도록 충족시켜주고자 하였다. 이 때문에 자기 집에 보관하지 않고 과거에 머물던 승사僧舍에 그대로 보관하도록 한 것이니, 이는 인자仁者의 마음을 드러낸 것이다.

나는 이미 늙었고 병까지 들어 세상에 쓰일 곳이 없으니, 오직 몇 년의 시간을 얻어서 아직 읽지 못했던 책들이나 모두 읽고자 할 뿐이다. 그래서 이씨의 산방이 있는 여산은 본시 찾아가 노닐고 싶었으되 가보지 못했던 곳이니, 장차 노년을 그곳에서 보내면서 공택이 간직해놓은 전적을 모두 펼쳐보고, 그가 꽃답고 알찬 핵심을 골라낸 후에 버린 나머지나마 수습하여 이로써 나의 모자람을 보완한다면 행여 유익함이 있을 것이다. 그런데 공택이 나에게 기문을 지어 이런 뜻을 기록해주기를 원하고 있으니, 이에 이렇게 한마디 해서, 뒷사람들로 하여금 옛날의 군자들은 책을 보기가 어려웠음과, 지금 배우는 사람들은 책이 있어도 읽지 않고 있음이 애석한 일임을 알게 하고자 한다.

9-2 희우정기〔喜雨亭記〕

소식

해설 | 이 편은 소식이 봉상부판관鳳翔府判官으로 있던 28세 때에 지은 것이다. 오랜 가뭄 끝에 이 정자의 낙성과 동시에 비가 흡족하게 내렸으므로 정자 이름을 희우정喜雨亭이라 짓고 그 내력을 설명한 것이다. 문장이 세속을 벗어난 듯한 탈속감脫俗感을 느끼게 한다는 찬사를 받았다.

정자亭子에 '우雨'자를 넣어 이름을 지은 것은 기쁜〔喜〕 뜻을 드러낸 것이다. 옛날에 기쁜 일이 있으면 곧 이를 사물의 이름에 붙였으니, 잊지 않으려는 뜻을 보인 것이다. 주공周公은 좋은 곡식〔嘉禾〕을 얻자 이를 그 책의 편명(가화편嘉禾篇)으로 삼았고,[1] 한 무제漢武帝는 정鼎을 얻자 이를 그 연호의 명칭으로 삼았으며,[2] 숙손씨叔孫氏는 적과 싸워 이기자 사로잡은 적장의 이름을 그해에 태어난 아들의 이름으로 삼았다.[3] 그 기쁨이 크고 작은 것은 같지 않았으나, 그것을 잊지 않을 것임을 보여준 것은 동일하였다.

내가 부풍扶風에 부임한 이듬해에 비로소 관아 건물을 수리하게 되었는데, 관아의 북쪽에 정자를 짓고 그 남쪽에 연못을 파서 흐르는 물을 끌어들

---

1 주공周公은……삼았고 : 주공이 두 벼 이삭이 서로 합쳐진 것을 보고 이는 천하가 화합할 것임을 드러낸 것이라 하여 〈가화편嘉禾篇〉을 지어 《서경書經》〈주서周書〉에 넣었다 하나, 현재는 전해지지 않는다.

2 한 무제漢武帝는……삼았으며 : 한 무제 때에 분수汾水 가에서 정鼎을 얻자 이를 기념하기 위하여 연호를 원정元鼎으로 바꾼 것을 말한다.

3 숙손씨叔孫氏는……삼았다 : 노魯나라 숙손씨叔孫氏가 전쟁에서 적장 교여僑如를 사로잡는 전공을 세웠는데, 이를 길이 기념하고자 그해에 낳은 아들 이름을 교여僑如라 지었던 것을 말한다.

이고 나무를 심어 이로써 휴식의 장소를 삼았다. 이해 봄에 기산岐山의 남쪽에 보리를 자라게 할 비가 내렸으니 그것은 풍년이 들 징조였다. 그 후 한 달이 다 되도록 비가 내리지 않아 백성들이 이를 걱정하였다. 다음 달 3일 을묘일에 비로소 비가 내렸고 갑자일에 또 비가 내렸지만, 백성들은 아직 충분하지 않다고 여겼는데, 정묘일에 큰 비가 내리기 시작하여 사흘 만에야 그치니, 관리들은 뜰에서 서로 축하하고 상인들은 시장에서 서로 노래를 불렀으며 농부들은 들에서 서로 손뼉을 쳤다. 이에 근심했던 사람들은 즐거워하고 병을 앓던 사람들은 기뻐하였는데, 내 정자가 바로 그때에 낙성落成되었다.

이에 정자 위에서 술잔을 들어 빈객들에게 권하고, 이렇게 대화를 나누었다.

"5일 동안 비가 내리지 않는다면 견딜 만할까?"

"5일 동안 비가 내리지 않으면 보리가 자랄 수 없소."

"10일 동안 비가 내리지 않는다면 견딜 만할까?"

"10일 동안 비가 내리지 않으면 벼가 자랄 수 없소."

"보리가 자라지 못하고 벼가 자라지 못하면, 한 해의 농사가 연이어 흉년이 들어, 범죄와 소송이 빈번하게 일어나고 도적이 점점 들끓게 될 것이오. 그렇게 된다면 내가 그대들과 비록 이 정자에서 한가롭게 노닐며 즐기려 해도 그렇게 될 수 있겠소. 이제 하늘이 이 백성들을 버리지 않아서 처음에는 가물게 했다가 후에 비를 내려주어, 내가 그대들과 더불어 서로 함께 한가롭게 노닐며 이 정자에서 즐길 수 있게 해주었소. 이는 모두가 비가 내린 혜택을 입은 것이니, 그것을 또한 잊어서야 되겠소?"

이에 드디어 이로써 정자의 이름을 짓고, 또 이어서 다음과 같이 노래하였다.

하늘에게 구슬을 내리게 해도 추운 사람이 옷으로 삼을 수는 없도다.
하늘에게 옥을 내리게 해도 굶주린 사람이 식량으로 삼을 수는 없도다.

한 번 내리기 시작한 비가 사흘을 연이었으니 이것이 누구의 공덕인가.

백성들은 "태수의 공덕입니다." 하네.

태수께선 그 공덕을 차지하지 않고 천자께 돌리시네.

천자께서도 "그렇지 않다." 하시며 그 공덕을 조물주에게 돌리시네.

조물주도 자신의 공덕으로 여기지 않고 그 공덕을 태공太空(하늘)에게 돌리네.

태공은 아득하여 이로써 이름을 삼을 수가 없어서,

나는 그 때문에 내 정자의 이름을 이로써〔희우喜雨로〕 정하였네.

명정희우名亭喜雨

9-3 사보살각기〔四菩薩閣記〕

소식

해설 | 이 기문은 동파가 당대唐代 오도현吳道玄이 그린 사보살도四菩薩圖를 구득求得하여 부친께 드린 일이 있는데, 부친이 사망한 후 부친의 초상화와 함께 이를 영구히 보존하기 위하여 사보살각四菩薩閣을 짓고, 그 경위를 기술한 것이다. 논지의 반복이 절묘하다.

본시 내 선친께서는 물건에 대하여 기호를 나타내는 바가 없으셔서 평상시에도 재계齋戒하듯이 청백하게 생활하시면서 말씀과 웃음까지도 때에 알맞게 드러내셨지만, 다만 일찍부터 그림만은 좋아하셨다. 이에 제자와 출입하는 사람들이 달리는 기쁘게 해드릴 것이 없으므로 좋아하시는 그림을 다투어 바쳐서, 행여 낯빛을 한 번 펴고 웃으시게 하고자 하였다. 그러므로 비록 포의布衣로 계셨지만 모아진 그림은 공경들이 가진 것과 대등하게 되었다.

장안長安에 불경을 소장한 오래된 감실龕室(부처나 불경을 모신 작은 건물이나 방)이 있었는데, 당 명황唐明皇(현종玄宗)이 세운 것이었다. 그 감실의 사방으로 통하는 문에 여덟 쪽의 문짝이 있고, 그곳에 모두 오도자吳道子[1]의 그림이 그려져 있었으니, 바깥쪽에는 보살을 그리고 안쪽에는 천왕을 그려서 모두 열여섯 인물이 그려져 있었다. 광명廣明 연간의 난리에 장경감藏經龕이 난적亂

---

1 오도자吳道子 : 당唐나라 때의 유명한 화가로 명名은 도현道玄이고, 불화佛畵와 산수화에 뛰어났다.

賊에 의해 불태워졌는데,[2] 이름을 알 수 없는 어떤 승려가 전란으로 불타는 가운데 그 문짝 네 쪽을 떼어가지고 달아나다가 너무 무거워서 지고 갈 수가 없고 난적은 가까이 쫓아오니, 모두 온전하게 보존할 수 없을까 두려워서 그 두 짝에 구멍을 뚫어서 이로써 짐을 바쳐 메고 서쪽 기산岐山으로 달아나, 오아烏牙의 절간에 맡기고 죽었다. 그리하여 문짝이 여기에 180년 동안 남아 있게 되었다.

어떤 사람이 십만 전으로 이를 구입하여 내게 보여주기에 내가 그 값을 치르고 이를 인수하여 선친께 바쳤는데, 선친께서 좋아하시는 그림이 백여 점이 있었지만 이때부터 이 네 문짝의 그림을 으뜸으로 좋아하셨다. 치평治平 4년(1067)에 선친께서 서울(변경汴京)에서 별세하셔서, 내가 변경에서 회수淮水로 들어와 장강長江을 거슬러 올라가서 이 문짝 네 쪽을 싣고 돌아왔다.

탈상한 뒤에 과거부터 왕래하던 승려 유간惟簡이 그의 스승 말씀을 전하면서, 내게 선군을 위해 시주를 하되, 반드시 가장 좋아하셨던 것과 아까워서 버리려 하지 않았던 것으로 하라 하였다. 내가 그의 말을 좇아서 선군께서 매우 좋아하셨던 것과 내가 차마 내놓고 싶지 않은 것을 생각해보니 이 문짝만 한 것이 없었으므로 드디어 이를 시주하면서 그에게 이렇게 말하였다.

"이 물건은 명황제(현종)도 지켜낼 수가 없어서 도둑들에게 불태워질 뻔했던 것이니 더구나 내가 지켜낼 수 있겠는가. 내가 보건대 천하에 이런 물건을 간직했던 사람이 많이 있었지만 3대 동안 보존할 수 있던 사람이 있었는가. 그들이 처음 이를 구할 적에는 구하지 못할까 근심하다가 얻게 된 후에는 이를 잃게 될까 두려워했지만, 그 자손 가운데 이를 의복이나 곡식과 바꾸지 않은 사람이 드물었다. 나도 이를 장구하게 지킬 수 없음을 스스로 알고 있어서 이 때문에 그대에게 넘기려 하는 것인데, 그대는 장차 이를 어떻게 지켜줄 것인가?"

---

2 광명廣明 연간의……불태워졌는데 : 광명廣明은 당 희종唐僖宗의 연호로 당시에 황소黃巢의 난이 일어났음을 말한 것이다.

유간이 대답하였다.

"나는 이를 내 생명을 걸고 지킬 것입니다. 내 눈은 멀게 할 수 있고 내 다리는 자를 수 있을지언정 내가 지키는 이 그림은 빼앗아갈 수 없게 할 것이니, 이와 같이 한다면 충분히 지킬 수 있겠지요?"

내가 말하였다.

"그것으로는 안 될 것이다. 이는 그대의 일생을 마칠 때까지 지키는 데에만 족할 뿐이다."

유간이 말하였다.

"내가 또한 부처님께 맹세하고 귀신에게 지키게 하여 이를 가져가려 하는 자와 이를 남에게 주려는 자는 그 죄를 율에 맞추어 처벌하도록 할 것이니, 이렇게 한다면 이를 지키는 데 충분하겠지요?"

내가 말하였다.

"안 될 것이다. 세상에는 부처를 무시하고 귀신을 경멸하는 자들도 있다."

"그러면 어떻게 지켜야 합니까?"

"내가 이를 그대에게 준 것은 선친을 위하여 그대에게 시주한 것인데, 천하에 어찌 아비 없는 자식이 있겠는가. 그러니 그 누가 차마 이를 가져가겠는가. 만약 이 말을 듣고도 회개하지 않고, 이 그림을 한 번 보는 데 그치지 않고 장차 반드시 이를 가져간 후에야 기뻐한다면, 그런 사람의 됨됨이는 광명 연간에 이를 태우려 했던 도둑들과 똑같은 것이다. 그런 사람은 제 자손조차 온전하게 지키기 어려울 것인데 하물며 이를 장구하게 소유할 수 있겠는가. 또한 가져갈 수 없게 하는 것은 그대에게 달려 있고, 가져가느냐 가져가지 않느냐는 남에게 달려 있으니, 그대는 힘을 다하라. 그대가 이를 남이 가져가지 못하게 할 것을 알기 때문에 이를 시주한 것뿐이니, 그 뒤에 일어날 일이야 또한 어찌 알 수 있겠는가?"

이렇게 하고서 유간에게 주었는데, 유간이 백만 전을 들여 보살각菩薩閣을 세워 이를 보관하고 아울러 선친의 초상화를 그 위에 그려놓을 계획을 세웠다. 이에 내가 그 비용의 20분의 1을 찬조하였고, 내년 겨울로 기한을 정하여 건물을 낙성하기로 하였다.

희녕熙寧 원년(1068) 10월 일에 쓰다.

9-4 〈전표성 주의〉의 서문〔田表聖奏議序〕

소식

해설 | 이 편은 간의대부諫議大夫로 있던 전석田錫이 황제께 건의했던 주의류奏議類의 문장 10편을 모아놓은 〈전표성주의田表聖奏議〉의 첫머리에 붙인 서문이다. 문장의 구성이 치밀하고 적절한 사례를 예시하여 심오한 뜻을 드러내었다.

본서는 전에 간의대부諫議大夫를 역임하였고 사도司徒에 추증되었던 전석田錫(자 표성表聖) 공의 주의奏議 10편이다. 아아! 전공田公은 옛날 곧은 사람의 유풍을 간직했던 분이로다. 거리낌없이 할 말을 다 한 것은 대등한 사람이나 그 아랫사람이 들더라도 감내할 수 없는 부분이 있는데, 하물며 군주에 있어서야 더 말할 것이 있겠는가. 나는 이 때문에 태종太宗과 진종眞宗 두 황상께서 성인聖人이었음을 알게 되었노라. 태평흥국太平興國 이래로부터 함평咸平 연간에 이르기까지는 천하가 크게 잘 다스려졌으니 이런 시대는 천년에 한 번 올까 말까한 시기였다고 말할 만하다. 그런데도 전공이 올린 말이 항상 마치 헤아릴 수 없는 근심거리가 아침에 올까 저녁에 올까 할 정도로 가까이 와 있는 것처럼 한 것은 무엇 때문이었는가?

옛날의 군자는 잘 다스려지던 시대에도 반드시 근심하기를 그치지 않으면서 밝은 군주에게 엄중하게 직언을 올렸던 것이다. 밝은 군주는 보통사람보다 뛰어난 자질을 가진 분이고 치세治世는 나라를 방어하는 데 두려워할 만한 일이 없는 때이다. 뛰어난 자질을 가졌으면 반드시 그 신하들을 얕잡아 보고, 나라의 방어에 두려워할 일이 없으면 반드시 그 백성들을 함부로 대하게 되는데, 이렇게 하는 것은 군자가 심히 두려워해야 할 일이다.

한 문제漢文帝 때에는 가혹한 형벌을 시행할 필요가 없었고 군사행동을 할 일도 없는 태평한 시대였는데도, 가의賈誼가 올린 말에 '천하에 크게 탄식할 일이 있고, 눈물을 흘릴 일이 있으며, 통곡할 일이 있습니다.' 하였다. 그러나 후세에 이 때문에 한나라 문제를 하찮게 여기거나 가의가 지나쳤다고 여기는 사람은 없다. 이를 근거로 살펴본다면 군자가 치세를 만나 명주明主를 섬길 때에는 지켜야 할 법도가 마땅히 이와 같아야 하는 것이다.

가의가 비록 때를 만나지는 못했으나 그가 한 말은 이미 대략 시행되었다. 불행하게도 일찍 사망하여 공업이 그 시대에 드러나지는 못했지만, 가의가 건의한 말에 '제후와 왕의 자손들로 하여금 각각 그 차서次序대로 영지를 나누어 가지도록 하소서.' 한 것이 있는데, 당시의 문제가 미처 이 건의를 채택해 쓰지는 못하였으나, 경제景帝를 지나 무제武帝 때에 이르러서 주보언主父偃이 이를 채택하여 실천하였고, 한나라가 이 계책을 받아들였기 때문에 안정을 누릴 수 있었다. 지금 공이 하신 말 가운데 열에 대여섯도 받아들여 쓰이지 않았지만, 후세에 주보언 같은 사람이 있어서 이를 채택하여 시행하는 일이 없을 것임을 어찌 알겠는가. 바라건대 그의 주의문을 세상에 널리 전한다면 반드시 공과 뜻이 합치되는 사람이 있게 될 것이니, 이들 또한 충신과 효자의 뜻을 지닌 사람들일 것이다.

9-5 전당의 승려 혜근惠勤 시집의 서문

〔錢塘勤上人詩集序〕

소식

해설 | 이 편은 서호西湖의 승려 혜근惠勤의 시집에 붙인 서문이면서도 혜근의 인간 됨됨이에 대해서만 자세히 언급하고 시에 대하여는 언급하지 않았다. 이는 그 사람의 훌륭함이 이와 같으므로 그의 시에 대하여는 말하지 않아도 알 수 있다고 본 것이다.

옛날 적공翟公이 정위廷尉에서 면직되자 그의 집을 드나들던 빈객들 가운데 한 사람도 찾아오는 사람이 없다가, 그 후 다시 등용되자 빈객들이 찾아오려 하니, 적공이 그의 집 문에 크게 써 붙이기를, '한 번 죽었다 한 번 살아나 보니 사귀던 사람들의 마음을 알게 되고, 한 번 가난했다 한 번 부자가 되었다 해보니 사귀던 사람들의 양태를 알게 되었으며, 한 번 귀해졌다 한 번 천해졌다 해보니 사귀던 사람들의 마음이 드러난다.' 하였는데, 세상에서는 이를 얘깃거리로 삼았다. 그러나 나는 일찍이 그의 인간됨이 박덕薄德했다고 여겼으니, '빈객들의 됨됨이가 비루하기는 하였지만 적공이 빈객들을 대한 방법도 또한 도량度量이 좁았던 것이 아닌가?'라고 생각하였다.

옛 태자태사太子太師이셨던 구양공歐陽公(구양수歐陽脩)께서는 선비들을 좋아하심이 천하에 으뜸이셨다. 선비가 한마디 말이라도 도道에 맞게 했다 하면 천 리를 멀다 않고 찾아가서, 선비들이 공을 찾아오는 것보다 더욱 부지런히 하였다. 이 때문에 천하의 호걸들이 모두 모여들어서, 평범한 사람 취급을 받다가 세상에 드날리게 된 사람이 진실로 많았다. 그렇지만 선비 가운데는 공을 배반한 사람도 때때로 있게 되니, 일찍이 개연慨然히 크게 탄식하며, 사람을 알아보기 어렵다는 것으로써 선비를 좋아하는 사람이 경계를 삼도록 하였다. 그래서 공이 선비를 좋아하는 일에 이때부터는 약간 권태를 느꼈을 것이라고 생각했는데, 그분이 영수潁水 가로 은퇴하여 노년을 보내실 때에 내가 찾아가 뵈오니, 어전히 선비 가운데 현명한 사람에 대하여 평론하면서 오직 그런 사람이 세상에 알려지지 않을까 두려워하실 뿐이었다. 자신을 배반한 자에 대해서는 말씀하시기를, "이는 나의 죄이지 그 사람의 잘못이 아니다." 하셨다. 적공의 빈객은 죽거나 살거나 귀하게 되거나 천하게 된 사이에서 적공을 배반한 것이지만, 구양공의 선비는 눈 깜짝할 만한 사이에 공을 배반한 것인데, 적공은 빈객에게 죄를 돌렸으나 구양공은 자신의 죄로 여기고 그런 선비들을 더욱 후덕하게 대하였으니, 옛사람보다 훨씬 어질었던 것이다.

공은 불교도와 도교도를 좋아하지 않았지만 그 무리 가운데 《시경詩經》과 《서경書經》을 배우고 인의仁義의 원리를 공부하는 사람이 있으면 반드시 이끌어 진출할 수 있게 해주었으므로, 승려 혜근惠勤이 공을 따르며 배운 지 30년이 되었고, 공께서 일찍이 그를 칭찬하시기를 총명하고 재능과 지혜를 지녔으며 학문을 갖춘 사람으로 시를 더욱 잘 짓는다고 하셨다. 공께서 여음汝陰에서 사망하시자 내가 그의 승사僧舍에서 공을 애도한 일이 있는데, 그 후에 그를 만나서 대화가 공에 미치면 눈물을 흘리며 흐느끼지 않은 때가 없었다. 혜근은 본시 세상에 바라는 것이 없는 사람이고 공도 또한 혜근에게 덕을 입힌 일이 없었으니, 그가 눈물을 흘리며 공을 잊지 못하는 것이 어찌 사사로운 이익 때문이겠는가. 나는 이를 본 연후에야 혜근의 어짊을 잘 알게 되었으니, 만약 그가 사대부들 사이에 나란히 있으면서 업적을 이루고 명성을 드날릴 일에 종사할 수 있게 한다면, 그가 공의 뜻을 저버리지 않을 것임이 분명함을 더욱 잘 알게 되었다.

희녕熙寧 7년(1074)에 나는 전당錢塘에서 고밀高密(밀주密州)로 부임하러 떠나게 되었는데, 혜근이 그의 시 몇 편을 꺼내 보여주며 나에게 서문을 지어

주어 세상에 전할 수 있게 해주기를 청하였다. 나는 그의 시가 나의 서문을 기다려서야 세상에 전해질 것이라고는 생각하지 않지만, 그의 인품은 이 서문이 아니면 그 대략이나마 전해질 수 없을 것이라고 여겨서 이렇게 서문을 지어주었다.

9-6 농사에 대하여 -동년 장호張琥를 보내며-

〔稼說 -送同年張琥-〕

소식

해설 | 이 편은 소식이 동년에 급제한 장호張瑚와 헤어질 때에 준 송서류送序類의 문장이다. 농사짓는 일에 빗대어 절차탁마하며 학문과 수양에 정진하기를 권면하고 있다. 학덕의 연마를 부자의 농사짓는 방법에 빗대어 설명한 점이 특이하다.

부자가 농사짓는 것을 살펴본 적이 있는가? 그 농토는 비옥하고 넓으며, 그 식량은 풍족하여 남음이 있다. 그 농토가 비옥하고 넓으면 번갈아 휴경休耕할 수 있어서 지력地力을 온전히 유지할 수 있고, 그 식량이 풍족하여 남음이 있으면 항시 때를 놓치지 않고 파종할 수 있고, 항시 완숙한 후에 거둘 수 있게 된다. 이 때문에 부자의 농사는 항상 잘 되어서 쭉정이는 적고 알곡은 많으며, 오래 저장해도 썩지 않는다.

지금 나는 열 식구의 가족이 100무畝의 농토를 함께 경작하며 한 치마다 빽빽하게 심고는 밤낮으로 그것만 바라보며, 김매고 씨 뿌리고 흙을 덮으며 낫질하여 곡식을 베고 그 농토 위에서 한 톨이라도 더 얻어내려고 낟알을 찾는 일이, 마치 고기비늘처럼 계속 이어지니, 지력地力은 고갈되고, 파종은 항상 제때를 놓치며, 수확할 때에는 항상 미처 완숙하기를 기다리지도 못하고 서두르니, 이 어찌 좋은 수확이 가능하겠는가.

옛사람이라고 해서 그 재능이 지금 사람들보다 크게 나았던 것은 아니다. 그들은 평소에 스스로 수양하여 얻은 것을 감히 함부로 쓰지 않고 그것이 완전하게 성숙하기를 기다리기를 신중하게 함이 갓난아이가 자라기를 기다리는 것과 같게 하였다. 약한 부분은 길러서 강하게 하고 부족한 부분은 길러서 충실하게 하여, 30세가 된 이후에야 벼슬길에 나아가고 50세가 된 이후에야 높은 관작을 받았다. 오랫동안 굽히고 있다가 펴고 지극하게 충족된 이후에야 활용하고, 물이 이미 넘치고 난 뒤에 나머지를 흘려보내고 활시위를 충분히 당긴 후에야 쏘듯이 하였다. 이 점이 옛사람들이 남보다 크게 뛰어나게 되고 지금의 군자들이 따라갈 수 없게 된 이유였다.

나는 어려서 학문에 뜻을 두었다가 불행하게도 너무 일찍 급제하여 그대와 같은 해에 급제자가 되었다. 그대의 급제도 또한 너무 일찍 이루어지지 않았다고 말할 수는 없다. 내가 지금 비록 스스로 부족하다고 여기고는 있으나 여러 사람들이 또한 분수에 넘치게 떠받들고 있으니, 아아, 슬픈 일이로다! 그대는 이런 처지에서 벗어나서 학문에 힘쓰시라. 광범하게 읽고 그 핵심을 압축해 취하며 두텁게 축적하고서 조금만 드러내야 할 것이니, 내가 그대에게 알려줄 것은 이것뿐이다.

그대가 고향으로 돌아가려면 서울을 거쳐 가야 할 것인데 그곳에서 물어보면 이름이 철轍이고 자字가 자유子由라 하는 사람이 있을 것인데, 그가 바로 내 아우이다. 그에게도 또한 이 말을 전해주시게.

9-7 왕은 이적을 다스리지 않음을 논하다

〔王者不治夷狄論〕

소식

해설 | 이 글의 제목은 소식이 과거에 응시했을 때에 출제되었던 책문策問 제목이고, 이 편은 이에 대한 소식의 시험답안이다. 중국의 왕이 오랑캐는 다스리지 않는다는 것은 《춘추공양전春秋公羊傳》 노 은공魯隱公 2년조 하휴夏休의 주에 나온 말이다. 소식은 이를 근거로 하여 주변 이민족들을 야만시하면서 그들은 그들의 수준에 맞게 다스려야 하고 중화中華의 법도에 맞추어 다스려서는 안 된다 하여, 중화의 문화와 예법의 우월성을 강조하였다.

문제에 다음과 같이 논한다.

이적夷狄은 문화국인 중국을 다스리는 방법으로 다스려서는 안 된다. 비유하자면 그들은 금수와 같아서 그들이 문화적으로 크게 잘 다스려지기를 추구하면 반드시 큰 혼란을 초래하게 된다. 선왕들은 그런 점을 아셨다. 이 때문에 문명文明한 중국식 다스림이 아닌 방법으로 다스렸으니, 중국식의 다스림이 아닌 방법으로 그들을 다스린 것이 곧 그들을 절묘하게 다스린 것이다. 《춘추春秋》에 '은공隱公이 융戎과 잠潛 땅에서 회동會同하였다.' 하였는데, 하휴何休[1]가 해설하기를, "왕은 이적夷狄을 문화적인 중국을 다스리는 방법으로 다스리지 않는데도 공자께서 융과 회동한 것을 기록해놓은 것은, 오는 자는 거절하지 않고 가는 자는 쫓아가 붙들지 않음을 밝힌 것이다." 하였다.

천하에서 가장 엄정하고 지극히 자세하게 바른 법을 적용한 것으로 《춘

---

1 하휴何休 : 후한後漢 사람으로 《춘추春秋》에 조예가 깊었던 사람이다.

추》보다 더한 것이 없다. 무릇 《춘추》에서 공公이라 쓰고 후侯라 쓰고 자字를 쓰고 명名을 써서 그 군주가 제후로 인정받을 수 있게 하고 그 신하가 대부로 인정받을 수 있게 한 것은 모두 제齊나라와 진晉나라의 경우이거나 그렇지 않으면 제나라와 진晉나라와 한편이 된 나라들이었다. 지방 구역의 명칭인 주州라 쓰거나 국國이라 쓰거나 씨氏를 쓰거나 인人이라 써서 그 군주가 제후로 인정받을 수 없게 하고 그 신하가 대부로 인정받을 수 없게 한 것은 모두 진秦나라와 초楚나라의 경우이거나 그렇지 않으면 진秦나라와 초나라와 한편이 된 나라들이다.

제나라나 진晉나라의 군주가 국가를 다스리며 천자를 옹위하고 백성을 사랑으로 길렀다 해도 이것이 어찌 모두 옛 법도에 맞게 극진하게 한 것이라 할 수야 있겠는가. 이 또한 대체로 속임수와 무력에서 나온 것이긴 하지만, 그래도 여기에 인의仁義를 끼워 넣기는 했던 것이니, 이는 제나라와 진晉나라도 완벽하게 문화적으로 다스리는 중국은 될 수 없었던 것이다. 진秦나라와 초나라를 다스리는 자들 또한 유독 탐욕스럽고 염치를 몰라서 멋대로 날뛰면서 예법을 돌아보지 않았으나, 그들도 또한 도를 지키고 의를 행하는 군주의 면모도 지녔으니, 이는 진秦나라와 초나라도 순전히 야만적일 따름인 오랑캐〔夷狄〕에는 이르지 않았던 것이다.

제나라와 진晉나라의 군주가 순수하게 도와 의로 다스리는 중국을 이루지는 못했는데도 《춘추》에서 이를 허여함이 여기저기에 드러나 있어서, 좋은 점이 있으면 서둘러 이를 기록하면서 오직 그것이 후세에 널리 알려지지 않게 될까 두려워하였고, 과실이 있으면 여러 방법으로 너그럽게 용서해서 오직 그들이 군자로 인정받지 못할까 두려워하였다. 진秦나라와 초나라의 군주가 완전히 이적夷狄이 되기에 이른 것은 아닌데도 《춘추》에서 이들을 허여하지 않은 부분이 여기저기 있어서, 좋은 점이 있어도 여러 번 거듭된 이후에야 겨우 기록에 올려주고, 악행이 있으면 생략하고 기록하지 않아서 족히 기록할 가치조차 없는 듯이 여겼다. 이는 제나라와 진晉나라만을 유독 사사로이 두둔하거나 진秦나라와 초나라를 치우치게 미워한 것이 아니요,

이로써 문화적인 중국을 하루라도 배반해서는 안 되고 오랑캐인 이적 쪽으로 하루라도 지향해서는 안 됨을 보여주려 한 것이다. 완전하게 이적이 되지 않은 자도 찬양이나 비판을 하기에 부족하다고 여겼다면, 완전한 오랑캐를 어떻게 대해야 할 것인가를 알 수 있게 된다. 그러므로 '천하에서 가장 엄격하고 지극히 자세하게 바른 법을 적용한 것으로 《춘추》보다 더한 것이 없다.'라고 말한 것이다.

대저 오랑캐들의 행태가 어찌 유독 진秦나라와 초나라의 기풍이 오랑캐 땅으로 흘러 들어간 것과 같음에 그칠 뿐이겠는가. 그런데도 《춘추》에 기록하기를, '공이 융과 잠에서 회동했다.' 하여, 오랑캐와 회동한 은공을 비판한 바도 없고 융(오랑캐)을 함께 회동할 만한 상대로 여겼으니, 이는 유독 무엇 때문인가. 저 오랑캐가 회맹의 예법을 갖추어서 은공과 회동하지 않았을 것임이 또한 분명하니, 이 점이 학자들이 깊이 회의懷疑를 느끼면서 그 논거를 찾고자 했던 이유이다. 그러므로 '중화의 왕은 오랑캐를 중국식 예법으로 다스리지 않나니, 융과 회동한 것을 기록해놓은 것은, 오는 자는 거절하지 않고 가는 자는 쫓아가 붙들지 않은 것일 뿐이다.'라고 한 것이다.

대체로 오랑캐는 교화하고 가르치고 감싸주고 복종하게 할 수 없는 자들이다. 저들이 사납게 무기를 잡고서 우리들과 변방에서 전쟁만 하지 않는다면 본시 또한 다행일 뿐이니, 더구나 이른바 회맹이라는 것을 알아서 이를 행하고자 한다면 이 어찌 그들의 뜻을 매우 가상하게 여김에 부족함이 있겠는가. 그렇게 하지 않고 그들에게 예법에 맞게 하라고 심하게 꾸짖는다면 저들은 아마도 감내할 수가 없어서 포악하게 노여움을 드러냈을 것이니, 그렇게 되었다면 그 화가 컸을 것이다. 중니仲尼(공자)께서 이를 깊이 근심하셔서 그 때문에 그들이 찾아온 것을 근거로 하여 이를 회동했다고 기록하면서 이 정도면 충분하다고 여겼던 것이니, 이는 다스리지 않는 방법으로 그들을 절묘하게 다스리고자 한 것이다. 이를 근거로 관찰해본다면 《춘추》에서 융적戎狄을 미워한 것은, 순수한 융적을 미워한 것이 아니라, 문명文明한 중국으로서 야만인 융적의 기풍으로 흘러들어간 자들을 미워한 것으로 보아야 한다.

9-8 범증范增을 논하다〔范增論〕

소식

해설 | 범증范增은 항우項羽와 유방劉邦이 천하를 다툴 때에 항우의 군사軍師로서 중요한 역할을 했던 인물이다. 그는 유방의 인물됨을 알아보고 기회가 올 때마다 항우에게 유방을 죽일 것을 권유했으나 번번이 실패하였다. 이 글은 범증의 출처出處에 대하여 논하면서, 그가 항우에 의지해 공을 세우고 뜻을 펼치려 한 욕심 때문에 물러나야 할 때를 제대로 판별하지 못하고 실기했던 점을 비판한 것이다.

한漢나라가 진평陳平의 계책을 써서 초楚나라의 군신君臣 사이를 이간하니, 항우項羽는 범증范增이 한漢나라와 내통함이 있는가 의심하여 그의 권한을 차츰차츰 빼앗았다. 이에 범증이 크게 성이 나서 말하기를, "천하의 일이 큰 틀은 이루어졌으니 군왕은 이를 직접 처리하시고, 제가 벼슬에서 물러남을 허락하여 평민으로 돌아가게 해주기 바랍니다." 하고 떠났는데 팽성彭城에 이르기도 전에 등창이 나서 죽었다.[1]

이에 대하여 나는 다음과 같이 말하노라.

범증이 떠난 것은 잘한 일이다. 떠나지 않았다면 항우가 반드시 범증을 죽였을 것이다. 다만 한스러운 것은 그가 보다 일찍 떠나지 않았던 것뿐이다. 그렇다면 어떤 일을 이유로 떠났어야 마땅했는가. 범증이 항우에게 패공沛

1 한漢나라가……죽었다 : 유방劉邦이 형양성滎陽城에서 항우에게 포위당하여 위급해지자, 진평의 계책을 받아들여 항우와 범증 사이를 이간시키니, 항우가 이에 속아서 범증을 내쳤던 사실이 《사기史記》 〈항우본기項羽本紀〉에 보인다.

公(유방劉邦)을 죽이라고 권했을 때에 항우가 들어주지 않았다가 끝내는 이 때문에 천하를 잃었으니 이때에 떠났어야 마땅했던 것인가. 아니다. 범증이 패공을 죽이고자 한 것은 인신人臣으로서의 직분을 행한 것이고, 항우가 죽이지 않은 것은 오히려 군왕으로서 아량을 보임이 있었던 것이다. 범증이 어찌 이를 이유로 떠나야 했겠는가. 《주역周易》에 '징조를 앎에 신묘했도다.' 하였고,[2] 《시경詩經》에 '저 함박눈이 내리는 것을 살펴보니, 먼저 싸락눈이 모여 내리도다.' 하였으니,[3] 범증이 떠나는 일은 항우가 경자관군卿子冠軍(송의宋義)[4]을 죽였을 때에 마땅히 결행했어야 했다.

진섭陳涉이 민심을 얻었던 것은 항연項燕과 부소扶蘇를 받들었기 때문이었고,[5] 항씨項氏가 흥기할 수 있었던 것은 초 회왕楚懷王의 손자 심心을 옹립했기 때문이었으며,[6] 그리고 나서 제후들이 그를 배반한 것은 의제義帝를 시해했기 때문이었다. 또한 의제가 등위登位할 때에 범증이 그 계책을 주도하였으니, 의제가 사느냐 죽느냐가 어찌 오직 초나라의 성쇠에만 관계가 있었겠는가. 또한 범증이 화를 입느냐 복을 받느냐도 그와 함께하게 되어 있었던 것이다. 의제가 죽었는데 범증이 홀로 오랫동안 생존해 있는 일은 있을 수가 없었다. 항우가 경자관군을 죽인 것은 의제를 시해할 징조를 드러낸 것이고, 의제를 시해한 것은 범증을 의심하게 된 근원인데, 어찌 반드시 진평

---

2 《주역周易》에……하였고 : 《주역》 〈계사전繫辭傳 하〉에 보인다.

3 《시경詩經》에……하였으니 : 《시경》 〈소아小雅 규변頍弁〉에 보인다.

4 경자관군卿子冠軍 : 경자관군은 초楚나라가 조趙나라를 구할 때에 상장군上將軍이었던 송의宋義를 말한다. 항우項羽가 그를 죽이고 상장군 지위를 차지하였다.

5 진섭陳涉이……때문이었고 : 진섭은 이름이 승勝이다. 진 시황秦始皇이 죽자 조고趙高와 이사李斯가 태자 부소를 폐하고 호해胡亥를 황제로 삼았는데, 이때에 진승이 초楚나라의 옛 장군 항연의 뜻을 받들고 부소를 즉위시킬 것을 표방하고 반란을 일으키자, 이것이 도화선이 되어 군웅이 봉기하였다.

6 항씨項氏가……때문이었으며 : 항우項羽가 흥기할 수 있었던 것은 초楚나라가 망하기 전 왕이었던 회왕懷王의 손자 심을 초왕楚王으로 추대하여 의제義帝로 삼아서 초 땅 백성들의 민심을 얻었기 때문이었다는 것이다.

의 이간이 먹혀든 것을 기다릴 것이 있었겠는가. 물건은 반드시 먼저 부패한 이후에 벌레가 생기게 되고, 사람은 반드시 먼저 의심이 생긴 이후에 모함이 먹혀드는 것이니, 진평이 아무리 지혜롭다 해도 의심하지 않는 군주에게 어찌 이간질을 할 수 있었겠는가.

내가 일찍이 따져보니 의제는 천하의 현군賢君이었다. 관중으로 쳐들어가게 할 때에 특별히 패공에게 임무를 맡겨 보내고 항우를 보내지 않았으며, 수많은 사람들 가운데 경자관군을 알아보아 발탁해서 상장군上將軍으로 삼았으니, 현명하지 않았다면 이와 같이 할 수 있었겠는가. 항우가 이미 왕명을 사칭하여 경자관군을 죽였으니 의제로서는 절대로 용납할 수가 없는 일이었다. 항우가 의제를 시해하지 않았다면 의제가 항우를 죽였을 것임은 지혜로운 사람의 판단을 기다린 이후가 아니라도 알 수 있는 일이었다. 범증이 처음에 항량項梁에게 권하여 의제를 세웠으므로 제후들이 이 때문에 복종했던 것이므로, 중도에 그를 시해한 것은 범증의 뜻과는 어긋난 것이었다. 어찌 다만 그 뜻에만 어긋난 것이었겠는가. 장차 반드시 힘을 다해 간쟁했다 해도 듣지 않았을 것이고, 그의 말을 듣지 않고 그가 세운 군주를 죽였으니, 항우가 범증을 신뢰하지 않음이 틀림없이 이에서 시작된 것이다.

항우가 경자관군을 죽였던 바로 그때는 범증과 항우가 대등한 지위로 어깨를 나란히 하고 의제를 섬기고 있을 때여서, 둘 사이에 군신의 분별이 정해지지 않았을 때였으니, 범증이 계책을 세워서 능력이 항우를 죽일 수 있으면 죽이고, 죽일 수 없으면 떠나는 것이 어찌 의연한 대장부가 취할 행동이 아니었겠는가. 범증의 나이가 이미 70이었으니, 자신의 뜻에 합치되면 머물고 합치되지 않으면 떠나야 했던 것인데, 이때를 당하여 떠나야 할까 머물러야 할까를 현명하게 판단하지 못하고, 항우에 의지하여 공명을 이루고자 하였으니, 식견이 천박했던 것이로다.

비록 그러하기는 하나 범증은 한 고조漢高祖가 두려워했던 인물이고, 범증이 떠나지 않았다면 항우가 망하지 않았을 것이니, 아아, 범증 역시 뛰어난 인물이었다 할 수 있도다!

9-9 추밀樞密 한태위韓太尉께 올린 편지

〔上樞密韓太尉書〕

소철蘇轍

해설 | 이 편지는 소철이 위국공魏國公 한기韓琦에게 보낸 자천서自薦書이다. 당시 소철의 나이가 19세였으므로, 그의 부친 소순蘇洵이 아들을 위해 대신 써준 것으로 보기도 한다. 소철이 지은 문장들은 대체로 평이하고 세련된 것이 특징인데, 이 문장은 웅장하고 건실하여 호방하다. 그가 지은 다른 문장과 문체가 다른 점도 부친의 대작代作으로 보는 논거 중의 하나이다.

저는 평소에 문장 짓기를 좋아하고 있는데, 깊이 생각해 본 결과 '문장은 작자作者가 품고 있는 기氣가 드러난 것이어서, 그러므로 배운다고 잘 지을 수 있는 것이 아니지만, 기는 기르면 얻을 수 있는 것'이라고 여기게 되었습니다. 맹자孟子께서, "나는 내가 품고 있는 호연지기浩然之氣를 잘 길렀다." 하셨는데, 이제 그 문장을 살펴보면 드넓고 중후하고 웅장하고 해박하여 천지 사이에 가득 차서 그분이 지녔던 기의 크기와 부합됩니다. 태사공太史公(사마천司馬遷)이 천하를 여행하며 천하의 명산대천을 두루 열람하고 연燕 땅과 조趙 땅 사이의 빼어난 인물들과 교유했으므로 그 문장이 탁 트이게 활달하여 매우 빼어난 기를 지니게 되었습니다. 이 두 분이 어찌 일찍이 붓을 잡고 이와 같은 문장을 짓고자 학습을 해서 그렇게 된 것이겠습니까. 그 기가 마음속에 가득차서 밖으로 흘러넘치고, 이것이 그들이 하는 말로 바뀌고 그들이 짓는 문장으로 스스로도 모르는 사이에 드러나게 된 것입니다.

저는 태어난 지 19년이 되었습니다. 집에만 머물면서 교유한 사람들이 이

웃마을이나 고장 사람에 지나지 않았고, 본 것도 수백 리 사이에 있는 것들에 불과했습니다. 그곳에는 올라가 관람하면서 자신의 기를 넓힐 만한 높은 산이나 큰 들도 없었고, 제자백가의 글들을 비록 읽지 않은 것이 없기는 하나 이들은 모두 옛사람들이 남겨놓은 묵은 자취일 뿐이어서 그 의지와 기상을 격동시켜 분발하게 하기에는 부족했으므로, 이렇게 파묻혀 지내다 인생을 마치게 될까 두려웠습니다. 그래서 결연히 고향을 떠나 천하의 빼어나게 소문이 난 웅장한 경관을 찾아보고 이로써 천지의 광대함을 알고자 하였습니다.

진秦나라와 한漢나라의 옛 도읍을 방문하여 종남산終南山, 숭산嵩山, 화산華山의 드높은 모습을 마음껏 관람하고 북쪽으로 가서 황하黃河의 세찬 물줄기를 돌아보고서야 비장하게 옛사람들의 호방하고 걸출했음을 상상해 볼 수 있었고, 경사京師에 이르러 천자께서 계신 궁궐의 장엄함과 각종 창고와 성곽과 해자와 동식물을 갖추어놓은 동산의 풍부하고 장대함을 우러러 관람한 이후에야 천하의 장대하고 화려한 것을 알게 되었으며, 한림翰林 구양공歐陽公(구양수歐陽脩)을 뵙고서 주장하시는 논리가 광범하고 분명함을 듣고, 그분의 용모의 빼어남과 위대하심을 보고, 그분의 문인들인 현명한 사대부들과 교유해본 뒤에야 천하의 문장가들이 여기에 모두 모여 있음을 알게 되었습니다.

태위太尉께서는 능력과 지략이 천하에 으뜸이셔서, 천하 사람들이 이를 믿고 근심 없이 지내고 있고, 사방의 오랑캐들이 두려워하여 감히 전란을 일으키지 못하고 있습니다. 중앙으로 들어오시면 주공周公과 소공召公 같은 명재상이 되시고, 지방으로 나가시면 방숙方叔과 소호召虎 같은 명장名將이 되시는데,[1] 제가 아직 뵙지를 못했습니다. 또한 사람이 배운다 해도 그 뜻을

---

1 중앙으로……되시는데 : 주공과 소공은 주 무왕周武王의 아우들로 무왕을 보좌하여 은殷을 멸하였고, 그 후 어린 성왕成王을 보필하여 주 왕조를 반석위에 올려놓았던 명재상들이고, 방숙과 소호는 주 선왕周宣王 때에 형만荊蠻과 회이淮夷를 정벌하여 영토를 넓히고 주 왕조를 중흥시켰던 명장들이다.

크게 지니지 않는다면 비록 많이 배운다 한들 이를 어디에 쓰겠습니까. 제가 고향을 떠나 이곳에 오는 동안에 산으로는 종남산, 숭산, 화산의 드높음을 보았고, 물로는 황하의 크고 깊음을 보았으며, 인물로는 구양공을 뵈었지만, 아직 태위는 뵙지 못했습니다. 그러므로 현명하신 분의 빛나는 광채를 뵙고 한마디 말씀을 들어서 저의 기를 웅장하게 키울 수 있게 되기를 바라오니, 그렇게 된 이후에야 천하의 웅대한 볼거리들을 모두 보게 되어 유감이 없게 될 것입니다.

저는 나이가 어려서 아직 관리가 맡아 하는 행정을 두루 익히지는 못했습니다. 지난번에 고향을 떠나온 것은, 벼슬을 얻어 몇 말 몇 되의 녹을 받고자 해서가 아니었는데, 우연히 이를 얻게 되었으나 즐겁게 여기는 바는 아닙니다. 그래서 요행히 고향으로 돌아갈 허락을 얻어 문생으로 선발되기를 기다리면서 몇 년 동안 마음껏 노닐 수 있게 해주신다면, 장차 이로써 그 문장을 더욱 다듬을 수 있고 또한 다스리는 방법도 배울 수 있게 될 것입니다. 태위께서 가르칠 만하다고 여기셔서 영광스럽게도 가르침을 베풀어주신다면 또한 행운으로 여기겠습니다.

9-10 원주袁州에 학교를 세운 내력〔袁州學記〕

이구李覯

해설 | 이 학기學記는 원주袁州의 지사知事로 부임한 조무택祖無擇과 통판通判 진신陳侁이 합심하여 학교를 세우고 주민들을 교화한 시말을 기록한 것이다. 이 학교에서 성현들이 남겨놓은 예악禮樂과 충효를 배워 나라를 위해 바른 역할을 할 인물이 되기를 권면하면서 자기의 지식을 사익을 위해 쓰는 일이 없도록 경계한 것이다.

황제께서 즉위하신 지 23년 되는 해에 조서詔書를 내려 주州와 현縣에 학교를 세우도록 하셨다. 당시 주현의 수령들 가운데 현철賢哲한 사람도 있고 어리석은 사람도 있어서, 힘과 노력을 다하여 황상의 인덕仁德을 베푸시는 뜻에 공경히 따른 수령도 있고, 궁관宮觀을 빌려 학교처럼 꾸미고 학덕學德이 없는 선생을 데려오고 교육을 행한 것처럼 구차하게 서류만 갖추어 책임을 모면하려 한 수령도 있게 되어, 어떤 지방은 여러 성에 이어지도록 글 읽고 거문고 타는 소리가 들리지 않았으니, 황상께서 창도하셨지만 수령들이 호응하지 않아 교육이 정지되어 행해지지 않는 곳도 있었다.

인종仁宗 32년에 범양范陽 사람 조무택祖無擇 군이 원주袁州의 원이 되었다. 처음 부임하자마자 여러 학생들을 불러 보고서 학교 건물이 제 모습을 갖추지 못했음을 알고는, 인재들이 흩어져 없어지고 유학儒學의 가르침이 허술해져서 황상의 뜻에 부합할 수 없게 될까 크게 두려워하였다. 통판通判으로 있던 영천穎川 사람 진신陳侁 군이 이 말을 듣고 옳게 여겼으므로 의논을 하니 뜻이 서로 맞았다. 이에 옛 공자孔子님 사당을 살펴보았으나 비좁아서 개축하는 것만으로는 부족했으므로 관아의 동쪽에 새로 짓기로 하였다. 그 땅은 건조하면서도 단단하고 그 위치는 양지바른 쪽을 향하였으며 그 재목들은 매우 우량했고 기와와 벽돌과 검은 칠, 흰 칠, 붉은 칠, 옻칠 등을 모두 옛 법식대로 하였고, 전각과 실방室房들과 행랑채와 문들도 각기 그 법도에 맞게 지었다. 학생과 스승이 머무는 숙사宿舍가 갖추어지고 주방과 창고도 차례로 갖추어졌으며, 온갖 기물들이 갖추어지도록 손발을 맞추어 협력해 일을 하니, 기술자들은 일을 잘하고 관리들은 부지런하여 새벽부터 밤늦게까지 힘을 다하여, 이듬해에 낙성落成되어, 석채釋菜(공자 사당에 지내는 제사)의 제례祭禮를 행할 날도 정하였다.

이에 우강盱江 사람 이구李覯가 뭇사람들에게 이렇게 고告하였다.

"4대(우虞·하夏·상商·주周)의 학교 교육에 대하여는 여러 경전經典을 고찰해 보면 알 수가 있다. 진秦나라는 산서山西지방을 근거로 하여 육국六國을 멸하고서 만세가 지나도록 황제 노릇을 하려 했다가, 유씨劉氏(유방劉邦)가 한 번 고함을 치자 함곡函谷의 관문을 지킬 수 없게 되어 무부와 용장들이 나라를 팔아먹거나 항복하기를 남에게 뒤질까봐 두려워하였으니, 이는 무엇 때문이었는가. 《시경詩經》, 《서경書經》 등에 밝혀놓은 유학儒學의 도가 무너져서 사람들이 오직 이익만 알 뿐이고 의리를 알지 못했기 때문이었다. 한漢나라 효무제孝武帝는 풍부한 국력을 바탕으로 제위에 올랐고 후한後漢의 세조世祖(광무제光武帝)는 전쟁을 통하여 제위에 올랐지만 모두가 부지런히 학문의 진흥에 힘썼다. 이렇게 풍속을 돈후하게 교화시킨 효과가 후한 말의 어리석은 군주였던 영제靈帝와 헌제獻帝 때까지도 이어져서, 초야에 있는 선비로서 거리낌 없이 바른 말을 하는 이들이 목이 잘려도 후회하지 않았고, 큰 업적을 이룸이 군주를 두려워 떨게 할 만한 사람도 황명을 들으면 무기를 내려놓고 복종하여, 여러 영웅들이 이를 보고 서로 눈치를 살피며 감히 신하의 지위를 버리고 저항하는 일이 없게 된 것이 거의 수십 년이었으니, 도의道義로 교화함이 사람의 마음을 결속시킬 수 있음이 이와 같았다.

이 시대에는 성스럽고 신령한 천자를 만났고, 그대들 원주 사람들은 어진 태수를 얻어서, 그대들로 하여금 상서庠序(지방의 학교)를 통하여 옛 성현들이 남긴 자취를 실천하도록 하고 있다. 천하가 잘 다스려질 때에는 예악禮樂을 크게 넓히도록 우리 백성들을 도야시키고, 혹 불행한 일이 있게 되면 더욱 마땅히 큰 절의를 지켜서, 신하가 되어서는 죽음으로 충성을 다하고 자식이 되어서는 죽음으로 효도를 다하여, 사람들로 하여금 의거할 바가 있게 하고 또한 본받을 바가 있게 해야 할 것이니, 바로 이 점이 나라에서 학교를 세워 배우도록 한 뜻이다. 만약 배운 학식을 가지고 필묵筆墨으로 잔재주를 부려서 이익과 영달을 추구하는 데 그칠 뿐이라면, 어찌 다만 그대들 몇 사람이 부끄러워할 일에 그칠 뿐이겠는가. 이는 또한 나라를 다스리는 사람의 걱정거리가 될 것이니라."

9-11 치료에 대한 교훈〔藥戒〕

장뢰張耒

해설 | 환자를 치료하는 이야기에 가탁하여 나라의 병을 치료하는 방법을 제시한 것으로, 병을 지나치게 서둘러 고치고자 극약을 쓰면 그 약효가 빠른 것 같아 처음에는 좋지만 시간이 지날수록 그 부작용이 커져서 오히려 몸을 해치게 됨을 지적하였다. 나라의 병도 차분히 시간을 갖고 치료하되 그 과정에서 수반되는 고통도 기꺼이 감내해야 근본적인 치료가 될 수 있다고 작가는 말하고 있다. 논리가 활달하고 웅대하며 문장의 흐름에 여유가 있다.

객 가운데 체해서 뱃속이 답답한 병〔체증滯症〕을 앓는 사람이 있었다. 뱃속에 쌓인 것이 뭉쳐 있으면서 내려가지 않고, 밖에서 들어오는 것〔飮食〕을 막아서 삼킬 수가 없었다. 의원을 찾아가 물으니, “뭉쳐 있는 것을 내려 보내지 않으면 안 된다.” 하였다. 돌아와 그가 지어준 약을 마시니, 마시자마자 단번에 내려가서 하루도 지나지 않아 전에 뱃속에 뭉쳐 있던 것이 풀려서 남은 것이 없게 되었고, 지난날에 딱딱하게 막혔던 것은 흐물흐물해져서 걸리는 것이 없게 되었다. 이에 답답했던 삼초三焦와 가슴이 시원하게 뚫리고 숨쉬기가 편해져서 애초에 병이 없었던 것처럼 시원해졌다.

그런데 며칠이 지나지 않아 체증이 다시 도져서, 전에 먹던 약을 투여하자 상쾌하게 내려감이 또한 처음 투약했을 때와 같았다. 이로부터 한 달이 지나지 않아 체증이 다섯 번 일어나서 다섯 번 모두 내려 보냈는데, 내려 보낼 때마다 곧 치유가 되었다.

그러나 객의 기운이 몹시 쇠약해져 말 한마디 할 때에 힘이 들어서 세 차례나 끌게 되고, 몸을 수고스럽게 하지 않았는데도 땀이 났다. 다리는 걷지 않았는데도 떨리고, 피부는 전보다 야위지 않았는데도 그 속은 파리해졌으니, 그 원인을 알 수가 없었다. 아아! 뱃속의 체증을 내려 보내지 않으면 고칠 수가 없고, 내가 의사의 처방을 좇아 이를 내려 보냄에 그 방법을 다르게 하지 않았는데, 피곤해 나른해지는 것은 유독 어째서인가.

초楚 땅 남쪽에 훌륭한 의사가 있다는 말을 듣고 찾아가 물어보니, 그 의원이 말하였다.

"그대는 이렇게 된 것을 한탄하지 마시오. 그대가 치료한 방법이 본시 이렇게 몸이 파리해지도록 되어 있었소. 앉으시오. 내가 그대에게 말해주겠소. 내 마음을 심히 쾌하게 할 수 있는 것은 그 마지막에 이르러서는 반드시 고통이 따르게 되는 것이 천하의 이치이니, 뒷날에 고통이 없기를 바란다면 초기에 내 마음이 쾌하게 되기를 바라서는 안 되는 것이오.

대저 음陰이 잠복해 있고 양陽이 쌓여서 음양의 기와 혈이 운행되지 않아 뱃속이 답답한 체증이 되었고, 그대의 흉중을 가로막은 것이 축적되어 점점 커진 것이오. 이를 쳐내어 제거할 때에, 잠깐 사이에 심히 크게 쌓인 것을 제거하는 것은, 몸을 조화롭고 평온하게 해주는 약물로는 할 수가 없소. 반드시 세게 몰아치고 뒤흔드는 약을 쓴 뒤에야 될 수 있소.

대저 사람의 몸을 조화롭게 하는 음양의 기는 부드러우면서 매우 은미하여, 급박하게 몰아붙이면 위태롭게 되기가 쉬운데, 이를 세게 몰아치고 뒤흔들어서 약효가 미처 나타나기도 전에 그대의 음양의 조화는 이미 허물어져 병이 된 것이오.

이를 근거로 하여 관찰해본다면 그대의 체증이 한 번 시원하게 풀릴 때마다 그대 몸의 음양의 조화는 한 번씩 해를 입은 것이오. 한 달이 지나지 않았는데 병이 시원하게 풀리기를 다섯 차례나 했다면, 그대의 몸을 조화롭고 평안하게 하는 음양의 기가 이미 쇠약해져 모두 소진되지 않았겠소? 그 때문에 피부는 일을 하지 않았는데도 땀이 나고, 다리는 걷지도 않았는데 떨려서, 나른하게 맥이 풀려 하루를 넘길 수도 없는 듯이 된 것이오. 그대의 뱃속이 답답한 체증을 제거하면서도 음양의 조화를 해치지 않으려면 그대는 돌아가서 3개월을 평안한 마음으로 지내도록 하시오. 그런 이후에야 내가 지어주는 약으로 치료를 할 수 있을 것이오."

객이 돌아가 3개월을 평안한 마음으로 지내고 몸과 마음을 깨끗하게 재계하고서 다시 찾아와 치료해주기를 청하니, 의원이 "그대의 기가 약간 회복되었소." 하고, 약을 지어주면서 말하였다.

"3개월을 복용하면 병이 약간 덜해지고, 다시 3개월이 지나면 약간 편안해질 것이고, 금년이 끝날 때쯤에는 정상으로 돌아갈 것이오. 또한 약을 마실 때에 너무 빨리 마셔서는 안 되오."

객이 돌아가서 그 말대로 실천하였다. 그러나 처음에는 환자가 답답해할 정도로 효과가 더디게 나타나서 세 차례나 약을 내던졌다가 그때마다 답답함을 참고 도로 가져다 마셨다. 그러나 날마다 나아지는 효과가 보이지 않는 듯하였는데도, 비교해보면 다달이 달라지고 계절마다 다르게 되어 한 해가 끝날 무렵에는 병이 완치되었다.

객이 의원을 뵙고 거듭 절하며 감사를 표하고, 앉아서 그렇게 된 까닭을 물으니, 의원이 말하였다.

"이는 나라의 병을 치료하는 방도이니, 어찌 다만 사람의 병만을 치료할 수 있을 뿐이겠소. 그대는 진秦나라의 정치를 보지 않았소. 백성들이 사나워져서 명령을 듣지 않고, 게을러져서 일을 부지런히 하지 않으며, 방종해서 법을 두려워하지 않았소. 명령해도 듣지 않고 다스려도 변하지 않았으니, 이는 곧 진나라 백성들이 일찍이 체증에 걸렸던 것이오.

상앙商鞅이 그 체증을 보고서 형법으로 가혹하게 다스리고, 목 베어 죄주는 것으로 위협하며, 혹독하게 다스리고 털끝만큼도 용서해주지 않아, 철저하게 잘라내고 힘을 다해 제거하였소. 이에 진나라의 정사政事가 마치 높은 곳에서 물병을 쏟듯이 막힘이 없이 흘러 사방으로 퍼지는 듯하였고, 감히 누구도 항거하지 못하였으니, 진나라의 체증이 한 번 시원하게 뚫렸던 것이오. 효공孝公으로부터 이세二世 황제에 이르기까지 몇 차례나 체증이 걸렸다가 몇 차례나 시원하게 뚫렸는가.

완악했던 자들은 이미 무너졌고 억세었던 자들은 이미 유순해졌는데도 진나라 백성들은 기뻐하는 마음이 없었소. 그러므로 사나운 정치로 한 번 시원하게 뚫릴 때마다 기뻐하는 마음은 한 번씩 없어졌는데, 시원하게 뚫는 짓을 거듭하며 그치지 않으니 진나라의 팔다리가 쇠약해져서 다만 그 형체만 지니게 되었소. 이에 민심이 날로 이반하여 군주가 윗자리에 고립되어 있게 되었으니, 그 때문에 필부匹夫가 한번 외치자 하루도 지나지 않아 나라의 온갖 병이 모두 도졌던 것이오. 진나라가 그 수족과 어깨와 등허리를 움직이고자 하였으나 종잡을 수 없이 흐리멍덩해져서 내 뜻대로 움직여주지 않았소. 그러므로 진나라가 망한 것은 극약을 써서 속병이 시원하게 내려가게 하기를 좋아했던 자들의 과실 때문이었던 것이오.

옛적 선왕先王의 백성들도 처음에는 또한 일찍이 체증에 걸려 있었소. 선왕들인들 어찌 단칼에 이를 쳐서 제거하기를 신속하게 할 줄을 몰랐겠소. 오직 그 종말에 올 나쁜 결과를 두려워했던 것이오. 그 때문에 감히 단번에 자신의 마음을 시원하게 해줄 방법을 추구하지 않고, 넉넉하고 부드럽게 어루만져 몸을 보존하게 해주고, 인의로 교화하고 예악으로 인도하여 은연중에 그 어지러워졌던 것이 풀리고 그 정체되었던 것이 제거되도록 해주었소. 그로 인해서 그들이 자기도 모르는 사이에 느긋하게 평안한 데로 향해 가게 하였소. 그러자 아직 그 성과가 나타나지 않았을 때에는 옆에서 보고 답답해하는 사람도 있었소. 그러나 한 달을 기준으로 계산해보고 한 해를 기준으로 살펴보면 지난해의 습속과 금년의 습속이 달라져 있었소. 공격하지도 않고 때리지도 않으며 거스르게 하는 일도 없었으므로, 이 때문에 날로 그 사나운 기를 제거하면서도 그들이 기뻐하는 마음을 해치지 않았소. 이에 선정善政이 이루어지고 교화의 효과가 퍼져서 장구하도록 안락하게 지내며 종말에 이르도록 근심할 일이 없게 되었소. 그러므로 삼대(하夏·은殷·주周)의 정치는 모두 몇 분의 성인을 거치면서 수백 년을 지난 이후에야 아름다운 풍속이 이루어졌으니, 내가 지어준 약이 한 해를 지나서야 병을 낫게 한 것도 괴이할 것이 없소.

그러므로 말하기를, '내 마음을 심히 빨리 쾌하게 할 수 있는 것은 그 마지막에 이르러서는 반드시 고통이 따르게 되는 것이 천하의 이치이니, 뒷날에 고통이 없기를 바란다면 초기에 내 마음이 쾌하게 되기를 바라서는 안 된다.' 했던 것이오. 비록 그렇기는 하나 이것이 어찌 다만 천하를 다스리는 데만 해당되는 일이겠소."

객이 이에 거듭 절하고 그의 말을 기록해놓았다.

권10

10-1 진소장秦少章을 전송하며 지은 서문
〔送秦少章序〕

장뢰

해설 | 진적秦觀의 자가 소장少章이다. 이 편은 진적이 벼슬살이가 뜻대로 되지 않아 뜻을 잃고 떠나려 하면서 장뢰張耒에게 자신의 처지를 호소하자, 사람은 시련을 겪고 이를 극복하는 고통을 감내해야 더욱 완숙하게 된다고 위로하며 면려한 송서送序이다.

《시경詩經》에 이르지 않았던가. '갈대가 무성한데, 흰 이슬이 서리로 변했도다.' 하였다.[1] 만물은 변화를 받아들이지 않으면 재목을 이루지 못하고, 사람은 고난을 겪지 않으면 지혜가 밝아지지 않는다.

계추季秋의 달(9월)이 되면 천지가 숙살지기肅殺之氣(가을의 쌀쌀한 기운)를 띠기 시작하여 찬 기운이 이르게 되는데, 이때를 당하면 천지 사이에 있는 모든 식물들이 봄과 여름에 비와 이슬을 먹고 자란 성과가 드러나서 빛나고 윤택함이 흘러넘치고 가지와 마디가 아름답게 무성했다가, 밤에 갑자기 무서리가 내린 후에 아침에 이들을 살펴보면, 마치 전쟁에 패한 군인들이 깃발을 말아들고 북을 버리고 상처를 싸매고 내달리는데 관리와 무사들이 사람으로서의 기색을 잃은 것과 같으니, 어찌 다만 이와 같기만 할 뿐이겠는가. 이에 천지를 운행하는 기가 폐색되어 겨울이 되면 꺾이고 무너져 훼손된 것이 반을 넘게 되나니, 그 변화를 겪음이 또한 혹독하다.

---

1 《시경詩經》에……하였다 : 《시경》〈진풍秦風 겸가蒹葭〉에 보인다.

그러나 이런 일을 겪고부터 약했던 것은 굳건해지고 비었던 것은 차게 되며 젖어 있던 것은 마르게 되어, 모두가 그 밖으로 드러났던 꽃답고 화려함을 속으로 거두어들여 각기 그 완성을 이루게 된다. 깊은 산속에 있는 나무가 위로는 하늘의 구름을 흔들 정도로 높이 자라고 아래로는 천 사람을 그늘로 덮을 수 있는 것도 이런 변화를 근심하지 않는 것이 없는데, 더구나 이른바 갈대 같은 연약한 풀이야 더 말할 것이 있겠는가. 그러나 재목을 잘 알아보는 목수(匠石)가 도끼를 잡고 산림 속을 돌아다니다가 단번에 이를 다 베어, 이로써 기둥, 들보, 서까래, 말뚝, 수레바퀴, 바퀴통, 바퀴살에 충당하게 되면, 큰 것, 작은 것, 강한 것, 약한 것들이 그 소임을 감당하지 못하는 것이 없게 된다. 이를 일러 줄임으로써 더해주고 헐어냄으로써 이루어주고 모질게 대함으로써 즐거워할 일이 있게 해준다고 하는 것이니, 이것이 바로 그런 것이다.

우리 무리에 진소장秦少章이라는 사람이 있는데, 내가 태학太學의 학관學官으로 있을 때부터 그가 지은 문장을 내게 보여주면서 실심失心한 모습으로 나에게 말하였다.

"저의 집이 가난하여 아버님의 명을 받들어 과거 합격을 위한 글짓기 공부에 노력하다가, 다른 날에 저의 생각에 맞추어 시장詩章와 고문古文을 지어보니, 종종 맑고 화려하고 기이하게 뛰어나서, 과거 시험을 위해 짓는 문장보다 백 배나 나았습니다."

원우元祐 6년(1091)에 급제해서 임안臨安의 주부主簿로 임용되었으니, 과거 시험 응시자가 급제하게 된 것은 다소 즐거워할 만한 일인데도 진자秦子는 나를 볼 때마다 늘 즐거워하는 기색이 아니었다. 내가 그 까닭을 물으니, 진자가 대답하였다.

"저는 세상의 곧고 깨끗한 선비입니다. 성격상 좋아하지 않는 일은 할 수가 없고, 말이 내 뜻과 맞지 않는 사람과는 사귈 수가 없으며, 먹고 마시고 기거하고 움직이고 멈추고 하는 온갖 일에 뜻에 맞지 않는 사람을 억지로 따를 수가 없었습니다. 이제 한번 관리가 되자 모든 일에 스스로의 뜻을 버리고 상대방에게 맞추어야 하고, 조금이라도 스스로의 하는 일이 있으면 후회와 화앙禍殃이 메아리처럼 즉각 이릅니다. 과거에는 이 몸이 부모님께 의지해 길러졌지만, 이제는 처자들이 나만 바라보며 생계를 유지하고 있으니, 관리 노릇을 그만두고자 하나 또한 그럴 수도 없습니다. 지금 이후로는 옻나무 즙으로 목욕을 하면서 재앙에서 벗어나기를 바라는 것과 같은 절망감을 느끼고 있습니다."

내가 다음과 같이 그 마음을 풀어주었다.

"그대의 지난날은 봄과 여름날의 초목이었고, 오늘날 그대를 고통스럽게 하는 것은 갈대에 서리가 내린 것이네. 대체로 사람의 본성이 오직 평안함을 추구하게 되어 있지만, 평안함이라는 것이 바로 천하의 우환거리인 것이니, 이에서 벗어나게 됨을 귀하게 여겨야 하네. 중이重耳[2]가 19년 동안 외방外方을 떠돌지 않았다면 돌아와서 패자覇者가 될 수가 없었을 것이고, 오자서伍子胥[3]가 달아나서 곤고를 겪지 않았다면 초楚나라의 수도 영郢에 들어가 보복을 할 수 없었을 것이네. 이 두 사람이 이리저리 떠돌며 곤궁과 우환을 겪을 때에 암암리에 그의 단점을 보완하고 잘 할 수 없었던 것을 잘 할 수 있도록 진전시킨 것이, 입과 귀만을 통해 배운 사람의 얕은 식견이나 의지와는 달랐던 것이네. 이제부터 그대가 지난날에 한 일을 생각해보면 후회할 만한 것이 많을 것이고, 그럴수록 알게 되는 것이 더욱 많아질 것이니, 자신을 돌이켜보며 이런 고통을 감내한다면 천하에서 뜻을 실천함에 꺼릴 것이 없게 될 것이네. 내 밥을 미루어 남에게 줄 수 있는 사람은 과거에 굶주림의 고통을 겪어본 사람이고, 수레와 말을 주어도 거절할 수 있는 사람은 도

---

2 중이重耳 : 춘추시대春秋時代 진 헌공晉獻公의 아들이다. 헌공의 미움을 받아 제齊·조趙·송宋·정鄭·초楚·진秦나라 등을 떠돌며 온갖 곤고를 겪다가 환국하여 진 문공晉文公이 되어 드디어 제후들의 패자霸者가 되었다.

3 자서子胥 : 춘추시대 초楚나라 사람 오원伍員이다. 초 평왕楚平王이 간신의 말을 듣고 부친과 형을 죽이자 오吳나라로 망명해 장수가 되어 초의 수도 영郢을 함락시키고 죽은 평왕의 무덤을 파헤치고 그의 관棺에 매질을 하여 보복하였다.

보로 걷기를 두려워하지 않는 사람이네. 만약 굶주림을 두려워하고 도보로 걸어 다니기를 싫어한다면, 장차 구차하게 그것을 얻고자 하는 마음이 생길 것이니, 내게 해가 됨이 많지 않겠는가. 그러므로 서리를 내려서 식물을 죽게 하지 않는 것이 식물에게는 재앙이고, 안일과 향락으로 몸을 마치는 것이 사람에게는 복이 아닌 것이네."

원우 7년(1092) 중춘仲春(2월) 11일에 써 주다.

10-2 《오대사》 〈곽숭도전〉의 독후감〔書五代郭崇韜傳後〕

장뢰

해설 | 곽숭도郭崇韜는 오대五代 후당後唐 장종莊宗 때의 재상이다. 이 편은 곽숭도가 온갖 잔재주를 다 부려서 자기의 지위와 권력을 공고히 하고자 계책을 세웠던 것이 도리어 자신과 일족을 망하게 한 졸책拙策이 되었음을 말하면서, 정도正道에 맞게 사는 것이 영구히 사는 길임을 강조한 것으로, 《오대사五代史》 〈곽숭도전郭崇韜傳〉을 읽고 써놓은 인물평이다.

예부터 대신大臣은 권세가 이미 끝까지 올라갔고 부귀도 이미 끝까지 가득 차서 앞으로 더 바랄 것이 없게 되면, 퇴직 후의 자신에 대하여 염려하게 된다. 자신이 크게 간악한 영웅이어서 반역을 도모할 뜻을 품었거나 심히 용렬하고 노둔하고 어둡고 미련한 사람이 아니면, 그렇지 않은 사람이 드물다. 그런 계책을 세우는 일은 실로 어려워서, 근심하고 깊이 생각하지 않거나 계책을 정교하게 세우지 않은 것이 아닌데도 후일에 말썽이 일어나는 것이, 왕왕 지극히 깊이 생각하고 지극히 정교하게 꾸몄던 그 계책에서 연유하기도 한다. 이 때문에 일을 정도正道에 맞게 하는 것보다 좋은 것이 없다. 정도를 지키는 사람은 운용하는 방법이 간략하면서도 완벽하지만, 지모를 짜내는 사람은 생각과 계책이 복잡하면서도 졸렬해지게 마련이다. 정도를 따르는 사람은 계략을 일삼는 바가 없고 당연히 그렇게 해야 할 바대로 행하므로, 비록 원수라 해도 감히 비판할 수가 없는데, 더구나 그의 뒤를 잇는 사람이 어진 사람이라면 더 말할 것이 있겠는가.

곽숭도郭崇韜는 오대五代[1] 시대에 또한 총명하고 권모술수와 책략에 능한 사람이었다. 후당後唐의 장종莊宗을 보좌하며 책략을 세워 후량後梁을 멸하고 드디어 천하를 통일하였다. 자신의 공적이 크고 권세가 중해지게 되자 간사한 사람들이 자기를 모함하였고 장종이 혼암昏暗하여 족히 자신을 비호庇護해줄 인물이 못 된다는 것을 알아서, 이에 자신의 지위를 안정시킬 계책을 세웠다. 이때에 유씨劉氏가 총애를 받아서 장종이 편애하였다. 이에 유씨를 황후로 세우기를 청해서 장종의 욕망에 맞추어주고, 유씨와 서로 후원해주기로 결탁했으니, 이는 유씨에게 막대한 은혜를 입힌 것이었다. 그리고 장종이 날로 혼암해지고 술에 취해 지내면서 안으로 부인의 말만을 들어주었으니, 그가 세운 계책이 의당 이보다 더 좋은 것이 없는 듯하였다. 그렇지만 마침내 숭도를 죽인 사람이 바로 그 유씨였다. 가령 숭도가 그와는 다른 계책을 세웠다면 유씨의 도움을 받을 수 없음에 지나지 않을 뿐이었을 것이니, 어찌 자신이 그의 손에 죽게 될 줄이야 알았겠는가. 계책 꾸미기를 좋아하는 사람은 그 계책으로 망하고, 변설을 좋아하는 사람은 그 변설로 망하며, 오직 도와 덕을 지닌 사람만이 무궁토록 평안할 수 있나니, 화와 복의 뒤바뀜을 어찌 사람의 사려를 통하여 알아낼 수가 있겠는가.

---

1 오대五代 : 당唐나라가 망하고 송宋나라가 건국되기까지의 과도기에 존속되었던 다섯 왕조로, 후량後梁·후당後唐·후진後晋·후한後漢·후주後周이다. 이 시대의 역사를 기록한 것이 《오대사五代史》이고, 그에 〈곽숭도전郭崇韜傳〉이 있다.

10-3 이추관李推官에게 보낸 답서〔答李推官書〕

장뢰

해설 | 추관推官 이씨李氏가 누구인지는 미상이다. 이 편지는 이추관이 자신이 지은 시문에 대한 평을 부탁하자, 좋은 문장은 수식에 힘쓴 문장이 아니고 도道가 함유된 문장이라는 재도론載道論을 주장하면서, 도가 실린 문장을 짓기에 힘쓸 것을 권면한 답서이다. 작문의 묘리妙理를 곡진하게 드러내었다.

남쪽 지방으로 오자 처리할 일이 많아서 오랫동안 책을 읽지 못하고 어제 편지를 전하라고 보냈던 사람이 돌아오는 편에 문득 영광스럽게도 추관推官께서 지으신 병서부病暑賦와 잡시雜詩를 보내주시니, 암송하고 읊어보며 사랑하고 탄복하였습니다. 이미 메말라버렸던 생각을 다시 일으킴이 있고, 또한 이 시대의 학자들이 근래에 차츰차츰 고인古人의 문장을 좇아서 기술하고 창작하는 체재가 왕왕 고인의 경지에 도달함이 있음을 기뻐하게 되었습니다.

저는 재능 있는 사람이 아니지만 젊을 때에 문장 짓기를 좋아하였고 사람들과 교유할 때에 또한 문장에 관하여 토론하기를 즐겼으니, 이를 좋아한다고 말하면 옳겠지만, 이로써 문장을 잘 짓는다고 한다면, 세상에 그런 사람은 따로 있고 결코 저는 아닙니다. 추관께서 저와 평소에 먹고 마시고 담소를 나눌 때에 행동이 보잘 것이 없었던 것을 잊으시고 갑자기 시문을 적은 큰 두루마리에 세필細筆로 관직과 성명을 적어 보내주셔서 마치 비천한 사람이 존귀한 사람에게 보여드리듯이 하셨으니, 이것이 어찌된 일입니까. 어찌 분에 넘치게도 제가 문장을 안다고 잘못 아시고, 공경하기를 마치 가르침을 청하는 사람처럼 하시는 것입니까. 그 두루마리를 가져다 되돌려드리고자 하나 그 속에 써놓으신 문장을 사랑하고 완상함을 탐해서, 형편상 돌려드릴 수가 없습니다. 비록 근심스러워서 스스로 편히 지낼 수가 없으나, 이미 간곡하신 부탁을 받았으므로 제가 알고 있는 것을 추관께 감히 숨김없이 말씀드리겠습니다.

귀하의 문장은 기이하다고 이를 만합니다. 문장의 정상적인 체재를 버리고 진기하고 난삽하고 괴이하게 짓기에 힘써서, 사람들로 하여금 이를 읽고 마치 수천 년 전 고양씨高陽氏가 지은 과두문자蝌蚪文字나 창힐蒼頡이 새 발자국을 본떠 지은 태고太古시대의 문자[1]로 기록해놓은, 줄을 튕기고 박을 치며 부르는 옛 노래와 종정鐘鼎에 새겨놓은 문자를 보는 것처럼 느끼게 하고자 힘쓰고 계십니다. 귀하께서 즐기는 것이 이와 같으니, 본시 좋지 않은 것은 아니나, 제가 들은 바에 의하면 이른바 문장을 잘 짓는다는 것이 어찌 기이하게 짓기를 잘함을 이르는 것이겠습니까. 문장을 잘 짓는다는 것은 본시 기이하게 짓기를 잘함을 위주로 하는 것은 아닙니다.

문장이 무엇을 위하여 마련된 것이겠습니까. 이치를 알지 못하는 사람은 말을 잘할 수가 없고, 세상에 말을 잘하는 사람은 많지만 그가 남긴 문장만이 전해지게 됩니다. 어찌 전해지기만 할 뿐이겠습니까. 문장을 잘 지음으로 말미암아 말이 더욱 정교하게 되고, 그 말이 정교해짐으로 말미암아 이치가 더욱 선명히 드러나게 됩니다. 이 때문에 성인聖人이 이를 귀하게 여긴 것입니다. 육경六經으로부터 아래로 제자백가와 시인 변사들이 논술한 문장들이 모두 이로써 이치를 밝히는 도구로 삼고자 했던 것입니다. 이 때문에 이치에 뛰어나게 밝은 사람은 문장이 공교롭기를 기약하지 않아도 공교로워지고, 이치에 어긋난 부끄러운 짓을 한 사람은 아무리 분칠을 하고 광택

---

1 수천……문자 : 태고시대의 난해한 글자로, 자체字體의 필획이 올챙이 머리모양으로 시작하였던 고자古字를 과두문자라 하고, 황제黃帝 때에 창힐이 새의 발자국을 본떠서 처음으로 만들었다고 전해지는 태초의 문자를 조적鳥跡이라 지칭한 것이다.

이 나게 꾸미기를 교묘하게 해도 허점이 수도 없이 드러나게 됩니다. 이는 두 사람이 고소장을 작성하여 쟁송爭訟을 할 때에, 정직한 사람은 붓을 잡고 번다하게 쓰지 않아도 이를 읽으면 마치 대나무를 쪼개듯이 논리가 거침이 없이 시원하게 전개되어 이리 따져보나 저리 따져보나 자연스레 조목조목 들어맞고, 정직하지 못한 사람은 비록 말 잘하는 자공子貢에게 말을 빌리고 글을 조리 있게 쓰는 양웅揚雄에게 글자를 물어서 쓴다 해도, 마치 다섯 가지 맛을 내는 양념을 늘어놓기는 했으되 조화를 이루지 못하여 이를 입에 넣고 먹어보면 하나도 입에 맞는 것이 없는 것과 같으니, 더구나 어찌 사람들로 하여금 그 맛을 음미하며 즐기게 할 수 있겠습니까. 그러므로 문장을 배우는 단초는 이치를 밝힘을 급선무로 삼는 것입니다. 문장을 지을 줄 모르는 사람은 더 말할 필요도 없지만, 만약 문장을 지을 줄 알면서도 이치를 밝히기에는 힘쓰지 않고 문장을 공교롭게 꾸미기만을 추구한다면, 세상에 이렇게 해서 성공한 일은 일찍이 없었습니다.

물을 강하江河와 회해淮海로 터놓아 그 물이 물길을 따라 내려가면서 질펀하게 거침없이 흐르기를 밤낮을 그치지 않고 지주산砥柱山에 부딪히고 여량呂梁의 험한 나루를 지나[2] 강과 호수에 이르렀다가 바다로 들어가면, 잔잔히 펼쳐질 때에는 잔물결을 이루고, 세차게 들이칠 때에는 파도를 이루고, 격동할 때에는 기세가 맹렬하게 폭풍이 일고, 성을 낼 때에는 우레를 쳐서, 교룡과 물고기와 큰 자라들이 세차게 솟구쳐 오르며 나타났다 사라졌다 하게 되는데, 이런 것은 물이 특별한 경우를 만나 변화한 것일 뿐이니, 물이 어찌 처음부터 이와 같은 것이겠습니까. 물길을 좇아 터놓은 대로 흘러가면서 그 만난 것에 맞추어 변화가 생기는 것입니다. 작은 도랑물은 동쪽으로 터놓으면 서쪽은 말라버리고 아래쪽이 차면 위쪽은 비게 되어, 밤낮으로 그 물을

---

2 지주산砥柱山에……지나 : 지주는 황하黃河의 격류 가운데 버티고 있는 산 이름이다. 우禹가 치수治水할 때에 이 산을 감돌아서 물이 흘러가도록 터놓았는데, 그 산이 수중에 기둥처럼 우뚝 솟아 있으므로 이름을 지주라 했다 한다. 여량도 산 이름으로, 우가 치수할 때에 그 산을 뚫어서 황하가 바다로 흘러가게 했다 한다.

격동시켜 그 기이한 변화를 드러내려 해도, 그런 물에는 개구리나 거머리만 이 즐겨 모여들 뿐입니다. 강하와 회해의 물은 이치에 통달한 문장과 같아서 기이함을 추구하지 않아도 기이함이 지극하게 되지만, 봇도랑의 물을 격동시키며 물의 기이함을 추구하는 것은 곧 이치를 알지 못하면서 언어와 구두를 꾸며서 기이한 문장을 짓고자 하는 것과 같습니다.

육경六經의 문장 가운데 《주역周易》보다 더 기이한 것이 없고, 《춘추春秋》보다 더 간결한 것이 없는데, 그 문장들이 어찌 기이하고 간결하게 짓기에 힘써서 그렇게 된 것이겠습니까. 형세가 자연히 그렇게 된 것일 뿐입니다. 《주역》〈계사전繫辭傳〉에서 말하기를 '길吉한 사람은 말이 적다.' 하였는데, 저들이 어찌 번다하게 말함을 싫어하고 말을 적게 함을 좋아해서였겠습니까. 비록 번다하게 말하고자 해도 할 수가 없었던 것입니다.

당대唐代 이후로부터 현재에 이르기까지 문인들 가운데 기이하게 짓기를 좋아하는 사람이 한둘이 아니고, 심한 사람은 간혹 구절을 빼놓거나 글귀를 끊어놓아 문맥文脈이 조리정연하게 이어지지 않게 하기도 하고, 또는 옛사람의 경서經書 해석 가운데 보고 들은 사람이 드문 것을 취하여, 이에 옷을 입히듯이 내 뜻을 덧붙이고 이리저리 모아 얽어놓아서, 더러는 그 글자의 뜻은 맞는다 해도 그 구의 의미는 통하지 않게 되기도 하고, 더러는 그 구의 의미는 맞는다 해도 그 문장 전체의 뜻은 통하지 않게 되기도 하여, 반복해서 음미해보아도 또한 끝내 함유된 이치를 찾을 수가 없게 되기도 하니, 이런 것이 문장 가운데 가장 천박한 것입니다. 귀하의 문장이 비록 이와 같지는 않다 해도, 그 뜻을 지나치도록 화려하게 꾸며놓아서 기이하게 짓기에 주력한 것 같은 점이 있습니다. 그 때문에 귀하를 위하여 미리 말씀을 드리는 것이니, 제가 드린 말씀이 질박하고 비속하다 하여 살펴보지 않는 일이 없기를 바랍니다.

10-4 진소유秦少遊에게 보낸 편지〔與秦少遊書〕

진사도陳師道

해설 | 이 편은 당시의 집정대신執政大臣 장돈章惇이 진관秦觀(자 소유少遊)을 통하여 진사도陳師道에게 만나보고 싶다는 뜻을 전하자, 이를 완곡하게 거절한 편지이다. 삼엄할 정도로 도道를 고수하며, 행하는 도가 같지 않은 사람과는 그가 아무리 지위가 높다 해도 교유하기를 거절하였으나, 그런 뜻을 온화하게 에둘러 드러낸 점이 더욱 돋보인다. 진사도의 기상과 절조를 드러낸 이러한 문장이 완악한 사람을 청렴하게 하고 나약한 사람을 굳건하게 세울 수 있게 한다는 찬사를 받았다.

귀하의 편지에 말씀하시기를 '장공章公(장돈章惇)께서 연세와 덕망을 낮추고 굽히면서 저를 예를 갖추어 만나보고자 하신다.' 하셨는데, 못난 제가 어떻게 이런 예우를 받을 수 있겠습니까. 어쩌면 후侯(장돈)께서 시험삼아 기롱해보신 것인가요? 공경公卿들이 선비를 겸손하게 대하지 않은 지 오래되었는데, 이제 특별히 이 시대에 그런 일을 보게 되고 제 자신이 직접 당하게 되었으니, 이보다 더 큰 영광이 어디에 있겠습니까. 어리석은 제가 비록 선비의 무리에 참여하기에 부족하기는 하지만, 마땅히 장공의 뒤를 따르면서 그 감화를 받아 공의 명성을 이루어드리도록 해야 할 것입니다.

그러나 선왕이 정해놓은 제도에 '선비가 예물을 올리고 신하가 되지 않았으면 왕공을 뵙지 않아야 한다.' 하였습니다. 서로 만나는 것은 이로써 예를 이루는 것인데, 그 폐단은 반드시 자신을 선전하여 팔아먹는 데 이르게 되는 것입니다. 그러므로 선왕이 처음 만나는 일을 신중하게 하도록 그 한계를 정해놓았고, 선비들이 대대로 이를 지켜오고 있습니다. 저는 장공에 대하여 앞에는 신분상 귀천의 차이로 서로 꺼려야 할 일이 있고, 뒤를 돌아보아도 평소에 전부터 사귀었던 친면親面이 없는 사이이니, 공께서 비록 만나보려 한다 해도 예를 버려서야 되겠습니까. 또한 공의 불러주심을 받은 것은, 공께서 어쩌면 제가 구구하게나마 예법을 지키고 있다고 여겨서일 것인데, 만약 예법과 의리를 무시하고 명을 받자마자 공이 계신 문으로 달려간다면 이는 제가 초대받게 된 근거를 잃는 것입니다. 공께서 또한 어찌 받아들일 수 있겠습니까.

비록 그러하기는 하나 여기에 한 가지 방법은 있으니, 다행스럽게도 후일에 공적을 이루고 물러나셔서 야인野人이 쓰는 복건幅巾을 쓰고 동쪽으로 돌아오게 되신다면, 제가 마땅히 조랑말을 몰고 작을 수레를 타고 가서 동문 밖에서 공을 기다릴 것이니, 그때에 뵙는다 해도 오히려 늦지 않을 것입니다.

10-5 임수주林秀州에게 올린 편지〔上林秀州書〕

진사도

해설 | 진사도陳師道가 스승인 증공曾鞏의 소개를 받아 임희林希를 찾아뵈려 하면서, 이 편지로 예법을 갖추는 예물禮物로 삼은 것인데, 진사도陳師道의 엄정嚴正한 기상과 굳은 절의節義가 잘 드러나 있다.

주周나라의 예법에 사士가 대부大夫나 경卿이나 공公을 뵈려면, 소개자紹介者를 세워서 그 신분의 분별分別을 분명分明히 하고, 말로 뜻을 전傳해서 만나는 명분을 바로 세우고, 예물禮物을 바치는 것으로 성의誠意를 보이며, 의식儀式을 지켜서 그 존경심尊敬心을 드러내었으니, 이 네 가지가 갖추어져야 예禮가 이루어졌다고 일렀습니다.

선비가 서로 만나는 것이 여인女人이 출가出嫁하는 것과 같아서, 만나고 싶은 마음이 있다 해도 스스로 찾아가는 법은 없었습니다. 반드시 소개자가 그를 위하여 앞길을 열어줌이 있어야 하였으니, 이로써 신분이 다른데 함부로 만나려 한다는 혐의嫌疑를 풀어내고, 은밀隱密하게 만나기를 삼갔던 것입니다. 그러므로 '소개자를 세워서 그 신분의 분별을 분명히 한다.' 했던 것입니다.

이름을 밝히는 것은 이로써 서로 만나는 일을 드러내는 것이고, 말은 이로써 명분을 밝히는 것이니, 명분이라는 것은 선왕이 백성들의 분수分守를 정해준 것입니다. 명분이 바르면 말이 도리에 어긋나지 않게 되고, 분수가 정해지면 백성들이 이를 어기지 않게 됩니다. 그러므로 '말로 뜻을 전해 만나는 명분을 바로 세운다.'라고 한 것입니다.

말로는 뜻을 다 드러내기에 부족하고, 명분이 진정을 벗어나서는 안 되므로, 다시 이를 위하여 예물禮物을 바치는 제도를 두어서 그 예법의 끝맺음을 이루도록 한 것입니다. 그러므로 예물을 주고받을 때에 소개자를 통하여 그 이름을 밝히고, 보좌하는 사람을 통하여 명을 전하도록 하였으니, 예법을 부지런히 행함이 또한 지극했던 것입니다. 그러나 예禮는 사람의 수양이 바탕이 된 이후에야 갖추어지는 것이니, 예는 자신이 정성을 극진極盡하게 하는 것보다 중요한 것이 없습니다. 그러므로 제사는 손을 씻고 올리는 것을 중요하게 여기고, 혼례婚禮는 친영親迎을 중요하게 여기며, 빈賓은 예물禮物을 바치는 일을 중요하게 여깁니다. 그러므로 '예물을 바치는 것으로 성의를 보인다.' 한 것입니다.

지성至誠은 마음에서 우러나와 행동에 나타나고 낯빛으로 드러나게 됩니다. 그 때문에 또한 예법에 맞는 의식儀式이 있게 되어서, 말로써 세 번 요청하고 예물을 세 번 올리며 세 번 읍揖하고 섬돌에 오르고 세 번 절하고 물러나오는 것이니, 의예儀禮가 이보다 번다繁多하면 지나치고 이보다 간소簡素하면 촌스럽게 됩니다. 세 번씩 하는 것은 예의 절차의 번다함과 간소簡素함의 중용中庸을 취하여 알맞게 한 것이니, 그러므로 '의식을 지켜서 그 존경심을 드러낸다.' 한 것입니다.

이렇게 하기 때문에 귀한 사람이 천한 사람을 능멸陵蔑하지 않게 되고 낮은 사람이 윗사람에게 매달리지 않게 되어, 그 분수를 신중하게 지키고 때와 운명에 순응하여, 뜻을 굽히지 않으면서 몸을 욕되게 하지 않아서, 이로써 그 완전한 덕德을 이루었던 것입니다. 그 시대에 이렇게 된 것이 어찌 유독 선비들이 저절로 현명해서 이루어진 것이었겠습니까. 또한 예禮로 이를 조절했기 때문이었던 것입니다.

주나라에서 예법을 제정制定한 것은 그 잘못되는 것을 방비함이 지극했으나, 그 후대에 이르러서는 예법은 아직 남아 있으나 습속習俗은 변하여 오히려 자기가 직접 자신을 자랑하다가 체신體身을 잃는 일이 있게 되었는데, 더구나 예법조차 없어진 시대야 더 말할 것이 있겠습니까. 주나라의 예

禮가 없어지고부터 선비들 가운데 체신을 잃는 일을 면免한 사람이 드물게 되었습니다. 세상의 군자들 가운데 예법禮法을 밝혀서 이에 맞게 바로잡는 사람이 없어지니, 이미 서로 예법에 맞지 않는 폐습弊習을 그대로 따르면서 이를 상례常例로 삼고 있고, 사관들도 또한 그런 일을 그대로 기재記載하고 있습니다. 그러므로 그 폐습에 익숙해져서 스스로도 이를 알지 못하게 되었습니다.

저는 학문과 견식見識이 천박淺薄한 사람입니다. 그러나 남풍선생南豐先生께 위에 말한 네 가지에 대하여 들었으니, 감히 이에 맞게 행하기를 힘쓰지 않을 수가 없습니다. 선생께서 제게 이르시기를, "그대가 임수주林秀州를 만나보았는가?" 하시기에, "아직 뵙지 못했습니다." 하니, 선생께서, "가서 뵙게." 하셨습니다. 제가 선생님의 명을 받들고자 이렇게 와서, 삼가 선생의 말씀을 소개자로 삼아서 뵙기를 청하나이다.

10-6《왕평보문집》후서〔王平甫文集後序〕

진사도

해설 | 왕평보王平甫는 왕안석王安石의 아우 왕안국王安國으로 자가 평보이다. 이 편은 〈왕평보문집王平甫文集〉의 발문跋文이다. 평보가 평생 동안 스스로 지켰던 도道와 그가 이룩한 것으로 후세에 전할 만한 것을 밝혀 후세 사람들을 권면하고, 진사도 자신도 또한 이를 근거로 하여 자신이 지향하고자 하는 의지를 드러내었다.

구양영숙歐陽永叔(구양수歐陽脩)이 매성유梅聖兪(매요신梅堯臣)에 대하여 말하기를, "세상 사람들이 '시를 잘 짓는 것이 사람을 곤궁하게 한다.'라고 이르지만, 시를 잘 짓는 것이 그를 곤궁하게 하는 것이 아니고, 곤궁함을 겪었으므로 시가 정교해진 것이다." 하였다. 매성유가 시로써 일가를 이루어 명성을 드날렸으되, 벼슬은 남보다 앞서지 못하고 수명은 남보다 뒤에까지 살지 못했으니 곤궁하게 지냈다고 이를 만하다.

그와 같은 시대에 왕평보王平甫(왕안국王安國)라는 사람이 있었으니, 임천臨川 사람이었다. 나이가 40이 지나서야 비로소 추천하는 글에 이름이 올라, 여러 하급 관리들 사이에 끼어 있었는데, 몇 년 지나지 않아 다시 인수를 풀어놓고 향리鄕里로 돌아갔다. 매우 곤궁하게 지냈지만, 문장을 통하여 드러낸 의리는 삼엄하였고 또한 시를 잘 지었다. 그의 곤궁함이 더욱 심해졌으므로 그가 얻은 것이 더욱 많게 되었으니, 진실로 이른바 '사람이 곤궁해진 이후에 시가 정교해진다.' 한 말을 믿을 만하다. 비록 그렇기는 하지만 하늘이 만물에게 능력을 부여할 때에 모든 것을 다 갖추게 하지는 않아서, 좋은 열매를 맺는 것에게는 화려한 꽃은 없게 하고, 깊은 물속에 사는 것에게는 육지에서는 살 수 없게 하였으니, 만물이 각기 모든 것을 다 갖추지 못하게 된 것이 만물의 이치인 것이다. 이는 곧 문장이 천하의 아름다움을 극진하게 이루었다면 부귀까지 아울러 향유할 수는 없게 한 것이니, 시를 잘 짓는 것이 사람을 곤궁하게 한다는 것을 또한 믿을 수 있다.

평보가 세상을 살아갈 때에 그 뜻은 억눌려서 펴지를 못하였고 그 재능은 쌓아둔 채 드러내지를 못하였다. 그 이름과 지위와 세력은 사람들을 부리기에 부족하였으나, 사람들이 그의 명성을 들어 알고 집집마다 그가 지은 서적을 지니고 있어서, 한 시대에 두루 퍼지고 아래로는 천세까지 전해지게 되었으므로, 비록 그를 원망하고 적대하는 사람이라 해도 감히 비판하지 못하였으니, 시를 잘 짓는 것이 사람을 드날리게 한 것이요, 곤궁하게 하였음은 볼 수가 없다.

대저 선비가 한 시대를 살아가면서 궁곤窮困했느냐 현달顯達했느냐는 족히 따질 것이 못되니, 그가 전한 것이 무엇인가만 논하면 된다. 평보는 집안에서는 효성과 공경을 다했고, 벗에게는 신의가 있었으며, 의義를 지키기에 용감했고 인仁을 행하기를 좋아하였으니, 유독 문장만 후세에 전할 만한 것일 뿐이 아니었다. 지난날에 평보로 하여금 세상에 나와 활약할 수 있게 하여, 하늘에 지내는 교제郊祭와 황실의 조상을 받드는 묘제廟祭에 시가詩歌를 지어 바치고 조정에서 예악禮樂과 제도를 시행하게 했다 해도, 행한 일이 그의 말과 부합되지 않거나 뒤에 온 결과가 전에 행한 언행과 어그러지게 되었다면, 후세에 전할 만한 문장까지 아울러 버려지게 되었을 것이니, 평생토록 배우기를 부지런하게 했다고 이를 만하고, 천하에 떨친 명성이 성했다고 이를 만하더라도, 하루아침에 이를 잃게 된다면 어찌 슬픈 일이 아니었겠는가.

남풍선생南豐先生이 이미 그의 문집의 서문을 지어서 후세의 학자들에게 알려주었는데, 선생께서 사망하셨으므로, 팽성彭城의 진사도陳師道가 이를 근거로 그 뜻을 더욱 펼쳐서 세상에 널리 퍼지게 하고자 한다. 그러나 진실로 어리석고 민첩하지 못하니, 사람들로 하여금 그들이 이롭게 여기는 영리를 뒤로 하고 그들이 버리는 덕행을 높이도록 할 수 있겠는가. 남풍선생의 말씀을 근거로 하여 그런 뜻이 이루어지도록 하고, 아울러 이로써 나 자신도 힘쓰고자 할 뿐이다.

10-7 사정기〔思亭記〕

진사도

해설 | 이 편은 견씨甄氏 성을 가진 사람이 조상의 무덤가에 재실齋室을 짓고 그 재실의 이름을 지어 달라 하자 사정思亭이라 지어주면서, 이 사정에 오르면 자손들의 대가 아무리 멀어져도 조상을 생각하는 효심을 잊지 않게 될 것이라고 한 덕담을 기록해준 것이다.

견씨甄氏는 과거에 서주徐州의 부호였다. 견군甄君에 이르러 비로소 경서經書에 밝다 하여 사람들을 가르치게 되니, 그 고장에서는 선인善人이라고 칭상稱賞하였으나 집안은 점점 가난해져서, 가족이 사망한 지 수십 년이 지나도록 장례를 치를 수 없게 되자, 마을 사람들에게 비용을 빌려 부모 형제 등 몇 사람의 장례를 겨우 치렀는데, 고장 사람들이 가련하게 여겨 도와주는 사람이 많았다. 장례를 마치자 무덤 주변에 나무를 심고 그 곁에 재실齋室을 짓고서, 나에게 그 재실의 이름을 어떻게 지을까 물었다. 내가 다음과 같이 말해주었다.

"사람은 눈에 보이는 것에 맞추어 생각이 따르게 된다. 방패와 창 같은 무기를 보면 전투할 마음이 생기고, 칼과 톱 같은 형구를 보면 두려운 마음이 생기며, 종묘宗廟와 사직社稷을 보면 공경할 마음이 생기고, 저택邸宅을 보면 편안히 지낼 마음이 생긴다. 사람이 좋아하고 싫어하고 기뻐하고 두려워하는 마음을 지니게 되는 것은 외물이 이르게 되면 그에 맞추어 감정이 일어나서이니, 이는 본시 당연한 이치이다. 이제 높은 곳에 올라서 무덤 주변에 있는 소나무와 가래나무를 바라보다가, 언덕을 내려와서 제사 지내줄 사람이 없는 폐허가 된 무덤을 지나면서 가시덤불이 무성하고 여우와 토끼가 지나간 자국이 이리저리 길을 이루고 있는 것을 보게 되면, 그 어버이의 무덤을 생각〔思〕하지 않는 사람이 있겠는가. 그러므로 재실의 이름을 사정思亭이라 짓기를 청하노라.

어버이는 사람이라면 잊어서는 안 될 분 이므로 군자들이 조심해 모시는 것이다. 그러므로 교외郊外에 무덤을 만들어 봉분을 높이고 도랑을 파서 배수로를 만들며, 집안에 사당을 세우고 계절에 따라 상嘗 제사와 체禘 제사를 지내며, 상기喪期에 맞추어 최복衰服을 입고 사망하신 날에 기忌제사를 지내면서 슬퍼하는 것은 그 어버이를 생각하는 마음을 지니고 있기 때문이니, 어찌 이를 잊을 수 있겠는가.

그러나 어버이로부터 대수代數가 내려가면 상복을 입는 촌수가 끝나고, 상복을 입는 촌수가 끝나면 서로 가까운 정도 다하게 되며, 가까운 정이 다하면 서로 잊게 된다. 내 어버이에서 시작하여 서로 잊고 지내는 사이에 이르게 되는 것은 촌수가 멀어졌기 때문이니, 이 사정을 세우게 된 이유가 여기에 있다. 무릇 그대 견군의 자손이 이 사정에 오른다면 조상을 잊을 수 있겠는가. 그 어버이를 기준으로 하여 이로써 그 생각의 범위를 넓힌다면, 그 조상에 대한 효심이 일어나지 않을 수 있겠는가."

견군이 말했다.

"해박하시도다! 그대의 말씀이여! 저희 후손들이 아마도 그렇게 될 것입니다."

내가 말하였다.

"아직 내 이야기가 끝나지 않았다. 어진 사람과 못난 사람은 생각이 다르다. 후일에 무덤을 에워싼 나무를 보고 베어서 재목으로 쓸 생각을 하고, 개암나무와 가시나무를 보고 베어서 땔감으로 쓸 생각을 하며, 무덤 위에 올라서 그 부장품을 도굴할 생각을 하는 자가 어찌 없겠는가."

견군이 갑자기 눈물을 흘리며 흐느꼈다. 이에 내가 말했다.

"아직 내 이야기가 끝나지 않았다. 내가 그대를 위해 이 내용을 기록해서 그대의 자손들로 하여금 이 글을 읽게 한다면, 그 좋은 점을 보고는 이에 고무되고 그 나쁜 점을 보고는 이를 경계하게 될 것이니, 이렇게 한다면 그 나쁜 점은 면할 수 있을 것이로다!"

견군이 눈물을 닦고 감사해하며, "이제 근심했던 일을 면할 수 있겠습니다." 하기에, 드디어 그를 위해 이를 기록해주었다.

10-8 진소유秦少遊에게 지어준 자서〔秦少遊字敍〕

진사도

해설 | 이 편은 진관秦觀에게 지어준 자설字說이다. 진관이 처음에 큰 뜻을 품고 자를 태허太虛라 했다가, 다시 세욕世慾을 버리고 은둔해 살고자 자를 소유少游로 바꾸고 그에 대한 설을 지어 달라고 청하자, 자설을 지어주며 큰 뜻을 이루도록 면려한 것이다. 문장이 의기가 넘치면서도 법도를 벗어나지 않았고, 규구規矩를 지키면서도 경쾌함을 잃지 않아, 의기와 법도를 겸했다는 평을 받았다.

희녕熙寧, 원풍元豊 연간(1068~1085)에 미주眉州의 소공蘇公(소식蘇軾)이 서주徐州의 태수로 계실 때에 내가 그 백성으로 태수를 섬기며 간간이 찾아뵈면 손님처럼 대해주셨고, 양주揚州의 진자秦子(진관秦觀)가 방문하면 단술과 풍악을 갖추고서 스승이 제자를 대하듯이 하셨다. 그때에 내가 여행 중에 객지에서 병들어 누워 있으면서 들으니 '그가 길을 가게 되면 위의威儀가 대단하여 맞이하는 사람의 눈을 휘둥그레 하게 하고, 평론하고 설명하는 것이 뛰어나고 논리적이어서 좌중에 있는 사람들로 하여금 귀를 기울이고 듣게 한다.' 하였다. 세상 사람들이 이 때문에 그를 기이한 인물로 여기기도 하였지만 또한 이 때문에 그를 의심하기도 하였으나, 소공만은 그를 뛰어난 인물로 여기셨다.

이후 몇 년이 지나서 진자가 내가 있는 곳으로 돌아왔기에 광릉廣陵의 여관집에서 만났다가, 한밤중에 대화도 다 마치지 못하고 떠난 일이 있는데, 나 또한 그가 마땅히 만 리 밖에서 제후가 되는 큰 공을 이루고 돌아올 것이라고 생각하였다. 원풍 말년에 내가 동도東都(낙양洛陽)에서 나그네로 지내고 있었는데 진자가 동쪽에서 찾아왔으니, 작별한 지 몇 해가 지나서였다. 그 모습은 진중鎭重해지고 그 말은 신중해졌기에, 내가 놀라서 그렇게 된 까닭을 물으니 진자가 이렇게 대답하였다.

"제가 지난 날 젊었을 때에는 두목지杜牧之처럼 되고자 해서, 뜻을 굳게 세우고 기상이 왕성했으며 큰 소리 치기를 좋아하고 기이함을 드러내고자 하여, 병가兵家의 글을 읽으니 곧 저의 뜻에 들어맞아서 이에 공업과 명예를 곧바로 이룰 수 있을 것이고 천하에 어려운 일이 없을 것이라고 생각했습니다. 자신을 돌아보건대 지금 송宋나라를 괴롭히는 두 오랑캐(요遼와 서하西夏)와 싸워 이길 수 있는 기상을 내가 간직하고 있으니, 지극한 계책을 바쳐서 이로써 천명에 따라 이들을 정벌하여 유주幽州와 하주夏州의 옛 영토를 회복하고 후당後唐과 후진後晉의 유민들을 위로할 수 있게 되어, 명성을 무궁토록 전하고 세워놓은 계책이 영원토록 존속되게 한다면, 어찌 위대한 일이 아니겠는가 하고 생각했었습니다. 이에 자를 태허太虛(우주宇宙의 성대한 원기)로 지어 저의 포부를 드러냈습니다. 이제 제가 나이가 들면서 생각이 바뀌어, 어려운 모험 겪기를 기다리기도 전에 후회가 이르게 되어, 사방 천하를 경영하려는 큰 뜻을 버리고 고향 마을로 돌아가 노년을 보내며 은둔하여 몸을 깨끗이 보존했던 마소유馬少游[1]처럼 살기를 바라게 되었습니다. 이에 자를 소유少游로 바꾸어 저의 허물을 드러내려 합니다. 언젠가 이런 뜻을 소공께 말씀드렸더니 공도 또한 좋다고 하셨는데, 그대의 생각에는 어떠하십니까?"

내가 이에 이렇게 일러주었다.

"다른 사람의 장점을 취해서 이로써 그 자신을 완성시키는 바탕으로 삼는 것은 군자들이 훌륭하게 여기는 것일세. 또한 저 두목지와 마소유 두 사람 가운데 한 사람은 관계官界에 진출해서 세상을 경영하였고 한 사람은 물

---

1 마소유馬少游 : 후한後漢 광무제光武帝 때 사람으로 평생을 가난하게 은둔해 살며 몸을 깨끗이 보존했던 인물이다.

러나서 몸을 보존했으니, 모두 인仁을 행했던 사람이라 할 수 있네. 그러나 세상에 나아가 벼슬하는 사람은 잘 하기가 어렵고, 은둔해 있는 사람은 자기가 지닌 도道를 유지하기가 쉬우니, 두목지가 지혜를 잘 발휘해 얻은 것이 마소유가 본성을 지킴으로 해서 잃었던 것만 못하네. 그대는 남의 갑절이 되는 능력을 가지고 학문이 더욱 밝은 경지에 이르렀는데도, 오히려 뜻을 굽히고 마소유에게 배우려 하니, 어찌 뜻을 더욱 곧게 하여 이로써 굽은 것을 바로잡으려 하는 것이 아니겠는가. 그대는 나이가 더욱 많아질수록 덕이 더욱 늘어날 것이니, 내 장차 그대를 보고 거듭 놀라기를 한두 번에 그칠 뿐이 아니게 될 것일세. 그러나 그대가 재능을 가지고 있으면서 비록 세상에서 역량을 발휘하려 하지 않으려 해도 세상이 그대를 버려두지 않을 것이니, 내가 생각하건대 그대는 끝내 온 천하를 경영하는 원대한 업적을 이루게 될 것일세.

나처럼 어리석은 사람은 세상에서 마땅히 해야 할 일이 없으니, 조상의 무덤이나 지키고 시골의 농토나 보존하면서 부지런히 농사지어 관부官府와 군주를 받들고 몸가짐을 조심하며 마을의 훈장 노릇이나 해서, 살아서는 선인善人이라 칭해지고 죽어서는 묘도墓道에 '처사處士 진군陳君의 묘'라 써놓게 된다면 족하겠지만, 혹여 하늘이 내려준 복으로 오래 살게 되어, 그대가 공적을 이루고 명성을 드날리다가 몸을 이끌고 은퇴할 때에, 왕후와 장상들이 높은 수레와 큰 말을 타고 와서 장막을 설치하고 연회를 베풀며 떠나는 그대를 전송하게 된다면, 나는 낮은 수레에 둔한 조랑말을 몰고 동문 밖에서 그대를 기다리다가 술잔을 들어 서로 권하며, 이로써 소공이 사람을 제대로 알아보았다는 밝은 명성이 사실임을 증명하고, 그대를 위해 축하를 함을 이로부터 시작하려 하네."

10-9 사마자장司馬子長의 유람 -갑방식蓋邦式에게 지어주다-〔子長遊 -贈蓋邦式-〕

마존馬存

해설 | 이 편의 핵심은 문장의 원천을 문장 속에 담긴 기氣로 보고, 좋은 문장을 지으려면 기를 길러야 한다는 양기론養氣論을 주장한 것이다. 갑방식蓋邦式이 마존馬存에게 문장을 잘 지을 수 있는 방도를 묻자, 사마천司馬遷이 문장을 잘 짓게 된 것이 글을 공교롭게 꾸미는 공부를 잘 해서가 아니고 명산대천과 뛰어난 인물들을 두루 순방하여 웅대한 기를 길렀기 때문이고, 맹자孟子 역시 호연지기浩然之氣를 선양善養했기 때문에 그가 지은 문장이 저절로 명문장이 된 것이라 하면서, 훌륭한 문장을 짓고자 한다면 천하의 명산대천과 위인들을 두루 순방하며 웅대한 기를 길러야 함을 강조하였다.

내 친구 갑방식蓋邦式이 일찍이 나에게 말하였다.

"사마자장司馬子長(사마천 司馬遷)의 문장에는 빼어나고 웅위雄偉한 기상이 함축되어 있으니, 나도 이처럼 글을 짓고자 하는 뜻이 간절하네. 그대는 이런 뜻을 지닌 논설을 나에게 지어주시게."

내가 다음과 같이 말하였다.

"사마자장은 문장을 서책을 통하여 배운 것이 아닌데, 배우는 사람이 매양 이를 서책에서 찾고자 한다면, 죽을 때까지 찾아도 그 빼어남을 알지 못하게 될 것이네. 내가《사기史記》한 질을 가지고 있는데, 명산대천의 장려壯麗하고 기이한 곳이 모두 수록되어 있으니, 장차 그대와 함께 두루 유람하며 이를 일일이 관람한다면 거의 이런 문장을 지을 줄 알게 될 것이네. 자장은 평소에 유람하기를 좋아하여 젊은 시절 자신의 재능을 자부하고 있을 때에 유람의 발자취를 하루도 멈추려 하지 않았네. 이는 다만 경치에 이끌려서만이 아니었고, 장차 천하의 대관大觀을 두루 관람하여 이로써 자신의 기상을 웅대하게 기르는 일을 돕게 하고, 그런 후에 그 기氣를 토해내어 문장으로 드러내려 했던 것이네. 이제 그가 지은 문장을 관찰해보면 그가 평생토록 유람했던 곳이 모두 등재되어 있네.

남쪽으로 길게 흐르는 회수淮水에 배를 띄우고 웅대한 장강長江을 거슬러 오르며, 미친 듯 놀란 듯 일렁이는 물결과 음산한 바람에 성내어 외치듯이 거슬러 내달리며 이리저리 부딪치는 것을 보았으므로, 그 문장이 거리낌 없이 힘차게 내달리고 끝없이 광대하게 된 것이네.

운몽택雲夢澤과 동정호洞庭湖의 언덕과 팽려彭蠡의 호수가 드넓은 하늘을 모두 담고 있고 끝없이 많은 골짜기의 물을 삼켰다 뱉었다 함이 한없이 이어지는 것을 보았으므로, 그 문장이 깊이를 헤아릴 수 없는 심연처럼 심오하고 중후하게 된 것이네.

구의산九疑山의 아득하게 멀리 있음과 무산巫山[1]의 드높음과 양대陽臺의 아침 구름과, 창오산蒼梧山의 저녁 안개가, 그 자태가 한 모습으로 멈추어 있지 않고 부드럽고 예쁘고 고움이 봄단장을 농염하게 한 듯했다가 가을단장을 담박하게 한 듯함을 보았으므로, 문장이 곱고 어여쁘며 성대하면서 여유가 있게 된 것이네.

원수沅水에 배를 띄우고 상수湘水를 건너서 삼려대부三閭大夫(굴원屈原)의 넋을 위로하고 비자妃子(아황娥皇과 여영女英)의 한을 애처로워하였는데 대나무에는 아직도 아황과 여영의 눈물 자국이 아롱져 있었으며, 물고기 뱃속에 장사 지냈던 굴원의 유골이 아직도 탈이 없는지는 알 수 없었네. 이런 일을 겪었으므로 문장이 마음 깊이 분개함과 격렬하게 마음 아파함을 드러낼 수 있

---

1 무산巫山 : 무산은 여선女仙 서왕모西王母가 머물던 산으로, 이곳에 있는 양대陽臺에서 초 양왕楚襄王이 서왕모와 운우지정을 나누었다 한다.

었던 것이네.

북쪽으로 대량大梁의 옛 전적지戰迹地를 찾아보고 초楚나라와 한漢나라가 싸우던 전쟁터를 둘러보고서, 항우項羽가 성내어 외치는 것과 고제高帝(유방劉邦)가 그를 얕잡아보고 꾸짖는 것이 용과 호랑이가 뛰어 오르듯 천병만마千兵萬馬와 큰 활과 긴 창을 든 군사들이 함께 내달으며 일제히 함성을 지르는 모습을 상상해보았으므로, 그 문장이 웅장하고 용맹하고 삼엄하고 굳세어서 사람들로 하여금 심장이 두근거리고 간담이 떨리게 할 수 있었던 것이네.

대대로 용문龍門 땅에 살면서 신령한 우禹임금의 신묘한 업적을 생각하였고, 황명을 받들고 서쪽 파촉巴蜀 땅으로 가고자 검각劍閣의 높고 험한 길을 지나갈 때에, 위로는 구름과 잇닿은 깎아지른 듯한 절벽이 있고 그 사이로 난 바윗길은 좁고 험하여 도끼로 뚫은 흔적도 보이지 않았네. 그런 일을 겪었기 때문에 그의 문장이 날카롭게 베어 끊은 듯이 우뚝하게 빼어나서 부여잡고 오를 수가 없는듯하게 된 것이네.

제齊와 노魯의 도읍지에서 학업을 익히면서 공자의 유풍을 목도하고, 추역鄒嶧에서 향사례鄕射禮를 체험하였고, 문수汶水의 북쪽 공자께서 노니시던 수수洙水와 사수泗水 가에서 노닐어보았으므로, 그 문장이 법도가 있고 장중하며 원만하고 우아하여 정인正人 군자의 풍모를 지닐 수 있게 되었던 것이네.

그리하여 천지 사이에 있는 만물의 변화 가운데 경악하게 하기도 하고 마음을 즐겁게 하기도 하고 사람을 근심하게 하기도 하고 슬프게 하기도 하는 것을 자장이 모두 취하여 문장으로 표현했던 것이네. 이 때문에 문장 속에 온갖 변화가 출몰함이 마치 온갖 자연현상이 네 계절에 맞추어 끝없이 변화하는 것과 같게 되었으니, 이제 그의 글을 본다면 어찌 이를 믿지 않을 수 있겠는가. 나는 그대가 자장의 문장을 배울 생각을 했다면 먼저 그가 유람했던 일을 배워야 한다고 생각하네. 유람을 통하여 그 뛰어난 것을 가려 뽑아 문장으로 드러낼 줄은 모르면서, 붓을 잡고 먹을 희롱하며 진부한 옛말을 따다가 이리저리 얽어놓으려 하는 사람은, 곧 평범한 글이나 지을 수 있을 뿐이네.

옛적에 공손대랑公孫大娘이 칼춤을 잘 추자 서예를 배우던 사람 장욱張旭이 이를 관람하고 그 묘리를 터득하여 서도書道가 입신의 경지에 들 수 있었고,[2] 포정씨庖丁氏가 소를 잡을 때에 칼질을 잘 하는 것을 보고 양생법養生法을 연구하던 문혜군文惠君이 그 원리를 터득하여 그 양생의 오묘함이 지극하게 되었다 하니,[3] 일의 종류에는 본시 다름이 있지만 서로 감화시킬 수 있는 것은 그 원리가 같기 때문이네.

지금 천하의 뛰어난 유적과 특이한 경관들이 옛날과 무어 다를 것이 있겠는가. 그대가 과연 내 뜻을 따라서 천하를 유람하는 사람이 될 수 있겠는가. 내가 그대를 살펴보고자 하네. 술잔을 잡고 취하여 강남 오월吳越의 맑은 바람을 삼킬 수 있고,[4] 칼을 잡고 길게 읊조리면서 연燕·조趙·진秦·농隴[5]의 굳센 기상을 호흡할 수 있게 된 연후에 돌아가 문장을 가다듬어 글을 짓는다면, 그대가 자장을 두려워하게 되겠는가. 자장이 그대를 두려워하게 되겠는가. 그렇게 하지 못하고 끊기고 찢어진 케케묵은 옛 서책이나 뒤적이며 아침에 읊조리기 시작하여 저녁까지 암송하려 든다면, 나는 무슨 소득이 있을 것인지 알지 못하겠네."

---

2 공손대랑公孫大娘이……있었고 : 초서草書에 능했던 장욱이 공손대랑이 추는 서하검무西河劍舞를 보고 이에 영감을 얻어 서법書法이 입신入神의 경지에 이르게 되었다는 것이다.

3 포정씨庖丁氏가……하니 : 《장자莊子》〈양생주養生主〉에 '포정이 그 칼을 잘 갈무리하는 것을 보고 문혜군이 양생법養生法의 오묘한 이치를 터득했다.' 하였다.

4 술잔을……있고 : 조조曹操가 오吳나라를 정벌할 때에 술을 마신 후 창을 빗겨 세우고 장부의 웅대한 기상을 시를 지어 읊었음을 말한 것이다.

5 연燕·조趙·진秦·농隴 : 모두 춘추전국시대春秋戰國時代에 전쟁이 잦았던 지역이다.

10-10 집에 전해오는 오래된 벼루〔家藏古硯銘〕

당경唐庚

해설 | 선비의 집에는 지필묵연紙筆墨硯이 있는데, 그 가운데 가장 장수하는 것이 벼루〔硯〕임을 보고, 벼루처럼 둔하고 고요하게 지냄을 양생법養生法의 좌우명으로 삼겠다는 뜻을 밝힌 잠명류箴銘類의 문장이다.

벼루와 붓과 먹은 대체로 그 용도가 유사하다. 나아가 활동함과 물러나 머물러 있음이 서로 비슷하고, 쓰임과 사랑받음도 서로 비슷하지만 다만 오래 삶과 일찍 죽음은 서로 같지 않아서, 붓의 수명은 일수日數로 계산할 수 있고, 먹의 수명은 월수月數로 계산할 수 있으나, 벼루의 수명은 세대世代로 계산해야 하는데, 그 이유가 어디에 있는가? 그 본바탕은 붓이 가장 날카롭고 먹이 그 다음이고 벼루는 무딘 것이니, 어찌 무딘 것이 장수하고 날카로운 것이 수명이 짧은 것이 아니겠는가. 그것들이 쓰이게 될 때에는 붓이 가장 활동적이고 먹이 그 다음이고 벼루는 고요하게 움직이지 않고 있으니, 어찌 고요하게 가만히 있는 것이 장수하고 활동을 왕성하게 하는 것이 수명이 짧은 것이 아니겠는가. 나는 이를 통하여 양생법養生法을 터득했으니, 무딤〔鈍〕으로 본바탕을 삼고 고요함〔靜〕으로 언행의 원칙을 삼고자 하노라.

어떤 사람은 "장수와 요절은 운수에 달려 있는 것이지, 무딤과 날카로움 및 움직임과 고요함에 따라 정해지는 것이 아니다. 가령 붓이 날카롭지 않고 움직이지 않았다 해도 나는 그것이 벼루처럼 장구할 수가 없음을 안다."라고 말하기도 한다. 비록 그러하기는 하나 나는 이 벼루처럼 둔하고 고요하게 지내려 할 뿐 저 붓처럼 날카롭고 활동적이지는 않으려 한다.

이에 다음과 같이 명銘을 지었다.

날카로우려 하지 않는지라, 이 때문에 무딤으로 바탕〔體〕을 삼았노라.
동動하려 하지 않는지라, 이 때문에 정靜으로 언행의 준칙〔用〕을 삼았노라.
오직 그렇게 해야만, 이로써 수명을 장구하게 할 수 있으리로다.

10-11 석시랑席侍郎께 올린 편지〔上席侍郎書〕

당경

해설 | 이 편지는 시랑侍郎 석익席益에게 올린 것이다. 옛사람은 어떤 사건을 통쾌하게 해결함을 공로로 여기지 않았으므로, 공로가 있어도 과시하지 않았고, 그런 공로가 없어도 불만스러워하지 않았다. 만약 공로가 없음을 부끄러워한다면, 사건이 없으면 평안할 수가 없다고 하였다. 이는 개혁을 명분으로 법제를 복잡하고 어지럽게 만든 왕안석王安石의 신법新法의 병폐를 바로잡도록 석시랑席侍郎에게 권고한 것이다.

제가 학교 교원教員의 한 사람으로 있은 지 이제 3년이 되었습니다. 동료들 가운데서 나이가 가장 많고 문장과 학문은 가장 천박하고 비루하며, 가르치고 훈도하는 방법은 가장 엉성하고 서투른데도, 즉시 떠나지 않은 이유는, 바로 주인(성균관成均館 대사성大司成으로 있던 석익席益)께서 중하게 인정해주심에 힘입고 있어서였습니다. 이제 합하閣下께서 조정으로 돌아가셨으니, 가까운 시일 내에 큰 지위에 임용되어 집정관執政官이 되고 재상이 되고 공公이 되고 태사太師가 되실 것입니다. 이렇게 되는 것이야말로 진실로 문하에 있던 저희들이 듣기를 원하는 소식입니다.

그러나 외로운 벼슬아치요 하급 관리인 저로서는 갑자기 의지하던 분을 빼앗겨서, 이 때문에 가슴속에 허전함이 없지 않습니다. 밤낮으로 은혜를 생각하며 만 분의 일이라도 돕고 보답할 일을 찾아보았으나 서생 집안이라 다른 기술은 가진 것이 없어서, 이에 고인古人이 남긴 글을 읽고 터득한 것을 아뢰고자 하오니, 합하께서는 헤아려 채납採納해주시기 바랍니다.

저는 처음 글을 읽을 때부터 이 시대의 세상일은 익히지 않았고, 옛날 성현들은 모름지기 공적과 명성을 세우고자 했을 것이라고 여겼는데, 그 후에 세상사를 더욱 깊이 경험하고 일을 더욱 많이 치르며 전대의 경전經典과 사서史書를 고찰해보고 사안의 시말을 더욱 살펴보고서야, 옛 성현들의 마음이 본시 이와 같지 않았음을 비로소 알게 되었습니다.

배를 타고 갈 때 위험한 사태를 만나야만 이를 해결한 공로가 있게 되고, 촛불은 어두운 밤을 만나야 공로를 드러낼 수 있으며, 약은 병든 사람을 만나야 공로를 드러낼 수 있게 되고, 두레박은 가뭄을 만나야 공로를 드러낼 수 있게 되며, 창, 쇠뇌, 칼, 임충臨衝(공성기 攻城機), 투구 등은 전투를 만나야 공로를 드러낼 수 있게 되니, 모든 물건이 공로를 세우게 되는 것은, 모두 부득이해서 세우게 된 것입니다.

용과 뱀이 사람과 뒤섞여 살고 있었기에 치수治水를 통하여 이를 해결한 우禹의 공로가 드러나게 되었고, 초목으로 막혀 있었기에 이를 터놓은 익益의 공로가 드러나게 되었으며, 백성들이 곡식을 먹을 줄 몰랐기에 농사를 가르친 직稷의 공로가 드러나게 되었고, 천리天理와 인륜人倫이 무너져 차서次序를 잃었기에 이를 바로잡은 설契의 공로가 드러나게 되었으며, 오랑캐와 외적의 침구로 기강紀綱이 무너지고 정치가 어지러워졌기에 이를 해결한 고요皐陶의 공로가 드러나게 되었으니, 이로부터 그 이후의 사례들은 이루 다 열거할 수가 없을 정도입니다. 그러나 이들은 모두 그 시대에 일어난 사안에 맞추어 이를 해결한 공을 세운 것이지, 공을 세우려 한 것이 성현들의 본뜻은 아니었습니다.

이척伊陟·신호臣扈·무함巫咸 등이 상商나라 왕 태무太戊를 보필할 때에 특별히 기이한 공을 세운 일이 없고, 상제上帝의 뜻에 맞추어 왕실을 잘 다스린 것으로 공을 삼았을 뿐이며, 무현巫賢·감반甘盤·부열傅說 등이 조을祖乙과 무정武丁을 보필할 때에 공적이 있었다는 말을 듣지 못했고, 상商나라를 보전保全하고 다스린 것으로 공적을 삼았을 뿐이며, 군진君陳이 성왕成王을 보필하고 필공畢公이 강왕康王을 보필할 때에 스스로 공업을 세우지 않고 주공周公이 행했던 일을 따르는 것으로 공적을 삼았을 뿐이었습니다.

후세에는 특별한 공로를 세우는 것만이 공적이 된다고 알 뿐이고, 특별한 공로가 없는 것이 공적이 됨은 모르게 되었습니다. 그렇게 되자 도道와의 거리는 이미 멀어졌고, 심지어는 성현이 공명功名을 세움을 마음에 두었다고 여기는 지경에 이르렀으니, 그들이 성현을 이해한 수준이 더욱 천박해진 것입니다.

이제 천하가 전쟁이 없이 태평하게 지낸 지 오래되어서, 기강과 문화가 세세한 부분까지 모두 갖추어져서 털끝만큼도 미진하거나 불편한 부분이 없습니다. 이는 《주례周禮》 한 권에 수록된 내용이 대체로 널리 실시되어 이루어진 것으로, 다만 황제의 성만 주周나라 때의 희씨姬氏가 아닐(시대만 주 시대가 아닌 송宋 시대일) 뿐입니다. 저는 삼가 '오늘날에도 마땅히 《주례》에 서술해 놓은 법도만 그대로 유지하고 따르면 되지, 다시 덧붙이고 넓히어 새로 설치함은 마땅하지 않다.'라고 생각합니다. 혹 관청에서 노래하거나 고함치는 자가 있어도 힐문하지 말고,[1] 수레 깔개에 술에 취해 토하는 자가 있어도 내쫓지 말며,[2] 찾아와 불필요한 변설을 개진하려 하는 객이 있으면 독한 술을 마셔 취하게 하고서 그 말은 듣지 말고,[3] 인재를 선발할 때에는 오직 전체를 포괄적으로 형통하게 이해하고 예부터 전해오는 원칙을 알고 있는 사람을

---

1 관청에서……말고 : 한漢나라 초기의 상국相國 조참曹參이 집무하는 곳의 후원 가까이에 아전의 막사가 있었는데 그곳에서 아전이 매일 술을 마시고 노래를 부르고 소리를 질렀다. 조참이 정원을 거닐다가 이를 듣고도 꾸짖지 않고 그 노래에 화답하는 노래를 부르며 그를 용서했던 고사를 인용하여 재상으로서 관후함을 보여주기를 권한 것이다.

2 수레……말며 : 한漢나라의 승상 병길丙吉의 수레를 몰던 오랑캐 출신의 어리馭吏가 술을 과음하고 승상이 앉는 방석에 토했는데, 병길이 이를 너그럽게 용서하자, 그 어리가 오랑캐에 대한 많은 정보를 제공하여 변방수비에 많은 도움을 주었던 고사를 들어서, 아랫사람을 관후하게 대할 것을 권한 것이다.

3 찾아와……말고 : 전국시대戰國時代 초 도왕楚悼王이 오기吳起를 재상에 임명하여 정무를 맡기니 오기는 국론을 분열시키며 합종合從이나 연횡連橫을 주장하는 유세객이 오면 독한 술을 먹여 대취하게 하여 말을 하지 못하게 하고, 자기의 소신대로 강병책强兵策을 밀고 나갔음을 말한 것이다.

골라 임용한다면, 그들이 비록 공로를 세움이 없어도 공적이 자연히 그 가운데 있게 될 것입니다.

제가 고인古人의 글을 통하여 터득한 것은 이와 같을 뿐인데, 이것이 합당한지 부당한지는 모르겠습니다. 합하閤下께서 혹시라도 이를 옳다고 여기신다면, 돌아가 하승상何丞相[4]을 만나셔서 또한 저의 이 주장을 전해주십시오.

---

4 하승상何丞相 : 하율何栗을 말한다. 송 휘종宋徽宗 때에 어사중승御史中丞, 흠종欽宗 때에 상서우복야尙書右僕射를 지냈다.

10-12 〈낙양명원기〉의 뒤에 쓰다〔書洛陽名園記後〕

이격비李格非

해설 | 이 편은 낙양의 이름난 저택 정원들의 화려함을 기술한 〈낙양명원기洛陽名園記〉의 후서後序(발문跋文)이다. 원유苑囿의 흥폐興廢로 낙양의 성쇠를 점칠 수 있고, 낙양의 성쇠로 천하의 치란治亂을 점칠 수 있다 하여, 200자에 불과한 단문 속에 천하 성쇠의 무한한 변화를 포괄하였다. 문장은 함축이 풍부하고 내용에는 감계鑑戒로 삼을 만한 것이 있어서, 감동을 준다는 평을 들었다.

낙양洛陽은 천하의 중앙에 위치하여, 효산殽山과 맹새黽塞의 험로를 끼고 있고 진秦 땅과 농隴 땅으로 통하는 옷깃과 목구멍에 해당하며 조趙 땅과 위魏 땅으로 갈 때에 통과해야 하는 곳이므로, 사방의 나라들이 반드시 이를 점유하고자 다투던 곳이었다. 천하에 다툼이 없을 때에는 그만이었지만, 다툴 일이 있게 되면 낙양이 반드시 먼저 전쟁의 피해를 입게 된다. 나는 이 때문에 일찍이 말하기를, "낙양의 성쇠가 천하의 치란治亂을 헤아리는 척도가 되었다." 한 것이다.

당唐나라 정관貞觀 연간과 개원開元 연간에는 공경과 귀척貴戚들이 동도東都(낙양)에 별장과 저택을 즐비하게 지어놓은 것이 천여 채에 이르렀다 하는데, 그 후 난리가 남에 이르러 오대五代의 혹독酷毒한 혼란이 이어지니, 그 원유苑囿의 연못과 대숲과 정원수들을 전쟁 수레가 짓밟아 무너져 없어져서 빈터가 되었고, 높은 정자와 큰 누대들은 불에 타 잿더미로 변하여 당나라와 함께 멸망해 없어져서 남은 것이 없게 되었다. 나는 이 때문에 일찍이 "원유가 흥성했다 무너져 없어졌다 한 것이 낙양이 흥성했다 쇠락했다 한 것을 헤아리는 척도가 되었다."라고 말했던 것이다.

또한 천하의 치란은 낙양의 성쇠를 살펴보면 알 수 있고, 낙양의 성쇠는 원유가 흥성했느냐 무너져 없어졌느냐를 살펴보면 알 수 있으니, 그렇다면 이 〈낙양명원기洛陽名園記〉를 지은 것이, 내가 어찌 헛된 일을 한 것이겠는가. 아! 공경과 대부들이 바야흐로 조정에 진출하였을 때에, 자기 한 몸의 사사로운 욕망 때문에 기강이 풀려서, 자신만 위하고 천하를 잘 다스릴 뜻을 잊고 소홀히 한다면, 물러난 후에 이런 원유를 짓고 즐기려 한들 이것이 가능하겠는가. 당나라의 말로가 바로 이러했을 뿐이다.

10-13 애련설〔愛蓮說〕

주돈이周敦頤

해설 | 뜻을 규정함이 정확하고 비유를 붙인 것이 심오하며 문장의 구사가 간결하다. 주돈이는 경학가로서 문장을 공교롭게 짓고자 애쓴 사람이 아니었으나, 학식과 행실이 고상했기 때문에 문장도 이처럼 지극한 경지에 이를 수 있었다. 그는 이 글에서 은일隱逸과 군자와 부귀를 상징하는 세 가지 꽃을 제시하고, 연꽃을 사랑하는 뜻을 통해서 군자다운 품성의 도야를 생의 목표로 삼았음을 드러내었다.

물과 땅에서 자라는 초목에 피는 꽃으로 사랑할 만한 것이 매우 많은데, 진晉나라 도연명陶淵明은 유독 국화를 사랑했고, 당唐나라 이후부터는 세상 사람들이 모란을 매우 사랑하고 있다. 하지만 나만 홀로 진흙 속에서 돋아났으면서도 그에 더럽혀지지 않고 맑은 물결에 씻겨졌으면서도 요염하지 않으며, 속은 비어 있고 겉은 곧으며 덩굴로 뻗지 않고 가지도 치지 않으며, 향기는 멀리서 맡을수록 더욱 맑으면서 우뚝하고 말쑥하게 서 있어서, 멀리서 관상할 수는 있으되 가까이서 함부로 매만질 수 없는 연꽃을 사랑하노라.

내가 생각하건대 국화는 꽃 가운데 은일을 상징하고, 모란은 꽃 가운데 부귀를 상징하며, 연꽃은 꽃 가운데 군자를 상징하는 것이다.

아아, 국화를 사랑하는 사람은 도연명 이후에 들은 일이 별로 없는데, 연꽃을 나처럼 사랑하는 사람이 몇이나 되겠는가. 모란을 사랑하는 사람이 많음이 당연하도다!

10-14 태극도 해설〔太極圖說〕

주돈이

해설 | 이 편은 태극太極의 본체와 그 작용을 그림〔圖〕으로 그리고 설명〔說〕을 붙인 것이다. 태극도太極圖는 태극이 본체이고, 양陽이 움직이는 것은 태극의 작용이며, 음陰이 고요하게 있는 것은 태극의 본래의 모습임을 밝혔다. 양이 변하고 음과 합하여 오행五行이 이루어지는데, 오행의 기 가운데 수기水氣와 금기金氣는 음기陰氣에 속하므로 수와 금을 태극도의 오른쪽에 배치하고, 화기火氣와 목기木氣는 양기陽氣에 속하므로 화와 목을 왼쪽에 배치하였다. 토기土氣는 중화中和의 기이므로 토를 중앙에 배치한 것이다. 이를 통하여 음은 양의 근원이 되고 양은 음의 근원이 되며 음양 이기二氣〔양의兩儀〕와 오행이 결합하여 만물이 생生하게 되는 것이 우주의 원리임을 밝힌 것이다.

무극無極[1]이면서 태극太極[2]이었다가, 태극이 동動하여 양陽을 낳고 동動함이 극에 달하면 정靜하게 된다. 정靜하게 되면 음陰을 낳고 정靜함이 극에 달하면 다시 동動하게 된다. 한 번 동動했다 한 번 정靜했다 하는 것이 서로 그 근원이 되어 음으로 나누어지고 양으로 나누어져서 우주의 대법인 양의兩儀가 이루어진다. 양이 변하고 음과 합쳐져서 수水, 화火, 목木, 금金, 토土의 오행五行을 생生하고, 오행의 기가 순차적으로 펼쳐져서 네 계절이 운행

---

1 무극無極 : 우주의 만물이 생성되기 이전의 근원적인 상태를 말한다.

2 태극太極 : 우주가 양의兩儀로 분화하기 이전의 근원적인 기氣를 말한다. 태극이 동動하여 음양으로 분화하고, 음양이 사상四象(소음少陰·노음老陰·소양少陽·노양老陽)을 낳음으로써 이로부터 갖가지 자연현상이 나타난 것이라고 보았다.

된다. 오행이 하나의 음양이고 음양은 하나의 태극이며 태극은 본시 무극이다. 오행이 생성되면서 각기 그 본성本性을 하나씩 간직하고 있게 되었으니, 무극의 참된 이理와 이기二氣 오행의 정精한 기氣가 오묘하게 결합되고 응취凝聚하여, 지건至健한 천도天道인 건도乾道는 남男을 이루고 지유至柔한 지도地道인 곤도坤道는 여女를 이루었고, 음양의 두 기가 서로 감응하여 만물을 낳고 자라게 하니, 만물이 끊임없이 생성되어서 변화가 무궁하게 된다.[3]

만물 가운데 오직 사람만이 그 음양 오행의 빼어난 기를 얻어 가장 신령스러우니, 육체가 생겨나면서 정신이 지혜를 발휘하게 된다. 하늘로부터 품부받은 인仁·의義·예禮·지智·신信의 오성五性이 외물에 감응하여 동動하면서 선과 악이 나뉘고 온갖 일이 일어난다. 성인聖人이 음양오행의 기를 안정시켜 인, 의를 최적의 상태로 바르게 하고, 무욕無慾의 정靜을 위주로 하여 인류 최상의 도덕규범을 세우셨다.

그러므로 성인은 천지와 그 덕이 합치되고, 일월과 그 밝음이 합치되며, 사시四時와 그 차서가 합치되고, 귀신과 그 길흉의 예측이 합치된다. 군자는 이에 맞게 수양하므로 길하게 되고, 소인은

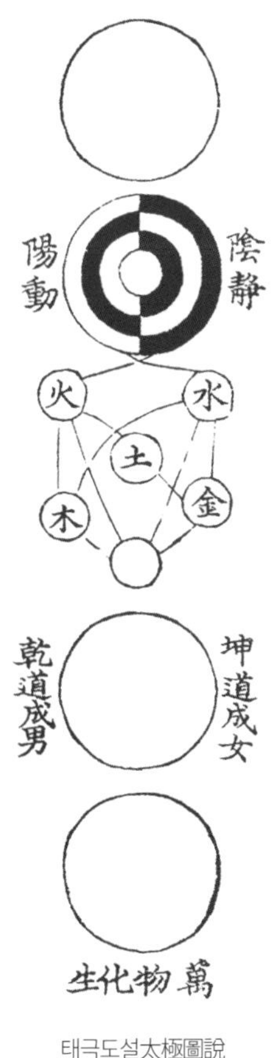

태극도설太極圖說

---

3 지건至健한……된다 : 이는 남녀를 기준으로 하여 관찰해본다면 남녀가 각기 하나의 성性을 갖추고 있으므로 남과 여가 하나의 태극太極이 되는 것이고, 만물을 기준으로 하여 관찰해본다면 만물이 각기 하나의 성을 갖추고 있으므로 만물이 하나의 태극이 된다는 것이다. 이를 합쳐서 말한다면 만물을 포괄한 전체가 하나의 태극이고, 나누어서 말한다면 만물 하나 하나가 각기 하나의 태극을 갖추고 있다는 것이다.

이를 어기므로 흉하게 된다. 그러므로 이르기를, "하늘의 도를 세우는 것을 음과 양이라 하고, 땅의 도를 세우는 것을 유柔와 강剛이라 하고, 사람의 도를 세우는 것을 인과 의라 한다." 하였고, 또 이르기를 "사물의 시초를 궁구해보면 그 결과를 미루어 알게 되므로 사생死生의 원리를 알게 된다." 한 것이니, 위대하도다, 《주역周易》이여! 이를 밝히기를 지극하게 하였도다!

10-15 사물잠〔四勿箴〕

정이 程頤

안연顔淵이 공자孔子에게 인仁에 대해 묻자 공자는 극기복례克己復禮가 인을 행하는 기준이라 대답하였다. 안연이 다시 극기복례를 실천하는 절목에 대하여 물으니, 공자는 그 절목으로 비례물시非禮勿視, 비례물청非禮勿聽, 비례물언非禮勿言, 비례물동非禮勿動 네 가지 하지 않아야 할 일, 즉 사물四勿을 가르쳐주었는데(《논어論語》 〈안연顔淵〉), 정이程頤가 이 사물에 맞추어 지은 잠箴이 바로 〈시잠視箴〉, 〈청잠聽箴〉, 〈언잠言箴〉, 〈동잠動箴〉이다. 제목에 '잠'자를 붙인 것은 문체상 잠명류箴銘類에 해당함을 나타낸 것으로, 잠명류는 명심하고 경계할 내용을 간결한 운문으로 드러내는 것이 일반적이며, 이 글도 이렇게 지은 것이다.

《고문진보古文眞寶》에는 본래 이를 각기 한 편씩으로 하여 네 편의 문장으로 나누어놓았으나, 이는 극기복례를 행하기 위한 4개 절목이므로 묶어서 한 편의 문장으로 볼 수도 있어서, 여기서는 네 편의 앞에 〈사물잠四勿箴〉이라는 제목을 새로 붙였다.

1 시잠〔視箴〕

마음은 본래 비어 있어서 사물에 맞추어 대응함에 자취가 없도다.
이 마음을 잡음에 비결이 있으니, 눈에 보이는 것이 기준이 되네.
눈앞에 보이는 물욕에 가려지면, 그 마음이 어지러워지네.
외물로 인해 생기는 사욕을 절제하여 마음을 안정시켜야 하네.
사욕을 극복하고 예禮로 돌아가기를 오래도록 힘쓰면 본심이 진실해지리라.

2 청잠〔聽箴〕

사람이 굳게 지켜야 할 법도가 있으니, 하늘에서 품부稟賦 받은 본성에 근본한 것이네.

사람의 지혜가 외물의 유혹에 이끌려 사악하게 변하면, 드디어 바른 천성을 잃게 되네.

뛰어난 저 선각자들은, 지극한 선善에 머물 줄을 알아 마음이 안정될 수 있었네.

사악해짐을 막고 성심을 보존하여, 예禮에 어긋난 말은 듣지 말아야 하네.

3 언잠〔言箴〕

사람 마음의 움직임은 말을 통해 드러나나니,

말을 할 때에 조급히 함부로 하지 않아야, 마음이 안정되고 순일해지네.

더구나 말은 마음을 드러내는 기틀이어서, 전쟁을 일으키기도 하고 우호를 이루기도 하나니,

길함과 흉함, 영예와 욕됨은 오직 말이 불러온 결과이네.

매끄러움이 지나치면 미덥지 않고, 번거로움이 지나치면 지루하게 되네.

내 멋대로 말하면 남의 뜻을 거스르고, 가는 말이 도리에 어긋나면 오는 말도 도리에 어긋나게 되네.

법도에 맞지 않으면 말하지 말라는 성현의 훈계를 공경히 받들어야 하네.

4 동잠〔動箴〕

명철明哲한 사람은 기미를 알아서, 생각에 정성을 다하고,
고매한 뜻을 품은 선비는 바르게 행하기에 힘쓰며, 이를 행함에 정도正道를 지키나니,
바른 이치에 순응하면 여유가 있게 되고, 사욕을 따르면 위태롭게 되네.
매 순간마다 이에 유념하여, 두려운 듯 조심하며 천리天理를 잘 지켜라.
이런 습관이 본성에 맞게 이루어지면 성현과 함께하는 경지에 귀착되리라.

10-16 서명〔西銘〕

장재張載

해설 | 장재가 횡거서원橫渠書院의 서쪽 창문 위에 완고한 마음을 바로잡는다는 뜻을 드러낸 명문銘文 〈정완訂頑〉을, 동쪽 창문 위에 어리석은 마음을 침을 놓아 치료하겠다는 뜻을 드러낸 명문 〈폄우砭愚〉를 지어서 걸어놓았다. 정이程頤가 이것을 보고 논쟁의 사단이 될 소지가 있다 하면서 제목을 고치기를 권하자, 각기 〈서명西銘〉과 〈동명東銘〉으로 제목을 바꾼 것이다. 이 〈서명〉은 주돈이周敦頤의 〈태극도설太極圖說〉과 함께 우주와 인성의 근본을 밝힌 송대宋代의 성리학性理學 사상을 간결하게 압축한 것이다.

진력陳櫟은 이 〈서명〉 말미에 주를 달아 이에 대한 주자朱子의 해석과 주장을 실어놓고, 주자가 이 문장의 핵심을 '이理는 하나이면서도 구분이 있다'라고 밝힌 것이라 하면서, 이를 통하여 겸애설兼愛說과 자애설自愛說을 부정한 것이라 하였다.

하늘〔乾〕을 아버지라 칭하고 땅〔坤〕을 어머니라 칭하나니, 내 이 작은 몸이 곧 그 가운데 만물과 섞이어 존재한다. 그러므로 천지에 가득 찬 음양의 기氣는 나의 육체가 되고, 천지를 주재하는 이理는 나의 성性이 된 것이니, 모든 백성은 나의 동포 형제이고 그 사이에 있는 만물은 나와 함께 살아가는 동류이다.

위대하신 군주는 내 부모〔건곤〕의 맏아들이고, 그 밑에 있는 대신은 맏아들의 집안에서 보좌하는 사람들이다. 나이 많은 분을 우러러 받드는 것은 나의 어른을 받드는 데에 근거하여 받드는 것이고, 고아와 어린이를 사랑하는 것은 내 아이를 사랑하는 데에 근거하여 사랑하는 것이다. 성인은 그 덕이 천지의 덕과 합치되는 사람이고, 현인은 재덕才德이 일반 사람들보다 빼어난 사람이다. 천하의 모든 지치고 여윈 사람들, 병들고 불구가 된 사람들, 아무데도 의지할 곳이 없는 노인들과 홀아비와 과부들은, 모두 내 형제 가운데 매우 어려움을 겪으면서 하소연할 곳조차 없는 사람들이다. 그들을 잘 보호해 기르는 것은 자식으로서 부모를 잘 공경하는 것이고, 천도를 즐기며 근심하지 않아야 부모에게 효도를 순실하게 하는 사람이 된다.

이러한 천리를 위반함을 패덕悖德이라 이르고, 천도의 어짊을 해치는 무도한 자를 적賊이라 이른다. 악을 행하며 반성할 줄을 몰라서 가르칠 수조차 없는 자를 부재不才(사람 깜냥이 안 되는 사람)라 한다. 하늘이 부여한 성性에 맞게 몸소 실천하는 사람만이 오직 천지(부모)의 뜻을 잘 이어받은 사람이다. 천지가 변화하는 도를 알면 그 일을 잘 이어받을 수 있고, 천지의 신명神明한 덕에 통달하면 그 뜻을 잘 계승하게 된다. 아무도 보지 않는 방 안의 깊숙하고 은밀한 곳에서도 부끄러운 짓을 하지 않아서 하늘을 욕되게 하는 일이 없고, 천심을 보존하고 천성을 기르는 것이 하늘 섬기기를 게을리하지 않는 것이다.

맛있는 술을 싫어한 것은 숭백崇伯의 아드님 우禹가 부모님을 돌보며 봉양하고자 해서였고, 영재가 육성된 것은 영봉인潁封人(영고숙潁考叔)의 순효純孝가 같이 있던 무리를 감동시킨 때문이었다. 부모님 마음을 기쁘게 해드리기 위한 노력을 게을리하지 않아서 어버이가 즐거움에 이르게 한 것이 순舜의 공이고, 모함을 받아 죽게 되었어도 도망가지 않고 팽형烹刑을 기다린 것이 신생申生의 지극한 공순恭順이었다. 부모에게 받은 육신을 온전하게 지니고 사망한 사람이 증삼曾參이고, 부친의 명을 따르기에 용맹하여 따르기 어려운 명령에도 순종한 사람이 백기伯奇였다.

하늘이 나에게 부귀와 복택을 내린 것은 내가 살아가면서 선을 풍부히 행하게 하려 한 것이고, 빈천하게 하고 근심걱정을 하도록 한 것은 곧 옥돌을 다듬어서 보물을 이루듯이 너를 연마해서 지행志行을 이루게 하려 한 것이다. 내가 살아 있는 동안에는 부모〔건곤〕의 뜻을 순종해 섬기고, 그 정도正道를 잃지 않아야 내가 죽어서도 평안해질 것이다.

10-17 동명〔東銘〕

장재

해설 | 이 글의 원제는 〈폄우砭愚〉이다. 말과 행동은 장난으로라도 함부로 해서는 안 되고 삼가야 함을 강조한 것이다.

장난으로 한 말도 생각에서 나온 것이고, 장난으로 한 행동도 마음속의 계책에서 나온 것이다. 말소리로 나타나고 사지의 움직임으로 드러났는데도 자기의 본심에서 나온 것이 아니라고 말한다면 이는 사리에 어긋난 것이다. 이렇게 하고서 남이 자기에게 의혹을 갖지 않게 하고자 한다면 이는 불가능하다. 잘못된 말은 마음의 본연의 모습이 아니고, 잘못된 행동은 진실한 마음을 드러낸 것이 아니다.

말에서 실수를 하고 사지의 움직임을 그릇되게 하고서 자기는 마땅히 그렇게 해야 한다고 여긴다면 이는 자신을 속이는 것이고, 타인이 그러한 자기를 따르게 하고자 한다면 이는 남을 속이는 것이다. 혹시 마음에서 나온 것을 자기가 장난으로 한 것으로 허물을 돌리고, 생각을 잘못하고서 자신은 진심을 다한 것이라고 스스로를 속일 생각을 한다면, 이는 너에게서 나온 것을 경계할 줄 모르고 도리어 그 허물을 너에게서 나오지 않은 것에 돌리는 것이어서, 오만을 자라게 하고 그릇된 행동을 이루게 하는 것이니, 지혜롭지 못함이 누가 이보다 심할 수 있는지 알 수 없도다.

10-18 사욕을 제어하고자〔克己銘〕

여대림 呂大臨

해설 | 이 편은 《논어論語》 〈안연顔淵〉에, 공자孔子가 안연에게 '자기의 사욕을 극복하고 예로 돌아가는 것이 인仁이다.〔克己復禮爲仁〕'라고 일러준 말을 근거로 하여, 사욕을 극복해 제거하고 천리天理로 되돌아가야 함을 강조한 것이다. 4구마다 한 번씩 환운換韻한 운문이다.

생명을 지닌 모든 사람이 같은 기氣를 품부 받아 형체도 같은데,
불인不仁을 행함은 어째서인가? 내게 사욕私慾이 있어서이다.
남과 내가 서로 대립하게 되면 사심이 그들과 갈라지게 하고,
남을 이기려는 마음이 마구 일어나 같이 하나가 되지 못하게 뒤흔든다.
성현은 성誠을 보존하여 마음이 천리天理를 알고 있으므로,
애초부터 인색과 교만이 내 마음을 갉아먹지 못하게 한다.
천리와 일치하는 본심을 장수로 삼고 기氣를 본심의 부하로 삼아,
천명을 받들어 행한다면 누가 감히 나를 업신여기겠는가.
본심이 사욕과 맞서 싸워 이를 굴복시켜서, 사욕을 극복하고 틀어막으니,
옛날엔 원수와 적이었다가, 이제는 신하나 부하처럼 되었도다.
아직 사욕을 이기지 못하여, 사욕이 내 본심을 가로막게 되면,
며느리와 시어미도 서로 다툴 것이니, 그 나머지야 무엇을 취할 것이 있겠는가.
그러나 이를 극복하게 되면, 나의 인仁이 드넓게 사방으로 퍼져나가서,
천하의 끝까지 환하게 열려, 모두가 나의 방 안에 있게 되리니,

어느 누가 천하가 나의 인에 귀복歸服하지 않는다고 말하겠는가.

그러면 타인의 가려움과 아픔이, 모두 내가 절실하게 겪는 듯이 되리라.

어느 날 이런 경지에 이르게 되면, 천하에 내가 할 일인 인仁에 귀착되지 않는 것이 없게 되리니,

극기복례를 이룬 안연顏淵은 어떤 사람인가. 그처럼 되기를 희구한다면 그렇게 될 수 있느니라.

부 록

작자 소개

＊가의賈誼(B.C. 200~B.C. 168) : 전한前漢 시대의 문신 겸 문장가이다. 20대 초에 박사博士가 되어 문헌과 전적을 관장하다가 1년도 지나지 않아 태중대부太中大夫가 되어 많은 법령과 전장 제도를 개혁하니, 조신朝臣들이 시기하여 장사왕長沙王의 태부太傅로 좌천되었다가 32세에 요절하였다. 가의의 산문은 역사 사실의 대비를 통해 나라의 이해利害를 분석하는 기법을 택하여, 문장의 기세가 굳세고 설복력과 감화력이 탁월하였다. 가의의 사부辭賦는 제세濟世의 열정을 함유하였고, 주객主客이 문답하는 방식을 채용하여 자신의 회재불우懷才不遇의 분만憤懣을 표출하였다. 후세에 굴원屈原과 가의를 전국시대와 한대漢代의 대표적인 문장가로 보아 굴가屈賈라 병칭하였다.

＊공치규孔稚珪(447~501) : 육조六朝시대 남제南齊 사람으로 자가 덕장德璋이다. 어려서 각종 학문을 두루 익혀서 문장에 뛰어나다는 칭찬을 들었고, 벼슬은 태자첨사太子詹事를 역임하였다.

＊구양수歐陽脩(1007~1072) : 북송北宋의 정치가 겸 문인으로, 자는 영숙永叔이고 호는 취옹醉翁이며 노후에는 육일거사六一居士라 하였다. 송대宋代 최고의 명재상이었고, 당송팔대가唐宋八大家의 한 사람으로 문장혁신운동의 영수領袖가 되었다. 내용이 충실하고 평이하면서 유창한 산문을 다수 창작하였다.

＊굴원屈原(B.C. 339~B.C. 278) : 전국시대戰國時代 초楚나라의 왕족으로 시인 겸 정치가였으며, 초사楚辭의 창시자이면서 대표적인 작자였다. 그는 미망에 빠진 왕을 정도正道로 인도하여 초나라를 바로 세우려 하다가 간신들의 모함을 받아 쫓겨난 후 많은 작품을 남기고 투신자살하였다. 그가 지은 〈이소離騷〉, 〈천문天問〉, 〈구가九歌〉, 〈구장九章〉, 〈원유遠游〉, 〈복거卜居〉, 〈어부漁夫〉, 〈초

혼招魂〉 등은 후대 사부辭賦 문학의 효시가 되었고, 후대의 문학에《시경詩經》에 버금가는 영향을 끼쳤다.

＊당경唐庚(1070~1120) : 북송北宋 때에 시문에 능했던 인물로 자가 자서子西이다. 그의 시는 간련정한簡練精悍하고 대우對偶와 용사用事에 능했으며 신의新意의 창출에 뛰어났다. 문장 속에 드러난 뛰어난 의론이 소동파蘇東坡에 버금간다 하여 소동파小東坡로 칭해졌고,《당자서집唐子西集》24권을 남겼다.

＊도잠陶潛(365~427) : 진晉·송대宋代의 시인, 사부가辭賦家로 명을 연명淵明이라 부르기도 한다. 자는 원량元亮이고 호는 오류선생五柳先生이다. 높은 뜻과 원대한 식견을 지녔고 시속에 영합하려 하지 않았다. 후에 유유劉裕가 세운 송나라가 진을 멸망시키자 두 왕조를 섬기는 것을 치욕으로 여겨 다시는 벼슬을 하지 않았고, 사망하자 문인들이 사시私諡를 정절징사靖節徵士라 지어 올렸다.

＊두목杜牧(803~852) : 당대唐代의 시인으로 자는 목지牧之이다. 이상은李商隱과 함께 만당대晩唐代를 대표하는 시인으로, 두 사람을 성당대盛唐代의 이두李杜(이백李白과 두보杜甫)에 비교하여 소이두小李杜라 칭하였다. 그의 시문은 제재가 다양하고 필력이 웅건하며 질박한 구어로 간결하게 묘사함이 특징이다.

＊마존馬存(?~1096) : 북송北宋의 문인으로, 자는 자재子才이다. 시문이 웅혼하고 호방하였다. 문집이 남아 있다.

＊백거이白居易(772~846) : 당대唐代의 시인으로 자는 낙천樂天이고 호는 향산거사香山居士이다. 그는 자신이 지은 시를 풍유시諷諭詩, 한적시閑適詩, 감상시感傷詩, 잡률시雜律詩 등 4부류로 나누어 문집에 수록하였다. 그의 시는 시어가 명료하고 평이함이 그 특징이다. 문은 내용이 절실하고 견해가 명료하며, 우아하고 아름다운 소품小品을 많이 남겼다. 시와 문에 드러난 사상은 유儒·불佛·도道를 포괄하고 있다.

＊범중엄范仲淹(989~1052) : 북송北宋의 정치가, 문장가로 자는 희문希文이다. 명재상으로 덕행과 문장과 정사의 업적에 아울러 뛰어나서 시호를 문정文正이라

하였으므로 세상에서는 그를 범문정공范文正公이라 불렀다. 그가 지은 〈악양루기岳陽樓記〉에는 '천하 사람들이 근심할 일을 앞장서서 근심하고 천하 사람들이 즐길 일은 마지막에 즐긴다.〔先天下之憂而憂 後天下之樂而樂〕' 하여 치자로서 지녀야 할 포부를 밝혀놓았다.

*사마광司馬光(1019~1086) : 북송北宋의 사학가 겸 문장가로 자는 군실君實이고 호는 우수迂叟이다. 온국공溫國公에 추봉되었으므로 사마온공司馬溫公이라 불렸다. 왕안석王安石의 신법新法에 반대하여 낙양洛陽에 머물면서 《자치통감資治通鑑》을 편찬하였고, 신종神宗이 붕어한 후 상서좌복야尙書左僕射 겸 문하시랑門下侍郞으로 돌아와 신법을 모두 폐기하였다. 문장은 간요簡要하고 질박質朴하면서도 유창하고 생동함이 그 특징이다.

*석개石介(1005~1045) : 북송北宋의 문장가로 자는 수도守道이고 호는 조래선생徂徠先生이다. 청렴강직하였고, 문장은 한유韓愈를 추숭하였으며 고문古文의 창도에 힘썼다.

*소순蘇洵(1009~1066) : 북송北宋의 문장가로 자는 명윤明允, 호는 노천老泉이다. 그의 아들 소식蘇軾과 소철蘇轍도 뛰어난 문장가였으므로 이들을 합칭하여 삼소三蘇라 불렀다. 그의 문장은 논점이 선명하고 논거가 정확하며 당세의 문제점을 혁신하여 이상국가를 이루는 데 주안점을 두었고, 문장의 풍격은 소박함과 간결함, 웅대함이 그 특징이다.

*소식蘇軾(1037~1101) : 자는 자첨子瞻이고 호는 동파東坡로, 북송北宋의 문학가이자 서화가이다. 왕안석王安石의 신법新法을 비판했다가 여러 차례 좌천되어 지방관으로 전전하거나 형벌을 받기도 하였다. 그의 문학은 유가사상의 기초 위에 불교와 노장사상까지 융합融合하여 지고한 경지에 이르렀다. 시는 제재가 광범하고 내용이 다채로우며, 문은 서사 기유적記遊的 산문에 특히 뛰어났다. 문체상으로는 통상적인 격식에 얽매이지 않으며 내용이 풍부하고 기세가 드높았다.

*소철蘇轍(1039~1112) : 북송北宋의 문장가로 자가 자유子由이다. 아버지 소순蘇

洵, 형 소식蘇軾과 함께 삼소三蘇라 칭해졌고, 모두 당송팔대가唐宋八大家에 포함되었다. '문文이란 기氣가 드러난 것'이라 하여 문기론文氣論을 주장하였고, 광활한 열력閱歷이 문장의 바탕이 된다고 보았으며, 정론政論과 사론史論에 뛰어난 문장을 많이 남겼다.

* **여대림**呂大臨(1040~1092) : 북송대北宋代의 이학가理學家로 자는 여숙與叔이다. 장재張載에게 배우다가 그가 사망하자 정이程頤의 문인이 되어, 사량좌謝良佐·유초游酢·양시楊時와 함께 '정문사선생程門四先生'이라 칭해졌다. 육경六經에 박통博通했고 특히 《예기禮記》에 밝았으며, 저서로는 《예기전禮記傳》, 《고고도考古圖》 등을 남겼다.

* **왕발**王勃(650~676) : 초당사걸初唐四傑의 한 사람으로 자가 자안子安이다. 어려서부터 빼어난 재능이 있었으므로 당 고종唐高宗이 불러서 박사博士를 삼았다가, 투계격문鬪鷄檄文을 짓자 면직시켰다. 후에 부친의 임소(교지交趾)로 시성侍省하러 가다가 요절하였으며, 90여 편의 작품이 현재 전해지고 있다.

* **왕안석**王安石(1021~1086) : 북송北宋의 정치가 겸 문인으로, 자는 개보介甫이고 호는 반산半山이다. 형국공荊國公에 봉해졌으므로 왕형공王荊公이라 부르기도 하고, 시호가 문공文公이므로 왕문공王文公이라 부르기도 한다. 국방과 경제를 혁신하고자 신법을 제창하였고, 신종神宗의 뒷받침을 받아 이를 시행하였으나, 신종이 사망한 후 구법당舊法黨의 반격으로 신법은 폐기되었다. 그는 당송팔대가唐宋八大家의 한 사람으로 정견을 드러낸 주의류奏議類와 인물과 역사를 평론한 문장에서 전인미발의 탁견을 매우 아름답고 뛰어나게 발현하였고, 그가 남긴 1500여 수의 시도 현실을 관찰하고 세상을 바로잡겠다는 포부를 밝힌 것이 대부분이다.

* **왕우칭**王禹偁(954~1001) : 송초宋初의 문장가 겸 시인으로 자는 원지元之이다. 백성의 질고에 관심이 많았고 청렴강직하여 권세가를 두려워하지 않았으므로 여러 차례 폄관貶官되기도 하였다. 문장은 퇴미頹靡한 변려풍騈儷風을 배격하고 종경복고宗經復古를 주창하였다.

* 왕포王褒(?~B.C.61) : 전한대前漢代의 문장가이다. 《수서隋書》 〈경적지經籍志〉에 《왕포집王褒集》 6권이 있다 하였으나 현재는 전하지 않는다.

* 왕희지王羲之(303~361) : 동진東晋의 서예가 겸 문장가로 자는 일소逸少이다. 우군장군右軍將軍을 역임했으므로 왕우군王右軍이라 칭하기도 하였다.

* 원결元結(719~772) : 당대唐代의 문학가로 자는 차산次山이고, 호는 만수漫叟 또는 오수聱叟라 하였다. 그의 문장은 생동핍진生動逼眞하고 기고준절奇古峻絶하며 도가적 경향을 띠고 있다.

* 유령劉伶(221~300) : 동진東晉 사람으로 자는 백륜伯倫이고 건위참군建威參軍을 역임하였다. 죽림칠현竹林七賢의 한 사람으로 술을 좋아하여 항상 술병을 차고 다니면서 종자에게 삽을 가지고 따르게 하며 이르기를, '죽으면 바로 그 자리에 묻어라.' 하였다 한다.

* 유종원柳宗元(773~819) : 당대唐代의 문인이자 학자로, 자는 자후子厚이다. 한유韓愈와 함께 고문운동古文運動을 창도하고 변문騈文을 배격하였으며, 특히 산수유기山水遊記에 뛰어나서 한유와 당대 문장의 쌍벽을 이루었다. 정치의 개혁을 도모하다가 환관과 보수관료의 미움을 받아 벼슬생활 22년 가운데 15년을 외관으로 떠돌다가 유주자사柳州刺史로 생을 마감하였다.

* 이격비李格非(?~?) : 자가 문숙文叔이다. 송대宋代의 인물로 경학經學에 정통한 문장가였으며, 저서로는 《예기설禮記說》이 있다.

* 이구李覯(1009~1059) : 자가 태백泰伯으로 북송北宋의 문장가이다. 범중엄范仲淹의 추천으로 태학설서太學說書를 역임하였고 우강서원盱江書院을 창건하였으며 호를 우강선생盱江先生, 직강선생直講先生이라 하였다.

* 이밀李密(224~287) : 촉한蜀漢과 서진西晉의 인물로 자는 영백令伯이다. 진 무제晉武帝가 여러 차례 관직을 주고자 불렀으나 조모의 봉양을 위하여 사절하다가, 조모 사망 후 한중태수漢中太守를 역임하였다.

* 이백李白(701~762) : 성당대盛唐代의 대문호로 자는 태백太白, 호號는 청련거사

靑蓮居士이다. 굴원屈原과 노장老莊을 융회融會한 탈속적 낭만사상을 드러낸 대표적 시인으로, 세인들은 그를 시선詩仙이라 불렀다.

*이사李斯(B.C. ?~B.C. 208) : 진대秦代의 정치가 겸 문장가이다. 벼슬이 승상丞相에 이르렀고, 진 시황秦始皇이 중국을 통일한 후 통치에 법가사상을 적용하여 중앙집권의 기반을 확립하고, 소전체小篆體로 문자를 통일하였다. 진 시황 사후 조고趙高와 함께 태자 부소扶蘇와 대장군 몽념蒙恬을 죽이고 호해胡亥를 2세 황제로 세웠다가 조고의 모함을 받아 요참형을 당하였다.

*이한李漢(?~?) : 당대唐代의 문인으로 자는 남기南紀이다. 한유韓愈의 사위이고 제자였으며 고학古學에 정통하고 문장에 능하였다. 사관수찬史館修撰, 이부시랑吏部侍郎 등을 역임하였다.

*이화李華(715~774) : 당대唐代의 문장가로 시에도 능했으며, 자는 하숙遐叔이다. 그는 문장의 교화작용을 강조하여, 문장은 육경六經의 뜻을 발현함을 목표로 삼아야 한다고 주장하였다.

*장뢰張耒(1054~1114) : 북송北宋의 시인이자 문장가로 자가 문잠文潛이고 호는 가산柯山이다. 황정견黃庭堅, 진관秦觀, 조보지晁補之와 함께 소문사학사蘇門四學士라 칭해졌다. 시문은 평이하고 유려하며 자연스럽고, 벽전僻典을 인용하거나 생경한 용어를 쓰지 않았다.

*장온고張蘊古(?~631) : 당 태종唐太宗 때 사람으로 《서경書經》에 정통했다. 〈대보잠大寶箴〉을 지어 올리고 대리승大理丞으로 승진했다가 후에 어떤 사건에 연루되어 처형당하였다.

*장재張載(1020~1077) : 북송北宋의 이학가理學家로 자는 자후子厚이다. 왕안석王安石의 신법新法에 반대하여 벼슬에서 물러나 횡거橫渠에 살면서 평생을 후학 양성에 힘썼으므로 횡거선생이라 불렸다. 《주역周易》, 《중용中庸》, 《예기禮記》에 정통하였고, 기일원론氣一元論을 주장하였으다. 주돈이周敦頤·정호程顥·정이程頤·소옹邵雍과 함께 북송의 도학을 이끌었으므로, 이들을 북송오자北宋五子라 칭하였다. 저서로는 《정몽正蒙》, 《횡거역설橫渠易說》, 《경학리굴經學理窟》,

《장자어록張子語錄》 등이 있다.

* **정이**程頤(1033~1107) : 북송北宋의 저명한 경학가經學家로, 자는 정숙正叔이고 호는 이천伊川으로, 이천선생伊川先生이라 불렸다. 형 정호程顥와 함께 주돈이周敦頤에게 배워 이정二程이라 칭해졌으며, 평생을 유가儒家의 도통을 계승하기에 힘쓰면서 송대의 이학理學 발전에 기여하고 '존천리멸인욕存天理滅人慾'을 주장하였다. 이 사물잠四勿箴도 존천리멸인욕을 위하여 시청언동視聽言動에서 행해야 할 극기克己를 운문으로 드러낸 것이다. 중요 저서로는 《이정유서二程遺書》, 《이천문집伊川文集》, 《이천역전伊川易傳》, 《정씨경설程氏經說》, 《이정수언二程粹言》 등이 있다.

* **제갈량**諸葛亮(181~234) : 삼국三國시대의 정치가, 전략가 겸 문장가로 자는 공명孔明이다. 유비劉備의 삼고초려를 받아들여 촉한蜀漢이 형주荊州와 익주益州를 점거하여 국력을 신장伸張시켰고, 이 출사표를 올리고 위魏나라를 정벌하러 출정했다가 진중에서 병사하였다. 시호가 충무후忠武侯이므로 제갈무후諸葛武侯라 부르기도 한다. 《병법兵法》 5권과 《문집文集》 25권을 남겼다.

* **주돈이**周敦頤(1017~1073) : 북송北宋의 대표적인 경학가經學家로 자는 무숙茂叔이고 시호는 원공元公이다. 벼슬에서 물러나 여산廬山 아래에 염계서원濂溪書院을 짓고 후진들을 가르쳤으며, 〈태극도설太極圖說〉과 《통서通書》 등을 저술하고 인생관과 우주관을 통합하는 원리를 밝혀서, 송대 성리학性理學의 개조開祖가 되었다. 세인들을 그를 존경하여 염계선생濂溪先生 또는 주자周子라 불렀다.

* **중장통**仲長統(179~220) : 후한대後漢代의 학자로 자가 공리公理이다. 성격이 대범하여 바른 말을 거침없이 하였고 예법에 구애받지 않아서 광생狂生으로 불리어졌으며, 벼슬을 주겠다고 부를 때마다 병이 들었다고 핑계를 대고 나아가지 않았다. 저서에 《창언昌言》이 있다.

* **진사도**陳師道(1053~1102) : 북송北宋의 문인으로 자는 무기無己이고 호는 후산後山이다. 황정견黃庭堅, 진여의陳與義와 함께 강서시파江西詩派의 삼종三宗으로

칭해졌고, 저서로는 《후산집後山集》과 《후산시화後山詩話》가 전해진다.

* 한 무제漢武帝(B.C.156~B.C.87) : 한漢나라 경제景帝의 중자中子로 이름은 유철劉徹이다. 54년간 재위하면서 문제文帝와 경제景帝의 업적을 계승하여 태학太學을 세우고 유학을 숭상하여 오경박사五經博士를 두었고, 주변 여러 나라를 정복하여 영토를 넓히고 서역과의 통로를 열어 비단길을 개척했던 군주이다.

* 한유韓愈(768~824) : 당대唐代의 문학가·철학가로 자는 퇴지退之이고, 세인들이 한창려韓昌黎 또는 한이부韓吏部라 불렀으며, 시호는 문공文公이다. 당시에 유행하던 변문騈文을 배격하고 고문古文으로 돌아가기를 주장하였고, 각종 문체에 두루 발군의 능력을 드러내어, 당대를 대표하는 문장가가 되었다. 당송팔대가唐宋八大家의 한 사람이다.

도판 목록 및 원색 도판 QR

《고문진보 후집》 강독 QR 

QR코드를 통해 《고문진보 후집》 강독을 실었습니다.